春风吹动耐寒枝

民国风云人物追寻记

张功臣 / 著

Copyright © 2025 by SDX Joint Publishing Company.
All Rights Reserved.
本作品版权由生活·读书·新知三联书店所有。
未经许可，不得翻印。

图书在版编目（CIP）数据

春风吹动耐寒枝：民国风云人物追寻记 / 张功臣著. --
北京：生活·读书·新知三联书店，2025.2. -- ISBN
978-7-108-07868-1

Ⅰ. K820.6
中国国家版本馆 CIP 数据核字第 2024EC4842 号

策划编辑　张　龙
责任编辑　王昱霄
装帧设计　刘　洋
责任印制　李思佳

出版发行　生活·讀書·新知 三联书店
　　　　　（北京市东城区美术馆东街 22 号 100010）
网　　址　www.sdxjpc.com
经　　销　新华书店
制　　作　北京金舵手世纪图文设计有限公司
印　　刷　北京隆昌伟业印刷有限公司
版　　次　2025 年 2 月北京第 1 版
　　　　　2025 年 2 月北京第 1 次印刷
开　　本　635 毫米 × 965 毫米　1/16　印张 30.5
字　　数　353 千字
印　　数　0,001－3,000 册
定　　价　79.00 元

（印装查询：01064002715；邮购查询：01084010542）

目　录

引言：史海深处真相盛开……………1

暗杀者
　　——杨笃生的炸弹生活……………9

不完美的形象
　　——刘揆一泪洒同盟会……………68

风从今夜急
　　——徐绍桢改换门庭记……………137

政海迷航
　　——程璧光被刺考……………189

消逝的恩仇
　　——李准与广东革命党……………253

一个被时光治愈的病例
　　——唐在礼经历的北洋时代……………311

春风吹动耐寒枝
　　——张季鸾在《大公报》以前……………368

征战金陵有遗篇
　　——林述庆、何海鸣攻守南京旧踪……………432

引言：史海深处真相盛开

寻找历史真相，是每一代从事该领域研究的研究者都要面对的课题。所谓真相，就是可信的历史。历史到底有没有真相？当然有。如果根本没有，则一代代学人就不会为此殚精竭虑、锲而不舍、下苦功向史海深处开掘了。但是，如果说有，它又并非一个轮廓清晰、层次分明的"存在"，让人一眼就能看出究竟。这是历史研究的难处所在，同时也是其魅力所在。

人类本身就有寻根问底的本能，我们中国的历史又如此绵长深厚，莫说几千年的演进嬗变，即便是一百年前民国初期的许多人与事，也都为尘土风烟所掩盖了，所谓荒烟蔓草、残墙断碑，即此谓也。这也意味着，在一些人迹罕至的领域里，探秘者还有很多艰辛而有趣的工作可做。因为经验告诉我们，真相都是在史海深处盛开的。

就我个人的体会而言，所有的历史"物质"，在发生的那一瞬间就失去了真相的"本原"，它留下来的只是后人在时空中感到的幻象而已。也就是说，在原生的历史逝去之后，我们要想复活它、触摸它，必须依靠媒介，这便是记载、回忆及原始资料之类的东西。也就是说，作为时间存在物的历史虽然一去不复返了，但它遁入时光隧道之前毕竟遗落了种种碎片与痕迹，可供研究者品鉴、判断、猜想，合格的历史学家或许能以此为据，拼画出某一时代尽量接近真实的图景。然而，问题就出在这里——倘若他们不合格怎么办？他们所依赖的史料不可靠怎么办？如此一来，在本已日渐萎缩的图书市场上，这些历史学家生产出来的各种占据人造读者排行榜前列的读物，在封面上被大声叫卖的各种所谓历史真相，以及各种有噱头的、搞怪的、标新立异甚至荒诞不经的野史、外传、演义之类，岂不是误人子弟么？

如此一来，我们始终面临着一个风险：对渴求知识的读者来说，这是阅读的陷阱，读此类书越多，则离历史的真相越远。我不打算做这样的历史撰写者，所以常常勉励自己重拾旧训，也算"独辟蹊径"，在原始资料的发掘和运用上多下功夫，以期与众多话本风格的民国历史读物拉开距离。

正如读者将在书中看到的，本书主要人物的相关资料及其生平事迹，绝大多数取自第一手材料，即人物生活时代产生的报刊、书籍、函札、文电等，以及与该人物有直接、密切关系的当事人的生前回忆、书写等。这么做，无形中也就提供了几重保证：首先，有了这些原汁原味的资料，也就具备了返回历史现场的基本条件，也就是说，记叙的基础、转述的话语及写作中的偶尔评点论说，都是可靠的、可信的、可能的；其次，增加了接近和获取真相的机会，假设历史的真面目是在时间长河冲刷下渐渐消失的，那么以第一手资料为基础的写作，好比上溯源头回到从前，挖掘到洞底矿脉，也就能够获得更多的原始宝藏。

具体到本书，便是我有意识践行第一手资料历史写作理念的结果。书中讲述清末民初几个历史人物的命运，他们在今天已鲜为人知，在那个时代却都是叱咤风云的社会各界明星。其中有些是革命党人，曾活跃在辛亥革命前后的许多重要历史关口，决定着历史的走向；有些人是前清官僚，非常懂得审时度势，进入民国后依然显赫于官场之上；有些是文人名士，因为身处特殊时代而被迫卷入社会变革的滚滚洪流之中，又由于内心的呼喊而再次出发走向远方；有些是军界将领，尽管千方百计躲避现实政治，但在危急时刻仍然需要面临何去何从的选择。生活在清末民初社会转型的不确定时代，虽然身份不同、理想各异，他们却无一例外、身不由己地被卷入革命潮流，最后又以不同的方式告别了革命。

由于政治尘封、历史遗忘，这些曾对国家的重塑与变迁产生过重大影响的人物，在近代史中只留下了空白或模糊不清的篇章。本书通过对原始史料的挖掘和解读，对各种资料的比较与分析，对官史的拷问与质疑，力图再现他们的真面目，还原历史的真相，廓清过去出版物中的迷雾和疑云。倘若通过努力能离这个目标近一些，或者说每次实现那么一点点，那么，不就可为"我们从哪里来、将要到哪里去"这个人类自设的问题贡献一份答案么？

再具体一些，本书记述的这些人物聚合起来，便组成了清末民初风云变幻的时代背景下的人物画卷。按照人们习惯的政治分野归类，其中属于正宗革命阵营的，是列在首篇的清末留日学生、同盟会成员杨笃生，这位中国近代首倡暗杀者和第一个炸弹制造者，在稀见原始资料中所显露的狂热、矛盾和凄惨的一生，与国民党官史所记载的大不相同。还有湖南老革命党人刘揆一，他是民国史上有争议的人物，身为同盟会大管家，他为反清革命献出了亲人、家庭及财产，却没有得到应有的回报，民初他脱离同盟会，加入袁世凯内阁出任工商总长，这段经历成为他后半生无法摆脱的阴影。

再者，著名报人张季鸾在《大公报》主持笔政的后半生行迹，史家记述颇为详备，但有关他在《大公报》之前的原始资料甚少。

从史海中打捞张氏少年、青年时代的旧影，用碎片拼贴出其早年形象，则可以发现张氏在日本留学期间曾加入同盟会，一度十分热衷反清排满宣传，在南京临时政府秘书处工作期间，还为孙中山起草过临时大总统就职宣言，后来为了实现自己的办报理想才跳出革命党圈子。

可称为标准革命党人的，还有分别在辛亥革命和二次革命期间，攻守过六朝古都南京的镇江新军统领林述庆和国民党《民权报》主笔何海鸣。武昌起义爆发后，同盟会组建江浙联军会攻南京，林氏勇当先锋，立下汗马功劳，也留下若干脍炙人口的诗篇。一年多后国民党与袁世凯兵戎相见，何氏被革命官兵推举为江苏讨袁军总司令，为保卫南京，与北洋军鏖战了近一个月，他在战斗间歇所写的颇有个性的纪事诗，成为这场充满误解与屈辱的异化革命的见证。

与正宗革命阵营相映成趣的，是那些被革命洪流所裹挟、不得不接受时代洗礼的人。作为本书作者，我很想借助众多第一手资料为其完成身份认证，但每每感到力不从心，原因就在于如果用传统的、非黑即白的阶级分类法，很难为这些复杂的人物定性。

就拿新军第九镇统制（师长）徐绍桢来说吧，辛亥年（1911）秋为挽救武汉前线危局，同盟会中部总会组建江浙联军会攻南京，因缘际会之下他被推为联军总司令，这一经历改变了其后半生。此后他改换门庭跟随孙中山干革命，忠贞不渝，但儒家文化的深刻影响也使他的晚年矛盾重重。还有一位便是民国第三任海军总长程璧光，他与孙中山同为广东香山人，与黎元洪一同参加过甲午海战，由此结下不解之缘。护法运动中，为了声援时任大总统黎元洪，程氏率领北洋政府海军第一舰队南下广东，加入孙中山革命党阵营，但他几个月后却被孙的部下暗杀，留下一个久未解开的谜底。

可称为灰色人物的还有原属反革命阵营,却与革命发生种种瓜葛的人。一个是广东水师提督李准,因参与镇压黄花岗起义等多起革命,同盟会招募死士将其刺成重伤。辛亥革命爆发后,在胡汉民等人多方策动下,李准率部反正,开始短暂的革命党生涯。其后他又投靠袁世凯,出入历届北洋政府,变成一个里外通吃的官场达人。到晚年,他追随溥仪,成为清廷遗老中的一员。另一个是民国初年曾任职袁世凯陆海军大元帅统率办事处的唐在礼,虽才华不显,然为人可靠、致密无失,故深得袁氏信任,擢为代理参谋总长,一度与王士珍、段祺瑞等北洋枭雄比肩而立。北洋后期,唐氏落魄潦倒,被快速前进的时代抛弃。经过时光漫长的洗刷,这个民国病人自行发完了病毒,进入新中国后成为人民政府百般呵护的统战对象。如此看来,若把他们称作灰色人物会更准确些。

那么,这些杂色纷呈的人物是由于何种机缘会聚在一起的呢?可以说有若干巧合的因素,但更多的是他们身上所携的那种介于黑白之间的混沌色调。

首先从身份认知来说,他们是同一时代背景中涌现出来的风云人物,有学人、有政客、有武将、有高官、有职业革命家、有政治投机分子,还有面孔模糊不清的中间派,并不适宜以黑白分明的阶级斗争史观给他们一一贴上阶级的标签。这就提醒我们,在清末民初新旧思想文化交锋的关键时期,他们的观念选择及行为走向具有很强的典型性、代表性,因而借助原始资料的力量,解剖其各自既丰富多彩又纷繁复杂的一生,对后人感知和认识特定时代人们的思维模式及生存状态,或许会有一定的参照和帮助。

其次就人物生活的时代而言,若用一个词语概而言之,便是"革命"二字。在任何一个时代都一样,革命就是一个供天下众生、各色人等狂欢表演的天然舞台，本书中的人物也是如此，他们恰逢其时，在清末民初剧烈变革的年代，按照各自的人生剧本扮演自己的角色，由此上演了一出出布景一致而情节不同的命运悲喜剧。这里面有暗杀者的思想困顿与内心挣扎、变节者的满腹冤情与努力抗争，也有反正者的艰难抉择与现实考量、中立者的百般无奈与固执信念，更有审时度势暂时投入革命阵营的观风派、为了内心召唤毅然告别革命的理想主义者。

由这些表情各异的面孔组成的时代群像，是对杂色纷呈历史的截图，也希冀给今天留下感悟与启示。

大概因为长期从事新闻工作，书写这些人物时，我自觉不自觉地使用了新闻纪实的手法，忠实于资料、多角度剪裁，赋予书中传主一种特写的风格，再加上篇幅都较长，读起来便与传统的传记不太搭界，更像常见于大型报纸、分数日连载的人物特稿。

形成这种状况的原因首先来自史料本身。因为所引史料具有真实、丰富、隐秘、稀见等天然属性，已无需也容不得凭借加工装饰、想象虚构，去将某个人物的故事敷衍成篇。只需牢牢地掌握并吃透那些发黄、模糊的册页或单篇，从中捕捉和体味某个人物的文章言论、所作所为，乃至情感思绪，并简洁明快地记录下来、展示出来即可。这便是"原生态"的历史。

其次，对历史真相锲而不舍地追索，也是形成人物纪实风格的重要原因。寻找并揭示一件事的真相，帮助读者了解究竟发生了什么、结果怎样，是新闻记者的使命，尤其对从事调查性报道的记者来说，在一篇文章中是否找到真相、能否给出答案，直接决定着采访的成败及报道的生命力高低。历史写作更是如此，它与新闻报道只隔着一条时间的河，除了对内容的内涵、分量、厚重感等方面要求不同，在表现方式上，二者有不少异曲同工之妙，最明显的就是它们都通过对大量事实的搜集、提炼、对比、分析，得出具有说服力的解释及符合逻辑的结论。

在这方面，历史写作的标准更高一些，它要求作者从一个时代纷繁复杂的事件的表象中，努力找出真正值得审视的事例，并借着描述、再现其中的情节与细节，向后人提示历史兴衰的原理。本书正是试图朝着这个方向努力。

清末民初这段历史，尽显吾国社会文化变迁特有的激烈性、多面性，及惊人的自我调节能力，加之恰逢改天换地的新时代，又被注入了革命这个复杂而微妙的主题，就变得难以准确把握，面对纷纭繁复的人与事，更无从遽下结论。在与本书这些人物神交的过程中，我最大的感受就是：对其中每个人，都很难用一句话甚至一段话准确概括其政治属性及历史评价，必须讲述、解析他们的全部人生经历，才能做出足够符合逻辑的判断，得出接近历史真实的结论。幸运的是，在研读那些仍保持着昨日温度的史料时，我仍能感觉到书中人物的思想与情绪，有时候甚至会在梦中与某个人物对话。凭借着这些神谕似的指引，我才找到了讲述的语感、选择的尺度及评说的分寸。

在过去的历史语境下，产生了一些简单生硬的标准，如叙事非对即错、衡量人物非黑即白，等等。这些标准曾束缚我们的思想与视野，只有摆脱这些无形的限制，才能达到自由表达的境地，最大限度地靠近历史真相。对历史书写者来说，那才是一个星光灿烂的理想国：在那里，昨天的世界复活了，变得真实可触；书中人物也不再是笔下僵硬之物，而还原为活生生的人。也许只有如此，我们才有可能、也有理由以后来者的名义，向这些一直被冷落的前辈表示同情与理解，也表示钦佩和尊重。这不正是一本以打捞旧影、寻找真相为使命的读物应该承担的责任么？

我尝试着这样做了，用心用力打造了这一组清末民初风云人物群像，它们的骨架、材料坚固可靠，从面孔到身形亦轮廓清晰、真实可信，然而，其整体艺术效果如何，对每个人物的再现是否平实自然、接近真相，还有待方家和读者的评判。本书所引用的文献资料，好比作者从历史深处打捞出来的珊瑚贝壳之类，本书对于同在史海中遨游的探秘者若有一二借鉴参考作用，则于愿已足矣。

最后还有几句絮语，本书及同时出版的《复原的画像：民国历史真相再现录》中若干篇什，曾在《读库》《闲话》《东方历史评论》上刊登，对编者张立宪、臧杰、李礼诸君付出的辛劳当举手加额。同事川布、文友傅诺什热情地穿针引线，才使得书稿与三联书店这一一流文化符号结缘。张龙博士不遗余力推动两书问世，其间所体现的竭诚为读者服务的精神，令人感念。在此一并布礼致意，以藉情怀。

二〇一八年初冬作者于京北瓜豆居，二〇二二年清明改定

暗杀者

杨笃生的炸弹生活

> 生不得自由,并死亦不得自由。
>
> ——黄兴

许多年后,陈独秀对自己早年参加过的暗杀活动,有这样一种认识,"我敢说:暗杀只是一种个人浪漫的奇迹,不是科学的革命运动"。[1]

在中国,开创这种浪漫奇迹的人,名叫杨笃生。他是清末湖南籍留学生,出洋后眼界大开,由斯文的传统士子变为激烈的革命党人,却因为生命不能承受之重,最终蹈海身亡。

杨笃生短暂一生中的不同凡响之处,在于他是清末革命党人中暗杀的首倡者和第一个学会制造炸弹的人。同盟会在日本秘密自造炸药,就是从他开始的;吴樾刺杀出洋五大臣所用的简易炸弹,就出自他的手中;汪精卫等人谋刺摄政王载沣的桶式地雷,其中也有他的创作。

留学生与革命党,文人与炸弹客,这些矛盾的身份纠缠在一起,构成了杨笃生的秘密世界。

---

[1] 陈独秀:《论暗杀、暴动及不合作》,载《向导周报》第十八期,1923年1月31日。

农家举人

在清末官方档案中,杨笃生青年时代唯一可寻的资料,是一本叫作《钦命四书题诗》的册子中的记载,这册子又称"朱卷",是专门呈给皇帝御览的、各省乡试中举者的名录和试卷汇编,时间为光绪丁酉年(1897)。杨氏的简历如下:"杨毓麟,字笃生,年二十五岁,湖南长沙府长沙县拔贡生,民籍,肄业岳麓、城南、求忠、校经书院。"其后罗列他的族谱,从始祖、太高祖、高祖、曾祖以至父兄、子女,从哪里来、到哪里去,取得过何种功名,脉络颇为详尽。一百多年前的清政府对其统治下的汉族知识分子,管理得如此条缕分明、层次清晰,让人难以置信。

从"朱卷"中得知,杨笃生原籍江西省吉安府庐陵县(今江西省吉安市),有清以来,他不少先辈获得过邑庠生、太学生乃至举人之类的功名,其中祖父为广西补用同知,外祖父为光绪乙亥(1875)恩科举人、乙未(1895)二甲第一名进士、翰林院庶吉士,母亲萧氏自然是大家闺秀,父亲是读书人,寒窗漏夜、苦读半生,虽未取得多大功名,好歹也有个"太学生、候选主簿"的头衔,还有水田四十亩,维持着耕读人家的门面。[1] 在长沙高桥镇甘草坑,始建于清末的杨家老屋,至今还存基址和一个大水塘,这座品字形的土砖灰瓦住宅,有大小房间二十多个,可以想见这个中等大家庭当年的盛景。

作为已考取秀才的生员,参加乡试是今后在仕途上发展的必由之路,杨笃生中举这年二十五岁,时间不早却也不算太迟。清

---

[1] 以上据顾廷龙编:《清代朱卷集成》(328册),台北:成文出版有限公司,1992年,343—349页。

代科举制度规定以八股取士，考试分为童试、乡试、会试三级，乡试是科考的第二级，分省举行，三年一次，每次分为三场，分别考查秀才们对四书五经的熟悉程度，并辅以策问若干、五言八韵诗一首。丁酉科湖南乡试的考卷并无新意，无非"礼之用和为贵""博学之审问之"一类老掉牙的命题作文，倒是几道策问还略有些趣味，如："文废时文、武改绿营，皆有积重难返之处，宜有何法可使变更？""农家之书至杂，宜以何类为要？"总算和现实有些关系，也给考生留下了一点展示个性与才华的空间。杨笃生考得很好，顺利地打进全省榜单，名列第十五，获得举人头衔，这在彼时说起来就是荣耀乡里、前途无量了。因为乡试在全国每次录取约一千四百名，湖南这样的中小省份至多五六十名，他们是每三年在数万人之中选拔出来的知识分子精英，一部分人将进入左右社会政治的权势阶层，如果不出意外的话，长沙高桥镇甘草坑这户小康人家的二儿子杨笃生，也应当是其中一员。

在中举之前，杨笃生的生活与同时代学子们并无二致。他八岁时，父亲病逝，遗下三个儿子德麟、毓麟、殿麟，笃生居次。他在大哥杨德麟督责下，刻苦攻读，加以聪慧过人，课业十分出色。湘人所撰杨笃生的几种小传，有的说他"七岁能文，惊名宿"，也有的说他"幼颖悟强记，年十二三，已遍读十三经、《史记》、《文选》及各名大家诗、古文辞"，足以证明少年杨笃生，是那个时代循规蹈矩、品学兼优的好学生。要知道，十五岁就取得秀才资格，在当时可谓凤毛麟角，这是大部分学子再努力五到十年才可能获得的功名。相比起来，其兄德麟虽负辅导之责，却在毓麟补博士弟子员以后，又用了四年苦功，才考中秀才呢。杨家两兄弟博学能文，在全省有名，当时省城中的巨室官绅"争迎教其子弟",不是没有缘由的。[1]

杨笃生的这位仁兄也是湘中人杰,他早年醉心仕途,积极鼓吹君主立宪,中举后捐资为州吏,分发到安徽任职。庚子事变(1900)后,曾主持江苏省学政的长沙人瞿鸿機擢升外务部尚书、军机大臣,聘杨德麟为家塾师爷,约两年光景。杨笃生以后与朝廷中枢搭上关系,而且以地下革命党的身份,能在京师译学馆及考察宪政出使团中任职,就是依靠这个背景。1903年,黄兴从日本回国筹划革命时,以长沙明德学堂教员身份为掩护,此时杨德麟已自京返湘,在明德学堂与黄同任讲习;又过两年,他也东渡到日本留学,攻读法政,同盟会在东京成立时,他以"宗旨不合"为由没有加入,而参加了梁启超等人组织的宪政会,这与其弟杨笃生的选择大相径庭。不过,政治理想的不同,似乎并未影响杨家弟兄的感情,包括与他们的共同朋友黄兴的关系。1911年杨笃生投海身亡后,杨德麟转而同情革命党人,在辛亥革命光复湖南之役中发挥了作用。民国初年,黄兴在主持南京留守府期间,曾召杨德麟为秘书,德麟随后回湘组建国民党湖南支部,担任政务研究会会长,次年又在谭延闿手下任省都督府财政司长,二次革命中参与通电独立,被袁世凯密令枪杀。

从十五岁到二十五岁这十年里,杨笃生先后就读于湖南省城的岳麓、城南、求忠、校经四所书院,这些经历中有迹可循的,是城南书院两位同学杨昌济、李肖聃的记述。细究起来,这两人与毛泽东都有很深的关系,杨昌济是杨开慧的父亲,他与杨笃生

---

[1] 杨殿麟:《杨毓麟事略》,载曹亚伯:《革命真史》(上),北京:中国长安出版社,2011年,279页;杨昌济:《蹈海烈士杨君守仁事略》,载《甲寅》杂志第一卷第四号(1914),2页;李肖聃:《记长沙杨毓麟兄弟》,载氏著《李肖聃集》,长沙:岳麓书社,2008年,154页。

论血缘是同族,年龄只长了一岁,按辈分两人却是祖孙关系;李肖聃则是毛泽东好友李淑一的父亲,毛词作《蝶恋花·答李淑一》中"我失骄杨君失柳"一句,"骄杨"指杨开慧,"柳"便是李淑一的丈夫柳直荀。早在少年时代,杨昌济与杨笃生一起就读于长沙岳麓、城南书院,以后又同在日本、英伦求学多年,所以杨昌济与这位唤作"阿麟"的族孙相知很深。在书院就读期间,二杨颇相友善,杨昌济作于光绪壬辰年(1892)九月初的组诗《杂感》中,如此描绘道:

> 一夜城南宿,阿麟文战酣。抛书谈杂事,携伴上青山。棋借钱为子,床连睡为安。清明好时节,何惜醉愁颜!

李肖聃也是在城南书院与杨昌济、杨笃生有同窗之谊,后来在追忆文章中,他曾谈到杨氏"祖孙"的不同性情,略引如下。文中"守仁""怀中"分别是杨笃生、杨昌济的号:

> (二人)刻意为学,而志趣不同。守仁务记览、为词章,而怀中好治经;守仁好读时务家言,而怀中守程朱氏之说。其后守仁感伤国事,蹈伦敦利物浦死,而怀中留学海外,卒成学者,行为人师。[1]

杨昌济和李肖聃,后来都做了大学教授,一个成为吾国伦理学开山鼻祖,一个长于经史子集、说文解字。杨笃生却成了一个相反的例子,他没有顺理成章做个学者,也没有转变为乡土士绅的一

---

[1] 李肖聃:《本校故教授杨怀中先生事迹》,载《北京大学日刊》1920年1月28日。

员,而是成了让人刮目相看的革命党、炸弹客。

这还得从他中举前的经历中去寻找原因。丁酉年湖南乡试"朱卷"中,在杨笃生的简历、族谱后面,还附有"受知业师"一项,以杨的学习经历为序,列出教过他的老师,人数多达三十三人,其中有校经书院院长杜仲丹(名贵墀)、湖南提学使江标这样的头面人物,还有戊戌维新领导人黄遵宪。杨与这几位大人物的师生关系,在其早年文章中也可寻到一些痕迹。校经书院是杨笃生在湖南就读的最后一所地方学校,院长杜仲丹对他欣赏有加,同学杨昌济1914年发表于《甲寅》杂志上的《蹈海烈士杨君守仁事略》中,有这样一段记载:

> 甲午中日构兵,君(按指杨笃生)时在校经书院,作《江防海防策》,痛诋当局。院长杜仲丹惊赏之,谓其退然如不胜衣,乃能为景略雄谈也。[1]

在1894年甲午战争中,北洋舰队与日本海军狭路相逢,几乎全军覆没。杨笃生撰写《江防海防策》,呼吁清廷痛定思痛,收复旅顺口等失地,一洗大国惨败之耻,杜仲丹阅后赞为"景略雄谈",可见写得不同凡响。其实杨在这篇文章中表达的,是同时代许多爱国青年知识分子的意见,并无异样;只是文章的汪洋恣肆为常人所无,这一方面得助于他坚实的国学根基,另一方面来自其心声。若细细揣摩,一股不平之气已掩于字里行间,非久经世事者,是不能发现的。再过十年,杨笃生成为革命党中的文章家,于右任称赞他"欲天下哭则哭,欲天下歌则歌",这是不可不察的一个开端。

---

[1] 杨昌济:《蹈海烈士杨君守仁事略》,载《甲寅》杂志第一卷第四号(1914),2页。

对杨笃生表示赏识的不止杜仲丹，主管教育的提学使江标（字建霞）是以培养人才、奖掖后进闻名于东南的，他自1894年起主持湖南学政，与谭嗣同、唐才常等湘省才子颇相友善，几年后戊戌变法兴起，光绪帝命他以四品京堂在总署章京上行走，但未就职而政变起，落得革职禁锢。在提学使任上，江标对杨笃生的提携也格外慷慨大度，到湖南视学第三年，他编选了一套八卷本的全省举子优秀作文，名曰《沅湘通艺录》，其中第二卷就收入了杨笃生的少作《子曰：有德者必有言》。杨笃生的名字与毕永年、张缉光、李翰基、谭延闿、唐才常这些日后的名人排列在一起，共同讨论着"君子和而不同""民可使由之不可使知之"之类的话题，真让人有恍若隔世之感。其中毕、谭、唐以后是有着湘省革命巨子美称的，而此时他们的思想基础也同样来源于四书五经，这对于我们理解杨笃生的文化背景，也是一个准确的参照。这时候，杨壮怀激烈的一面还没有显露出来，他的思想变化是从研读时事书刊、留心经世之学开始的。

1897年中举的同时，杨笃生在《湘学报》上发表了《述长芦盐法》。文章以北方最大产盐地长芦（今沧州）为例，辑述清朝历代盐法梗概及得失，提倡盐政改革。其中阐述了下述重要观点：一是盐税不可过重，"不当为竭泽而渔之计"；二是设立煎盐公司，实行专卖。可见在维新变法的大背景下，他对于现实问题的关注。但杨笃生一介书生，何以选择这么一个时务题目作文呢？

原来这与黄遵宪有关。黄在这年告别了在日、美等国的外交官生活，回国后被任命为湖南长宝盐法道，一度代理湘省按察使。湖南在这年办起了时务学堂，并请来大名鼎鼎的维新派人士梁启超担任总教习，都是他出面一手促成的。黄遵宪在盐法道任上任职一年，负责管理全省食盐生产及运销，自然对盐法格外留意，他亲自出题，指导杨笃生作此论文，并引荐在《湘学报》上分三次连载发表也就不奇怪了。

这是杨笃生中举人前的情况，从时间上看，离他成为一个革命党人还有五六年光景。

时务学堂教习

杨笃生中举时二十五岁，早已成家立业。在今人编集的《杨毓麟集》里，收有杨留英期间的几封家书，从中可知其妻是个新式女子，姓周，名俪鸿，而不像那时大多数妇女叫杨周氏，两人育有一子一女，女儿还入了新派人士组织的"不缠足会"。杨笃生在1909年6月的一封家信中提到"静儿已将近成年，得儿亦在十岁以外"[1]，即指长女克恭、小儿克念（大儿早夭）。据此判断，这两个孩子都是他1902年赴日本留学之前所生。按照常理，即使只出于对家庭的责任感，中举之后的杨笃生也不能不考虑职业选择，以尽养家糊口的义务。本来，他是有机会进入仕途的，但显然他不屑于此。其弟杨殿麟讲述他这段经历时说："戊戌一试春官，分发广西知事，不至任。遂绝仕进。"老革命党冯自由《〈新湖南〉作者杨笃生》一文也沿袭这个说法，这实际上是不正确的。[2] "戊戌"为1898年，所谓"春官"，是指主管对士子考察、选录的朝廷礼部。清代官场讲究出身，像知事这种县级官员，大多数都须取得进士头衔，举人被录用的机会则微乎其微，只有少数国子监

---

[1] 杨笃生：《致夫人俪鸿》（1909年6月20日），载饶怀民编：《杨毓麟集》，长沙：岳麓书社，2008年，341页。

[2] 杨殿麟：《杨毓麟事略》，载曹亚伯：《革命真史》（上），279页；冯自由：《〈新湖南〉作者杨笃生》，载氏著《革命逸史》第二集，北京：中华书局，1981年，116页。

拔贡生且在朝考中成绩优异者，才有可能分发为知县。这七品父母官，位卑而任重，是构成清朝官僚体制的基本队伍，所以选拔十分严格。

中国第一历史档案馆所藏《端方档》中，有一件杨笃生亲笔所写的《致端方函》，落款自署"候选知县杨守仁"，既是候选，何能"分发广西知事"呢？只能说按照官场常例，已具备候选知县资格的杨笃生，由此进入仕途并不很难，最方便的途径是使银子、走门路，通过捐纳转正。若是运气好，一步就可迈进衙门，做个县太爷，既升官发财，又光宗耀祖。清朝统治者设立科举制度，倡理学以消磨士子志气，悬利禄以收买汉族人心，其目的不是使他们悉入彀中、俯首帖耳么？

总之杨笃生对做官没有什么兴趣，时运不济也好，志趣使然也好，中举这年（1897）他应聘到湖南时务学堂做了一名教习。这个选择，应该与他身处时代的风气转变有很大关系。在甲午战败后的几年里，朝野上下疾呼改革自强，湖南风气素称闭塞，但激昂慷慨之士辈出，眼下兴办新学、开启民智正为各界所瞩目，尤其是梁启超主持的时务学堂，一时引领全国。在巡抚陈宝箴、新任学政徐仁铸支持下，时务学堂办得有声有色，除了中文总教习梁启超、学堂总理熊希龄，还延聘了谭嗣同、唐才常、杨笃生、沈荩等湘省学界的精英，分别担任史学、商务、算学、交涉、舆地等科的教习。杨能够跻身这一行列，说明他在学识上达到了一定高度，同时在思想上与改良派十分接近。他是梁启超组织的南学会的骨干之一，同时还参与《湘学报》的编辑。他教过的学生中，后来有名于时者有秦力山、林圭，不久在自立军起义中分别担任前军统领和中军统领；还有时年十六岁的邵阳学生蔡锷，蔡当时身体单薄却聪明勤奋，以后成了时务学堂引以为傲的高才生之一。

然而湖南的维新运动,在杨笃生执教时务学堂的次年,就因为戊戌政变发生而戛然停止了。北京政变的惨剧,导致谭嗣同被杀头、梁启超逃亡日本,时务学堂也被明令取消,杨笃生虽不是焦点人物,但也不免受到牵连。杨殿麟在《杨毓麟事略》中所说其兄"几及于难,避乡数月乃免"[1],应是实情。变法保皇派遽然失败,同人非流血街市,即亡命海外,而且湖南的一切新政均被推翻,这种残酷的现实,一定会触及杨笃生灵魂深处的某些东西,也给他的精神世界投下深深的阴影。

时务学堂关闭后,杨笃生成了一个"文化打工者",靠着出售自己的知识和学问谋取生活来源。先是在1899年春,哥哥杨德麟动用乡里关系,为他在江苏提学使瞿鸿禨幕中找了一份事,名曰"学政署襄校"。瞿是长沙人,于同治九、十两年(1870、1871)连续考中举人、进士(即连捷),又在光绪元年(1875)大考中名列前茅,以翰林院侍讲学士升用,此后主持过数省学政,在教育界风光一时。他读了杨笃生发表在《湘学报》上的几篇论说——《续龚定庵〈古史钩沉论〉》《汉成帝使谒者陈农求遗书于天下赋》《苏若兰〈璇玑图〉叙》《国朝骈体诸家赞》,对这个湖南小同乡的古文学根底及文章才华颇表赞赏,决定将其收入幕中。襄校这个职务,负责协办斟阅试卷、选拔考生等事,相当于学政的助理,非博学能文者不能胜任,这也从一个侧面说明,杨笃生在国朝经说、文学历史方面的造诣是高人一筹的。

在南京瞿幕中过了一年多,杨笃生再度失业。原来瞿鸿禨厌倦了多年的督学生涯,为了另图高就,于1900年夏天向朝廷呈递

---

[1] 杨殿麟:《杨毓麟事略》,载曹亚伯:《革命真史》(上),279页。

《为学差任满因病恳恩开缺回籍就医折》，旋奉朱批"赏假两个月，假满即赴行在"，杨笃生只得打道回湘。瞿鸿禨这招很灵，庚子义和团事变平息后，朝廷中枢主持乏人，在慈禧身边重臣荣禄的强力推荐下，瞿很快奉旨上调京师，手握重权，成了汉军机大臣中最受西太后器重的人物。而杨笃生离开南京后，在人生道路上与瞿鸿禨仍有复杂微妙的交结。冯自由、杨殿麟在文章中称杨笃生此番离职是"终以'宦途污浊'辞去"，皆陈陈相因之语，是不可信的。

东渡日本

杨笃生从南京回到长沙，已是庚子年（1900）深秋，新世纪开端的前一年对中国来说颇不平凡：在北方，义和团杀洋灭教，八国联军入侵北京，慈禧太后和皇上狼狈西逃；几乎同时，在南国的两湖地区也发生了一件大事，便是前时务学堂教习唐才常、秦力山、沈荩等，联络了江湖会党数千人成立自立军，号召"勤王"革命，却于起事前夜因密泄而失败，唐氏等二十多名党人在汉口被捕杀头，天下震动（沈荩逃脱后，于1903年在京师被逮，旋遭杖毙）。杨笃生与唐、秦、沈是时务学堂同事，当时在梁启超、谭嗣同影响下，都热衷维新、鼓吹变法。不知为何，唐才常谋划自立军起义，前后有一年多光景，却始终未邀请杨笃生参加，仅以杨当时在南京瞿鸿禨幕中而无法脱身为理由，显然还不能尽释其因。或许可以这样说：此时的杨笃生，仍是儒家文化和忠君思想教育出来的一个"好学生"，他还不具备参与流血革命的思想基础，更不要说投身自立军的具体军事行动了。

尽管如此，八国联军的入侵、自立军的失败及唐才常之死，想必在杨笃生内心引起了震撼，这年夏天他所作的感时诗中有这样的句子："俯首中原一涕零，冥冥酣睡几时醒。……大地已成刀俎肉，伪朝方播虎狼腥。最怜寸土无干净，诸葛何山筑草亭。"[1] 对八国联军占领下的京城惨遭蹂躏，他激愤难平；对救亡图存、重整河山，他充满期待——这是典型的忧国忧民情怀。一个生活在科举文化体制中的士子，只要身在樊笼，那么忠君和爱国就是其本分，在打开眼界之前，民族的危机、社会的风暴，只能徒增其"天下兴亡，匹夫有责"的幻觉而已。对杨笃生这种才子型知识分子来说，尤其如此。

以杨笃生的才名，捧个饭碗并非难事，返回长沙后，湘省巨绅龙湛霖即请他来府中开馆授徒。龙氏是同治元年（1862）进士，从翰林院编修累迁至侍读学士，以后擢升礼部侍郎、刑部右侍郎，及至任满交卸，乞病归乡，之后未再复出，可见他对官场看得很明白。据光绪三十一年（1905）龙湛霖去世时湖南官府向清廷的奏报，"该侍郎有子三人，长子绂瑞，三品荫生、候选知县；次子绂年，正二品荫生；三子绂慈，附生"，[2] 杨笃生入闱龙府西席，主要授课对象便是这兄弟三人，这对才高八斗、心高气傲的杨笃生来说，岂不大大地委屈？好在龙湛霖非常重视教育，极力提倡办学，馆中收了一干门生弟子，除了自己捐出巨资在长沙办起明德、经正两所新式学堂，还鼓励本省成绩优异的学子到日本游学。有趣的是，龙家后来出了好几个革命党，其中最有名的是他的侄子龙璋，曾多次为黄兴组织的举义筹款，也同杨笃生联系密切，辛

---

[1] 杨笃生：《感时》（1900年7月1日），载饶怀民编：《杨毓麟集》，363页。
[2] 中国第一历史档案馆藏《光绪三十一年七月初七日录奏副折档》，第2号c包。转引自郑匡民、孔祥吉：《英伦蹈海烈士之真史——杨毓麟未刊函札述考》，载郑大华、邹小站主编：《辛亥革命与清末民初思想》，北京：社会科学文献出版社，2012年，388页。

亥革命后担任过湖南第一任民政长、国民党湖南支部评议长。

到1902年春,湖南第一批官费留学日本的学生启程后,龙湛霖也跃跃欲试,想出资送几个子弟出去见见世面,最后决定派龙绂原、胡子靖,由杨笃生带着一起东渡。其中,胡子靖是赴日考察教育的,后来他成为明德学堂的监督;龙绂原与杨笃生一同入横滨清华学校习日语,以后也加入了同盟会,成了黄兴手下重要干部。

据《游学译编》第十册所载《湖南同乡留学日本题名录》,杨笃生到达日本的时间为"壬寅四月",也即1902年的春天。清华学校开学后,他在给龙湛霖长子龙绂瑞的信中说,该校所设课程除了东文、英文,还有算术、化学、物理、体操,学校管理甚严,"每日有常课,出入不得自由","早晚须点名两次。五点钟起,十二(点)钟睡,起居并有定律",由此比较国内学子的书塾生活,他不禁感叹道:"视内地聚居一塾,但肆嬉游者,相去殊远。"[1]看来适应学校生活,对他来说是个不小的考验。

清廷首次派遣赴日留学生,是在光绪二十二年(1896),当时仅派出十三名学生,到1902年杨笃生东渡时,在日本的中国留学生已有一千人左右。杨虽算不上其中的先驱者,但他作为一个拥有举人头衔和候补知县资格的士子,敢于挑战自己,与传统读书人所追求的功名利禄告别,一切从头开始。自维新运动以来,在新政方面,湖南凡事皆开风气之先,新派学生争先恐后浮海东瀛,已属寻常情事。但无论退休高官龙湛霖,还是在朝廷军机上行走的瞿鸿禨,都不会料到,他们备加赏识的杨笃生,这个才华横溢、温文尔雅的湘籍书生,离开家国,思想就发生了巨变,两年以后,

---

[1] 杨笃生:《与英溪执事书》(1902年4月19日),载饶怀民编:《杨毓麟集》,338页。

行为更是暴烈无比，成了清廷最恐惧的一类人。

光绪二十八年（1902）春，杨笃生东渡日本时，已整整三十岁，在那个时代算作中年人了。按照儒家文化传统，一个人到了而立之年，应该事业成功、命有所归，那么杨笃生这个背着"候补知县"名头的举人，到了如此年龄，还漂泊到异国游学，算是哪一种情形呢？杨肯定感到很大压力，所以到日本后，为了开眼界、广知识，一连进了清华、宏文、早稻田三所学校，其中清华学校在横滨，前身是华商设立的东亚商业学校。前引杨昌济《蹈海烈士杨君守仁事略》一文，对杨笃生在清华学校的学习生活也有详述："壬寅往日本东京，入本国人所立之清华学校习日语、数学，甚苦，尝失足倾跌伤足指，痛甚，然扶病上讲堂受课，不肯休，一堂感动。旋改入日人所立之宏文书院，复改入早稻田大学。"对于杨这样只懂得做论说文章的人来说，学日语、攻数学显然都不是容易事，他的刻苦用功里面，颇有时不我待、急起直追的意思。

杨笃生与黄兴是前后脚到达日本的，杨出国前，黄还曾专门为他饯行，可见交情非同一般。他们都是长沙城南书院的毕业生，不过在年龄上，杨笃生比黄兴大了三岁，论资格是学长（黄兴二十二岁时考中秀才）。大约因为这层关系，杨笃生在时务学堂任教习时，黄兴就和他有所交往，并通过他结识了同校执教的谭嗣同。据黄兴早年的朋友、华兴会会员周震鳞回忆，当时他们对时务学堂、南学会一派人物的活动颇为关注，而且正是通过杨笃生、秦力山，才了解到谭嗣同关于维新变法的许多主张。以后，"我和克强（黄兴，字克强）先生因杨笃生、秦力山是我叔父（按指城南书院教习周理琴）的门人关系，也就经常和谭嗣同等来往，从此关心政治、研讨时事"。周震鳞还记得：

> 杨笃生和秦力山出亡日本的前夕，克强先生和我在（两湖）书院斋舍秘密为他们饯行，力劝他们丢掉保皇的幻想，只有革命，才能够救亡图存，为南学会死难烈士报仇。杨、秦等痛定思痛，认识了我们主张的正确，表示完全接受。[1]

作为杨笃生的同时代人，周震鳞的回忆虽属珍贵，但也不可全信，因为秦力山毕竟还参加了自立军起义，说他"出亡日本"还算合理，但在当时来讲，杨笃生何须"出亡"呢？此外，所谓杨、秦二人"表示完全接受（黄兴的主张）"云云，更像是周震鳞根据杨笃生几年后提倡暗杀、与清廷做暴烈抗争的表现而做出的评判。实际上，如果联系当时情境，事情的转折则远非这么简单。南学会人士的政治主张，与黄兴等人的力倡革命并不相同，他们在庚子年发动勤王起义，是痛感外人入侵、国事日非，除了以此声援被幽居瀛台的光绪皇帝，还有一个目的，是要为戊戌死难六君子复仇。忠悃如此，又矛盾如此，无怪乎失败得那么惨烈。在遭到清廷严酷镇压后，杨笃生、秦力山这些"漏网之鱼"，对光绪帝的软弱无能、保皇派的力量涣散颇为失望，但这并不意味他们会因此马上改变士大夫的传统保守观念。尤其对杨笃生这样的士子来说，要他起来谋反，还须有一种深具说服力的理论和学说。

不过从这段史料中，我们知道了杨笃生与黄兴交往的更多细节，原来杨赴日在先，黄是后来者。黄兴于1896年中秀才后，被保送到武昌两湖书院深造，毕业以后，由湖广总督张之洞派赴日本考察教育，到了东京，就在日本人嘉纳治五郎开办的宏文书院补习日

---

[1] 周震鳞：《关于黄兴、华兴会和辛亥革命后的孙黄关系》，载《湖南文史资料选辑》第一辑，长沙：湖南人民出版社，1981年，66—67页。

语。这所书院是以速成师范见长的，几个月后，杨笃生也从清华学校转入了该院。此时，内地赴日留学生中，来自湖南省的最多；戊戌政变后，梁启超逃到日本，在横滨开办大同学校，一下子招来了时务学堂旧生二十余人，东京也聚集着不少湘省学子，但像黄兴这样的官费生则寥寥无几。在革命史上有名的湖南人，如宋教仁、陈天华、姚宏业、仇亮等，都是在1903年以后陆续来到日本的官费生，他们也都成了宏文书院速成师范科的学生。看看杨笃生身边的这些热血同学就会明白，置身于这个圈子里，以后不做革命党人也很难。

那么初到日本时的杨笃生，对黄兴等人主张的反清持何种态度呢？有件资料可佐证杨的心理变化过程。赴日不久，大约在1902年的初夏，他以受业门生身份写信给恩师瞿鸿禨，报告自己在东洋的所见所闻，信的开头即说，"辱承招致，感激殊深。惟学业未成，材识谫劣，欲于壮年粗习外国政俗，以广益闻见，是以不获趋侍"[1]云云，这是怎么回事呢？原来瞿鸿禨升任军机大臣后，从湖南招引了不少"自己人"来京，先是入幕为宾，不久都在朝廷各部得到了官职，如他的亲朋里，姨侄朱启钤当上京师大学堂译学馆监督，门生张缉光担任刑部员外郎，亲家余肇康得到法部左参议头衔，这都是瞿氏一手安排的。当时瞿鸿禨也想把杨笃生罗致到幕中，曾嘱张缉光写信去日本，召杨回国，所以杨笃生在上述回信中，才有"辱承招致，感激殊深"等语。他解释说：自己的学业还未完成，想在日本多学一些知识，再回国服务，所以现在不能马上为您效劳。瞿鸿禨这么热心招募杨笃生，说明他对

---

[1] 杨笃生：《致外部枢相书》（光绪二十八年［1902］六月初八日），抄件。转引自郑匡民、孔祥吉：《英伦蹈海烈士之真史——杨毓麟未刊函札述考》，载郑大华、邹小站主编：《辛亥革命与清末民初思想》，390页。

杨很器重，对这位旧属的才华很认可。可以想象，如果杨笃生当时应邀回国，在瞿鸿禨手下混个一官半职，是不成问题的。但其志既不在做官，想必有更重要的东西吸引着他。

这个东西是什么呢？时间再往前走一个年轮，才有答案。

忠臣与反骨

杨笃生给瞿鸿禨的这封信，洋洋数千言，写得文情并茂、十分动人。他一开始讲述在日本的见闻，力陈选拔各级官吏、速赴日本学习政治及建立法律与经济制度的重要性，尤其提倡兴办教育：建议将派送师范生的范围从目前湘、粤、苏、鄂四省的数十人扩展到全国各省，学制延长至一年，认为此乃"转移残局之一线生机""一举而措全国于泰山磐石之安"。在信中，他还十分真诚地向瞿氏提议，过去曾国藩、李鸿章仅热衷于大办洋务，重视枪械战舰，而轻视法政、经济、教育，贻误后世甚多；如果"能得吾丈一疏，奉朝命以敦促各疆吏，克期派遣，指顾可成"。显然，杨笃生不懂得瞿鸿禨身为权臣，凡事都患得患失，他把"吾丈"的品德估计得太高尚了，也把政治改革这种牵一发而动全身的事看得太简单了。杨笃生书生意气，对上层改革还怀有很大希望，对依靠瞿鸿禨这样深得慈禧信赖的高官来拯救危亡还存有不少幻想。杨来到日本才几个月，这样想并不奇怪。但令人诧异的是，在信的后半部，他居然还向瞿氏透露了革命党人的一些秘密，如说留日学生中：

> 凡倡言破坏，以革命为宗旨者，非穷蹙无赖之逋客，即踉弛无所忌惮之狂民，此其人于实际科学非有所得，又决不

能居学校中循循然在弟子之列者。凡研习实际科学及能居弟子之列者，非独有所忌惮而不为者，抑亦学校中规则所不许。[1]

杨笃生告诉瞿鸿禨，现在留日学生中，那些鼓吹革命、与当局作对的，不是无赖之徒便是不法分子，这些人对实际科学一窍不通，在学校中也不愿安分守己；那些好好学习的好学生，既是对朝廷有所忌惮，也因校规不许（参与政治）。当然，杨笃生是把自己归入"好学生"之列的。显而易见，他所说的"穷蹙无赖之逋客，跅弛无所忌惮之狂民"，指的就是留学生中一群整天叫喊起来造反、与朝廷势不两立的革命党人。

黄兴、陈天华、宋教仁等人得读此信，不知道要有多么错愕呢。

既然杨笃生在信中是这么写的，想必这也是他心中的真实想法，因为瞿鸿禨是他的老上级，这又是一封私信，连抬头的称谓都是"侄杨毓麟再拜上书外部枢相大人执事"，他用不着作假，更不像某些研究者以最善良的愿望、一厢情愿的揣度所认为的，杨在信中写这段话，是有意以此掩护自己的革命党身份云云。

杨笃生写这封信的目的，是想通过瞿鸿禨说服朝廷，多派官员东渡日本、学习优越的政治制度，促进清廷改革、国家富强；至多我们可以推测，为了让瞿鸿禨接受自己的建议，并打消其顾虑，杨笃生才如此放下身段，不惜在信中以诋毁同学来取悦对方，尽管不久他就会发现，这么做完全是徒劳的。因为瞿鸿禨在朝廷中虽处显位，但说话办事都得瞻前顾后，要看老佛爷的脸色、考虑同僚的感受，哪有魄力推行什么官员赴日速成教育计划呢？

---

1 杨笃生：《致外部枢相书》（光绪二十八年［1902］六月初八日），抄件。转引自郑匡民、孔祥吉：《英伦蹈海烈士之真史——杨毓麟未刊函札述考》，载郑大华、邹小站主编：《辛亥革命与清末民初思想》，392页。

杨笃生刚到日本时，对说服当政者救亡图存，还怀有不小期望；与黄兴等人深交后，开始略谈革命；随后接触到风行一时的无政府主义学说，并被其深深打动——这是杨笃生思想嬗变的轨迹，它运行得如此之快，并不让人感到奇怪。与杨同时代的许多青年士子都是这么走过来的，从感时愤世到大声疾呼，从文章报国的初愿到改造社会的雄心，从潜伏纸间的不平之气到反清排满思想的公开表达：这是那一代知识精英转变为革命党人的必由之路，在这一点上杨笃生也是如此。

一个认认真真读了二十多年四书五经、博得了些许功名却又找不到出路的士子，从封闭保守的内陆省城来到了正乘着明治维新之风快速起飞的日本。这种政治文化制度的极大反差带给他的刺激与醒悟，肯定是对本国现实与今后命运的思考，接下来就是自己该做些什么、改变些什么。

但是杨笃生从一个恂恂书生变为革命党的时间也太短了，仿佛在一夜之间就完成了某种跨越。他的经历中，真正令人难解的是接下来发生的事：到了光绪二十九年（1903），即赴日次年，已转入早稻田大学攻读法政的杨笃生，一转眼却成了湖南留学生反清团体中的积极分子，他满怀热情地投入一件事，便是编辑留日同人丛报《游学译编》。这个刊物的问世时间早于宋教仁、章太炎创办的《二十世纪之支那》《民报》，被认为是东京留学界最早出版的具有革命色彩的读物，主要刊载留学生从日文转译而来的西方思潮新作。湘人撰写的《杨毓麟传》说，"（该刊）专以输注政治革命、种族革命学说，大半出自守仁之作"[1]，所指就是杨笃生的译作《自由生产国生产日述略》《纪十八世纪末法国之乱》《政治

---

[1] 湘人：《杨毓麟传》，载曹亚伯：《革命真史》（上），281页。

学大纲》等。从这些篇目上,可以体味到西方文化在一个中国文人头脑中引发的震荡,也可见杨笃生杂览西书,不但涉猎面广,翻译也相当勤奋。在这期间,他还完成了《汉族光复史》《满洲问题》两篇长文。前者惊世骇俗,标志着留学界种族意识的觉醒;后者是对日俄争夺中国东北后果的分析,杨昌济当年读过这篇文章,用他的话说,"《满洲问题》声(讨)政府之罪,慷慨淋漓、声泪俱下"。

杨笃生在1903年撰写的文章中,影响最大的还是印成小册子广为发行的《新湖南》。此书的主旨是鼓吹湖南脱离清廷、独立自治。在当时,明目张胆宣称反清的读物,这还是第一部,被后人视为留学界反清革命的先声。《新湖南》共分六章、近三万字,虽然内容多言湖南形势,但立论前所未有、文字汪洋恣肆,即使在"天高皇帝远"的日本,许多人读起来也感到"石破天惊"。鲜为人知的是,同年夏天问世的《猛回头》,许多观点、素材都出于杨著,陈天华的这本书放眼天下,文笔通俗、老少咸宜,所以更为人所知。关于这一点,李肖聃在《记长沙杨毓麟兄弟》也谈道:"(陈)天华著《猛回头》诸书,皆赖毓麟润饰成文。"[1] 湖南老革命党徐特立回忆少时读到《新湖南》的感受,称"佩服得五体投地";出生在湘省的晚辈毛泽东,在五四时期与友人办过一份宣传革命思潮的刊物,刊名索性就叫《新湖南》。可见在盛产革命家的湖南,杨笃生这本小册子发挥了很大启蒙作用。

《新湖南》最显著的特色是公开宣扬湖南脱离清廷、实行独立,即所谓:"一省自立,则满政府坠地矣。"全书内容中让人震撼的还属第五篇《破坏》,杨笃生于此自问自答:"自立之程度何也?

---

[1] 李肖聃:《记长沙杨毓麟兄弟》,载氏著《李肖聃集》,154页。

曰：破坏是也。"也就是说，用暗杀、爆炸等方法达到目的。文中有这样一段：

> 非隆隆炸弹，不足以惊其入梦之游魂；非霍霍刀光，不足以刮其沁心之铜臭。呜呼！破坏之活剧，吾曹安得不一睹之？破坏之悬崖，吾曹安得不一临之？
>
> 轰轰烈烈哉，破坏之前途也；葱葱茏茏哉，破坏之结果也；熊熊灼灼哉，破坏之光明也；纷纷郁郁哉，破坏之景象也。夷羊在牧，吾以破坏为威凤之翔于天；旱魃行灾，吾以破坏为神龙之垂于海。[1]

以上文字看得人心跳加速、血脉偾张，其中关键词为"破坏"，就是要用包括使用炸弹、匕首在内的各种暴力手段对付清廷，借助暗杀唤醒世人，通过"破坏"达到"独立"。在激昂慷慨的呐喊之后，他得出结论："自由犹树也，溉之以虐政府之血，而后生长焉。"意即自由就像一棵树，必须以清政府的流血来浇灌，才能茁壮成长。

在过往的史家看来，杨笃生的这种变化或许表现出小资产阶级知识分子的狂热性，上面那番话实属头脑发热、异想天开，听起来不怎么靠谱，而且倡言搞破坏，显得既狭隘又盲目，还有些虚无，总之走的不是正确的救亡图存革命道路。可是当年留日学生就是这么疯狂，梁启超不是说过，清政府就是一间制造革命党的大工场么？细细想来，杨笃生出此狂言，与他的朋友谭嗣同、

---

[1] 湖南之湖南人（杨笃生）：《新湖南》，载《辛亥革命前十年间时论选集》第一卷下册，北京：生活·读书·新知三联书店，1960年，638—639页。

唐才常等因为爱国保皇而遭杀害的残酷事实有关，他来日本后耳濡目染的各种思想主张的激发，也是不可忽视的因素。当然，其间又有黄兴等革命党同学的推波助澜，作为汉族文化精英和种族传统继承人的自诩者，他一下子站到清王朝的对立面。

无政府主义

令人不可思议的是，在《新湖南》里，杨笃生极力推崇用来与清政府斗争的武器，是无政府主义。

从欧洲舶来日本的无政府主义，是一种激进的社会改革主张，在20世纪初风行之广，已非今人所能想象。被认为是新文化代表人物的陈独秀、蔡元培、马叙伦、刘思复等，当年都是这一理论的信奉者和实践者，直到五四时期，胡适还在日记中说：谈论无政府主义是一种时髦风尚。

对于急于改变现状的有志之士来说，采取暴力手段反抗社会黑暗，是一件很有吸引力的事。《新湖南》贴着反清革命标签，但全盘接受无政府主义并加以模仿，用来发泄对清政府的仇恨，这看起来有些矛盾，却十分有效。当时人们追捧这本小册子，是因为它张扬着一种彻头彻尾的反叛精神，其中对无政府主义使用的斗争手段的研究和阐发，也为革命党人增加了一种神秘色彩。对把无政府主义推向了极致的俄国虚无党，杨笃生表现出一种情有独钟的欣赏。他发现俄国知识分子与专制沙皇的斗争，是沿着一条既定轨道不断演进的，即"自文学革命时期升而为游说煽动时期，自游说煽动时期升而为暗杀恐怖时期"，这个发现让他深受启发，同时一定也大感兴奋。一百年后我们再读这些文字，仍能感觉到他览史顿悟、挥笔渲染中的快意：

> （俄国虚无主义）在昔十九世纪之初，倡之者不过一二人；至十九世纪之中，而蔓延及于学校焉；至十九世纪之末，而蔓延及于军队焉。……学校之青年，悍然与政府为国事之劲敌，斧钺在前，监狱在后，曾不足以戢其凶行之十一。至于学校教头、地方知事，被刃绝命，累累相望也。（亚）历山（大）二世被狙击者至七次，游艇下之水雷、铁道线下之地雷等未发见者，尚不在此数。……政府设备不敢稍疏，而党人之势力，乃如水银泻地，无孔不入。[1]

这里隐隐约约又出现了一个关键词，仔细辨认，就是"暗杀"二字。杨笃生真是妙笔生花，经他这么一描绘，既恐怖又黑暗的暗杀活动竟成了一件十分美好的事物，呈现出令人神往的景象。他还夸张地写道：在当今俄国，"无政府哲学，弥满（漫）充塞于国民之脑质中，至（致）使妙龄之弱女，亦乐敝衣毁饰，杂于男子之中，冀得一达其目的，以为愉快"。作为弱势阶层参与政治生活的一种扭曲手段，暗杀之风兴起于欧洲，全盛于俄国，它的腥风血雨也贯穿了日本近代化的全过程。形形色色的暗杀事件，无论对于实施者还是被杀者，都是以悲剧开始，又以悲剧结束的。但谁能料到，这种政治诉求的极端形式，竟为来东洋寻求救国之道的留学生们提供了灵感。

《新湖南》问世后，从1903年4月到8月，连续印刷了三次，仍供不应求。《游学译编》同年第九期登出的再版广告称："初印数千部，原欲分赠知友，不取卖价。后索读者多，本社无从遍赠，

---

[1] 湖南人之湖南（杨笃生）：《新湖南》，载《辛亥革命前十年间时论选集》第一卷下册，642页。

且所印亦已告罄，乃再版付售，以饷众望。"这年晚些时候，留日学生邹容撰写的《革命军》和陈天华撰写的《猛回头》《警世钟》先后出版，与《新湖南》一起成为反清的最激烈言论。此时距孙中山发起中国同盟会，明确提出"驱逐鞑虏，恢复中华"的口号，还有两年多时间。

《新湖南》问世后，提倡暗杀的言论在留日学生中盛行起来。这年6月出版的《江苏》中《政体进化论》一文说，"故堂堂正正之国民军出现以前，未有不以如鬼如蜮之侠客壮士为先锋者"；同月出版的《苏报》刊载的《虚无党》，其内容更加毫无顾忌："吾今日震惊于虚无党之事业，吾心动，吾血溃，吾胆壮，吾气豪，吾敢大声急（疾）呼以迎此潮流……"[1]

由此可见，那一代书生在清廷压制下貌似循规蹈矩，实则吞声忍气，一旦走出国门、打开眼界，就变得胆气豪壮、个性强大，在这种气氛催化熏陶下，其中一些人自然而然加入了革命党。杨笃生的与众不同在于，他不仅成了革命党中的异数，又成为"炸弹党"中的一个激烈分子。

炸弹客

1903年5月，与杨笃生狂热地鼓吹暗杀同时，由黄兴、宋教仁等人发起，东京的留学生成立了一个叫作军国民教育会的革命团体。这个组织从提倡爱国主义的拒俄义勇队演变而来，宗旨也已改为"实行民族主义"。留学生们赴日的初衷，是要从东西洋文

---

[1] 竞盦：《政体进化论》（节录），载《辛亥革命前十年间时论选集》第一卷下册，547页；作者不详：《虚无党》，载《辛亥革命前十年间时论选集》第一卷下册，697页。

化中寻找救国图存的办法，但大部分人在学习的过程中萌发了种族意识，很快打出民族主义旗号，走上反清之路，这是付费方清廷始料未及的吧。

军国民教育会成立后，决定进行方法分为三种："一曰鼓吹，二曰起义，三曰暗杀。"在推举"运动员"（相当于干事）时，湖南省选出了黄兴、陈天华、杨笃生三人，他们将承担联络会员回国策动会党、军队以举行武装起义的任务。黄、陈经常热心组织大家练习射击、体操，他们当选为干部理所当然，杨何以胜任此职呢？李肖聃的这段回忆或为一解，他说在东京时，"每同乡会集，（杨笃生）登坛演说，意气激昂，时余往听，不自觉其涕下也"。[1] 想来杨的这种澎湃之态，是为众人所推崇的原因。

杨笃生与虚无主义相遇，对暗杀、炸弹这些玩意儿产生强烈兴趣，由此人生道路发生了重大转折。在暗杀这件事情上，杨笃生的认知方式也与众不同，他不仅仅是作文鼓吹而已。像他这种博览群书又在学问上下过一番苦功的人，在长年严谨认真的治学过程中，养成了凡事追根问底、穷究其理的习惯，一旦认定了一个道理、发现了一种办法，无论如何是要探个明白，把它进行到底的。他对俄国虚无党的探究亦是如此，用了几个月时间完成理论上的准备，于是开始进入秘密实践。

军国民教育会成立后，黄兴组织了一些会员，相约每周一次到位于东京九段坂的体育会练习步枪射击。许多人乐此不疲，杨笃生却不大去，他认为使用步枪目标大，而且杀伤力有限，让他兴致盎然的是俄国暗杀党使用的利器——炸弹。他约集了几个志同道合者，组成一个暗杀团，从研究炸药制造法入手，试图造出

---

[1] 李肖聃，《记长沙杨毓麟兄弟》，载氏著《李肖聃集》，154页。

威力更大的炸弹来。湖南留学生、军国民教育会成员苏鹏便是这个暗杀团的一员,据他回忆,他们一共五个人,除了杨、苏,还有"江苏何海樵、广东胡君、江西汤君"。为了保密,暗杀团离开东京,到横滨租赁一屋作为实验场所。他们最初聘请广东人李植生做教习,李曾在江南制造厂掌理火药制造,专为北洋舰队生产炮弹。因而他所教的都是中国旧出版物中一些成法,在日本已不适用,于是暗杀团又在日本化学书籍中搜集制药方法,几个月后已能制成"硝酸银、硝酸水银、棉花药、褐色药、黄色药、二硝基倔利斯利尼"等。苏鹏在晚年撰写的回忆录《海沤剩沈》中,记述了试制炸药过程中发生的一次意外:

> 在横滨所租之制造室,本在临海山腰处,为避免耳目计也。时该埠适闹鼠疫,警察大举防治,当按户清检。同人等大恐,乃将所制成之炸药,用瓦缸盛水,倾药于水中。药为粉末状,轻浮水面,以玻璃管向水中搅和,使之混沉水中,便于倾弃。不幸砰然一声而爆发矣。桌案震脱小半边,楼板冲毁数块。予与笃生之眼同被炸伤。幸缸为敞口,力不横发,不然殆矣。予两人在神田区眼科医院诊治,经一月有余,未告失明,亦云幸矣。[1]

苏鹏所说的这件事,发生在1903年春。为了应对横滨警察的突访,几个人惊慌失措,竟把制成的炸药倒进水缸里,结果引起爆炸,杨、苏同被炸伤,险些失明。这表明此时他们还没有完全掌

---

1 苏鹏:《海沤剩沈》,载《辛亥革命资料选编》第一卷上册,北京:社会科学文献出版社,2012年,366页。

握炸药的制造原理及爆炸规律，也显出作为初出茅庐的地下工作者，他们还缺乏面临危机时应有的镇定与冷静。据《黄兴年谱长编》，就在这年春夏之交，黄兴动身回国，返湘后在长沙明德学堂担任教习，并秘密成立了华兴会，策动一部分会党、新军，密谋将来在省城起事，杨笃生在其中的角色是提供爆破物。

黄兴能以明德学堂为栖身之地，并以教员身份掩护革命活动，杨笃生与龙湛霖的密切关系起了很大作用。黄在事败后被困长沙，躲在中华圣公会楼上一个多月，最后得以化装出城，也得益于龙与官府达成的默契。当时的计划是：在1904年农历十月十日慈禧太后生日当天，全省官吏齐聚长沙皇殿举行庆典时，由华兴会负责引爆事先埋藏的炸药，随后占领省城，宣布起义。但和革命党人早期的大多数举义一样，这场谋划布置未妥，便因参与者告密而事泄于当局，黄兴只得逃往上海。

与黄兴回国约略同时，1903年夏，杨笃生与在横滨一起试验炸药的苏鹏、何海樵，以及新加入暗杀团的张继，会合于天津，他们正筹划实施另一场行动。

这一伙炸弹客聚在一起要做什么？原来这次他们要干一件大事，便是带一批炸药潜入北京，图谋行刺西太后，以倾动天下之耳目。

这听起来是不是有些异想天开？杨笃生等人造成了炸弹，就急不可耐地到京师谋刺天字第一号人物，这个行动本身就注定其结果是荒谬的。

据苏鹏回忆，他们几个人在天津备齐炸药、弹壳等器具后，"相偕晋京，于草头胡同租一屋，探听那拉氏（慈禧太后）行动"[1]。

---

1 苏鹏：《海沤剩沈》，载《辛亥革命资料选编》第一卷上册，366—367页。

这段故事，参与者张继也有一段记载，可资为证：

> （1903年）夏季，何海樵约赴沪，同至天津，杨笃生先生在天津法租界预租居所，并已运炸药炸壳储寓内。余携海樵至北平，视察至颐和园路线，为炸那拉氏及光绪。因经费及种种环境，不能久居，乃将炸具等运回上海，放置余庆里寓所，已秋末矣。[1]

按惯例，每年入夏以后，慈禧太后及光绪帝都住进西郊颐和园避暑，要到初秋时节，才出园回宫。刺客们的计划是在太后、皇帝出入颐和园的必经之路——西直门外高梁桥——埋设地雷，装置引爆电线，届时隐匿于芦苇丛中，伺机下手。这期间，杨笃生写过一组《北行杂诗》，其中有这样的句子："山河破碎夕阳红，只手擎天歌大风。莽莽中原谁管领，龙泽草蛇尽英雄。"[2] 这让我们看到一幅画面：夕阳西下时分，秋风阵阵袭来，昆玉河里水波荡漾，岸边的芦苇随风摇曳，几个刺客表面上静静的，他们佯装闲散，内心却波浪起伏……这些诗句一定是对当时情景的纪实吧。

但是这伙刺客很不走运，恰恰这年，两宫驻园时间特别长，而且很少外出，杨笃生等人在北京等了几个月，仍然无隙可乘，筹措的旅资也已耗尽，只得决定罢手。此后一年，杨笃生在上海协助黄兴策划长沙举义。1904年深秋，长沙事败后分路逃亡的黄兴、刘揆一、章士钊等人也已相继抵沪。这伙湖南留学生凑在一起，当然不会安分，他们很快上演了一出耸人听闻的暗杀活剧。

---

1 张继：《回忆录》，载《革命先进先烈诗文选集》第五集，台北：中国国民党中央党史史料编纂委员会，1965年，2991页。
2 杨笃生：《北行杂诗之二》（1904年），载饶怀民编：《杨毓麟集》，365页。

黄兴一行人逃到上海后，仍以华兴会为号召，在英租界余庆里设立一个机关，叫作爱国协会，用以招揽同志，图谋再举。由于黄兴被通缉在案，不便抛头露面，乃由杨笃生担任会长，章士钊副之，当时在爱国女校执教的蔡元培、在《国民日日报》做编辑的陈独秀、刚从日本士官学校毕业的蔡锷等人，均加入了这个组织。蔡元培、陈独秀、章士钊的回忆录中，都有他们在一起研制炸弹情景的描述。陈独秀在《蔡孑民先生逝世后感言》中说，他从安徽一到上海，就加入了爱国协会的暗杀团，"住上海月余，天天从杨度（笃）生、钟宪宅（鬯）试验炸药"；[1] 蔡元培在其自传中也说，杨笃生"于此事尤极热心，乃又别赁屋作机关，日与王（小徐）、钟（宪鬯）诸君研究弹壳之改良"。[2] 章士钊的记述则提供了更多有关杨笃生的细节：

> 所有革命计划，当然以暴动为主，而暗杀亦在讨论之列。特后者（黄）克强不甚赞成，而（杨）笃生认为必要。笃生勤攻化学，制置锅炉道具，在余庆里宅着手试验。[3]

但是，爱国协会制造炸弹的活动，很快被留日学生谋刺王之春一案打断了。此案纯是几个留学生因憎恨曾任广西巡抚、出使俄国大臣的卸任高官王之春而自行发起的一次泄愤之举。谁料执行刺杀任务的万福华失手，当场被逮并被关进租界巡捕房，章士

---

1 陈独秀：《蔡孑民先生逝世后感言》，载氏著《陈独秀选集》，天津：天津人民出版社，1990年，262页。
2 蔡元培：《蔡元培自述》，北京：中国言实出版社，2015年，55页。
3 章士钊：《与黄克强相交始末》，载氏著《章士钊全集》第八卷，上海：文汇出版社，2000年，311页。

钊一个懵懂书生，竟堂而皇之去狱中探望万氏，结果也被扣留。随后他被迫带着巡捕们前往爱国协会所在的余庆里启明译书局搜查，到达时机关内只有苏鹏、杨笃生两人，苏鹏一面与巡房警探周旋，一面设法暗示正在楼上睡觉的杨笃生，"笃生见状，仓皇遁去"。

苏鹏在回忆录中写道：

> 结果搜出违禁物品甚夥。最重要者，为笃生床下之箱中有名册及制炸药之译本，又有手弹、手枪、倭剑、照相器等项，又有大批假毫洋。倘使笃生未于搜检之前遁出，情节綦重，必决入西牢监禁。以笃生性情之卞急，恐不待后至英吉利，投利物浦海而死也。[1]

杨笃生的床下竟然藏着这么多违禁品：不仅有手枪、炸弹、日本剑，还有照相机和假币，可以想象巡捕们搜得这些东西时的大惊失色。于是他们株守在楼下，一天之内把黄兴、张继、苏鹏、周来苏、薛大可等统统抓获，前来访友的江西巡防统领郭人漳也一同误落网中。其中最危险者为黄兴，华兴会举事失败后，他被朝廷悬赏五千元缉拿，若身份暴露，后果将十分严重。幸亏他遇事机敏善变，谎称自己是郭人漳随员，只拘留了三日，便与郭氏一起被放出。其他同党，经杨笃生、蔡元培等人募款延聘律师，努力营救，两个月后方才陆续开释。在租界会审公堂的会审中，万福华被判处监禁十年，周来苏被判处监禁一年零三个月（因被捕时身怀手枪），他们随即被押入西牢，一场风波总算告停。

---

[1] 苏鹏：《海沤剩沈》，载《辛亥革命资料选编》第一卷上册，369页。

隐身人

早期革命党造反,既无组织又乏严格纪律,许多事情都是一时兴起、率性而为,最后乱哄哄收场,清廷后来称他们为"乱党",恐怕与此大有关系。好在这场乱子是在公共租界地盘上闹的,官府鞭长莫及,党人们才得以各奔东西。

黄兴是朝廷命犯,为了躲避追索,出狱后立即买舟,再度亡命日本;杨笃生因为被巡捕房搜出名片多张,也担心夜长梦多,为掩侦者耳目,改名杨守仁,不久与宋教仁结伴赴日。此后,同人多以杨守仁这个名字称之。据宋教仁日记,他们的东渡时间是1904年12月4日,宋在日记中称杨"万福华案被嫌疑"[1],他们在海上航行九天到达横滨,舟中还遇到了去宏文书院就读的湖南学生杨度。杨笃生在时务学堂任教时,杨度还是一个用功的学子,到了日本不久,在梁启超主编的《新民丛报》上发表《湖南少年歌》,很快令人刮目相看了。

这是杨笃生第二次赴日,他在早稻田大学安安静静上了几个月的学,顺利地挨到来年春天结业。那时候,朝廷对自费留学生大概是不包分配的,但杨笃生不愁回国后找不到工作,他的老师瞿鸿禨不是在北京当军机大臣吗?杨笃生第一次东渡期间,瞿鸿禨就想招他来京师效命,杨以还想在日本多开眼界为由婉拒了,并在信中大谈救亡图存的办法,这更使瞿鸿禨认为他人才难得,乃嘱门生张缉光与其多加联系。1904年秋天,张缉光写信向瞿鸿禨禀报工作时,顺便提及:"笃生不在东京,无从招聘,人才之

---

[1] 宋教仁:《宋教仁自述》,北京:人民日报出版社,2011年,13—14页。

难,至今已极。"¹杨笃生彼时正在上海协助长沙举义,怪不得张缉光不明其踪。

万福华案发生后,杨笃生第二次赴日,张缉光为了完成其师嘱托,通过驻日公使杨枢终于找到了他,并转告说:京师大学堂业已开办,瞿鸿禨及同是湖南老乡的管学大臣张百熙,都有意请他去该校特设的译学馆任教,为国家培养翻译人才。杨笃生这时刚从上海逃回日本,喘息未止、心神不定,又以患头痛病为理由拒绝了邀请。或许这理由是真的,数年后杨蹈海身亡,脑疾是促成原因之一。

在此期间,已升任译学馆提调的张缉光,致函报告瞿鸿禨说:

> 昨奉手谕及杨公使覆电,笃生既患脑病,此时万不能来馆中。国文一科,实属无从设法。……至新班学生,或暂请他教习兼授,一面竭力访求国文专科教习,俟聘订得人来馆,教授有法……亦无不可。²

瞿鸿禨作为朝廷军机处七大臣之一,主抓外务、教育等领域。可能是曾多年在地方上主持学政的缘故,由此函可知,他到了北京后,对创办京师大学堂等与教育相关的事宜十分热心,常与管学大臣张百熙一起商议为朝廷培养、选拔脚踏实地办事的人才的办法,译学馆开办后,连聘请教习这样的细事,他也亲自过问。当

---

1 张缉光:《致瞿世伯夫子函》(时间不详,应在1903年夏至1904年秋杨笃生回国期间),抄件。转引自郑匡民、孔祥吉:《英伦蹈海烈士之真史——杨毓麟未刊函札述考》,载郑大华、邹小站主编:《辛亥革命与清末民初思想》,398页。
2 张缉光:《致瞿夫子函》(时间不详,应在1904年底至1905年初),抄件。转引自郑匡民、孔祥吉:《英伦蹈海烈士之真史——杨毓麟未刊函札述考》,载郑大华、邹小站主编:《辛亥革命与清末民初思想》,399页。

然，借此机会提拔湖南优秀学人，将杨笃生这样不可多得的本乡才俊引入京师庙堂，也在情理之中。瞿对杨的迫切引用之情，让我们看见了京师大学堂起步阶段，师资匮乏的尴尬情形。译学馆的前身是中国第一所外语学校同文馆，此时刚归并京师大学堂，并招了一批新生，所以急需杨笃生这样中日文兼优的留学生人才。经过几番周折，最后的结果是，1905年春天，杨笃生悄然从日本回国，很快北上，成为京师大学堂译学馆的国文专科教习。

在《〈新湖南〉作者杨笃生》中，冯自由把杨的这一举动理解为"战略思想"的转变，认为杨笃生之所以入京，是鉴于革命党人屡次举事不成，"继乃变计混迹政界，以从事中央革命，谓发难边区，不如袭取首都收效之速"。冯这么说固然有一定道理，但从杨笃生始而屡屡婉拒盛邀，最终自请就职的过程，我们又多少体味出他为自己的秘密身份有所顾虑和隐名自保的因素。由此推论的话，冯自由所言的这种打入敌人内部、实行"中央革命"的想法，又何尝不是杨笃生在转念之间，为头脑中的一道闪电所攫获，而匆匆做出的决定呢？

瞿鸿禨等人哪里想到，他们费尽周折、满怀期望请来的这位教书先生，竟是一个心怀异志的革命党，而且行囊中还夹带着制作炸药的材料，用不多久，此人就要在京师重地制造一起惊天动地的大案。这便是革命党人从事暗杀之始的吴樾行刺考察宪政五大臣事件，也被称作"中国第一爆"。

1905年秋，出使东西洋考察宪政的五大臣，在北京前门车站刚登上火车，便被一声巨响震得魂飞胆丧。此案随即哄传海内外，是当年第一大新闻。事后，世人皆知是安徽志士吴樾所为，但没有人知道制造并提供炸弹的人就是杨笃生。

吴樾狙击五大臣这件事，史书多载，此处不欲赘述，而他与杨笃生的交往，倒是一段逸话。吴樾出身安徽桐城世家，后来家道中落，生活难以为继，乃于光绪二十八年（1902）考入保定高等师范学堂，时已二十四岁。因往返途经上海，他结识了陈独秀、张继，得阅《嘉定十日记》《扬州十日记》等书，由此萌发了反清思想。转年他又在南京认识了江南陆师学堂毕业生赵声（赵后来在黄花岗起义中担任总指挥），常与赵一起讨论起事计划，到1905年春天，他决定付诸行动，于是召集同学马鸿亮、金猷澍等六人，成立了一个暗杀团，最初的刺杀目标，是掌握兵权的襄办练兵大臣铁良。这时，恰好杨笃生刚到京师，在赵声的介绍下，吴、杨约定在保定会面。马鸿亮后来写有《吴樾烈士传略》，其中"（赵声）君返金陵，特绕道北京，绍介杨烈士守仁字笃生者，来保定两江公学内之翠竹轩，监誓刺血加入党（按指暗杀团）之组织……时笃生烈士隐于北京武学官书局（按应是京师译学馆之误），火车往来甚便，时相过从，密与谋议"，所述便是吴、杨二人初识的情形。[1]

同年盛夏的一天，杨笃生又来到保定，同时带来一个消息：朝廷已颁发谕旨，将派载泽、戴鸿慈、徐世昌、端方、绍英五大臣分赴东西洋考察宪政。吴樾提议说：杀铁良不如杀五大臣震慑大、影响广，而且此举可以阻止清廷的预备立宪，加速其灭亡。众人称善，遂决议以五大臣为狙击对象。但是狙击之事不能徒手而为，武器从何而来？逾日，当杨笃生向吴樾、金猷澍提出这个问题时，两人各示之以手枪，杨拿在手里摩挲良久，笑着说："这是东洋货，连狗都击不中，何况人呢？我有一种东西，比手枪厉害百倍，今天已带来了。"从杨笃生那里，吴樾等人第一次见识了

---

[1] 马鸿亮：《吴樾烈士传略》，载《辛亥革命史料选辑》上册，长沙：湖南人民出版社，1981年，276页。

炸弹的模样：

> 乃闭窗棂，出革囊取一大纸包，柬折而视之，一钢制圆罐，可五寸许，直径三寸，四周封固，如罐头食品，（吴）樾等皆不识。（杨）守仁曰："此某手造炸弹，可试也。"[1]

翌日，他们几个人出保定城门数里外，在偏僻的山谷中，将炸弹埋在一处岩石下，用长柳枝作引线，点燃香火后，"霎时烟起，有声如雷，回视弹处，俱化碎石，试之果猛烈异常"。以上杨笃生与吴樾等人试验炸弹的情形，引自杨氏乡人在民国初年所作的传记，这时吴樾、杨笃生已死，金猷澍等人也未留下记录，而此传写得绘声绘色、栩栩如生，固不敢遽然信之。幸好章士钊有篇文章《书吴樾狙击五大臣事》，其中多处提到杨笃生试验炸药的事，如说他留学日本时，"钻研合金棉药诸术，屡试屡败，而仍猛进不已"，华兴会上海机关被破获后，"凡炼炉道具等物，悉被抄没"，等等。章氏在下面的这一段叙述，可以佐证吴樾炸五大臣所使用的那枚炸弹，正是杨笃生制造的：

> 时革命党老宿长沙杨守仁，隐于京师，以文学盛自修饰，声名鼎重，人虽疑而并不诧异。与译学馆监督朱启钤为友，因阳以馆地自蔽，而阴制造炸药。……今书樾事，而确定（吴樾）所用轰器为得自守仁，此天下之公言，昭昭然也。[2]

---

1 曹亚伯：《杨笃生蹈海》，载《中国近代史资料丛刊：辛亥革命》（四），上海：上海人民出版社，1957年，320页。
2 章士钊：《书吴樾狙击五大臣事》，载《文史资料选辑合订本》第五卷第19辑，北京：中国文史出版社，2011年，418页。

章士钊曾在上海租界内和杨笃生等人一同研制炸药,又与吴樾相熟,他的记述是可信的。章所不知的是,杨笃生北上京师后,在译学馆白天教书,晚上苦心孤诣做的事情不是试验炸药,而是研究弹壳的改良。杨在上海时已掌握炸药的配制方法,但对于以钢、铜等物制造弹壳,久久不得要领,直到结识吴樾等人,这个问题仍未得到解决。所以吴樾所用的炸弹,还只是试验品,性能不稳定,而且危险性很大。多年后,蔡元培在北大的一次演讲中回忆此事时也说:"这个炸弹就是杨先生做的,不过里面放点炸药,外面仍旧用药线引火的。"

行刺当日(1905年9月24日),吴樾怀揣炸弹,乔装成一名皂隶,赴前门车站执行自杀式攻击。临行前,他将阐述自己政治主张的《意见书》交给好友吴啸岑,嘱咐说:"万一无法发表,便交湖南杨笃生先生,或者安庆陈仲甫(独秀)先生。"吴顺利地混上火车,当机车与车厢挂钩时,因车身晃动,弹未出怀而骤然爆炸,五大臣中只有载泽和绍英受了轻伤,而吴樾当场被炸成碎片。据时任天津巡警道赵秉钧向北洋大臣袁世凯报告,吴氏"右骸(腿)炸落,左骸(腿)连皮。脏腑全出,中多碎弹。两手指落,身畔搜有未放枪子及碎铜片"[1],悲惨至极。显然,吴樾身上还藏着手枪,而炸弹的外壳为铜制。枪、弹均未及施放,志士却五步流血,可想而知,吴樾之死在杨笃生内心中引起了怎样的波澜,因为炸死吴氏的那枚炸弹,正是他亲手制造的。这种无法用语言来形容的巨大精神震撼,带给杨笃生的伤痛,诚如章士钊所言:

(杨)守仁终以制器不中程,机缄欠密,以致从禽未获,

---

[1] 章士钊:《书吴樾狙击五大臣事》,载《文史资料选辑合订本》第五卷第19辑,419页。

而勇士丧元,心焉痛之。厥后狂吞磷质,自沈(沉)于英伦之利物浦海,以"白浪滔滔,淘此无名之骨"诸语为忏,未始全与(吴)樾事无关。[1]

从吴樾的死到杨笃生的死,这两者之间果然有一种必然的联系吗?杨此后几年的生命历程表明,吴樾之死的确成了他心中的一个死结,也是他后来蹈海自决的一个重要动因。

行　藏

前门车站一声轰响,京城陷入一片恐慌,由于五大臣中两人受轻伤,出国考察计划暂停。这是杨笃生在暗杀场上初试身手,以吴樾的生命为代价而取得的唯一实际效果。此后一段时间,京师巡警当局查办此案甚急,在这风声鹤唳中,杨笃生何以自处?蔡元培回忆这段往事时曾说,当这颗"中国第一炸弹"在考察宪政五大臣车上爆炸时,"孑民(蔡元培的字)等既知发者为吴君,则弹必出杨君手,恐其不能出京",[2] 可见爱国协会同人都很担心杨笃生的安全。为此,吴樾和陈独秀的安徽朋友孙毓筠受大家委托,以赴京捐官为借口北上,访杨于东华门附近的译学馆,得知他因为常在住所的院内做化学实验,已因嫌疑而受到监视,一时无法离京。可是哪曾想到,两个多月后,他竟加入再次组团、分赴东西洋考察的出使行列,大模大样地到了日本。

此事的转折过程,蔡元培在自述中只提了一句:"其后杨君

1　章士钊:《书吴樾狙击五大臣事》,载《文史资料选辑合订本》第五卷第19辑,420页。
2　蔡元培:《蔡元培自述》,55页。

卒以计,得充李木斋君随员而南下。"[1] 章士钊在《书吴樾狙击五大臣事》一文中说得稍详细些:"守仁为坚人之信以示无他起见,进而求为考察随员,隶李盛铎之下,勤勤纂述,以泯厥迹。"[2] 两人都强调了杨笃生坚忍多智的一面,但他们有所不知,杨笃生在摆脱了官方怀疑之后,仍被派往日本,还是靠了老首长瞿鸿禨的关系,是瞿把他推荐给了出洋大臣之一李盛铎(号木斋)。李是江西九江人,光绪十五年(1889)进士,戊戌政变前后,曾以出使日本大臣职衔在东京派驻过两年,回国后历任内阁侍读、顺天府府丞。在五大臣被刺案中,由于兵部侍郎徐世昌兼任巡警部尚书、商部右丞绍英受伤较重,均不能成行,清廷另外委派李盛铎及山东布政使尚其亨二人代替之。考察队伍经向朝廷奏报,得到批准后,由户部侍郎戴鸿慈、湖南巡抚端方率领的出使团,于1905年12月初由京赴沪,乘坐美国邮轮西伯利亚号转道日本,考察目的地是美、德、奥、俄、意等十余国;由镇国公载泽率领的出使团,由于人员变动,又推迟了一个多月,才于1906年1月在上海登上法国轮船公司的克利道连号,踏上访问日、英、法、比的旅途。两路人马各带了参赞、随员等十数人,杨笃生是载泽出使团中的一员,具体职务是李盛铎的文秘。

杀虎未成,乃深入虎穴,这岂不是一桩十分危险的差事?杨笃生竟能从容待之,成功地掩盖自己的身份,与一干清廷大员朝夕相处了几个月,可见其心理素质很强的一面。

杨笃生这次远游日本、欧洲,时间长达半年,参加了部分考察活动,他多半时间留在东京,搜集整理有关内务行政、地方自

---

1 蔡元培:《蔡元培自述》,55页。
2 章士钊:《书吴樾狙击五大臣事》,载《文史资料选辑合订本》第五卷第19辑,419—420页。

治及日本与西方制度之异同方面的资料。载泽团于光绪三十二年（1906）夏天回国后，杨笃生等负责文案的随员，又在上海停留了一段时间，起草考察报告、编译参考资料。居沪期间，他曾给帮助自己出国的瞿鸿禨写信，禀报出洋情形，信后注明时间为农历六月二十四日。其中称：

> 守仁自随使赴东，分担考察事件，与外务部主事戢翼翚同任内务行政及地方自治制，兼研究各国宪法之异同，及日、英、法、比财政制度之异同。……
> 现在使节归朝，本当随轺北上，惟以编译各书，缮写未竟，故逗留此间。期在七月中旬以前，一律蒇事，遣专人赍呈考政大臣以后，回里省亲；或在冬间上京，更行趋侍耳。[1]

此信的抬头为"中堂世伯大人钧座"，杨笃生则自称"世愚侄"，可见他与朝廷中枢这位老师的关系颇为亲密，信末还有"东邦绒画组织颇佳，奉呈四幅，聊以表依恋之意，伏乞晒存"等絮语，表明杨对于送礼答谢这样的世故人情也没有忽略，这至少透露出他办事细密、滴水不漏的风格。

瞿鸿禨哪里会想到，就在载泽出使团结束欧洲考察、停留日本期间，杨笃生在东京秘密加入了同盟会，也多亏杨做事谨慎、为人低调，所作所为不留踪迹，始终没有牵连到他的老师。不然瞿鸿禨等不到在丁未政潮（1907）后被逐出军机、解任归田，就凭他与杨笃生的关系，早被朝廷捉拿法办了。

---

[1] 杨笃生：《上瞿中堂禀》（光绪三十二年［1906］六月二十四日），抄件。转引自郑匡民、孔祥吉：《英伦蹈海烈士之真史——杨毓麟未刊函札述考》，载郑大华、邹小站主编：《辛亥革命与清末民初思想》，402页。

暗杀者

同盟会成立于1905年8月，这个时间距杨笃生考察欧洲回到日本，不到一年。由于同盟会的秘密会社性质，其会员名单只保存下来一份，即现世仅见的《中国同盟会成立初期（乙巳［1905］、丙午［1906］两年）之会员名册》。查此名册，杨笃生入会时间是丙午年五月初四，介绍人、主盟人两栏均为空白，想来这是杨氏身份敏感、不便外露的缘故。在日本加入同盟会以后，杨笃生回到上海，一面为朝廷撰写出国考察报告，一面扩充党人组织，准备响应同盟会将在湖南的起义。这种情形使他像个双面间谍，每天要用两副面孔生活、用两种方式思考问题，真是太让人不可思议了。也许正因为无法承受这种心理重压，考察宪政编译诸事交差后，他并没有随其他人北上，回京师译学馆继续教书，而是留在上海。此后大约一年半时间，他参与同盟会在湖南的举义和创办《神州日报》。

到1906年末，黄兴等人在同盟会东京本部策划的萍浏醴起义，酝酿已近成熟。对同盟会成立后首次组织的起义，孙中山、黄兴等人寄望很高，不久派遣会员刘道一、蔡绍南等重要干部潜回湖南，联络了大批当地会员，运动新军、会党一同发难。杨笃生的任务是在上海筹办械饷，为此他约集同志，设立了名义为贸易公司的正利厚成肆，作为接应各方的交通机关。但是，在清廷调遣重兵围剿下，这次举事终归于失败，同志中死难者甚众，其中包括他的同乡好友刘道一（同盟会代理庶务刘揆一的弟弟）等。

这种结局，使杨笃生对武装起义反清的方式深感失望。此时所作《祭刘君道一文》，有"义不并立，节不并见……蹈刃若饴，颈血斯溅，舍命不渝，公乎奚怨"的句子[1]，写得痛心疾首、沉郁顿

---

1 杨笃生：《祭刘君道一文》（1907年），载饶怀民编：《杨毓麟集》，366页。

挫，可见他悲愤难平的心绪中，还夹杂着对起义组织者的抱怨。

萍浏醴起义失败后，杨笃生没有追随黄兴赴日本，更不愿去北京重操旧业，而是盘桓在上海，转年（1907）初春，加入了于右任创办的《神州日报》。于右任时年二十八岁，此前在中国公学兼任国文讲习，1906年去日本考察新闻事业时加入同盟会，他很早就仰慕杨笃生的文章，加上同志关系，于是将杨揽入报馆，并委以总主笔一职。

《神州日报》馆址设在公共租界四马路巡捕房对面的群学书局三楼，日出对开三大张，在报史上被称作革命党人在国内出版的第一份大型日报。该报也是同盟会在上海的主要宣传机关，尽管它没有表明自己的身份，但其宗旨很明显，就是用文字激发读者潜伏的民族意识，按照于右任的说法，"以祖宗缔造之艰难和历史遗产之丰实，唤起中华民族之祖国思想"。馆中同人王无生、汪彭年、庞青城、邵力子等，都是思想激进而文才出众的革命党人，独以杨笃生主持笔政，说明他除了文笔高妙、才情纵横，在思维创见等方面也确有过人之处，否则不能服众。此后一年，是杨笃生指点江山、激扬文字的一段报人生涯，他在神州报馆里撰写政论文章近十万字，如《预备立宪之怪象》《论秘密外债》《论粤汉铁路之危机》《政府与国民大战争之开幕》等，都是忧国感时、启迪人心及提倡革命的一流文章。此外，他对于报界还有一种贡献，就是利用报馆地处租界、官府不便干预的条件，发扬光大了"有闻必录"这种形式，照登函电来件、转载外报文章等，积极地揭露清廷政治腐败，记录革命党人在各地的活动，以此招揽了大量读者，使《神州日报》发行量一度超过一万份，成为上海报界影响最大的日报之一。

然而以杨笃生的雄心壮志，他甘于在租界庇护下的报馆里束手束脚地奢谈革命么？显然不会。因为在内心深处，他还是一个炸弹客和暗杀主义的信仰者。如果把反清革命分作鼓吹、起义和暗杀三种途径，杨对举行起义深感失望，对暗杀欲行不能、欲罢不忍，眼下仅仅做些宣传文章，实属一种无奈的选择。在发表于1908年4月4日《神州日报》上一篇题为《记白人暗杀事件列表》的奇文里，他无法忘情于暗杀的心迹还是透露尽致。文中统计了从12世纪以来欧美"以享有政治上之特权而被刺死者四十八事"，排列出的被刺者从1170年英国大主教贝克特到1908年葡萄牙国王及王储，同时还注明了部分刺客姓名。他发现数百年来的刺杀事件中，出自俄国者最多，像法国、美国这样的共和政体国家只有寥寥数例，其他"乃皆人民与专制政体君相之战争"。显而易见，杨笃生煞费苦心撰写此文，是要给清朝统治者一种警示：

> 然以无政府主义之波澜横溢而至于如是，则夫地球各国政府以粉饰专制政体为藏身之固者，其又可以久长耶？苟当局者而观于此，抑亦可以知所自择矣。[1]

意思是说，以破坏、暗杀为己任的无政府主义，如今已发展成为一股不可阻挡的潮流，专制政府和独裁者的日子长不了了，清朝统治者仔细看看这篇文章，赶快悬崖勒马、改过自新吧。透过这番话，可以体味出杨笃生的另一种心态：他是不甘心仅在纸上空喊革命的，但在当时情形下，却又束手无策、无以为计。这种无法用文字表达的痛苦与心灵深处隐秘的空虚感，伴随着他的晚境，

---

1 杨笃生：《记白人暗杀事件列表》（1908年4月4日），载饶怀民编：《杨毓麟集》，318页。

一直走到生命的尽头。

《神州日报》在出版一个多月后，报馆因相邻的广智书局失火而被殃及，当时杨笃生正在馆内伏案作文、凝神思索，及发现时已是大火封门、无路可逃，他急中生智、攀缘窗外电杆而下，才保住了性命。老革命党冯自由、掌故大家郑逸梅都在书中津津乐道这个故事，想来确有其事。由此可见，杨笃生多年研制炸弹养成的沉着冷静，在其中发挥了很大作用。杨在火灾中幸免于难，但报馆中的机器设备均付之一炬，导致其后举步维艰、难以为继。据于右任记述，"《神州》被火后，予与寂照（汪允宗）、笃生诸人，风风雨雨，夜以继日，四处奔波，可谓至苦"。[1] 为了渡此难关，这年9月，杨笃生不惜"降格以求"，给时任两江总督端方写信，谋取对《神州日报》的经济支持。杨笃生与端方的交往，开始于出使东西洋考察宪政时，在赴日本、欧洲旅途中，他们同乘一船，交际一定很密切，否则以后不会有书信往来。

中国第一历史档案馆藏《端方档》中，杨致端方的两函中，除了请求资助《神州日报》，还有一段对种族问题所发的议论颇可注意。他说："夫满、汉种界，乃历史事情之一节耳。过此以往，终必有浑融之一日。岂独满汉而已，即黄、白、棕、黑，亦必有浑融之一日。"[2]

可以看出，杨笃生在信中对满汉关系的解释，大异于同盟会所宣传的"驱逐鞑虏"之类的排满言论；细细品味，也断不似为

---

[1] 于右任：《吊杨笃生文》（1911年6月13日），载氏著《于右任集》，西安：陕西人民出版社，1989年，43页。
[2] 杨笃生：《致两江总督端方函》，载中国第一历史档案馆藏《端方档》，"两江总督时各方来札"。转引自郑匡民、孔祥吉：《英伦蹈海烈士之真史——杨毓麟未刊函札述考》，载郑大华、邹小站主编：《辛亥革命与清末民初思想》，403页。

了讨好端方而刻意为之。若非接触大量西方书籍，并经过长时间的思考，一个普通人是无法提出这种蕴含着世界大同理论的主张的，或者可以说在对种族问题的认识上，杨笃生已超越了当时的大多数革命党人。给端方的这封信，是由《神州日报》经理叶景莱呈递的。叶曾任复旦公学学长，在报馆中负责处理财务事宜，报馆经济窘状是否因杨笃生的这封信得到解决不得而知，但该报还是在这年的年底彻底倒闭了，身为光复会会员的叶景莱也于次年（1909）投长江自尽。由此猜想一下，两年后杨笃生在英国蹈海身亡，其动机中有多少是受了此事的暗示？

国事家事

《神州日报》解散后，于右任四处筹款，准备创办《民呼日报》，杨笃生无意参与此事，一个新的机会在向他招手——刚被朝廷任命为欧洲留学生监督的老翰林蒯光典，邀他作为随员一同到英国去。

蒯氏字礼卿，安徽合肥人，光绪九年（1883）进士，翰林院散馆后投两湖总督张之洞。当时两湖书院设双监督，梁鼎芬为东学监督，蒯光典为西学监督，一时名重江南；后来蒯氏与梁鼎芬不合，改投两江总督刘坤一门下，创办南京高等学堂、上海金粟斋译书处，更加不同凡响。由于他喜谈富国强兵之道，又对西学颇有心得，到光绪三十四年（1908），外务部遴选赴欧留学监督时，湖广总督张之洞、两江总督端方联名举荐他担任此职。蒯挑选随员时，曾在京师译学馆执教、同样主张西学救国的杨笃生进入了他的视野，两人一拍即合。杨在这年已年近四十，为什么愿意到英国去？按冯自由的说法，原因是"笃生以事机未熟，暂难发动,遂随蒯至欧洲"[1],这只说对了一部分。这一时期,同盟会集中人财力量在两广地区发难,境况既穷又困,黄冈、钦廉防城起义先后被平息,镇南关之役又遭新败,大批革命党人四处奔走、屡仆屡起,杨笃生对此并未表现出多大热情。他的赴英动机中,更多是对研究西方学问的渴望。相比而言,于右任所记更详细些:

> 及蒯礼卿任欧洲学生监督,约其同往,(杨笃生)谋之与予,予曰:"为将来新中国计,我辈学问,均欠缺处多,公行乎?"吞声忍气而去,风云雷雨而归,大丈夫不当如是乎?……
>
> 及西行后,初任书记,刻苦习英文。蒯氏归国,遂至陑北淀(按今译阿伯丁)大学研究哲学。[2]

怀着探求西学的热望,杨笃生踏上了远赴英伦的旅途,直到两年后蹈海,未再回国。临行前,于右任曾作《踏莎行》相送,其中有"杜鹃声里人西去!残山剩水,莫回头"[3]之句,谁料到竟成一句谶语。

搜检时人撰写的杨笃生传记,过眼者共三种,对其家事均忽略未谈,这不禁让人猜想,他在家庭生活中所扮演的是何种角色。杨在湖南家乡有老母,年近古稀,妻子周俪鸿患肺痨病,不能持家,尚未成年的一双儿女,都在学堂读书,也正是需要父亲的时候,但他为天下事、为自身的追求所羁绊,有家却不能归。细算

---

[1] 冯自由:《新湖南作者杨笃生》,载氏著《革命逸史》第二集,118页。
[2] 于右任:《吊杨笃生文》(1911年6月13日),载氏著《于右任集》,43页。
[3] 于右任:《吊杨笃生文》(1911年6月13日),载氏著《于右任集》,43页。

一下,从 1902 年东渡日本到 1911 年在英伦投海的近十年里,杨笃生仅 1906 年回家一次,据他的弟弟杨殿麟记述,杨笃生的这次探亲行色匆匆,"归慰先慈。家居七日即返沪,自此不复履三湘故土"[1]。1908 年赴英国前,他把老母、妻儿接到上海团聚一个月,此后亲人骨肉远隔重洋,再也无缘相见。对这种漫长两地生活带来的伤悲,杨自己在家信中屡屡提及,除了"心绪恶劣""意绪懆落"[2]之外,也显得茫然无奈。比如,抵英次年夏天,他在写给妻子的一封信中,用一种不同寻常的语言,回顾了自己长年奔波海外、孤独失落的心路历程:

> 壬寅(1902),余始东游。自此以来,羁旅东京,周流津、沪,志事护落,鬓华忽焉。及此岁来,八更寒燠,修名未立,长途方远,倾輴折楫,夷险难期,短发劲衰,凄然顾影,伊可伤也!

从 1902 年春到 1909 年写此信时,已历八个年头,所以说"及此岁来,八更寒燠";想到自己已届中年,还是一事无成,因此又有"修名未立,长途方远"的感慨。接着又说回东渡那年初春,与妻子离别的情景,再次叹息夫妻十年间相见两次、聚首不到一月的悲哀:

> 初春判袂,奄及于兹,相见仅二次,聚首不及匝月,鸿

---

1 杨殿麟:《杨毓麟事略》,载曹亚伯:《革命真史》(上),279—281 页。
2 杨笃生:《致夫人俪鸿》(1909 年 6 月 20 日)、《致夫人俪鸿》(1909 年 7 月 9 日),载饶怀民编:《杨毓麟集》,339、348 页。

> 妇莱妻,合并不可常,欢乐亦以鲜,毋亦好奇之厄欤?[1]

如果把此时的杨笃生仍看作一个职业革命家,那么"合并不可常,欢乐亦以鲜",则是从事这种职业必须付出的基本代价。当然,这些是他历经十年艰辛颠簸之后的感悟,倘在踏上离乡之路时,他便预料到如此命运,还会有这一生的"好奇之厄"么?今人编辑的《杨毓麟集》中,共收他在留英期间所写的家书十八通,其中寄托了他对家人的眷念之情,还有更多对子女的寄望。从信中时常提到给家里寄邮票、手帕、药水及美术邮片、英国金镑等细节,可以看出一个传统文人细腻的情感表达方式,以及对于家庭的强烈责任感;但他毕竟不是一个普通士子,而是舍身报国的革命党和知识分子中的精英,"家国"在他心中占据着更重要的位置。然而,这两者又形成一种天然的矛盾,使他在痛苦的旋涡中愈陷愈深,以至最终不可自拔。

自1908年赴英后,杨笃生始终处在这种矛盾中。从旧档案《二品衔欧洲学生监督蒯光典为遵饬赴欧开办事给吉林提学司咨文》中可知,蒯光典一行于光绪三十四年(1908)三月二十四日,在上海搭乘法国邮轮阿尔芒倍希克号启程。当时,欧洲留学生监督办事处设在伦敦,其职责是稽查约束游学欧洲的中国学生。当然,教育广大留学生不发表反动言论、不参加异端邪教组织,更为要紧。试想一下,让一个革命党人来充当清廷鹰犬,他该如何应对?他内心的矛盾该有多么激烈?

奇妙的是,杨笃生不仅把自己的真相隐藏得很好,而且还有所作为。时人撰写的杨毓麟小传中提到一个细节:"庚戌(1910)

---

[1] 杨笃生:《致夫人俪鸿》(1909年7月9日),载饶怀民编:《杨毓麟集》,348页。

二月，汪兆铭（精卫）、黄澍中（复生）等在北京制巨弹，谋炸清摄政；事露，西人验其药出自苏格兰，盖由（杨）守仁所购办也。"[1]所言之事，就发生在杨笃生到英国之后，推测起来，这批炸药应是从苏格兰转道东京，由同盟会的炸弹专家喻培伦偷运回国的。可见杨在监督办事处秘书任上，也未脱炸弹客本色。

杨笃生在为清廷服务的同时，表现出来的这种彷徨意态持续了一年，后因蒯光典辞职事件中断了。蒯氏到留学生监督办事处上任后，热心学务、勤于视事，对中国在英、法、德、比四国的留学生管理甚严，因而双方冲突不止。据时任驻欧官员的吴宗濂记述，1909年春天，留学法国的一名闽籍官费生跳楼自尽，处理后事时，学生会代表赴伦敦交涉，因为费用等问题又发生纠纷，以至于将蒯光典"蹎地"（摔倒在地）殴打，蒯以堂堂监督，颜面扫地，"灰心辞职而归"，这距他上任仅一年时光。[2]杨笃生作为随员，也只能辞职，随后申请到半官费资格（每月八英镑），进入苏格兰的阿伯丁大学就读。杨昌济也于同年考入该校，攻读哲学、伦理学。杨笃生还是那么出人意料，他选择了文学院，决心从头开始学习英文。

末　路

去国意未忍，回辕当此时。
津梁疲末路，醒醉动繁思。
世事真难说，余心不可移。

1　湘人：《杨毓麟传》，载曹亚伯：《革命真史》（上），283页。
2　吴宗濂：《自述——外交先进五十年前教育状况谈》，载《人文月刊》第二卷第二期（1931），4页。

平生凄恻惯，宁与白鸥期。[1]

这首写于1909年春的《步华生先生韵》，低吟浅唱，写得缠绵反侧，是杨笃生在英国时真实的心态写照，他一步步接近自己命运的许多原因，都能够从这首五言诗中找到答案。

华生是杨昌济的字，在杨笃生帮助下，他在这一年申请到官费，从日本转到阿伯丁大学，改习西方伦理学。正是因了杨笃生的"以权谋私"，日后蔡元培掌管下的北京大学，才有了杨昌济这位伦理学奠基人。

杨昌济于1918年回国后在北大执教仅仅两载，甫过中年即染病身亡。又过十年，杨开慧也死于湖南军阀屠刀下。鲜为人知的是，杨笃生的儿子杨克念（1910年考取清华留美预科，后返湘行医）在杨开慧被捕后，四处奔走、设法营救，以致急性盲肠炎发作，在手术中因施用麻醉剂过量，也一瞑不视。

杨笃生进入阿伯丁大学时，已是1909年深秋，有杨昌济这位湖南乡亲做伴，倒也不会寂寞。这年十一月初，他写信告诉母亲，阿伯丁为苏格兰四大学之一，"现今中国学生在此大学者约有五六人。……其地日用饮食及教习修金一切，可较伦敦稍廉，人民风气亦极朴素。守仁以自费留此，甚为合宜"。[2] 此后一段时光，他刻苦学习英语，还选修了数学、理化，孜孜不倦，异于常人，看起来过着标准的留学生生活。但是"术业有专攻"，杨的文化背景是旧学，擅长作文章，此时异想天开地强化英语、研究数理化，这无异于同自己较劲。渐渐地，课业的压力，加之身处

---

1 杨笃生：《步华生先生韵》(1909年春)，载饶怀民编：《杨毓麟集》，367页。
2 杨笃生：《上母亲》(1909年11月4日)，载饶怀民编：《杨毓麟集》，352页。

异乡的孤独寂寞、与周边同人产生的龃龉，都使他日渐沮丧，乃至性情大变，在杨昌济、章士钊（章此时在相距不太远的爱丁堡大学读书）眼里，他已不似从前那个沉静厚重、善解人意的"老哥"了。

十多年后，章士钊致信已在北大执教的杨昌济，回忆往事感伤良多，说："笃生暮年感慨过多，好持无端厓之论以抹杀人，与吾二人意多不合，此当为公所能忆！"章士钊还记得，有一天，杨笃生为了一件小事在他家里大吵大闹，章被吓得不知所措，新婚不久的妻子吴弱男则急忙逃到室外，事后大家都为杨笃生的顿失常度感到意外，"譬说之余，至于雪涕"。岂不知，这正是杨的抑郁症爆发的开始。在这封信中，章士钊又说：

> 弟于笃生，风义本在师友之间，有所论议，因故避其锋，而笃生辄龂龂不已。……呜呼，笃生留英之年，神经亢不可阶。往往小故，在他人宜绝不经意者，而笃生视与地坼天崩无异，卒至亲其所疏，疏其所亲，颠倒误乱，一至于是。[1]

章士钊与杨笃生最初结为至交、过从甚密，此时已不谈革命，且因为向杨借钱产生矛盾。两人为了政治观点、经济纠纷等细故，屡起冲突，几近决裂，着实让人不可思议。章士钊固然性格耿直，是出名的狷介之士，但若非杨笃生时而"顿失常度"，时而"亢不可阶"，以章的基本涵养，也绝不至闹到此生不复相见的地步。

杨笃生的朋友中，当年在一起研制炸弹的蔡元培，把老友的

---

[1] 章士钊：《章士钊致杨怀中书》，载《中国近代文学大系·书信日记集一》，上海：上海书店出版社，1992年，328—331页。

这种精神失常状态归结为烦思太多、用脑过度。他向北大学生忆起这段往事时说：

> 杨先生到英国去求学，他一心要造炸弹，所以他专心用功物理化学等科；可惜他从前没有普通知识，他想从极短时间内一齐补完，是很困难的。因为他用脑过度，所以他的脑病就很利（厉）害；他就买些"补脑剂"养养他的脑，但是一面又很用功，因此反而加剧起来。

在演讲中，蔡元培讲述了这样一件事：有一次英国举办工业展览会，陈列很多机器，杨笃生坐了一天车，兴致勃勃地从阿伯丁赶到伦敦，想仔细参观一回，从中得到一些与制造炸弹有关的法子，不料里面东西太多了，看得他眼花缭乱、茫无头绪，最后还是大失所望而归。

接下来，蔡元培又谈到杨笃生的生命中最后几天：

> 那时杨先生在利佛（物）浦，他同住的人看见他头上包著（着）布，实在形容枯槁，憔悴得很。他就想到中国杀死几个满人，虽然拼了一命，也算尽他的心了！但是他的病实在重得很，从利佛（物）浦到中国也等不及，他绝了回国的念头。[1]

此时，杨笃生脑中已被丰富、奇特的幻觉所盘踞，距噩梦的边缘只

---

[1] 蔡元培：《在林德扬君追悼会之演说》(1919年12月14日)，载氏著《蔡子民先生言行录》，济南：山东人民出版社，1998年，271—272页。

有一步之遥了。可以肯定，他的精神状态已出了大问题，这种情形无可救药，且在短时间内愈演愈烈，终将导致悲惨的一幕。

辛亥年（1911）五月的最后一天，杨笃生于英国利物浦投海而死，以这种决绝的方式，完成了他人生的最后一幕。

据老同盟会员曹亚伯《革命真史》一书记载，杨笃生这天由阿伯丁大学所在地阿伯丁市火车站出发，车行千里，次日到达大西洋沿岸的利物浦。在车站，他用红墨水写了两封信，将临行前换成汇票的一百三十英镑（这是他留英数年的积蓄）以挂号分别寄给老朋友石瑛及吴稚晖，信中说明自绝原因，语气从容冷静，交代后事甚细。之后他又搭乘长途电车，来到了距利物浦十余英里的出海口，将外衣及随身所携雨伞、金表等皆遗留岸边，然后投入大海。

曹亚伯当时也在英国留学，对杨笃生的死事了解最详，据他判断，杨之所以踏上这条绝路，与两个月前黄兴率领一百多位同盟会会员攻打两广总督署失败（即广州黄花岗起义）所受的刺激有极大关系。曹亚伯回忆说，三月二十九日之役败后，黄兴、胡汉民逃回香港，曾向美国、欧洲的同盟会支部打电报，简略报告交战经过及收拾残局情况。为了了解详情，曹氏写信询问旅居加拿大的冯自由，得到复书，被告知同志死伤甚众，黄兴在巷战中被打断两指而无大恙，众人才放下心来。随后，曹又将冯的回信，从伦敦转给同样急于获得详情的杨笃生。让他感到不安的是，杨虽然表示"得此一书，稍为之慰"，但情绪反应十分强烈。曹亚伯说：

> 予以原书寄杨（笃生）君。杨君来函，谓数月以来，精神痛苦，如火中烧，仅得此一书，稍为之慰。然伤同志之遭

害，汉族之无知，受制胡酋，不感亡国之痛，反自杀贤豪以媚异族，五中皆为之不宁。[1]

杨笃生身在异国，遇事感情冲动，常常不可自抑，黄花岗之败使得他"精神痛苦，如火中烧"，是可以理解的，众同志也未以为反常。其实，这时他的健康已出了很大问题，多年对革命的狂热追求，已把他推上思想纠结的极点，没有一点回旋余地；多种矛盾形成的激烈冲突，化作如影随形的抑郁症，攫取了他的灵魂，也控制了他的精神世界。这种病症，正如辛亥革命爆发后上海《民立报》（1911年10月11日）刊登《杨毓麟先生绝命书》时，于右任在编者按中的推断："先生蹈海之原因甚杂，要为得神经病所致。"[2] 可以想象，在病魔的驱使下，杨笃生在这么短时间内走上绝路，当时他"沸热不可耐"的身体中，一定蜂拥着难以战胜的痛楚，他"闷愤不可解"的大脑里，一定出现了让他窒息的真空。

当年《民立报》刊登的杨笃生绝命书共三封，分别写给吴稚晖、石瑛及杨昌济。在与吴稚晖诀别的信中，他很清晰地描述了自己当时的精神状况：

> 弟患急性脑炎，原因由于年长失学、好作繁思。感触时事，脑病时发，贪食磷硫补品，日来毒发，脑炎狂炽，遍体沸热不可耐。……在寓彻夜不成眠，欲得一手枪归国，因英语不佳，人地又生，不得，而行返扼（扼泊淀城，即阿伯

---

[1] 曹亚伯：《革命真史》（上），278页。
[2] 杨笃生：《杨毓麟先生绝命书》，载《民立报》1911年10月11日、12日。

丁）。后益郁闷不可制，于昨日买车票来利物浦，欲趁便船归国，寻一二□□死之。然海天万里，非旦夕可达，而吾脑闷愤不可解，愤不乐生，恨而之死，决投海中自毕。今日即弟命尽之日矣。有函寄□□，祈转交。国事大难，公等勉之，为将来自爱。[1]

其中"有函寄□□"一句，所指就是给石瑛（字蘅青）的信，他这时与吴稚晖一同在伦敦留学，杨笃生在留给他的一纸便函中，还夹着自己留英数年间积蓄的一百多英镑汇票，嘱托说："存款百镑又十镑，系拟归国后，为开一小小炸弹厂之起点者，今以寄公，或以为济黄克强兄之穷。"可见杨在生命最后时刻，仍念念不忘制造炸弹的事，他心目中最可信赖的人，是早年在日本留学时结下深厚友情的黄兴。

第三封信写给杨昌济，其中"今日命尽矣，形神解脱，恩怨销亡，万事俱空，一缘顿尽，骂我由公等，不暇惜矣"等语中，流露出无限伤悲，恐怕还有些许遗憾：留英一年多，他与自己这位叔祖兼同学因小事发生过一些龃龉，相处得也不和谐。他如此拜托杨昌济："旅费余三十磅（镑），寄归与慈母，为最后之反哺，然不敢提及自戕一字，恐伤母心，亦不忍作一禀。"[2] 杨笃生的老母萧氏时年七十开外，家人隐瞒了其子在海外身亡的噩耗，后来接到这三十镑"最后之反哺"，老人家不知是何表情。

杨笃生如此无情的告别，当然让同学好友始料不及，石瑛、吴稚晖接到信后，立即赶往利物浦，以为尚可一晤、当面劝阻。

---

1 杨笃生：《致某某二君书》，载《民立报》1911年10月11日。
2 杨笃生：《致怀中叔祖书》，载《民立报》1911年10月12日。

岂料接信同时，事已尘埃落定，等他们赶到时，杨笃生的遗体早已陈于利物浦警局殓房，招人认领了。

曹亚伯也是几天后赶到现场的同学和同盟会员之一，他写道：

> 石瑛、吴稚晖得此书，即由伦敦赶至利佛坡（利物浦）寻其踪迹，并电予（按曹氏自称）于英南悦德鲁市矿务学堂。予比由英南赶至利佛坡，遇石、吴二人，知杨公毓麟由海滨渔人捞起尸体，已入棺矣。……
>
> 次日，旅居利佛坡华侨开会追悼，并厚葬之于利佛坡公共坟园。[1]

当时，同盟会会员李晓生在伦敦大学攻读化学，杨笃生投海这天，他恰在利物浦探友，因而参与了杨的后事料理。为了丧葬薄厚，吴稚晖、石瑛与闻讯赶来的留英学生监督钱士青发生了激烈争吵。吴、石提出由政府拨款，为杨笃生筑墓建碑，钱氏则主张草草埋葬了事，直到吴稚晖拍桌大怒、咆哮不已，坦言杨笃生是为中国革命而死的烈士，对方才做让步。[2] 几个月后，碑成，正面碑文是"中国蹈海烈士杨先生守仁墓"，碑下座石铭刻着："杨守仁，因政治思想而死。死时四十岁。一九一一年八月五日。"碑文由擅长书法的章士钊撰写，但章没有参加葬礼，以至于曹亚伯多年后述及此事，叙说杨笃生葬礼举行当日，"凡其知交，多远来送葬，惟其同居于爱伯汀（爱丁堡）埠之章士钊、吴弱男夫妇独不至"，文字之中仍然难掩不平之气。

---

[1] 曹亚伯：《革命真史》（上），278—279页。
[2] 李纾：《辛亥年间同盟会员在伦敦活动补录》，载《史学月刊》2001年第6期，123—126页。

哀 荣

杨笃生在蹈海之前,遗赠黄兴一百余英镑,希望对其革命事业有所助益。不久后,正在香港养伤的黄兴辗转得读此信,双泪长流、不胜哀恸。在致友人信中,他这样表达自己心情:

> 适得杨君笃生在伦敦自沉消息,感情所触,几欲自裁。呜呼,人生至斯,生不得自由,并死亦不得自由,诚可哀矣。[1]

黄兴与杨笃生深交近二十年,对这位湖南同乡的人品才情十分欣赏。庚戌年(1910)初,他在香港主持同盟会南方支部,策动广州燕塘新军起事失败后,曾向孙中山建议遴选党中干才,在香港成立同盟会总机关,重新规划反清革命。在谈到海内外人选时,他历数同盟会精英人物,对杨笃生赞赏有加:

> 组织总机关之人材,弟意必多求之各省同志中,以为将来调和省界之计。……其智识卓绝,或不能回内地者,则留驻日本,或招来港中,为组织总机关之人员。……杨笃生君在英专志科学,有款,先生必要(按邀)之归。此人思想缜密,有类(汪)精卫,文采人品亦如之,美材也。[2]

其次又举荐两人,认为可为将来革命栋梁者,一是在德国留学的蔡

---

[1] 黄兴:《辛亥八月十四日黄克强致冯自由书》。转引自冯自由:《革命逸史》初集,北京:中华书局,1981年,244页。

[2] 黄兴:《上孙中山论革命计划书》(1910年4月在香港发),载《中国近代史通鉴·辛亥革命》,北京:红旗出版社,1997年,873页。

元培，黄兴对他的评价是，"此人虽无阔达之度，而办事精细有余，亦难多得"；一是在英国留学的吴稚晖，黄兴说他"甚属人望，惟偏于理想，若办事稍低减其手腕，自亦当行出色"。其他如山西之景定成、四川之李肇甫、湖南之刘揆一与宋教仁、山东之丁惟汾、陕西之于右任、江苏之章梓等，在黄兴的"人才库"里虽各有所长，属于"皆能办事"之辈，然而终不如杨笃生堪为中流砥柱。那么大概可以说，在黄兴眼里出类拔萃的"美材"杨笃生，既有思想缜密、品才俱佳的素质，又具备为人阔达、脚踏实地的美德，则当之无愧为革命党的领袖人才了。也可以设想，假如杨笃生不死且未患"脑病"，以身居同盟会第二号人物黄兴的如此力挺，在民初南京临时政府内阁中，他必居重要一席。只是1904秋发生行刺王之春案，风声过后，黄、杨二人在上海分手，此后数年音讯两隔、未再谋面。黄兴做以上评价时，对杨笃生的病况了解不多，所以在得到杨自沉噩耗后，才有"感情所触，几欲自裁"的深深哀痛。又因为杨笃生与章士钊的纠纷及其余波，在党内引起种种传言，才有"生不得自由，并死亦不得自由"这样沉重的悲叹。

对杨笃生的死，孙中山如何评判呢？杨笃生首谒中山，是在1909年秋孙流亡英国期间，当时杨已到阿伯丁大学读书，其间曾赴伦敦谒孙，建议设立欧洲通讯社，加强对欧美各埠华侨的宣传，以扩大同盟会反清革命的影响。孙中山认为此议目光远大、切实可行，表示赞成，随后致信旅居布鲁塞尔的同盟会会员王子匡，嘱其帮办此事。信中说，"昨日笃生兄来谈通信社事，弟甚赞同其意。此事关于吾党之利便者确多，将来或可藉为大用"[1]。杨笃生与

---

[1] 孙中山：《致王子匡函》（1909年10月22日），载氏著《孙中山全集》第一卷，北京：中华书局，1981年，417—418页。

黄兴私交密切，在旁人看来，属于同盟会内黄兴一派的嫡系，而且他常年漂泊海外，对于党务比较隔膜，此次见面，未与孙中山建立密切关系。但以孙氏的察人之明，已从杨笃生的言谈举止中看出"一种悲观恳挚之气"。

这句判语，出自1911年夏孙中山从吴稚晖处得知杨笃生投海消息后的复函。函中说：

> 顷读来示并致（黄）伯耀君函，惊悉笃生君有投海之惨剧，殊深悲悼。弟观笃生君尝具一种悲观恳挚之气，然不期生出此等结果也。夫人生世间，对于一己方面，此身似属我有，行动似可自由；然对于社会方面，此身即社会之一份（分）子，亦不尽为我所有也，倘牺牲此身不有大造于社会者，决不应为也。杨君之死，弟实为之大憾焉！[1]

1912年民国成立后的第一个春天，南京临时政府陆军部向孙中山呈文，建议在太平门外玄武湖建祠，用以祭祀为缔造民国牺牲的杨卓林、郑子瑜、吴樾、熊成基、杨笃生、陈天华，其中对杨笃生之死如此定论，"痛黄花冈（岗）之大功不就，于英岛蹈海以殉，亡身报国"。孙中山在批准令中肯定杨是蹈海英雄、民国烈士，其所为是"或声嘶去国之吟，或身继蹈海之烈"。[2]

又过十多年，孙中山于广州建立陆海军大元帅大本营，为了推动北伐革命，在黄埔成立了陆军军官学校。1924年6月，他在该校开学典礼上阐述革命道理，号召军人要有不怕死的精神，甚

---

[1] 孙中山：《复吴稚晖函》（1911年8月31日），载氏著《孙中山全集》第一卷，536页。
[2] 孙中山：《令陆军部准建杨郑二烈士祠并附祀吴熊陈三烈士文》，载氏著《孙中山全集》第二卷，北京：中华书局，1982年，182—183页。

至"以死为幸福,要求速死",并列举陈天华、杨笃生的例子说:

> 英国又有一位留学生,叫做(作)杨笃生,也是因为明白了革命的道理,没有到革命的时机,不能做革命的事业,看到中国太腐败,要以速死为享幸福,便在英国投海而死,以死报中国。象(像)陈天华、杨笃生,他们是什么人呢?他们就是革命党,就是热心血性的真革命党。他们都是由求死所而不得,所以迫到投海,实在是可惜。[1]

由是,上述陆军部呈文中杨笃生"痛黄花冈(岗)之大功不就,于英岛蹈海以殉,亡身报国"等语[2],便成为一个定论,杨笃生进而被美化为一种政治偶像,堂而皇之地走进了国民党正史中。杨笃生固然无愧于民国先驱的尊号,但他的真面目却与历史真相渐行渐远了。

---

[1] 孙中山:《在陆军军官学校开学典礼的演说》(1924年6月),载氏著《孙中山全集》第十卷,北京:中华书局,1986年,299页。

[2] 孙中山:《令陆军部准建杨郑二烈士专祠并附祀吴熊陈三烈士文》,载氏著《孙中山全集》第二卷,183页。

不完美的形象

刘揆一泪洒同盟会

> 揆一早岁破产助饷,其弟道一又慷慨牺牲,在辛亥革命后没有取得一定地位,有家破人亡、前途茫茫之感。
>
> ——李锜

1973 年 1 月,原《大公报》名记者徐盈给老友沈从文写信,向他打听民国初年曾活跃于北京政坛、名叫刘揆一(字霖生)的湖南老革命党人。徐对旧文史很感兴趣,几年后即调入全国政协文史委主持史料编纂。沈这时正在中国历史博物馆坐冷板凳,他是湖南凤凰人,与湘中老辈人物交往较多,对刘揆一其人却不熟悉。在回信中他说:

> 刘揆一先生,似属熊希龄、仇亦山(仇鳌)一代前辈之一。估计目下在京能知刘的除黎劭西先生外,在中华书局任职之马非百,有可能相熟。我虽一九二二到京,来得及见梁(启超)、熊(希龄)及湘中三五旧国会议员,刘先生惜未及一面。[1]

---

[1] 沈从文:《致徐盈》,载氏著《沈从文全集》第二十三卷,太原:北岳文艺出版社,2002 年,297 页。

沈从文提供的京城中有可能了解刘揆一的人,一是著名语言学家黎锦熙(字劭西),一是先秦史专家马元材(号非百),都是进入耄耋之年的湖南籍文化老前辈。自此以下包括年逾七旬的沈氏,对半个多世纪前风云人物刘揆一的印象,已十分模糊了。

其实,在东京时代的同盟会,刘揆一是与黄兴、宋教仁齐名的湖南革命党人,他多年代理同盟会庶务(相当于副会长),参与领导了从1906年萍浏醴到1911年黄花岗的历次反清起义。但进入民国后,南京临时政府中没有他的一席之地。不久南北议和达成,受袁世凯拉拢,他声明脱离同盟会并出任北京政府工商总长,这一举动被视为背叛革命党,曾在政界掀起波澜。为此,刘氏被国民党官史有意忽略,在有关晚清革命的各种著述中,成了夹杂在同盟会活动中一个若隐若现的影子。在部分史家眼里,他当年的选择不符合既耐得住寂寞又能忍辱负重的革命家的完美形象。

他的名字被埋入荒烟蔓草,但历史的真相还保持着昨日的温度。

父辈榜样

湖南民间素有编修和保存族谱的传统,刘揆一家族也不例外,成稿于1914年的《刘氏十二修族谱》,记载了不少他们的家世源流信息。刘氏是个普通农耕家族,原居衡山县彭家冲,清康熙年间(1662—1722)迁到三十里之外的邻县湘潭白石铺。在太平天国运动尾声,身为清军参将的刘揆一父亲因放走太平军俘虏而临阵脱逃,为躲避官府问罪,刘家搬到一山之隔的八斗冲,该地山丘环绕、沟渠密布,因山冲地段有耕地八亩而得此名。[1]

---

[1] 饶怀民:《刘揆一家世源流考》,载氏著《中国近代史事论丛》,长沙:岳麓书社,2011年,402页。

衡山是宋代湖湘学派的发源地,该学派崇尚爱国主义,提倡经世致用,到明末清初,王船山(王夫之)在此隐居著书,对后世影响很深。船山思想的核心是坚定、坚毅、坚韧,主张脚踏实地、埋头苦干、百折不挠,形成了"衡山正气"的源头。八斗冲距衡山、湘潭县城各一百余里,位置偏僻、人烟稀少,正是受到衡山文化的熏陶,刘家才与革命党结下不解之缘。

刘家的第一个革命党,是刘揆一的父亲刘方峣。据刘揆一1936年撰写的《八斗冲墓表》,其父"为人魁伟豪迈,声若洪钟,读书过目成诵",年轻时因经商失败,不得不辍学种田,但他是个不寻常的农民,"时以失学为耻,置书垄畔,或车若担,稍憩,则取书席地坐读,遇难字疑义,不择人择地而就教之,学遂与年俱进";此外,刘父身体强壮而又富于正义感,"以力雄于一乡,好理不平事"。这些特质,后来也同样体现在其两个儿子身上。

太平天国运动是近代史的拐点,也是刘家转型的标志性事件。当太平军席卷两湖时,清廷调集湘军沿途堵截,由于兵力急缺,官府按户定额招募兵员,刘家四个成年男丁,除了长子镛峣在家留守,其余三个儿子都被征入曾国荃率领的老湘营,沿长江而下,转战东南。刘揆一在《八斗冲墓表》中说:"我二世父鉴峣公曾任清军副将,而战殁黄州;三世父异峣公职膺都司,而阵亡小池口;府君(按指刘方峣)亦投效皖城之老湘营矣。"

刘方峣入伍后,成为一名掌旗兵,随大军浩浩荡荡席卷沿江,随后"转战东西梁山,略和州,下当涂,夺采石,进薄金陵之雨花台",参加了湘军从皖北进占南京的历次重要战役。由于作战勇敢,到同治三年(1864)夏天攻打太平天国首都天京时,刘方峣已从十夫长擢升至参将。就在此时,他的命运也发生了逆转。《八斗冲墓表》云:

> 一夕，独巡营垒，见有敌人窃窥壕外，即驰往，奋与搏击，卒擒以归，询知为敌帅李秀成部下总制林迪荣也，怜其勇而劝之降。适营壁张有岳武穆像，迪荣乃指而慷慨语曰……府君（按指刘父）闻而惊起自怍，绕室彷徨，竟义而释之去。同营黠者白其事于主将李臣典，遽命左右执以绳之法。府君连击踣数兵，后至者辟易，乃怒马突营出走……货马徒行，潜归故里。[1]

说的是有天晚上，刘方峣在阵地前查哨时，发现有一敌人在沟壕外窥探，于是策马冲上去与之搏斗，并将其俘获。此人是忠王李秀成手下的一名总制（太平军高级指挥官），名叫林迪荣。审讯时，刘方峣劝林迪荣降清。林看见营帐中挂着岳飞像，反倒向刘做起了思想政治工作："想当年岳武穆精忠报国，誓灭金朝，不就是为了恢复中华么？我们太平军起来造反，驱逐鞑虏，就是为了实现先贤宿志，怎能向清廷投降呢？今天我孤身轻出，陷于君手，你要杀就杀吧。"

这番话让刘方峣大吃一惊，他在帐中彷徨无措，想到满人入主中原既久，国人已忘了民族大义，不禁大为惭愧，脑子一热，竟自作主张把林迪荣释放了。营中同伍立即向上峰报告，主将李臣典下令逮捕刘方峣，军法处置。刘见势不妙，一连击倒几个兵丁，就在众人纷纷退避时，他飞身上马、夺路而逃。之后卖掉坐骑，悄然返回湖南。再后来便躲到荒无人烟的八斗冲，做了多年自耕农。

---

1 刘揆一：《八斗冲墓表》，载中国人民政治协商会议湖南省湘潭市委员会文史资料研究委员会编：《刘道一烈士》，长沙：湖南大学出版社，1988年，169—170页。

到光绪四年（1878）刘揆一出生时，父亲在太平天国运动中的这段经历已过去十四年了。刘揆一记得，有次父亲给他讲岳飞事迹，触动情怀，忽然唏嘘泣下，"始略举往事告谕之，由是揆一有继承父志之蓄念"。[1] 刘父所忆叙的往事，就是太平军总制林迪荣指着岳武穆像，向他慷慨陈词的情景。三湘本来就是晚清革命家的"制造工场"，刘氏兄弟成年后投身会党，固然与当地民风有关，但父亲对于民族大义的感悟和危急时刻的勇猛果敢，对他们影响更大。

在乡间隐匿数年后，风声过去，刘方峣托人介绍，进湘潭县衙刑房当了一名捕快，这个差使常与江湖帮会人物打交道，其额外收入足以支付两个儿子的学费。刘氏虽给儿子灌输叛逆思想，但并不忽视他们的教育。揆一、道一从小就读于湘潭县白石铺私塾，全家迁居县城后，父亲倾其所有筹集束脩，将他们送到经学大师王闿运在长沙主持的思贤讲舍，接受第一流的传统学问熏陶。以后哥哥考进长沙岳麓书院，弟弟入读湘潭一所教会中学，发奋读书，远近闻名。到戊戌年（1898），维新运动兴起，梁启超、谭嗣同、唐才常等人在长沙创办时务学堂，政治、天文、算学、格物等新学风靡一时，刘氏兄弟奔波求知，闭门苦读，如饥似渴。刘揆一回忆当时情景：

> 为了苦学博览，我们曾把自己倒锁在房里，可以几个月足不出户，饮食便解都由家里人从窗口送进送出。那时，湖南开风气之先，常有名人来长沙讲学，我们也不怕路远，跑

---

[1] 刘揆一：《八斗冲墓表》，载中国人民政治协商会议湖南省湘潭市委员会文史资料研究委员会编：《刘道一烈士》，170页。

到省里去听讲。我喜欢看梁启超写的文章,但他的演讲却不高明,我是领教过的。[1]

这时候,刘方峣对两个儿子的寄望并不清晰。一方面出于深厚的种族观念,他不愿让儿子做循规蹈矩的大清顺民,再受满人奴役;一方面又希望他们通过读书明理,找到自救途径,改变家庭所处的社会地位。这看起来很矛盾,但是随着湖南哥老会领袖马福益的出现,刘氏的两难选择也就有了答案。

19、20世纪之交,义和团运动于北方处于高潮,湖南也不平静,在湘潭一带活动的哥老会举事响应未遂,大名鼎鼎的马福益正藏身于湘江边一家小客栈,躲避风头、伺机再起。马氏早年投身江南防营,曾在营中管理伙食,因为动用军粮接济会党而被革退,自此萌发反清思想。他于光绪十七年(1891)创立回龙山会,在湘赣边界一带开堂放票,不到十年光景,拥众十万余人,也成了朝廷通缉榜上赏格最高的会党头目。

不知怎的,官府通过眼线,侦获了马福益的下落,刘方峣身为刑房捕快,也很快得讯。就在清兵赴湘潭县围捕之前,他派刘揆一跑到客栈通风报信,马氏当夜远遁,得免于难。几天后,刘家的灶台上忽然多了一条猪腿和一坛老酒,刘方峣心领神会,这是对方按江湖规矩,表达谢意。刘父自此结交马氏,往来频繁,但也把两个儿子领到了一条危险的路上。不多久,马福益潜赴南岳衡山,又派手下马花初约请刘家大儿子揆一去"朝香",这是两人建立信任关系之始。刘揆一的长女刘孝娥听父亲讲过这段往事:

---

[1] 刘安甗:《回忆我的父亲刘揆一》(1978年12月),载饶怀民编:《刘揆一集》,武汉:华中师范大学出版社,2011年,180页。

> 乘小船至一小街，在一饭店住宿，这饭店侧屋有两个床位，马花初和我父亲刚刚在其中的一个床铺上坐定，马花初对我父亲说："霖生吃口烟吗？"这时另一床位上先来之人，听见有人呼霖生之名，便从被中一跃而起，此人即是马福益。于是，马福益便招呼父亲至一间较僻静的客室，两人握手言欢，相见恨晚，对我父亲从此便以"恩哥"称之，马家与我们刘家遂有了生死交情。[1]

在官府告示上被描摹得如凶神恶煞的"巨匪"马福益，文化程度不高，却是有胆有识、很讲义气的一个汉子，这深深地吸引了二十出头的刘揆一。此后，马氏与刘家通过信使常有往来，他们之间的友情也被刘揆一发扬光大。因为这层关系，正在寻找合作伙伴的革命党人黄兴与刘揆一一拍即合。

结义会党

光绪二十九年（1903）农历新年过后，从湖南各学堂中选拔的一批优秀学生，启程赴日本留学，这是该省首次派学生大规模出洋深造，其中就有省城岳麓书院毕业生刘揆一。据同行者朱德裳的日记，这批留学生共三十四人，由长沙买舟到上海后，再坐轮船抵达日本东京。这段在今天几小时可达的路程，当年历时近一个月。从朱氏列出的学生名单可知，这批人日后不仅都成了湘省名流，其中被视为全国知名人物、在近代史上留下深刻印记的，就有长沙杨昌济、湘阴仇亮、邵阳石陶钧、湘潭李觉、湘乡肖仲

---

[1] 刘孝娥：《先君革命史事闻见录》（1989年9月19日），载饶怀民编：《刘揆一集》，186页。

祁、芷江廖名缙、龙阳余焕东、新化陈天华和曾继梧等。当然，还有"衡州府自备生一人，为衡山刘铃生（揆一）"[1]。

洋务运动开始后，随着西学东渐，出国留学在两湖已成风气，其中负笈东洋是首选。有官府资送的"官费生"，也有自筹学费的"自备生"，比刘揆一早一年到日本的黄兴、宋教仁，便是张之洞任湖广总督时，从两湖书院、武昌文学堂选派的第一批官费留学生。身兼学政的湖南巡抚余诚格在戊戌变法中曾积极推行新政，此时也不甘落后，这年派出的赴日留学阵容居全国首位。他没有料到，这批学生到日本后大部分参加了革命党，像仇亮、石陶钧、肖仲祁、廖名缙、曾继梧等，在辛亥革命中都成了湘省军政领导，李傥、余焕东等在南京临时政府做了高官。同辈中让人刮目相看的，还有自费生刘揆一。

出洋留学需要不少费用，刘家并不宽裕，但刘方崿即使自费也要送儿子出国游学，其中更多的考虑，是为"幼生反骨"的刘揆一在传统体制之外寻一条出路。出发前，家里共凑了两百六十元，如省吃俭用，除去川资，刚够刘揆一在日本一年的费用。同船到达的石陶钧回忆，他们一行到了东京，都在教育家嘉纳治五郎为中国留学生特设的预科学校——宏文学院住下来，先上预备功课，除了日语，还要兼顾中学学科。石氏感慨道："我已经是二十多岁的人，哪里是在读书，着实是在受刺激。"[2]

刘揆一也是二十多岁，坐在新学堂里像小学生似的从平假名"阿伊吾爱窝（あいうえお）"念起，其中所受的刺激，想必与石

---

[1] 朱德裳：《癸卯日记》，载《湖南历史资料》1979年第1辑，长沙：湖南人民出版社，1980年，207页。
[2] 石陶钧：《行年六十忆黄兴》，载《湖南辛亥革命史料》第二册，长沙：湖南人民出版社，2011年，103页。

不完美的形象

陶钧一样强烈。为了减少家里负担，回国后易于谋生，他选择了学制仅八个月的速成师范科，照此安排，他与日本的缘分就很短暂。但是，结识了宏文学院师哥黄兴以后，情况变了。

黄兴这年二十九岁，来东京留学已近一年，革命思想日渐成熟，很自然成为湖南学生的主心骨。出于对外强入侵和清廷腐败的激愤，他正在联络同学，发起拒俄义勇队、军国民教育会，宗旨是"养成尚武精神，实行民族主义"。[1] 黄兴对革命方式，特别推重武装起义，提出"从事用兵，以破坏现状为出路"。[2] 这很合性情火爆、做事注重实效的湘省学生的胃口，也让曾与会党接触的刘揆一耳目一新。这年春天，黄兴在湘籍留学生中发起"土曜会"，除了学习军事技能，还定期组织行军、骑射等活动，刘揆一是积极参与者。后来他告诉儿子刘安甂："最初（我）因为身矮体胖，常常掉队，落在别人后面。但是，只要坚持下去，就能逐渐跟上来。"[3]

在湖南同学中，刘揆一有许多莫逆之交，他们对局势和国内社会的看法各异，但都主张反清革命。这里面有组织大规模举义的黄兴，还有倡导宣传的宋教仁、鼓吹暗杀的杨笃生，及埋头撰写《警世钟》的陈天华等人，他们常在一起密议，回国后如何实行这些革命计划。刘以自己的亲身体会，认为策动革命"而欲收发难速效，则宜采用哥老会党，以彼辈本为反对满清，而早有团结，且其执法好义，多可赞叹"。[4] 意思是说：革命要想迅速取得成效，就应该利用哥老会，因为会众们就是为反清而团结在一起的，

---

1 秦毓鎏等：《发起军国民教育会意见书》。转引自冯自由：《东京军国民教育会》，载氏著《革命逸史》初集，111 页。
2 毛注青编著：《黄兴年谱长编》，北京：中华书局，1991 年，45 页。
3 刘安甂：《回忆我的父亲刘揆一》（1978 年 12 月），载饶怀民编：《刘揆一集》，181 页。
4 刘揆一：《黄兴传记》，载《中国近代史资料丛刊：辛亥革命》（四），276 页。

而且他们崇尚义理、执法很严,有很多值得学习借鉴之处。

刘揆一举了一个马福益执法的例子:

> 比如湖南会党有戴某者,违犯会规,其头目马福益,星夜开堂,判处死刑。当其泣送河间自剖胸腹时,路过山阿狭隘处,死者犹回顾马福益曰,大哥好走,须防失足跌下坑去,马亦呜咽应而慰之。[1]

说是马福益手下有个姓戴的兄弟,因违反会规被处死罪,押赴刑场时经过山路狭窄处,这个兄弟仍然提醒马氏:"大哥小心夜黑看不清路,掉下沟去。"马氏闻言,感动流泪,但还是硬起心肠执行了死刑。

听了这个故事,众人大为感动,哥老会纪律严明、不肯枉法的内部管理制度,其党羽服从组织、视死如归的气度,给黄兴留下印象尤深。这年五月,他结束学业,回国运动革命,首先从联络会党入手,就是由此得到的启发。临行前,他对刘揆一说:"闻马昔遭危难,君曾救济之,联络似较易易,故望君及早归国,共图之耳……"[2] 意思是:听说以前马福益身遭危难,你曾经帮助过他,联系起来自会容易些。希望你学成后及早回国,咱们与老马一起共图大计。

太平天国被剿灭后,曾国藩裁撤湘军,大量营兵流入底层社会,形成会众基础,秘密社会遂在湖南迅速发展,山头林立。庚子年(1900)夏天,八国联军侵华,京师动荡,自立会首领唐才

---

1 刘揆一:《黄兴传记》,载《中国近代史资料丛刊:辛亥革命》(四),276页。
2 刘揆一:《黄兴传记》,载《中国近代史资料丛刊:辛亥革命》(四),276页。

常谋划勤王起义，骨干分子大都是湘中地区的哥老会员。黄兴准备在湖南起事，也看准了哥老会这股巨大的势力。他与刘揆一约好三个月后相会于长沙，去见传奇人物马福益。

1903年秋末，刘揆一毕业归国，回到省城长沙，与在明德学堂任教的黄兴会合。刘氏落脚于保甲局巷留日学生、长沙第一中学堂教员彭渊恂的住所，与黄兴的宿舍一路之隔。黄的公开身份是明德学堂史地教习，暗下正在筹备华兴会。华兴会是湖南最早由知识分子发起的反清革命团体，两年后（1905）与兴中会、光复会合流，成为中国同盟会的班底。据该会创始人之一章士钊回忆，华兴会开第一次会议的时间是这年农历九月十六日，地点就在彭宅，到会者共十二人，除了房主彭渊恂及柳大任叔侄，主角有黄兴、刘揆一、章士钊、宋教仁、陈天华、杨守仁、周震鳞、胡瑛、龙璋。这是湖南第一代职业革命家的阵容。选举负责人时，大家推举黄兴为会长，刘揆一为副会长。同人如此推崇刘氏，是看重他与哥老会的密切关系。章士钊记得："会后，吾返沪，长沙经始一切，克强独任之。（黄兴）已在明德学校充教员，别设华兴会机关，联络会党，乘隙起事。"[1]

章氏所说"联络会党，乘隙起事"，其联络对象就是马福益。这是黄兴、刘揆一要办的一件急务。各种官方读物中，黄兴革命生涯中的传奇一幕——在一个寒冷的雪夜，身披蓑衣、脚踏芒鞋，赶赴湘潭、萍乡交界处一个废弃矿洞中，与帮会领袖马福益会面，同食火烤的雄鸡以代替拜盟宣誓，共商反清革命大计——就发生在此时。只是因为刘揆一后来脱离同盟会，历史上有"污点"，一

---

[1] 章士钊：《与黄克强相交始末》，载中国人民政治协商会议全国委员会文史资料研究委员会编：《辛亥革命回忆录》第二集，北京：中华书局，1962年，139页。

些史家忌讳其人,对他在这次会面中所起的作用,以及他本人陪同黄兴拜访马福益的事实大都避而不谈,致使后世读者一直以为,黄兴与哥老会结盟的雪夜矿山之行,是一次孤胆英雄式的"单刀赴会"。

真相并非如此。且看刘揆一的记述:

> 甲辰春初,随公(按指黄兴)约会马福益于湘潭。为避清吏耳目,各自短衣钉鞋,头顶斗笠,乘雪夜行三十里,与相见于茶园铺矿山上一岩洞中。柴火熊熊,三人席地促坐,各倾肝胆,共谋光复。……是夜山路均有会党防守,得以畅所欲言,且命其党徒就岩阿雪地,掘一土坑,埋数鸡其中,上以柴火煨之,香味逾于常烹,各自痛饮狂餐,乐至天晓。[1]

甲辰为1904年,初春时节还下着大雪,黄兴、刘揆一全副户外行头,在雪中步行三十里,与马福益相会于茶园铺矿洞中,度过了神奇的一夜。在这次密会中,黄、刘与马氏议定,农历十月十日是慈禧太后的七十生辰,届时省城举行庆典,清廷大吏云集万寿宫皇殿,贺礼开始时,华兴会派人将引爆预埋于此的炸药,把在场的官员们都送上天。同时,哥老会事先布置在长沙、岳州(今岳阳)、衡州(今衡阳)、宝庆(今邵阳)、常德的十万会众分为五路起事,一举占领湖南全境。会面结束后,黄兴十分兴奋,作诗以为纪念,其中名句"结义凭杯酒,驱胡等割鸡"[2],就是在晓天归途中吟成的。

---

[1] 刘揆一:《黄兴传记》,载《中国近代史资料丛刊:辛亥革命》(四),277—278页。
[2] 黄兴:《题赠马福益联》(1904年春),载氏著《黄兴集》(一),长沙:湖南人民出版社,2008年,8页。

黄兴、刘揆一后来在忆旧文字中，格于政治影响和自己的身份，很少提及与会党人物的密切交往及相关细节。零星记载表明，在这个雪夜，按哥老会会规，黄兴与马福益拜把子后加盟，刘揆一则在更早时间已秘密加入了哥老会。否则，双方的信任与合作不会达到以后交叉设立组织、在人力物力上互通有无的地步。

这年年末，刘揆一回湘潭老家省亲时，将成立华兴会的事透露给了父亲，并和盘托出自己参加反清革命的秘密。刘方峣不以为异，说了一句让儿子大感振奋的话："好自为之，吾不汝扼也。"[1] 意思是说：儿子，你好好干，老爸不阻拦你。别人父亲都指望儿子好好学习、事业有成，做个进身仕途、光宗耀祖的好青年，刘父居然鼓励儿子起来造反，可见他是个与众不同的人。

举事失败

和孙中山领导兴中会于1895年发动的广州起义一样，1904年长沙起义也是黄兴成立华兴会后对武装革命的首次尝试。这两次举事相隔九年，组织形式、策划思路却不谋而合，都是要通过武装暴动占领省城，宣布脱离清政府，用以号召天下。结果功亏一篑，就连失败的结局都十分相似。在反清革命道路上遭到的种种曲折，成了他们联手组建同盟会的思想基础。

为了发动长沙起义，华兴会的党人们集资数万元，用于联络会党、收买防营、购置枪械炸药。刘揆一回国后，为了谋生，在醴陵渌江中学堂担任监督，一个月薪资有纹银数十两。他在所撰

---

[1] 刘揆一：《八斗冲墓表》，载中国人民政治协商会议湖南省湘潭市委员会文史资料研究委员会编：《刘道一烈士》，170页。

《黄兴传记》中说，初期费用由华兴会的几个骨干分头筹措，其中黄兴、柳大年、彭渊恂等人共筹近万元，他自己则"破产并告贷约四千余金"[1]，是会员中助饷最多的。且不论破产部分，告贷四千余金，这在当时来说就是一笔巨款。可见刘揆一禀性忠厚，对革命一片至诚。据其旧交范体仁回忆，多年后，刘揆一将父亲原在湘潭购置的房屋出售，才抵上了这笔钱。通过多种途径，党人们用筹款购得长枪五百杆、手枪四十支。

长沙起义计划谋定后，作为华兴会与哥老会之间的联络人，刘揆一同马福益频繁见面，其中见于记录、押送华兴会赠给马氏礼物的行程就有两次。一次是在1904年春，他与同党张平子、万武携带白马一匹、酒肉布匹若干，前往湘潭县雷打石（今属株洲）。据张平子回忆，马福益正在附近一座寺庙开堂放票、招收徒众。他们的到来，成为哥老会日常和政治生活中的一件大事：

> （马福益）将礼物点收后，发现肉中夹有手枪两支，子弹数十颗，布箱中有长枪三支及子弹甚多，愈益喜悦。揆一乃教福益施放手枪，并传达克强（黄兴）先生意旨，大意是要他从速将会众编练成为作战部队，并尽可能使会党成员参加各正规军队，准备在时机成熟之时，候令发动起义。福益允诺照办。次日，福益买雄鸡两只、大鲤鱼一条、鸡蛋数十个，亲自于石灰窑中做出盛馔，款待我们。席间福益向刘耳语，刘笑而点首……[2]

---

1 刘揆一：《黄兴传记》，载《中国近代史资料丛刊：辛亥革命》（四），278 页。
2 张平子：《我所知道的马福益》，载中国人民政治协商会议全国委员会文史资料研究委员会编：《辛亥革命回忆录》第二集，242 页。

不完美的形象

马福益大喜过望,因为他发现,在礼物中还夹藏着枪支。这位洪帮领袖第一次见到手枪,新奇不已,乃由刘揆一教他练习射击。会面中,刘向马传达黄兴的指示精神,要求把会党编练成为能征善战的部队,随时听命。这颇有增强信赖、愈加倚重的意味。次日酒席上,马、刘之间的耳语和会意而笑,都表明他们已建立起难兄难弟式的友谊,刘揆一已成为哥老会认可拥戴的人。正如朱德裳在为刘揆一所作的小传中说:"揆一阴结哥老会,以兵法部勒之,日与其渠魁谋改良之法,哥老会往来函牍均推重刘先生。"[1] 意思是:刘揆一秘密联络哥老会,用军队纪律要求他们,经常与其首领在一起研究改编会党的办法,所以哥老会内部往来文书中,对这位刘先生十分尊重。可见,刘很懂得巧妙地运用自己与马福益的友谊,获得哥老会各个山头的信任,不断提高自己在会党中地位。

另一次是在浏阳普迹集市牛马交易大会上,刘揆一不仅运送来大批枪支、马匹,也带来了更大惊喜。华兴会成员多是知识分子,缺乏与会党打交道的经验,黄兴决定另设一个同仇会,作为联系哥老会的专门机关,并仿照日本军衔制,由黄氏自任大将兼会长职务,刘揆一任中将,负责节制新旧各军,马福益任少将,掌管会党事务。刘揆一这次出行,将代表同仇会主持授予马福益少将的仪式。

普迹牛马交易大会是全省闻名的墟集,每年中秋召开,参加群众数万以上。这个场合和氛围,为举行马福益少将授予式增添了异样色彩。在冯自由笔下,当时情景有如一段江湖传奇:

---

[1] 朱德裳:《刘揆一》(1912年6月),载饶怀民编:《刘揆一集》,167页。

与会群众，泰半隶哥老会籍，故哥老会亦规定是日为拜盟宣誓之佳节。同仇会即于同日举行马福益之少将授予式，由刘揆一代表会长黄轸（兴），亲给马以长枪二十梃，手枪四十梃，马四十匹，并监督宣誓，仪式庄严，观者如堵。自是哥老会员相继入会者，不下十万人，声势在庚子（1900）唐才常一役之上。[1]

哥老会在乡间墟集上设坛拜盟、呼风唤雨，这并不奇怪；可是为马福益授衔并赠枪时，居然也是"仪式庄严，观者如堵"，可见活动是在半公开状态下，以帮会盟誓形式为掩护而进行的。这反映出清末地方政府对乡村管控能力薄弱，以至哥老会在两湖地区势力之大，已到了敢于和官府叫板的地步。在华兴会与哥老会之间，刘揆一所扮演的是特殊角色，他的混合身份、刘家与马福益的私交，与反清革命大义结合在一起，构成了革命党与会党水乳交融的关系。哥老会干部陈浴新回忆：

当时负责联络长沙、湘潭、醴陵、浏阳、萍乡一带会党的是刘揆一。刘的父亲和同族刘大贵、刘大满在湘潭县衙当差，平日对会党首领马福益的活动暗中颇多关照，刘本人又当了醴陵渌江高等小学堂（按应为醴陵渌江中学堂）的监督，这就为他联络会党的工作提供了许多便利。[2]

---

[1] 冯自由：《长沙华兴会》，载《中国近代史资料丛刊：辛亥革命》（一），上海：上海人民出版社，1957年，503页。

[2] 陈浴新：《湖南会党与辛亥革命》，载《文史资料选辑合订本》第十一卷34辑，北京：中国文史出版社，2011年，285页。

华兴会花费大血本筹划这次举义，最终由于事机不密，在行动之前被官府侦知。最先向黄兴、刘揆一告知消息的是马福益。冯自由《长沙华兴会》一文说：

> 驻湘潭之哥老会行堂有号"飞毛腿"者，知事已洩（泄），乃走报马福益。马时驻湘潭属之茶园铺矿场，距县城五十里，得讯后，即令"飞毛腿"驰赴省城，告黄刘使速戒备。[1]

这位"飞毛腿"，一天之内，先从湘潭县城赶到五十里外的茶园铺，向马福益报信，接着又步行九十里，驰赴省城长沙通知黄兴和刘揆一，其"飞行"本领着实了得。此人名叫刘重，二十岁中秀才，在长沙游学预备科读书时得识刘揆一，刘介绍他加入华兴会及哥老会，担任联络员。黄兴长子黄一欧回忆："1904年，我家住长沙市北门紫东园，当时刘重每于拂晓前从湘潭动身，步行九十华里，早饭过后不久就赶到了我们家里，这是我亲见的。"[2]

长沙起义密泄后，湖南巡抚陆元鼎下令通缉党人，按名索捕，急于星火。据冯自由记述，当时"黄（兴）寓明德学堂对门，刘（揆一）寓保甲局巷彭希民宅，得警后，以各处准备未竣，不得不匿迹他所，以避清吏搜索"。[3] 其中，黄兴在吉祥巷基督教圣公会楼上藏身近一个月才等到机会，在牧师黄吉亭、耶稣教会学校学生曹亚伯护送下，乔装亡命上海。曹后来在其名著《武昌革命真史》中以浓墨记此事，颇多惊心动魄情节。

---

[1] 冯自由：《长沙华兴会》，载《中国近代史资料丛刊：辛亥革命》（一），504页。

[2] 黄一欧遗稿、龚业隆整理："飞毛腿"刘重》，载湖南省文史研究馆编：《潇湘絮语》，北京：中华书局，2005年，193页。

[3] 冯自由：《长沙华兴会》，载《中国近代史资料丛刊：辛亥革命》（一），504页。

黄兴脱险后，刘揆一也绕道汉口，按照约定到了上海。他侥幸脱逃，得益于多年地下工作的训练——身手敏捷，反应极快。朱德裳在《刘揆一》一文中记述，当清兵闯进刘揆一寓所时，刘见势不妙，与同党徐佛苏翻越后墙飞逃，刚出保甲局巷口，与押解哥老会联络员郭某的一队兵弁狭路相逢。据记载，"此人固深识揆一等者，适与揆一遇诸巷，以目视揆一，揆一遂与佛苏逃，盖其所以团结之者深也"。随后，"揆一与徐佛苏携带一哥老会徒李松林出长沙后，走彳间，四昼夜始达岳州，旋上岸，遣散该地哥老会"。[1]

在生死关头，认识刘揆一的这位哥老会郭姓兄弟，不仅没有卖友求生，反而智勇相助，示意他赶快逃命，可见刘氏与哥老会关系很铁，且能服众。在原定举事计划中，岳州（今岳阳）为届时响应的五路之一，刘揆一下令解散已聚集此地的哥老会众，说明他在回龙山会内拥有很大权力和威望。

未遂的长沙起义是黄兴轰轰烈烈革命生涯的第一幕，曹亚伯在《武昌革命真史》中追溯辛亥革命源头，从华兴会长沙起义说起，第一章取名为"黄克强长沙革命之失败"便是这个意味。对刘揆一和黄兴来说，这是他们今后二十多年患难相交的开始，也是共同探索反清革命道路的一个新起点。

长沙起义失败后，马福益也远走他乡。翌年年初，新任湖南巡抚端方下令"选派得力员弁，悬立重赏，购觅眼线，分投四路查拿"，有关部门落实指示，确定由都司杨明远、千总赫成额等人带着兵丁、眼线专事跟踪追捕。三个月后，马福益在江西萍乡护城河中一只船里被捉拿，据江西巡抚沈瑜庆向朝廷上报的《奏访

---

[1] 朱德裳：《刘揆一》(1912年6月)，载饶怀民编：《刘揆一集》，168页。

获洪江会目》一折,马氏潜至萍乡县城的目的,是与以开饭馆为生的哥老会头目刘志和会面,谋划同安源煤矿会党首领肖克昌联合,发动新的起义。奏折称:"(光绪)三十一年(1905)间,刘志和因(醴陵)清江埠饭店生意淡薄,复至萍乡县开设面馆。马福益潜来萍乡,旋被兵役拿获。"[1]

马福益被拿获后,官府于押送途中,用铁丝穿透其锁骨以防逃脱。同月,马氏被杀于省城浏阳门外。他不愧为硬汉,反缚过市时神色自若,走到行刑地从容就死。端方宣布马福益罪状的布告称:

> 去年八月,同仇会匪首刘姓(按即刘揆一)等图谋不轨,因该匪首(按指马福益)伙党甚多,易于纠集,派为五路督办,并托(回龙山会东路头目)谢受祺交给华兴票布多张。遂由该匪首分给已获正法之肖贵先,令其转散纠人,约期于十月初五在长沙省城作乱。[2]

这是刘揆一的身份第一次暴露,也是华兴会这个组织首次公之于众,不过官府还分不清会党与革命党的区别,在他们看来,刘揆一与马福益同是乱党中的危险人物。

这份布告也意味着,刘揆一与黄兴一起正式成了朝廷命犯,赏格同为两千元。他逃后,官府抓了其父刘方嵝问罪,系狱共四十六天,还是由哥老会党羽收买狱吏,才给予取保假释待遇。刘揆一在《八斗冲墓表》中追忆,老父亲出狱后不思"悔改",在

---

[1] 饶怀民:《马福益被捕地点考》,载氏著《中国近代史事论丛》,421—422页。
[2] 陈浴新:《端方宣布马福益"罪状"的布告》,载《湖南文史资料选辑》第十五辑,长沙:湖南人民出版社,1982年,202页。

写给他的信中说:"唐高祖之诏太宗,化家为国亦由汝,破家亡国亦由汝矣!"[1]以此勉励儿子专一心志,继续从事反清革命。

兄弟死难

华兴会举事遭败,先后有四十多名会员随黄兴、刘揆一从湖南分路逃到上海,他们在英租界余庆里建立机关,准备重整旗鼓、再举义旗。这期间,与黄兴相识的安徽志士万福华等在英租界以宴请名义,谋刺前广西巡抚王之春未果,黄兴、张继、陈天华、胡瑛等受到牵连,二十余人被租界警方拘押,举义之事遂化作泡影。

刘揆一未被抓获纯属偶然,当余庆里机关被围时,恰巧他外出看戏晚归,见门口有印度巡捕把守,庭阶上堆着搜出来的违禁物,知道事情不妙,便迅速逃离现场。刘氏的机敏善变,是在他与哥老会长期交往中积成的。刘的女儿刘孝荫在《先君往事拾零》一文中说,由于在恶劣环境中从事革命活动,父亲养成了随时警觉的习惯,"睡着了还张着一只耳朵听声音",当她询问个中原因时,母亲说:"他警惕性极高,一辈子就是这么过来的,不然,他早就没命了!"[2]

黄兴被捕后,并未暴露身份,很快被保释出狱,与刘揆一同避走日本。两人到达东京,已是1904年末。这时,聚集于这里的华兴会骨干成员就多达数十人,可证时人所谓"东瀛为革命党人推翻清朝之根据地"并非虚言。次年,反清革命悄然进入同盟会时代,他们成了留学生中的活跃分子。

---

[1] 刘揆一:《八斗冲墓表》,中国人民政治协商会议湖南省湘潭市委员会文史资料研究委员会编:《刘道一烈士》,170页。

[2] 刘孝荫:《先君往事拾零》(1989年9月20日),载饶怀民编:《刘揆一集》,190页。

1905年初夏,孙中山从美国来到日本东京,在好友宫崎寅藏介绍下,与黄兴在名为凤乐园的一家中餐馆见面。孙这次赴日的目的,是要将他领导的兴中会扩大为容纳各种反清会社的组织,把华兴会列为主要发展对象,显示了他识别革命力量、寻找合作伙伴独具眼力,也说明以黄兴为代表的湖南留学生在此具有相当影响力。晤谈近两个小时,分手前他们举杯高呼"万岁",气氛十分融洽。

黄兴回到住所后,将与孙中山会面情形转告刘揆一、宋教仁、陈天华等,并征询是否与兴中会联合。结果众口纷纭,意见不一。宋教仁在日记中记录了讨论时的情景,他称之为"商议对于孙逸仙之问题"。日记中云:

> 既至,庆午(黄兴的号)先提议,星台(陈天华的字)则主以吾团体与之联合之说;庆午则主形式上入孙逸仙会,而精神上仍存吾团体之说;刘林生(刘揆一别名)则主张不入孙会之说;余则言既有入会、不入会者之别,则当研究将来入会者与不入会者之关系如何;其余亦各有所说,终莫能定谁是,遂以"个人自由"一言了结而罢。[1]

大意为:大家到后,黄兴先把问题摆出来。陈天华主张华兴会与兴中会联合;黄兴主张形式上与孙联合,精神上仍保持华兴会的独立性;刘揆一则主张不入孙中山发起的新团体。我(宋教仁)发言时表示,既然有赞成与反对两派,就得考虑这两者之间将来怎么共事的问题。其他人也各有看法,最终未能定论,结果入会

---

[1] 宋教仁:《宋教仁日记》,1905年7月29日条,长沙:湖南人民出版社,1980年,91页。

与否，全凭大家自愿。

这次集议第二天，即 1905 年 7 月 30 日，留日学生中的各省代表共七十余人齐聚东京赤坂区黑龙会会所，召开筹备会，决议将兴中会、华兴会、光复会等反清团体，联合组成中国同盟会。又过二十天，再开正式成立大会时，参加者达三百多人。会上选举孙中山为总理、黄兴为庶务（副总理），下设执行、评议、司法等部门，以黄兴、汪精卫、邓家彦、宋教仁等掌管，这预示着沉寂数年的反清运动将出现一种新气象。

与黄兴、宋教仁不同，刘揆一坚持己见，没有参加同盟会的筹备会及成立大会，显得很异类。这表明兼具革命党和江湖会党身份的他，身上有一种与众不同的精神气质。他曾对女儿刘孝娥解释说："就我个人来说，觉得华兴会创业艰难，组织起来不容易……如果解散，这对湖南革命党人和哥老会众是一个打击，无形中取消了革命组织，于心不忍，实在舍不得解散，故坚持不入同盟会甚力，且有一年多时间没有入盟。"[1]

无独有偶，性格倔强、特立独行的章士钊也没有加入同盟会。黄兴虽对华兴会与兴中会的合作前途并无十分把握，但对与孙中山革命大联合的美妙景象又充满了期待，所以他带头加入了同盟会。性格宽厚的他，对刘揆一、章士钊等人的选择既不强求，也未苛责。在其带动下，陈天华、胡瑛、仇亮等华兴会骨干不久便陆续入会，其中也包括刘揆一的兄弟刘道一。

刘道一（字炳生）比哥哥小六岁，是个身材高大、性情笃厚的美男子，时人在回忆文章中描摹他的形貌，有的说"年少气

---

[1] 刘孝娥：《先君革命史事闻见录》(1989 年 9 月 19 日)，载饶怀民编：《刘揆一集》，187—188 页。

壮""端慧""醇厚",有的说"倜傥豪迈""智慧殊绝",从中可略见其风度。[1] 他十八岁进入美国人在湘潭创办的一所教会中学,中西互补、学问大进。刘揆一对其弟这一段经历,也有记述:

> 有美(国)人凌霄志者,设校于湘潭,吾家故居湘潭,炳生遂从而受学。自辛丑迄癸卯,亘三年,炳生所学,卓有可观,而操英语尤习。明年甲辰,以久处湘不耐,游鄂复不得意,乃来日本东京。[2]

辛丑为1901年、癸卯为1903年,正值西洋风劲吹、新科学走红,刘道一在美国人开办的洋学校里浸润三年,除了格物常识,还学得一口流利英语,这种人才在风气渐开的湖湘,也是稀有的佼佼者。甲辰年为1904年,刘道一于这年步其兄后尘,赴日留学,考入东京正则英语专科学校,从此眼界大开,很快以博闻强记闻名于游学同人。当时在日本流亡的章太炎(炳麟)对其才华也称道不已,说:"道一聪听而有口才,所至,数月辄能效其方俗语言,至湖北,即为湖北语,至上海,即为上海语声气密合,莫审其何所人。"[3]

这是说他具有学习语言和模仿方言的天赋,每到一个地方,仅过几个月,就能惟妙惟肖地用当地方言与人交谈,对方完全不辨他竟是外乡人。正因为此,黄兴特别看重他,同盟会成立后,黄兴以下,湖南人在下设各部门里担任书记、干事职务的,除了

---

[1] 章炳麟:《刘道一传》,载《湖南辛亥革命史料》第二册,390页;谭延闿:《刘道一传》,载饶怀民编:《刘揆一集》,214页。
[2] 刘揆一:《母弟炳生事略》,载《复报》1907年2月1日。
[3] 章炳麟:《刘道一传》,载《湖南辛亥革命史料》第二册,390页。

陈天华、宋教仁,就是时年二十一岁的刘道一了。

为了尽快掀起反清革命高潮,同盟会诞生不久,便组织会员回国发动武装起义。计划由黄兴制定,地点选在湖南,刘道一就是肩负联络湘军、重振会党活动责任的执行者。丙午年(1906)秋,他以回湘省亲名义归国,临行时黄兴面嘱:"革命军发难,以军队与会党同时并举为上策,否则亦必会党发难,军队急为响应之,以会党缺乏饷械,且少军队训练,难于持久故也。"[1] 黄氏讲这番话,是有鉴于两年前长沙起义的失败,唯恐仅依赖组织松散的会党,再蹈昨日覆辙,所以提醒刘道一一定要动员兵精械良、训练有素的新军起来响应,达到"军队与会党同时并举"的目标。

回到长沙后,刘道一联络同志数十人,密议于水麓洲一条船上。在参加者根据回忆列出的名单上,其中有会党分子,也有新军士兵,如蒋翊武、覃振、唐支厦、向瑞彝、黄贞元、张尧卿、邓玉林等人,他们在辛亥革命中都成了湖湘地区的骨干,其中蒋翊武还一度被推举为武昌起义革命军总指挥。按照计划,起事定于阴历十二月省县衙署按例封印休假时,这便是革命史上有名的萍浏醴起义的开端。

然而,准备工作尚未告竣,因为一个偶然事件,起义仓促爆发。在哥老会矿工首领龚春台、姜守旦等号召下,数日之间,多达三万余众的举义队伍攻占了萍乡、浏阳的多处防营驻地。清廷调集赣湘两省重兵大举镇压,盘踞在萍乡、浏阳、醴陵各县的起义军,先后遭到四五万清军分割围攻,死伤达数千人。不到一个月,会党各部渐次溃败、全盘瓦解。

哥老会提前发难时,刘道一并不知情,国民党中央党史委员

---

[1] 刘揆一:《黄兴传记》,载《中国近代史资料丛刊:辛亥革命》(四),285页。

会编写的《刘道一传》说:"道一正在长沙做起事的准备,尚未完全成熟,但听到浏阳、萍乡已发难的消息,便加紧进行,谋催促新军及防营立起响应。计划未实现,而他已因行动可疑,被清吏逮捕了。"[1] 章太炎撰写的《刘道一传》则说,刘氏这次归国返省,在长沙还有件要事,便是探望患了偏瘫病的老父亲。结果,"十月初七日抵长沙,乡里无赖,疑为揆一,欲呵取金钱,不与,乃致之有司,有司亦不省,呼以揆一;后知其非是,无以罪也,欲借虚言罗织其事,以刑具示之"。[2]《刘道一碑文》的作者汪寄生也说,刘氏出于对老父病躯的牵挂,冒险回家,"固望天鉴其衷,不虞鬼瞰其室"。[3]

章氏所说"乡里无赖",是指抓捕刘道一的巡防营,他们分不清刘家兄弟,想从一个留学生身上发财,目的未遂,便将他押送官府。然而,落入"有司"(即官吏)之手,事情便变得复杂了。时值萍浏醴起义爆发,一个日本留学生,自然有参加革命党的嫌疑,究根问底、几经辗转,成了省城大员们关注的一桩要案。正如谭延闿在《刘道一传》中所说,"巡抚岑春蓂发司道会审,按察使庄赓良、巡警道赖承裕,故酷吏;又承春蓂意,威以严刑"[4]。

按照刘揆一所记,刘道一"十月初七日抵湘,抵湘越十七日而被捕,更越二十二日而及于难"[5]。算下来,这次回国,他在湖南活动共四十天,便死于非命了。让兄长尤感愧疚的是,道一是顶其

---

1 《刘道一传》,载《革命先烈先进传》上集,台北:各界纪念国父百年诞辰筹备委员会,1965年,36页。
2 章炳麟:《刘道一传》,载《湖南辛亥革命史料》第二册,390—391页。
3 汪寄生:《刘道一碑文》,载饶怀民编:《刘揆一集》,212页。
4 谭延闿:《刘道一传》,载饶怀民编:《刘揆一集》,214页。
5 刘揆一:《母弟炳生事略》(1907年2月1日),载饶怀民编:《刘揆一集》,3页。

兄揆一之名被杀的。他的就义经过，诸传中还是章太炎记述最详：

> 十一月十六日，狱吏呼道一，浏阳会党有引若者，令传至浏阳质之。以竹轿舆道一，出长沙东南浏阳门，渡隍遂曳以下，仓卒未反缚，魁剑举刀斫之，四击乃断其头，道一死，时年二十二矣。[1]

"引若者"意即"牵连你的人"，狱吏谎称提押刘道一去与浏阳会党对质，用竹轿抬着他出城。"隍"者，城壕也，一行人刚过城壕，行刑者便将刘道一拉下轿来，举刀便砍，四刀才断其头。

由于交通阻滞，直到丁未年（1907）元月下旬，刘道一的死讯才通过家信传到日本。弟弟被害次日，刘揆一还在与东京同人分电京师及湘省，组织营救。据宋教仁日记，接到噩耗那天，他恰好去刘揆一的寓所，"则林（霖）生已涕泗满面，出家信与余观之。凄惨之况，不忍言也"。[2]

黄兴闻讯也悲伤欲绝，与刘揆一相抱痛哭说："吾每计议革命，惟伊独能周详，且精通英语，辨（辩）才无碍，又为将来外交绝好人物，奈何即死是役耶！"[3] 他认为刘道一头脑缜密、精通英语，又擅口才，以后革命成功，是绝好的外交人才，这么早死掉实在太可惜了。

刘道一的死在留日学界引起了巨大震撼，他是留学生中从事反清活动被杀的第一人，也是同盟会成立后为革命献身的第一个会员。

---

1 章炳麟：《刘道一传》，载《湖南辛亥革命史料》第二册，391页。
2 宋教仁：《宋教仁日记》，1907年1月22日条，327页。
3 刘揆一：《黄兴传记》，载《中国近代史资料丛刊：辛亥革命》（四），287页。

不完美的形象

家破人亡

刘家两个儿子，一个是朝廷通缉的乱党，亡命在日本，一个被官府杀头，布告张遍大街小巷。在这种情形下，刘家已无法在湘省立足。刘方峣一个名不见经传的捕快，培养出两个高才生，又都送到东洋深造，这在以前是当地人津津乐道的佳话；如今，刘家一下沦为监视居住对象，政府歧视、邻人侧目，远走他乡是唯一的选择。

刘方峣时年六十多岁，已走不动了。大儿子刘揆一亡命日本后，受此牵连，他被羁押在湘潭县狱，患了偏瘫病，出狱后缠绵床榻；苟延残喘之际，二儿子刘道一惨遭砍头的悲讯接踵传来，他中风倒地，一个多月后身亡。在刘揆一笔下，父亲奄奄一息时，还有"回光返照"的一幕：

> 丙午（1906）冬，道一弟驻湘领导萍浏醴革命为清吏所逮系，时府君久病风痹，犹卧篾舆率家人赴救长沙，追弟就义浏阳门外，僎从为舁尸归，而肢体萎痹之府君，忽能奋然兴起，策杖护之行里许以登舟，若有神助焉！府君痛少子死事之惨，忧国民革命之艰，竟以丁未岁（1907）正月六日卒于潭城柳丝巷旧庐，春秋六十有七，距予弟正命仅五十日耳。[1]

刘揆一写道：弟弟被逮时，父亲虽久患风瘫、不良于行，仍执意

---

[1] 刘揆一：《八斗冲墓表》，中国人民政治协商会议湖南省湘潭市委员会文史资料研究委员会编：《刘道一烈士》，170—171 页。

坐着两人抬轿，率家人跑去长沙营救；弟弟死后，船载其尸还乡，已经卧床不起的父亲，竟挣扎着拄杖而行，走了几里路到河边迎接，这一切如有神助；弟弟死后仅五十天，父亲病逝，为不能承受爱子死得悲惨，也为反清革命如此曲折与艰难。

弟弟惨死、老父作古，当悲剧一一接连上演时，远在日本的刘揆一痛苦万分，精神上受到很大刺激。朱德裳在《刘揆一》中说："揆一既遭家变，忧愤几死，且贫困益甚，敝衣粗食，发长数寸，至数钱之沐浴费、烟草费亦不能具，然谋革命益急。"[1] 寥寥数语，将刘揆一当时敝衣粗食、蓬头垢面的困顿生活状态，勾画殆尽。许多年后，刘揆一因为吃花生米而忆及当时困苦生活，女儿刘孝荫听他讲过一个细节：

> 那是旧历三十晚上，人们都去欢度除夕了。父亲搜遍口袋，翻遍抽屉，只找到一个"角子"。饭是吃不成了，只好买一个"角子"的花生米守岁。父亲手心向上做了一个半握的手势说："也就这么多……我吃着花生米看书，吃一粒花生米，看几页书，把什么痛苦都给忘了，这个除夕过得还是蛮有味的。"[2]

1907年初春，刘家老少妇孺，包括刘揆一的母亲张太夫人、妻子黄自珍、三个年幼孩子，以及刘道一遗孀曹庄，避开湘潭官府监视、匆忙离乡，从长沙起程经汉口、上海，辗转赴东京避难。据饶怀民编《刘揆一年表》，此行的旅费不菲，都是由哥老会接济

---

[1] 朱德裳：《刘揆一》（1912年6月），载饶怀民编：《刘揆一集》，169页。
[2] 刘孝荫：《先君往事拾零》（1989年9月20日），载饶怀民编：《刘揆一集》，190页。

的。[1] 可见刘家与回龙山会的关系不仅没有中断,在危难之中反而更牢固了。

彼时内地交通不便,出国更是海上奇谭。漫漫旅程中,刘氏一家人的主心骨是刘揆一的妻子黄自珍。从湘江到长江,从东海到太平洋,最终抵达日本,路上经历多少周折辛苦,可以想见黄氏的坚韧与能干。黄自珍出生于湘潭县一个商人家庭,好读书、擅诗文,其父黄金溪在长沙、湘潭等地开有多间店铺,经营南杂百货。两人于1897年结婚时,刘揆一是个十九岁的秀才,父亲只是县衙里的快班头,这桩婚姻看起来并不门当户对。事过多年,黄家才能证明自己眼光远大。

刘家扶老携幼来到日本,并不意味着厄运的结束,刘道一妻子曹庄的悲剧才刚刚开始。曹庄(字守道)生于衡山县一个读书人家,父亲曹祖尧没有入仕做官,县志称他为"曹处士"。曹庄十八岁时嫁给刘道一,不久丈夫赴日本留学,她入湘潭县城新开办的女塾就读,一时传为佳话。乡人所作曹庄小传说,刘道一被杀后,家人怕她过度悲伤,秘不与闻,然而有一夜"鬼神入告",曹氏"且而质问诸嫂,嫂不能隐,一恸遂绝,逾时始苏"。小传描述这一过程时绘影绘形、如古传奇,却又合情入理:

> 家人知其必死,防守备至。妇闻舅姑哭声,茹痛登堂,勉承色笑,言未出口,悲声纵发,庭鸟为之飞避,行路闻之陨涕。霖生夫妇欲释其哀,以己子为弟立后,劝令抚孤,妇亦首允。继兹以往,昼夕长号,三年不辍。[2]

---

1 饶怀民编:《刘揆一年表》,载饶怀民编:《刘揆一集》,200页。
2 陈嘉言:《刘烈妇传》,载饶怀民编:《刘揆一集》,233页。

大意是：家人知道曹庄要自杀，防备很严。有次她听到舅姑们在厅堂里哭泣，本想劝慰一番，话未出口，自己却先痛哭起来，那种悲哀的腔调，让院子里的飞鸟躲避，让路上行人听了流泪。为了缓解曹氏的痛苦，并增添生活下去的希望，刘揆一夫妇商定将小儿子孝叔过继给她，曹氏也同意了。但此后三年，曹氏还是从早哭到晚。

刘氏老小到日本后，刘揆一生活负担陡增，一家人度日相当困难，加以曹庄到日本后睹物伤情，无法从思夫隐痛中挣脱出来，于是她与张太夫人等在1907年底回国。哪料到曹氏死志已决，归省一年后，即于1909年农历正月初一自缢殉夫。《刘烈妇传》说："至己酉（1909）正月朔旦，竟以毁卒。嫂黄氏哭以诗云：'家家爆竹颂元日，正是蛾眉死幽室。'盖谓此也。"[1] 上引嫂黄氏诗，是黄自珍所作《哭娣妇曹守道》中的两句，诗中还有"松揪绝崄营夫圹，风雪征途归父葬；劳劳歌哭乱离年，又随母走万里浪"[2] 等情节，叙述的就是曹庄从先后营葬丈夫、公公，到侍奉婆婆东渡日本这段经历。

前面曾提到，刘揆一一直没有加入同盟会，但刘道一被捕系狱遭此厄运，使他毅然入会了。这让很多人意想不到。据《刘揆一年表》，他正式入会时间为1907年1月7日，正是其弟被杀后一周。[3] 而且刘氏"不鸣则已，一鸣惊人"，入盟不到两个月，就被推举为东京本部代理庶务，接替远赴广西发动起义的黄兴，一跃成为同盟会大管家。这固然因为他资历老、声望高，从另一方面

---

1 陈嘉言：《刘烈妇传》，载饶怀民编：《刘揆一集》，233页。
2 刘黄自珍：《哭娣妇曹守道》，载中国人民政治协商会议湖南省湘潭市委员会文史资料研究委员会编：《刘道一烈士》，72页。
3 饶怀民编：《刘揆一年表》，载饶怀民编：《刘揆一集》，199页。

看，也是同盟会领导班子为适应形势需要、自身调整的结果。

同盟会成立之初，组织结构并不复杂，孙中山任总理、黄兴任庶务，其下分设执行、评议、司法、总务等部门，领衔者称作干事、书记，由各省骨干会员担任，其中广东、湖南人居多。以后，由于孙中山行踪不定，黄兴成了会中主脑，他所担任的庶务相当于常务副会长，负责把握筹划全局、处理重要事务。萍浏醴起义失败后，黄在日本短暂避风，不久潜回国内，以后数年奔波于两广，策划组织了钦廉防城、镇南关及钦廉上思诸次起义。由于他长期不在东京，庶务一职由宋教仁代理。

刘揆一入会时，东京正是樱花盛开的时节，同盟会高层们的心情却十分阴郁。时为1907年3月，这也是孙中山被迫离开日本、黄兴赴粤前夕。在孙的住所举行的一次干事会上，对同盟会会旗使用何种图案，孙中山、黄兴意见不一，孙主张沿用兴中会青天白日旗，黄则认为青天白日旗"形式不美，且与日本旭日旗相近"，不如采用井字旗。两人为此发生矛盾，争执激烈，几有分道扬镳之势。作为拥黄派的宋教仁也为之"沮丧"，事后在日记中对孙中山的独断做法深表不满，不久即交出所掌管的文件与印章，提出辞职，回国到东北运动马匪去了。

宋教仁代理同盟会庶务仅三个月，便负气辞职，谁来接任才好呢？孙中山从大局考虑，提名的人选是刘揆一。按说同盟会英才济济，以当时情况来看，宋教仁辞职后，有资格、有能力接任庶务的人选很多，孙中山为何属意刘揆一？显然，他要以此举安抚在会中实力强大的湖南会员。幸运的是，性格坚韧、善于忍耐的刘揆一适合居中调停，关于会旗的争议绵延年余，多亏有他在孙中山、黄兴之间往来劝解，终归平息。冯自由在《中华民国旗之历史》一文中说，当孙、黄各不相下时，"刘揆一设法调解，暂搁其议。于是各种方式均由庶务干事刘揆一保存"。[1]

对于出任代理庶务,刘氏最初以自己革命年头虽长、入会时间却短为由一再谦让,迟迟不愿受命,到最后还是服从了。他说:

> 孙中山要我接替宋教仁,代理黄兴庶务职,我刚加入同盟会,内心确实不想干,但又看到孙、黄之间如果出现分裂,后果不堪设想,因此,我只好答应了。一干就是四五年,直到武昌首义。[2]

可见孙中山对刘揆一的任用绝非随意指派,而是根据他在湖南党人中的声望慎重考虑决定的。究其原因,一则为了平衡兴中会与华兴会的关系,免使处于低潮中的反清革命受到影响;一则因为刘揆一为人稳重精明,确是能够担当重任的干才。许多年后,孙的亲信居正评价湖南革命党人曾说,"克强(黄兴字)雄武,渔父(宋教仁号)坚定,先生(指刘揆一)沉毅"[3]。这与孙中山的感觉非常契合。

留守东京

1907年暮春,因清廷向日本政府施压,日方驱逐令下后,孙中山不得不离境,转道南洋为同盟会筹款。不久,黄兴也带着其边疆举义计划,去广西策反湘籍巡防营统领郭人漳。以后的几年里,刘揆一便成了同盟会东京本部的大管家。留日同学、也是同

---

1 冯自由:《中华民国旗之历史》,载氏著《革命逸史》初集,18页。
2 刘孝娥:《先君革命史事闻见录》(1989年9月19日),载饶怀民编:《刘揆一集》,188页。
3 居正:《刘霖生先生揆一七十寿序》,载饶怀民编:《刘揆一集》,178页。

盟会会员的朱德裳，在小册子《刘揆一》中，对刘上任后在同盟会中发挥的作用有一段精练的叙述：

> 盖自丙午年（1906）即为同盟会本部庶务长后，孙文、黄兴俱不在日本，庶务长摄行全会事，实一会长也。河口之役、镇南关之役（编者按：原文如此，但镇南关之役时间上早于河口之役），揆一在日本运器械、筹军饷，分派杨卓林、焦达峰等回国联合求响应。广州之役，揆一方在途，闻败而返。盖在丙午至于辛亥（1911）为同盟会本部庶务长凡六年，无日不奔走于革命。且借大森体育会，聘日将佐教战阵，孙武、焦达峰等皆充学生，习兵事，革命健将多出其间。且孙文、黄兴、章炳麟等以论事时，时小有龃龉，揆一苦心调停，卒归于好，于是革命之进行益速。[1]

作为同盟会代理庶务，刘揆一所负责任重大，除了主持会务、发展会员等日常工作，还有文中所述为镇南关和河口起义购运枪械、筹办军饷，为广州黄花岗之役输送军事骨干，组织各省高级干部研习兵事等，这些在史书中都有详略不同的反映。唯独末段，关于刘氏调解孙中山与黄兴、章太炎等人关系的故事，时人多隐晦不谈，却是认识刘揆一品行、揭示同盟会内幕的珍贵史实。

孙、黄为会旗图案发生冲突后，意见分歧尚未弥合，同年（1907）6月，时任《民报》主编的章太炎及谭人凤、张继等一部分同盟会会员，又因为孙中山对受赠日商大笔经费分配不公，对其大为不满，找到刘揆一，促请他召开特别会议，罢免并开除孙

---

[1] 朱德裳：《刘揆一》（1912年6月），载饶怀民编：《刘揆一集》，170页。

氏。刘揆一虽承认孙不无过错，但为了维护大局，反对开会制造纷争，有一天在民报社与执法干事张继为此争辩，竟至互相揪打起来。事后刘氏不予计较。

后来，黄兴对刘揆一表示嘉许。刘尽管满腹委屈，但为了缓和矛盾，仍给与孙中山关系密切的冯自由、胡汉民写信，引用"万方有罪，罪在一人"之譬语，请他们婉劝中山向东京同志引咎道歉。但孙氏并不买账，不久一些赞助同盟会的日本浪人也出面"打抱不平"，发展到对刘揆一进行殴辱。据负责《民报》发行事务的陶冶公回忆："日本人北辉次郎因要求为同盟会本部干事，遭到霖生反对，竟批霖生脸颊。"[1]

但刘揆一坚持原则、没有让步，忍辱负重的同时，他始终以维护同盟会内部团结为"第一要义"，表现出革命党首领应有的容量与气度。

到 1908 年秋天，原光复会首领陶成章、李燮和等因派别、资源分配等，也与孙中山发生龃龉。他们自属东南五省革命军名义，赴南洋各岛筹款，但遭到当地同盟会会员抵制，所获无几。他们于是迁怒于孙中山，指责其"暗中设法播弄"，并联合一部分海外华侨提出"孙文罪状十四条，善后办法五条"，要求同盟会本部开会公议。这次倒孙风潮来势汹汹，坐镇东京的刘揆一以自己"资历尚浅，众意不属"一时无措，颇感难以应对。直到黄兴在两广发动钦廉防城、钦廉上思之役失败后回来，刘揆一约他与老资格的谭人凤一同到陶成章寓所做说服工作，其后黄、刘、谭三人又联名致函李燮和及南洋党人，逐条为孙中山辩解"罪状"，其事才稍稍平复。孙中山对此亦十分肯定。时过多年，章士钊撰文祝贺

---

[1] 陶冶公：《〈民报〉二十四号停止情形报告》，载《近代史资料》1962 年第 1 期，1 页。

刘揆一七十寿辰,其中说他"性长厚,寡言笑,实心任事,不避劳怨"[1],所指便是刘为调解同盟会内部矛盾奔走的史事。章以待人严苛而有名,能出此评语已十分难得。

刘揆一从1907年3月起接替宋教仁代理同盟会庶务,到1911年辛亥革命爆发前夕,算起来四年多时光。也就是说,同盟会在清末的活动,除了成立之初的一年多(1905年夏至1907年春)由孙中山、黄兴部分地参与了对会务的指导,其余都是在刘揆一主持下进行的。孙中山被迫离开日本后,于1908年秋天赴新加坡建立南洋支部,委任胡汉民为支部长,这表明在经历多次风波后,孙氏与东京总部的关系,主观上有意疏远,客观上亦鞭长莫及。这期间,黄兴常年在广西主持举事,很少回到日本,全靠刘揆一竭力维持,总算把不同地域、派系的革命党人团结在一起,推动1910年广州新军起义、1911年黄花岗起义如期进行。

时值反清革命低谷时期,东京同盟会群龙无首,会务开展十分艰难,维持现状也非易事。同盟会本部一直设在东京新小川町的民报社,《民报》前身是宋教仁等主编的《二十世纪之支那》,同盟会成立后改为该会机关刊物,同盟会也把报社作为主要办事机关。有段时间,宋教仁、张继、刘揆一、章太炎等几个干事都住宿于此。《民报》如此重要,当然也成为清廷的眼中钉。1908年秋,清廷以多项条件交换,促请日本政府查封了《民报》。

据云南籍同盟会会员张大义回忆,1908年秋《民报》被封以后,在日本警察及清廷驻日使馆的严密监控下,同盟会东京本部不能公开集会、不能组织活动,基本上处于停滞状态。会员之间的联络、聚会等被迫转入地下,每周在各会员家中秘密聚议一两

---

1 章士钊:《刘霖生先生揆一七十寿序》(1948年),载饶怀民编:《刘揆一集》,177页。

次,但是精神上更团结。这种情况持续了两年时间,才有转变。他说:

> 己酉(1909)秋八月,章梓同志(按江苏分会主盟人)主张重设机关,秘刊《民报》,请示于总理。时总理远游比、法,未奉复示……庚戌(1910)冬十月,刘揆一同志奉总理命复兴同盟会本部,章梓同志亦返东京,邀集各同志密议数次,实行组织;推举刘揆一为庶务,总揽事权。[1]

对刘氏1909年、1910年两年的活动,《刘揆一年表》皆以"是年,继续代理黄兴担任东京同盟会本部庶务之职"[2]一语带过,应是原始史料阙如的缘故。实际上,在1910年6月中旬,孙中山秘密返日,在东京停留了十来天时间,曾指示刘揆一设立秘密机关,用以联络和统一各省同盟会的行动,并电令檀香山同盟会速汇款至日本以济急用,一度中断活动的同盟会东京本部,就是这样恢复起来的。但是从后来的实际效果看,恢复后的东京本部并未起到统筹各省革命运动的作用。原因很简单:首先,同盟会组织重心已渐渐移到广东,并在香港成立了黄兴、胡汉民领导的南方支部;其次,策应孙中山西南军事行动的两湖、江浙地区的同盟会领袖自立门户、各自为战。如1907年夏天由焦达峰、张百祥、孙武等联合发起的共进会,此时运动驻湖北武昌的新军第八镇起义,已显眉目;到1910年春,陶成章、章太炎等重建光复会,许多浙籍同盟会会员重新加入该会,这使浙江成为武昌起

---

[1] 张大义:《庚戌复兴同盟会本部纪略》,载《辛亥革命史料选辑》上册,257页。
[2] 饶怀民编:《刘揆一年表》,载饶怀民编:《刘揆一集》,200—201页。

义后江南地区最早响应的省份之一。同年夏天，宋教仁与陈其美、谭人凤等在上海组建中部同盟会总会，重点经营长江中下游党务，该会最大的成绩是在次年秋天武汉战事告急时，组织江浙联军攻克南京，扭转了南北局势，为南京临时政府的成立创造了条件。

  在这种情形下，由刘揆一恢复运作的同盟会本部难有作为，其价值在于他的坚守。辛亥年（1911）春天，为了参加黄花岗起义，刘揆一与担任会计的何天炯先后奉命回国，若有若无的同盟会东京本部，才完成了自己的历史使命。这期间有件小事，可见刘揆一对工作认真负责。同盟会分支遍及全国各省，发展会员都在秘密中进行，由于官方追索盘查，分会名单大多付之一炬。现存同盟会人名册，仅有该会成立之初乙巳、丙午、丁未三年（1905、1906、1907）的，计九百六十人，弥为珍贵。据冯自由回忆，同盟会东京本部所藏会员盟书等重要文件，向来由刘揆一亲手保管，刘氏做事细心周到，为求安全无虞，将其储存于某日本银行保管箱中，1911年春天回国前，将钥匙交付何天炯，反复叮嘱要妥善保藏。以后何氏隐居广东兴宁老家，民国十七年（1928）病逝，始由家人检得名册，抄寄国民党党史编纂委员会，公布于世。[1]

  1911年春黄花岗之役前，刘揆一从东京潜赴上海，负责接应从海外招募的敢死队员。在此期间，黄兴于香港成立统筹部，总揽购运枪械、调度人马等要务，集合海内外数百名同盟会会员，欲与清廷做最后一搏。举事定在农历三月二十九日（公历4月27日），由于时机不遂，八十多名同盟会精英战死广州街头，黄兴本

---

[1] 冯自由：《中国同盟会最初三年会员人名册》，载氏著《革命逸史》第六集，北京：中华书局，1981年，63—64页。

人仅以身免,裹伤逃回香港。

起义一夜间失败,刘揆一在上海也无所作为。他已经三十三岁,经历了近十年颠沛流离的职业革命家生活,心生倦意。与宋教仁晤面时,言及个人志向,他曾表示自己更愿意去读书做学问。然而,随着辛亥革命爆发,他身不由己地被卷入时代的洪流之中。

前途茫茫

武昌起义打响后,黄兴携夫人徐宗汉等从香港赶到上海,与刘揆一、宋教仁及日本志士萱野长知等人会合,赴鄂参战。他们一行混杂在前往武汉前线救治伤员的红十字会救伤队中,搭乘江轮怡和号西上,到汉口日期为10月28日,也就是武昌起事后第十八天。次日,受湖北都督黎元洪委派,黄兴出任战时总司令,组织民军、部署防御、抵抗南下北洋军。同时任命刘揆一、居正、宋教仁、何成濬、胡瑛、田桐六人为督战员,负责协调民军各部作战行动,并与湖北都督府保持联系。

战事进行得并不顺利,冯国璋指挥北洋军猛攻汉口,民军缺乏训练,更无阵地战经验,炮火袭来,纷纷向一江之隔的武昌溃逃。刘揆一等奔波在阵地上,阻止部队后撤,劝说士兵冲锋,也吃尽了苦头。朱德裳在《刘揆一》中说:"揆一在武昌为黄兴后援,至长跪兵士前求其出战。"[1]可见那时的士兵骄傲得很,长官也无可奈何。汉口失陷后,黄兴下令退守汉阳,由于部下多是新招的兵卒,不服从指挥,又不能久战,于是他向刚刚光复的湖南请援。

---

1 朱德裳:《刘揆一》(1912年6月),载饶怀民编:《刘揆一集》,170页。

谁料援鄂湘军第一批三千人还在路途中，省城长沙即起哗变，会党出身的都督焦达峰、副都督陈作新同日被杀，发动兵变的新军军官推举省咨议局议长谭延闿继任都督。一时间，省城各派为争权夺利内斗加剧、乱象丛生。黄兴乃派刘揆一前往湘省调停纷争，并督促当局加快援兵。

刘揆一回到湖南后，正值省内政界内讧高潮，除了心有不甘的焦达峰旧部正在谋划推翻都督府、驱逐立宪派代表人物谭延闿，人多势众的哥老会、基础深厚的革命党人也都跃跃欲试，要从新政权中分一杯羹。刘揆一的到来，让当地同盟会兴高采烈，想拥戴他为湖南都督，确立本党在全省的政治地位。此时，刘氏若是乘势而为，以他的资历、人望，再加上革命党的雄厚实力，推倒谭延闿并非难事。倘若如此，辛亥湖南政坛乃至许多名角的历史，都要改写了。

但刘揆一掌管同盟会多年，素质硬、觉悟高，深知湖南作为第一个响应武昌起义的省份，眼下又是武汉前线大后方，无论如何乱不得，尤忌人事动荡。于是他召集革命党、会党开会，动之以情、晓之以理：

> 揆一集焦党会议曰，吾党目的不过欲倾覆满洲政府耳，于个人固无丝毫利益之心也。今满政府尚在，武汉正可危，北兵势甚张，湖南独立本焦（达峰）氏功，然谭延闿亦临时公举者，诸君如欲竟达峰之功，则拥护谭以抗满政府，大发兵援鄂，次第北伐，必欲复焦仇，则湖南内讧无已时，满政府且乘虚而入，此非达峰本志也。[1]

---

[1] 朱德裳：《刘揆一》（1912年6月），饶怀民编：《刘揆一集》，170页。

他在会上对焦达峰旧部说:"我们革命的目的是推翻清政府,没有丝毫贪图个人利益的想法,现在正是与之决战的关键时刻,湖南光复固然是焦达峰的功劳,但谭延闿也是公选的都督,诸位要想实现焦氏的遗志,就应该团结一致出兵北伐,如果一定要报焦氏私仇,那湖南还有什么前途可言呢?"

刘揆一既是同盟会重要成员,又与哥老会素有交情,这番话从他嘴里说出来,具有很强的说服力。经由他协调,谭延闿等湖南当政者在大势所趋下,对于援鄂全力合作。半个月后,第二批援兵,即第三协协统甘兴典部下四个营的官兵抵达汉阳,其后第三批四个营、第四批三个营官兵,也先后投入前线作战,加上第一批赴鄂的王隆中所率第一协五个营兵力,援鄂湘军共计十六个营、八千余士兵,壮大了民军的力量和声势,在汉阳保卫战中发挥了重要作用。[1]

黄兴指挥湖北民军浴血奋战、往复拼杀,但是在北洋军强大攻势下,汉口、汉阳还是先后失守。他既悲又愤,乃引咎辞去战时总司令一职,于11月28日早晨,在刘揆一等人环拥下登轮赴沪,另谋他策。上船后,黄氏情绪低落,眼见汉阳城愈行愈远,更加激动,不能自持。据刘揆一记述:"当江轮渡至中流时,公(按指黄兴)目睹汉阳城,忽急走船舷,纵身投水,使非副官长曾昭文与揆一追随左右,合力抱持之,恐即与波臣为伍矣。"[2] 这是说:当时黄兴要投水自尽,要不是刘揆一和副官长曾昭文眼疾手快,赶上前去抱住他,这位性情中人早就没命了。

黄兴在汉阳失守后退走上海,没有像黎元洪那样避入洪山

---

[1] 以上参见饶怀民:《刘揆一与辛亥革命》,长沙:岳麓书社,2010年,256—257页。
[2] 刘揆一:《黄兴传记》,载《中国近代史资料丛刊:辛亥革命》(四),304页。

不完美的形象

(武昌近郊),等待形势变化、徐图反击。其中固然有诸多隐情,但是后人论之,认为这是有损他一世英名的败笔,此举也给政敌攻击落下了口实。转眼间中部同盟会总会宋教仁等组织江浙联军攻克南京,武汉前线的颓势得以扭转,双方停战议和,以孙中山为首的革命党人得以在南京组建临时政府,与北方袁世凯抗衡。由于政局瞬变、时运不济,在接下来与黎元洪之间展开的关于副总统选举的权力游戏中,黄兴居于下风,这也直接影响到包括刘揆一在内一众人的命运。

改元更历后的1912年1月1日,中华民国在南京成立,这天晚上,刘揆一以临时参议会议员的身份出席了在原两江总督府内举行的临时大总统孙中山就职典礼。临时参议会的前身是十七省代表大会,武昌起义后辗转上海、武昌,最后聚集南京,制定《中华民国临时政府组织大纲》并选举孙中山为临时大总统。大会共四十九人参加,其中湖南代表五人,分别是谭人凤、邹代藩、廖名缙、刘揆一、欧阳振声。出人意料的是,临时政府内阁组成后,陆军、海军、外交、司法、财政、内务、教育、实业、外交九部,总、次长共十八个职位,入阁者多来自广东、江浙、湖北,湖南人中,只有黄兴得任陆军部总长。被视为同盟会重要干部的宋教仁、刘揆一、谭人凤,均无一席之地。

按照众望所归,黄兴应坐南京临时政府的第二把交椅。江浙联军光复南京后,各省联合会的留沪代表曾决议成立中央临时政府,并选举黄兴为"假定大元帅"、黎元洪为"副元帅"。十余天后,在海外的孙中山踏上归途、即将回国消息传来,此事自然停顿。不久组建南京临时政府时,几经周折,因湖北是辛亥革命首义之地,副总统才顺理成章由黎元洪担任,这对宽厚大度的黄来说亦非难事。而到了宋教仁、刘揆一,事情复杂起来。

宋教仁本已列入内阁名单，拟任内务总长，但临时参议会议员中反对宋教仁掌管内务、章炳麟掌管教育、王宠惠掌管外交者甚众。关于宋氏落选，山东籍议员刘星楠在《民国初年见闻简记》一文中写道："当时的参议院议员，同盟会占四分之三以上，而（宋）教仁竟致（至）名落孙山，可以证明其在党内外不孚众望矣。"[1] 孙中山与黄兴不得已，另拟了一个各部总长人选名单，始获投票通过。为了安抚失望的宋教仁，孙中山提名他出任法制局长，但法制局并非内阁建制，与陆续成立的印铸局（局长黄复生）、官报局（局长冯自由）一样，都是秘书长胡汉民手下的事务部门。此后宋教仁醉心于民主宪政，与这次受挫有很大关系。华兴会出身的谭人凤在政府中未得任何职务，仅以北面招讨使名义驻节上海，做着无兵无饷的空头司令。

刘揆一则是另一番情形。他以同盟会高层资历，日本报纸称之为"中国革命大家""东亚豪杰"，国内南北舆论誉之为"民国伟人"，为何也在临时政府内阁中名落孙山？其中原因，有关刘氏各书都隐而不谈，但答案就在他这一时期的言行中。

对于南京临时政府的组织方法，刘揆一有不同意见。当孙中山尚未从海外归国，各省都督府代表辗转上海、武昌酝酿成立中央政府时，刘氏就曾在《民立报》上撰文呼吁，南方的当务之急是"采取中央集权，以谋国家统一"，他还建议在政治制度上效仿法国的内阁制，而不学美国的总统制。[2] 此后，政体问题在同盟会内部引起激烈争论，刘揆一坚持自己的观点，认为新政府"宜用

---

[1] 刘星楠：《民国初年见闻简记》，载《天津文史资料选辑》第十六辑，天津：天津人民出版社，1981年，36页。
[2] 刘揆一：《组织中央政府意见书》，载《民立报》1911年11月14日。

不完美的形象

法（国）制设总理，总统超然于国务之上，别设国务总理以负责任"，并解释说这样做的目的是"欲保全总统之地位，使不随政党为起伏，以固国本"。[1]

宋教仁也是内阁制的极力鼓吹者，这就给人一种错觉，以黄兴、宋教仁为代表的华兴会元老们，对组阁有异乎寻常的兴趣。宋曾在不同场合宣扬内阁制是共和国体中的范本，以致舆论攻击他想做总理。但是孙中山并不欣赏法国政体，他在美国生活多年，对其政治制度了如指掌、情有独钟，坚持主张总统制。黄兴为了避嫌，从中斡旋做宋、刘等人的工作，最后参议会多数同意总统制，并照提案通过。在这种情形下，刘揆一因据理力争而不容于上峰，在内阁中谋一次长亦不能，实属常情。

在政治理念上，刘揆一没有跟上孙中山的脚步。刘在日本长期受无政府主义思潮影响与熏陶，到了南北议和时期，一度崇尚大同主义，主张天下和解。何谓"大同"？用他宣称的话说，"吾预为中国前途计、（，）当建设之始即当去其藩服字样，同处于一国政权之下，即同为此自由国民，无地域界，无种族界，是之谓大同，是之谓民族的国家"[2]。

尤为突兀的是，到南京临时政府成立前夕，刘揆一以个人名义在报纸上刊登布告，进一步发表其取消政党的主张，建议道："凡从前所设立如同盟会、宪政公会、宪友会、辛亥俱乐部以及一切党会诸名义，应请一律取消，化除畛域，共建新猷，际日月之重光，幸江山之复旧。"[3]

---

1 朱德裳：《刘揆一》（1912年6月），载饶怀民编：《刘揆一集》，171页。
2 朱德裳：《刘揆一》（1912年6月），载饶怀民编：《刘揆一集》，173页。
3 刘揆一：《布告政党请取消从前党会名义书》（1911年12月），载饶怀民编：《刘揆一集》，7页。

同盟会以反清起家，核心宗旨是"驱除鞑虏，恢复中华"，刘氏在大清王朝摇摇欲坠时，却大唱妥协论调，这就显得不合时宜。此外，按他的意思，推翻朝廷后，应取消包括同盟会在内的所有党派，在争端消弭、天下无敌的氛围里，国民一同建设共和国家。这在大多数同人看来纯属超前的美好理想，对正在全力以赴开府南京的孙中山来说，是不和谐的杂音，也是不讲政治的表现。

对新政府政治制度及理念的不同认识，使得刘揆一在南京临时政府成立后仅任参议员，显然与其从前资历和目下政治抱负不符。这年3月初，同盟会本部在南京召集会员大会，宣布改组为政党，并设支部于十八省，高层领导除了总理孙中山、协理黄兴、黎元洪，还选出汪精卫、胡汉民、宋教仁、刘揆一、马君武、李肇甫、田桐、居正、张继、平刚十名干事。刘氏虽列名其中，但他对同盟会的事业已意兴阑珊。同月下旬，他与黄兴、蔡元培、谭延闿、王芝祥、徐绍桢等数十名军政界要人发起中华民族大同会，就有自立门户、与同盟会拉开距离的意味。该会以黄兴为总理、刘揆一为协理，实际主持者为刘氏本人。其宗旨是"联络感情，化除畛域，共谋统一，保护国权"，具体事务则"拟从调查入手，以教育促进步之齐一，以实业浚文化之源泉，更以日报为缔造之媒介、杂志为常识之灌输"。[1]

其后几个月，刘揆一推广会务、开办学校，干得轰轰烈烈。这意味着在政界失意后，他的志趣正转移到教育实业方面。若不是时局变幻、命运弄人，刘氏的名字或许就此湮没到历史的枝枝蔓蔓中了。

---

[1]《中华民族大同会成立》，载《大公报》1912年3月27日。

入阁风波

就在刘揆一下决心脱离政坛、改从实业时，正所谓风云际会，机遇偏偏又向他招手了。事情还要从1912年下半年的政局说起。南京临时政府成立后，仅维系了三个月，随着清帝逊位、南北议和达成，孙中山践诺辞职，临时大总统一职由袁世凯继任。在迁都等问题上与南方革命党一番斗智斗勇后，袁氏遂其所愿于4月初在北京就职，之后任命北方议和总代表唐绍仪出马组阁。这期间，南京临时政府各部及参议会等机构陆续移往北京，全国政治重心随之北迁。

按照南北协商形成的方案，同盟会应在新政府十部中获得司法、教育、农林、工商四席，分别由王宠惠、蔡元培、宋教仁、陈其美出任总长。但唐绍仪内阁命短，到6月份，因为提名刚加入同盟会的原广西副都督王芝祥为直隶都督未获批准，唐绍仪与袁世凯发生冲突，愤而辞职。随后，袁世凯任命外交总长陆徵祥接替总理，要求组成"超然混合内阁"，用以对抗同盟会提出的"政党内阁"的主张。为了表明对袁的反对态度，同盟会规定"凡本会会员皆不得自由加入"北京政府内阁，王、蔡、宋、陈四总长遵命，联袂请辞。

唐绍仪弃职出京后，北京政府由陆徵祥出来贯彻"超然混合内阁"路线，同盟会高层则继续坚持"政党内阁"主张，这个节骨眼上，就需要派个练达之人赴京做解释和调停工作。黄兴推荐刘揆一充任这一角色。此时，孙中山、黄兴虽已下野，与袁世凯的关系却正值"蜜月期"，对混合内阁亦不便遽加反对，只是希望通过规劝、开导并做一定"让步"，以换取袁氏与南方革命党真诚合作，促使民初政治步入正轨。

刘揆一未在南京临时政府中任职,却又是同盟会十大干事之一,正适合担此重任。到京后,他即与宋教仁在西直门外的农事试验场见面。宋氏刚递交农林总长辞呈,正在等待袁世凯的批复,他们在一起时谈论最多的话题,是同盟会改组为政党后,如何参加国会两院竞选,争取组阁资格。这时,宋教仁代表同盟会与国民公党、统一共和党、国民共进会、共和实进会等联合组党一事已获进展,这个新政党定名为国民党。按照孙中山、黄兴的设想,随着民主宪政的推进,由参、众两院组成的国会将主导北京政府,国民党成立后的首要任务是成为第一大党,这样就可以按照自己的意愿推举总理,组织责任内阁。再加上《临时约法》的限制,袁世凯虽做大总统却无实权,将来民国还是革命党人的天下。

刘揆一万万没有想到,到北京没几天,他就卷入政治旋涡,一转眼成了袁世凯钦定的工商总长候选人。原来陆徵祥出山组阁时,临时参议院为了表达对袁世凯不满,且显示自身力量,对陆氏提出的拟任人选,仅仅认可留任的外交陆徵祥(兼)、内务赵秉钧、陆军段祺瑞、海军刘冠雄四部总长,其他六名均予否决。风潮骤起,以至闹到袁世凯亲自到参议院与议员们见面,疏通意见,僵局才缓和下来。在临时参议院让步后,陆徵祥又提出包括范源濂(教育)、许世英(司法)、周学熙(财政)、陈振先(农林)、朱启钤(交通)、蒋作宾(工商)在内的补充阁员名单,再次交付议员们表决。结果前五人顺利通过,只有陆军部次长蒋作宾改任工商总长一项,因得票未过半数,又被否决。内阁还须提出新的人选,交付参议院表决。

在这种情形下,刘揆一成了袁世凯中意的"救场人物"。

刘揆一如何进入袁氏圈套,是件复杂微妙的事。据刘氏的旧交范体仁在《我所知道的刘揆一》一文中回忆,刘于这年7月到京，正值同盟会四总长辞职、袁世凯允准之时，"揆一受同乡范源濂、向瑞琨的引诱，应袁世凯邀宴"。宴请是在北京煤渣胡同外交部大楼袁的住所举行的，引荐者范、向二氏，一个是新任教育部长，一个是共和党的重要干部。"在席上袁（世凯）对揆一极表钦佩，并为其弟道一烈士题词，表示借重之意"，袁题写的字幅为"成仁取义烈士刘炳生"。显然，这是为了拉拢刘氏出任工商总长，以追认道一而博得为兄好感。范体仁还回忆说：

> 揆一乃与宋教仁商量。宋认为个人入阁于事无济，虽可起一点联络和刺探内幕的作用，但难为同志谅解，必须自我牺牲，劝他慎重。宋曾电黄兴征求意见，黄复电听其自己决定，未置可否。……其时，揆一挚友李锜、彭邦栋等均在湖南，未能规劝，而向瑞琨兄弟和余焕东等则极力怂恿，认为脱党不过是手段，只要真能于党有利，则本佛教"为普渡众生而先入地狱"，亦义不容辞。[1]

上面这段叙述，强调刘在应袁之邀出任工商总长前，曾与宋教仁商量过，也征求过黄兴的意见，颇有为刘揆一加入袁世凯阵营辩护的意味。其实，尽管有居京政客兼同乡范源濂、向瑞琨及余焕东的怂恿，有袁世凯的极尽笼络羁縻之能事，当然还有黄兴的宽容大度、宋教仁的婉言规劝，但说到底，是否应该加入北京政府，最终还得刘揆一自己来决定。换句话说，入与不入，主动权究竟还是在于他本人。

---

[1] 范体仁：《我所知道的刘揆一》，载《文史资料存稿选编19：军政人物（上）》，北京：中国文史出版社，2002年，345页。

后来，刘氏在撰写《黄兴传记》时再三辩解说，当时他入阁确实得到了黄兴的默许，目的是让他渗入北京政府内，以合法身份联合革命力量，推动南北政治的融合与统一。原话是这样：

> 揆一奉命至京，与干部宋教仁等，密商于农事试验场之齑风堂，欲变更党略，而组织不纯粹之政党内阁，以为渐进之方。无如党中四总长已相率辞职，难于转圜。适袁世凯力挽揆一出任工商部长，宋教仁乃与公（按指黄兴）电商，劝揆一先自乘机为之。且扬言脱党，以与袁相周旋。[1]

联系当时形势并综合各种史料，刘揆一这些说法虽符合实际，但不可全信。难道刘看不出袁世凯拉他入阁的意图所在么？此时的袁氏甫居高位，不具备控制南方的能力，也未做好向同盟会挑战的准备，对革命党人自动出局、不予合作之举心有不甘，同时也想利用其中有影响的人物敷衍场面，于是硬要在同盟会内部找到一块"软肋"，这才把目标聚焦于在党人中素孚众望、政治上却缺乏存在感的刘揆一身上。他这招很灵，可谓抓住了人性的弱点，且不论传统的知识分子都有"入阁拜相"的名位观念，堂堂政府部长对富有理想的政治精英来说，也是很有诱惑力的，更不用说谁人没有一点虚荣心呢？不出其意料，刘揆一匆匆告知黄、宋，草草走完征求党内意见的形式，便痛快地答应了。

袁世凯也说到办到，即于7月31日提名刘揆一为工商总长候选人，交参议院投票，旋以超过半数同意票通过。随后，北京政府于8月2日颁发大总统令，予以任命。从提名到正式委任，只

---

[1] 刘揆一：《黄兴传记》，载《中国近代史资料丛刊：辛亥革命》（四），307页。

用了三天时间，效率之高前所未有。可见早日促成内阁产生，保证政府运转，对袁氏来说是头等大事。

刘揆一出任总长看起来一帆风顺，其实内部运作过程也颇费周折。袁世凯深知，因为刘揆一身份敏感，同盟会籍参议员也好、与同盟会对立的其他党派参议员也好，对其加入内阁都不会投赞成票。于是袁氏党羽出谋划策，先做通第二大党派共和党的工作，以推举该党高层向瑞琨出任工商次长为条件，换取全体共和党及共和建设会议员投刘揆一的赞成票。同盟会机关报《民立报》报道说：

> 刘揆一曾受共和党运动，条件须荐向瑞琨为次长，当日议院投刘票，共和党出席三十八人、共和建设会出席七人，全投刘同意票，故得通过。刘即履行条件，荐向为次长，昨已有令任命。[1]

袁世凯及其手下操作此事缜密细致，其过程滴水不漏，其手段万无一失，可谓人事任命的精准营销。当然，按事先谈好的条件，刘揆一就职后很快兑现承诺，先后推荐向瑞琨为工商部次长、余焕东为工商部参事。8月3日，他依照惯例，前往位于北京东城铁狮子胡同的临时总统府晋谒袁世凯。据《盛京时报》报道，两人所谈多半是闲话，涉及公事者亦泛泛，无非"巩固政府，对付外交之政策"云云，对如何振兴工商等刘氏想要深议的话题"不过略谈数语"，袁端茶送客，刘即行辞出。[2]

刘氏甫一上任，就热情高涨地投入工作，表明他革命党人的

---

[1] 标题不详，《民立报》1912年8月5日。转引自饶怀民：《刘揆一与辛亥革命》，275页。
[2] 《新工商总长晋谒总统》，载《盛京时报》1912年8月8日。

本色依旧，毕竟不熟悉官场规则，也不懂得循规蹈矩；也可看出袁氏到底是个政客，经济问题不是其关注的重心，刘的入阁只是他着眼当前大局所走的一步闲棋。

刘揆一走马上任第二天，发布就职通告称："揆一遵于八月初五日就任工商总长之职。"[1] 与此同时，他向同盟会提出了退会申请。同一天的《民立报》报道说，刘氏已给同盟会机关去函，"谓现加入混合内阁，与本党坚持政党内阁之主张不合，请即除名"。[2]

又过几天，他在《亚细亚日报》发表了一个正式声明：

> 揆一奔走同盟会事以来，始终未敢逾越。惟前次本会四总长辞职，当场声明鄙见，颇有异同。此次置身国务员中，虽实行个人主张，亦以国势所趋，别有苦意，惟格于党意，只得自请脱党。十年旧谊，一旦分离，把笔维思，泪落如绠。然揆一誓抱固有宗旨，绝不加入他党。区区愚忱，幸垂谅察。[3]

刘在声明中表示，他参加革命以来，始终听党的话、服从大局，只有前不久同盟会籍四位总长从政府中辞职，他表达了不同意见。这次入阁，虽是实现个人主张，也是为国家的利益着想，其中还有不能明说的苦衷，但毕竟这种选择有违于同盟会的宗旨，只得自行退出。入党十年了，他对此深感无奈与痛苦，但决不会再加入其他党派，请大家谅解。

---

1 《呈报工商总长就职日期文》，载《政府公报》第一百零二号，1912年8月6日。转引自饶怀民编：《刘揆一集》，8页。
2 刘揆一：《刘揆一致同盟会函》，载《民立报》1912年8月5日。
3 刘揆一：《刘揆一启事》，载《亚细亚日报》1912年8月8日。

从1912年8月初就职到次年4月初提出辞职，再到7月中旬正式被免职，在工商总长任上，刘揆一干了不满一年时间。他的这段入阁经历颇遭物议，其中虽有多重内幕，但长期不能公之于世。不知者如同盟会中激烈分子，视其为卖身投靠袁世凯的叛徒，曾扬言要用非常手段来对付他；知之者如宋教仁、黄兴等人，因过早离世，无由为之说明底细。于是乎，刘氏这页履历成为他个人历史中的一个"污点"，后来他百般辩白，都无法获得革命党人的谅解。

千古之恨

刘揆一就任工商总长不久，8月25日，同盟会联合其他党派正式改组为国民党，孙中山、黄兴分别任正副理事长，具体会务则由宋教仁主持。国民党革命历史较长、实力雄厚，问世后即成为议会中第一大党。正值一介书生、不谙政情的国务总理陆徵祥辞职，内阁动摇，袁世凯派其亲信、内政部长赵秉钧出来组阁，就商于议会中的多数派国民党时，代理理事长宋教仁表示愿意接受，但提出一个条件，便是全体阁员须加入本党。为此，已经退出同盟会的刘揆一曾向黄兴请示办法，黄氏的意见是可以重新加入国民党。《申报》北京通信记者黄远生（按本名黄远庸）以此询问刘揆一时，刘毫不犹豫地回答："我本系老同盟，若全体加入，我自然复党。"[1]

可见刘氏入阁，并不意味着就投靠了袁世凯，在重大问题和选择上，他仍站在革命党一边。直到晚年，他对世人的误解耿耿

---

[1] 黄远庸：《政谈窃听录》，载氏著《远生遗著》上册，北京：商务印书馆，1984年，156页。

于怀,曾对人言:"盖棺自有定论,我当工商部长,也不是我个人的意图,时间虽短,但还是做了不少事呵!"[1]

深知内情的同时代人,也有出面为刘揆一辩护的。居正在《刘霖生先生揆一七十寿序》中回顾刘当年"屈身以入阁,俾匡救其中"[2],颇多感慨。章士钊也说,刘出任工商总长,是师孙、黄之意,"此其谋身之拙,用心之苦,知己者所为太息;同时,异己者即用为訾嗷"[3]。这些都是他"别有苦意"的佐证。刘氏最终选择加入袁世凯的圈子,本意固然是发挥自己长项,为调和党争出力;但是若以恶意心理揣度之,他做这个工商总长的动机,也有回敬孙中山的意思,是对几个月前自己被排斥在南京临时政府之外,来一个痛快的反击。

刘的好友李锜分析道:

> 揆一早岁破产助饷,其弟道一又慷慨牺牲,在辛亥革命后没有取得一定地位,有家破人亡、前途茫茫之感。家中老母孤侄,一家数口,待揆一举火。袁氏以高官为饵,自易上钩。加以宋教仁为达其政党内阁目的,欲利用揆一为袁、宋牵线,而湘人向瑞琨、余焕东等,欲利用揆一上台做官,诸种因缘凑合,而揆一遂造成千古之恨。[4]

李锜早年加入过华兴会、同盟会,与刘揆一称总角交,相知甚深。他分析刘氏脱离同盟会、加入袁政府的动机,列为首要因素的就

---

1 刘孝娥:《先君革命史事闻见录》(1989年9月19日),载饶怀民编:《刘揆一集》,188页。
2 居正:《刘霖生先生揆一七十寿序》(1948年),载饶怀民编:《刘揆一集》,178页。
3 章士钊:《刘霖生先生七十寿序》(1948年),载饶怀民编:《刘揆一集》,176页。
4 范体仁:《我所知道的刘揆一》,载《文史资料存稿选编19:军政人物(上)》,346页。

是刘"在辛亥革命后没有取得一定地位",其次才是为了养家糊口及身边朋友的怂恿。如此见地,自有其一番道理。

刘氏家庭对反清革命贡献巨大,刘揆一长期为同盟会的事业忍辱负重、默默奉献,但民国成立后,他在南京临时政府中没有地位,其他方面也没有得到相应回报,其内心委屈痛苦,可想而知。刘氏有热切的政治抱负,有管理行政、人事等方面的真本领,入仕愿望也很强烈,只是时代没有给他机会。南北议和达成后,政局重组,新的机缘随之来临,在多元化的政治气氛中,像刘氏这样精明果决的党人,其旁逸斜出是迟早的事,用不着别人的鼓动利诱,仅凭证明自己从政能力的私念和向同盟会讨回公道的愿望,他也会迈出这一步。

从民国元年(1912)夏到二年(1913)春的这半年,新旧交替、意志统一、政通民和,是民初最富有生机的时期。1912年11月1日,刘揆一在北京主持召开了史无前例的全国工商大会,此为国内实业界的第一次盛会,尽管交通条件困难,但各省实业司、劝业道及工商团体仍纷纷派员赴京参会,仅外地代表就有一百多人。据会后出版的一份专刊,会议召开当日,"各省工商代表到会者异常踊跃,人数已达一百二十名,尚有被推举未到者四十余人,各省尚有陆续报举者,限于会场不能容纳,已于开会日登报宣布截止"。[1]

可见,民国开国时工商实业界蕴藏着巨大能量,若非政争骤起,二次革命纷至沓来,当会持续呈现这种欣欣向荣、蒸蒸日上的繁荣景象。

这次大会也是刘在工商总长任上所做的最重要工作,在会上

---

[1] 《截止各省埠推举代表电》,载《工商会议报告录》,北京:工商部,1913年,11页。

他提出了"工商立国"的理论,组织制定了一系列保护、发展工商业的计划和法规,颇得商界好感与拥护。据上海《时报》报道,一系列鼓励竞争、抑制强权的措施出台后,"商民闻之,均甚感工商部建策之劳",并称赞刘氏贡献巨大,对于"全国工商事业异常尽力",所任命的"司员中有声誉者在十人以上","所定各种计划实冠十部"。[1]

刘如此雄心勃勃,如果不是二次革命爆发,可以在工商总长任上干出一番不凡的成绩。但他运气不佳,从政这一步刚迈出去,天下风云突变,结果以后的步骤进退失据、方寸大乱。

1913年初春,南方发生一件波澜荡及全国的大事,便是时任国民党代理理事长宋教仁在上海车站被刺身亡。宋氏被暗杀,是民国第一大政治悬案,世论指为袁世凯及国务总理赵秉钧买凶杀人,但水落石未出,迄今不能下结论。当时正值国会选举前夕,宋教仁奔走南北巡回演说,内容无非抨击北京政府政治弊端、鼓吹责任内阁制两个方面,袁氏及其党羽急欲除掉这只独裁拦路虎、这颗帝制眼中钉亦属必然。宋案一出,南北再度交恶已不可避免。

刘揆一与宋教仁结交多年,是政治同人也是密友,闻此凶耗深受刺激,第一时间先派属下熊越山为代表,赶到上海参与治丧。接着,刘以宋教仁为国殉身"公谊私情,极深哀愤"为辞,向大总统袁世凯请假,几天后得到批准,即偕时任长江巡阅使谭人凤乘津浦线快车,一同南下赴沪吊唁。匆忙离京的动机,后来他自己说是"揆一恐其(按指袁世凯、赵秉钧)亦将不利于己,遂以

---

[1] 标题不详,载《时报》1912年11月17日、1913年3月15日。转引自饶怀民:《刘揆一与辛亥革命》,290、296页。

吊丧为名，即日去职"。[1]

刘氏为何出此言？同盟会改组后，宋教仁、谭人凤、刘揆一等湘籍革命党人虽各奔前程，但在外界眼里，他们仍是一荣俱荣、一损俱损的关系共同体。同时，他们大约得到了黄兴等人有关时局将变的警告，才急匆匆南下，一同远离袁世凯的势力范围。

宋教仁死后，国民党如何应对北方的挑战？南方革命党内部争论不休，孙中山主张动员全党力量，兴师讨伐袁世凯，黄兴鉴于南方军队大部分都已裁撤，力主法律解决。这场争论要持续到初夏才会有定论。在上海停留期间，刘揆一本想到环龙路孙府拜访孙中山，但未获邀允；在宋教仁追悼会上，又遭到原同盟会党人的冷遇，心情十分压抑。其间与黄兴密谈数次，黄劝他还不如早日与北京政府脱离关系，多做促进南北和谐工作；刘内心也想远离政治旋涡，以观时局变化。追悼活动结束后，他立即动身北返，与工商总长职责做一了断。他临行前对《民立报》记者说过这样一番话，表达自己从政坛脱身、致力于调和党争的愿望："此次至京，当日即提出辞职表。我良心昧不下去，此次回去，总要设法，否则对不起死友，又对不起生友。"[2]

刘揆一说到做到，北返途中到了天津，就要兑现"提出辞职表"的诺言，并于4月8日向袁世凯递交了辞职呈文。他这样做，从表面看是为了获得革命党人的好感而主动解职，其实在乱局之下求得自我保护，也是重要原因。呈文大意是：从共和告成以来，我刘某人擢任国务员，本意想为南北统一效力，但不料"情因事阻，力与愿违"，仅靠一颗赤心"无裨国计"，更无法扭转目前局

---

[1] 刘揆一：《黄兴传记》，载《中国近代史资料丛刊：辛亥革命》（四），308页。
[2] 《对〈民立报〉记者的谈话》，载《民立报》1913年4月2日。

势，反而让自己"忧怀萦结，精力交疲"，因此不得不"即行乞退"。以下略谓：

> 此次乞假南旋，风尘劳顿，原为内溃之孱弱之躯，加以外感之丛集，归途更患咳血之症，势益难支，不得已就医津门病院。……惟有仰恳我大总统准免工商总长……伏乞准予所请。

当此时，袁世凯没有做好与南方革命党铁血相见的准备，也还需要刘揆一这样特殊背景的"叛逆者"点缀门面并留作他用，所以暂时未准刘氏所请。他在呈文上批示道："该总长赞襄国务，备著热诚。兹时事艰难，正资倚任。据称感患咳血重症，应给假一个月，俾资调理，一俟病体就愈，即当销假任事，所请免官之处，应毋庸议。"[1]

过了一个多月，刘揆一仍滞留津门未归，袁世凯又派司法总长许世英前往天津，敦促其复职。刘氏不得已，只好返回京师居住。以后几个月里，厄运并未像预料的那样如期降临，他意态消极，并不经常到部视事，但工商部的部令、文电仍以他的名义签章发布。这段时间，二次革命正在悄然酝酿，将对未来政局产生巨大影响，刘所扮演的角色，既不是袁世凯的帮凶，也不是南方革命党的反袁先锋，他所做的工作是竭尽全力制止这场革命的爆发。

同年5月10日，刘揆一联络在京师的一部分湘籍参、众两院议员，成立了一个名为相友会的政团，打出的旗号是调和南北

---

[1] 刘揆一：《呈袁世凯请准辞职文》，载《政府公报》第三百三十二号，1913年4月8日。转引自饶怀民编：《刘揆一集》，76—77页。

关系，消弭日趋紧张的党争。刘揆一虽已退党，但他的这一举动及产生的影响，被一些亲国民党舆论认为是该党出现分裂的开始。同时代的一名政论作家这样写道：

> 袁世凯组织政府与党，既大告成功，即开始向国民党为猛烈破坏之运动，而首受其软化者为刘揆一。刘当陆徵祥内阁成立之际，被任工商总长，对同盟会即为脱党之宣言。逮宋教仁暗杀案发生，彼又由京南下，以调停南北自任。返京而后，国民党员无不冷眼视之，刘氏不堪，乃假党争调和之名，召集同志，组织相友会，自是而后，国民党日形分离，遂有次述之五小政团，相继产生。[1]

文章把刘揆一称作国民党人中"首受袁世凯软化者""脱党者"，并谓刘氏是因为国民党员对其"无不冷眼视之"，才带头组织相友会、分裂国民党以为报复。这么说并不公正。

其实，相友会的前身可追溯到辛亥革命爆发后，刘揆一回到湖南组织的援鄂军。当时，为了应对立宪党人把持的宪友会的崛起，他曾召集湘籍同盟会会员成立相友会，与之抗衡。如今重组的相友会，既是历史的延续，也注入了新的内涵。湖南在京国会议员如彭邦栋、李锜、李汉丞、黄赞元、郭人漳、李执中等纷纷加入，同时还拉入了不少外省议员加盟，著名者有湖北的胡祖舜、时功玖、胡鄂公、范熙壬，贵州的牟琳，福建的彭寿光，浙江的叶夏声等，名流汇聚，耸动一时。受其影响，一些国民党员为凸显自己的价值，也纷纷以南北携手、天下共和为倡导，自立

---

[1] 谢彬：《民国政党史》，北京：中华书局，2007年，56页。

门户，如景耀月、孙毓筠创立的政友会，陈家鼎、刘公组织的癸丑同志会，及规模较小的集益社、超然社等，都是从国民党内部分离出来的小型政团。

相友会存在时间并不长，随着刘揆一辞去工商总长退出政坛，到南北失和以后，彻底销声匿迹。包括刘氏在内的很多要人，对通过政治手段调解南北纷争曾抱有很大期望，遗憾的是，他们的努力并没有改变历史的走向。革命党与袁世凯之间的矛盾不容调和，经过春天短暂的停顿，二次革命还是不可避免地爆发了。

落荒而逃

南方革命党人关于要不要兴师讨伐袁世凯的争论，相持到1913年初夏，最后还是主战的孙中山一派占了上风。于是，孙通过国民党四都督胡汉民、李烈钧、柏文蔚、谭延闿等，传令南方各省备战，与袁世凯派遣的南下北洋军决一高下。眼见政争升级，法律解决无望，黄兴也只好服从党议，回到南京加紧布置反袁起义。在京师身居高位的刘揆一，是他首先要策动的人。

几个月前在上海参加宋教仁追悼会时，黄兴从刘揆一口中了解到，工商部与英国商人薛华（雪弗）已有实业借款之约，鉴于二次革命的发动为期不远，他指示刘以此为契机，筹措一笔军费。刘揆一回京后，以在东北成立钢铁厂的名义，与薛华重修草约，据报纸上刊登的《借款合同草约》，双方订立了总额为五百万英镑的借款合同，还款期限为三十年，由工商部用将来"中国钢铁厂炼出之铁以押当"。[1]

---

[1] 《借款合同草约》，载《民立报》1913年7月23日。

但此事的底细很快为袁世凯探知,在其幕僚们策划下,始由北京政府支持的《亚细亚日报》揭载内幕,继而多名北洋派议员在众议院提出质问,最后断定刘氏"利用政府名义借款为推翻政府之用"。[1] 院方乃传令刘揆一到场"把事情讲清楚"。时任众议院议员王葆真撰写的一篇回忆文章,提及7月16日众议院开会,刘揆一到院答复部分议员质问的情形:

> 刘恩格发言说,近者贵总长借得英商款项五百万镑,以奉天全省矿产作抵押⋯⋯不知是否实行。请问贵总长,似此暗昧借款,不交国会通过,是否违法?刘揆一答谓,为政治计策起见,石油、丝绸等商业,凡事待理,无款难以举办,故冒借此款,尚未及提交贵院议决。张嗣良谓,闻已确定日期交款签字,是已成立,而不交国会议决,违法明矣。刘揆一竟谓,总长实行政治,无按法律手续的必要。于是众起反对,喧满议场。⋯⋯众谓应请查办,亦有主弹劾者。[2]

议员们的提问火药味儿十足,在如此尖锐、强力的攻势下,刘揆一败下阵来。7月25日出版的《民立报》在报道会场情景时说,提问者"拍案大呼","庞杂随起"[3],刘揆一此后被迫弃职出京。议员们或许还不十分清楚刻下南中国骤起风云的意味,但刘揆一知道,一场内战大火正在长江以南冲天而起,点火者便是他十分熟

---

1 范体仁:《我所知道的刘揆一》,载《文史资料存稿选编19:军政人物(上)》,345页。
2 王葆真:《民国初年国会斗争的回忆》,载《文史资料选辑合订本》第二十八卷82辑,北京:中国文史出版社,2011年,129页。
3 《众议院纪事》,载《民立报》1913年7月25日。转引自饶怀民编:《刘揆一集》,前言,23页。

悉的孙中山和黄兴。这场战火的名字叫作"二次革命"。

当刘揆一在众议院神不守舍地接受质问时,二次革命已拉开帷幕。此前的7月12日,已被免职的前江西都督李烈钧在赣省湖口召集旧部、誓师讨伐袁世凯;7月15日,黄兴则潜入故地南京就任江苏讨袁军总司令,通电宣布全省独立讨袁。在这种背景下,刘揆一应对议员们来势汹汹的质询,自然心慌意乱、理屈词穷,所以在回答刘恩格提问时答非所问,对张嗣良的发难则气急败坏,答以"总长实行政治,无按法律手续的必要"。面对刘揆一的慌乱表情与强硬态度,议员们穷追不放,在当面质问刘氏次日,又提出了《质问政府关于工商总长刘揆一私借外债书》,其中指出"该总长身为国务长官悍然为之而不疑,尚复成何事体……如果实有其事,是否听该总长等渎职营私,抑别有处置办法"[1],要求限期明白答复。

刘揆一假公济"私",以政府借款名义为革命党人筹集军费,在议会上孤身一人且内心有"鬼",自然抵挡不了议员们的严厉问责。他和身边好友商量,认为还是提出辞职、趁早离京为妙。而这正是袁世凯所期望的,因为在与南方开战后,刘揆一这枚棋子已可有可无了。7月18日,袁氏正式下令免除刘的工商总长职务,虽然急不可待,但也顺理成章。刘氏的从政生涯就此匆匆结束,工商部的部务由次长向瑞琨代理。到当年年底,熊希龄组阁时,将农林、工商二部合并为农商部,提名江苏实业家张謇为总长。

和文学作品中的生活一样,不幸的人各有各的不幸。刘揆一的不幸在于,当他试图通过支持二次革命而重归国民党队伍时,

---

[1]《质问政府关于工商总长刘揆一私借外债书》(1913年7月17日),载《参议院议决案汇编》二册,北京:北京大学出版社,1989年(影印1913年本,原出版者不详),96页。

这场革命却很快失败了。就在他被免职后不到两个月，被官书称作"赣宁之役"的二次革命，在南方的江西、江苏及安徽等地经历了若干局部战事之后，以革命党败北而结束，袁世凯的势力就此推进至长江以南。

战火还未消散，北京政府即开始悬赏通缉"赣宁之役"重要执事者，在全国一片恐怖气氛中，孙中山、黄兴已无立足之地，被迫逃往日本，国民党骨干一百余人也先后东渡。紧接着在11月4日，袁世凯下令查禁国民党并取消该党籍议员资格，这意味着他要与革命党清算旧账了。在此危难之际，刘揆一该怎么办呢？在袁氏眼里，他是孙中山、黄兴谋划举事的同党，属于必究其罪之列；在国民党人看来，他又是本党的背叛者，所作所为无从谅解。刘虽然在北京也无法立足，但是追随孙、黄赴日逃亡，亦非其所愿，于是他抓紧时间潜出京师，迁入天津日本租界避难。和他一起出亡的还有湘籍国民党议员彭邦栋、李汉丞、李锜等人。据老友李锜回忆，刘与众人谈起自己出任工商总长而不为党人谅解时"大哭失声"。其中固然有对当初选择的深深悔恨，但也不乏无法诉说的辛酸与委屈。

这年刘揆一三十五岁，未至不惑，仿佛已经历了世上所有的坎坷和风险。他隐居天津日租界内，为了自身安全，很少公开活动，但他命中注定会被时代裹挟，把职业革命家的生涯进行下去。

1915年夏筹安会成立前，为袁世凯称帝出谋划策的核心人物胡瑛、杨度，以老友叙旧情为名义先后找到刘揆一，许以高位和巨款，邀他作为筹安会发起人，在劝进书上加盖名章。显然，袁的智囊们想借重刘氏的资历和名望，为复辟帝制增加砝码。刘揆一因脱离同盟会、上了袁世凯的贼船而吃了大亏，阴影未消，当然不会重蹈覆辙。他厉言拒绝，并以自己的经历现身说法，告诫胡、杨莫入袁氏圈套,遗恨千古。

到了秋天,当帝制运动的闹剧紧锣密鼓之际,刘揆一没有坐而观望,他联络报人张静庐、刘铸生、向乃祺、杨勉之等,在日租界旭街创办《公民日报》,作为北方革命力量的舆论阵地,明确反对袁氏复辟帝制。报馆开张后,刘揆一自任社长;所聘副刊主编张静庐,后来创办上海杂志公司,成为鼎鼎大名的出版家;还有一个叫刘少少的记者,文笔锋利、才华横溢,与黄远生、邵飘萍、林白水齐名,一同驰誉于京津。次年春天,湖南老友、时任全国经界局督办的蔡锷摆脱袁世凯监视,离京南下策划讨袁,在天津停留时,曾约刘揆一同赴云南举义,刘一度心驰神往,因老母年迈多病,最终未能成行。

一个多月后,蔡锷与唐继尧、李烈钧等在云南组织旧部,他们通电全国,树起护国讨袁大旗,刘揆一亦在《公民日报》上发表《劝袁世凯退职书》以为响应。这篇文章洋洋数千言,显示出刘氏扎实的古文功底,也可见他性情忠厚、深明大义。其中有一段为袁氏设身处地分析形势和舆情,劝其及早退位以谢天下,写得十分精彩:

> 公之顾恋大位,不肯遽去者,抑将为国家耶?为一身耶?为子孙耶?数事之内,必有所图。惟据愚虑,未一得焉。何者?五年之中,政令千万,利民之治,谅亦罄竭积酿。兹人心思变,万难震摄,涂炭生灵,诱引外祸,危亡之惨,迫在眉睫。若仍高居,更绝挽救。以言为国,亦徒然耳!若言为身,尤觉不类,案牍盈几,劳瘁实甚,夙夜鞅掌,殆无休息。声色货财,又给自足,六十老翁,抑复何望?不自安逸,乃求多事。为身若斯,未见一得。至于子孙之谋,昔贤示诫,

不完美的形象

> 招赂积贿，适贻后忧，若帝王之裔胄，戮杀无留孑余。为子孙计，亦非宜于此者。[1]

意思是：你守着显位不肯下台，是为国家、为自己，还是为子孙？这三者必有其一。但在我看来，你一个也得不到。此话怎讲？你当总统五年来，政令下了成千上万，治国的办法不知想了多少，如今人心思变，势不可挡，你若是来硬的，将引来外祸，亡国悲剧近在眼前。你高高在上，更无法挽救，想为国家考虑，也无从设法。如果说你是为了自己，那就更不像了，你白天处理成堆的文件，晚上还要为国事操心，得不到休息。声色财货，样样不缺，一个六十岁的老人，夫复何求？你放着安逸的生活不过，却自寻烦恼，从未见有人这样对待自己的。至于说是为了子孙，先贤早有告诫，留给后代太多的财产，无异于贻害于他们，就像帝王的后裔，一个也不会被人放过。所以为了你的子孙着想，也不应该如此。

《公民日报》是倒袁的产物，到1916年6月袁世凯称帝失败并暴亡，天下归于太平，该报对读者也就失去吸引力。关于停刊时间及原因众说不一，有谓这年初就被袁世凯下令查封，有谓这年3月由天津警察厅奉命取缔，但均无依据。张静庐是这么说的：

> 《公民日报》馆址设日租界内……但是报纸的销行，仅限于各租界内，华界则力事禁行，东马路一带皇皇布告，高标墙上；可是民心未死，报纸的潜销，仍然达到内地，不过以辗转秘密，报价竟高涨到一毫大洋买一份。袁氏死后，《民意

---

[1] 刘揆一：《劝袁世凯退职书》，载《滇声报》1916年4月21日。

报》《公民日报》等都相继因经济困难而停刊。[1]

可见《公民日报》并非被袁世凯查封的，因为租界受"治外法权"保护，中国政府势力不能达到。正如张静庐所说，顶多由地方警察厅在界路高墙上张贴告示，指责该报肆意煽惑、反对中央等，并以报纸发表反袁言论过于激烈为由，传令商会民团禁止订阅。至于停刊时间，张氏也明确说是在"袁氏死后"，即1916年6月以后。在十分窘困的生存境况下，刘揆一立场坚定地反对袁世凯称帝，显示出他本色未改，仍是一个合格的革命党人。看得出来，通过这种努力，他要挽回自己"背叛"同盟会所造成的政治影响。

等待历史评判

其后十五六年，即从1917年到1932年，刘揆一寓居北京，担任各种名义的顾问，与政界若即若离。

袁世凯死后，黎元洪继任大总统，聘请了诸多社会名流为总统府顾问，刘揆一也是其一，只领干薪，并不过问具体事务。这期间，他还做过农商部顾问、湖南省长公署顾问，参与过《劳动法》的编订，并协助湖南省长赵恒惕制定《省宪法》。他虽有意东山再起、问鼎政坛，无奈大江东去、风光不再，何况过去那段从政经历也如影随形，像一个甩不掉的梦魇一样紧随其身。

1925年春孙中山在北京逝世，汪精卫、胡汉民等国民党高层组织治丧委员会时，未忘刘揆一这位元老，把他选进了秘书组，出任干事；孙氏移灵西山碧云寺当日，在灵车前执绋者皆为国民

---

[1] 张静庐：《中国的新闻纸》，上海：光华书局，1929年，38页。

党大佬，刘亦现身其间。这表明在孙中山革命史中，他是同盟会时代不可或缺的代表性人物。悼念期间，他曾撰写一副二百余字的挽孙中山长联，以情真意切、用笔奇崛而颇受舆论称颂。上联回顾孙氏革命生涯，历数其一生伟绩，"……旗张白日，初困雷乡，血染黄花，再挫南越；论到援宁救鄂，策划尤艰。光复汉河山，巍巍元首，敝履尊荣……珠江开帅府，挥泪兴师……"；下联则评价时代人物，抒发自身感慨，"……克强早逝，松坡云亡，项城深负公托，黄陂徒有公心，河间直与公敌……眷眷同盟，仔肩责任；自愧壮怀虚抱，惜时曾受命险危……"[1]全联流露出对国民革命前途的担忧，也表达了"惟有鞠躬尽瘁死，何容乱世苟全生"的政治情怀。

同时，出于对孙中山至诚及对北伐革命的支持，刘氏还在报上发表言论，极力倡导国民党团结一致，完成孙氏遗志，认为"国民党之所以能负改造国家之责任者，以其同心同德，群策群力之团结也"。但这很快引来共产党人的不满，中共驻四川特派员、平民学社刊物《爝光》主笔萧楚女在一篇短评中说：

> 首先宣告脱离国民党籍、投降袁世凯、去做农商总长过官瘾的刘揆一，现在居然又在中山先生逝世之后，大发议论了！……（刘揆一）公然有脸在政敌刺杀了本党领袖之后，假装同志，替别人做走狗，做侦探，不惜用尽种种方法，破坏国民党！——则又何能同心同德，群策群力？天下无耻而至如刘揆一，到现在还靦然自称为国民党，国民党也居然听之！[2]

---

1 克强，指黄兴；松坡，指蔡锷；项城，指袁世凯；黄陂，指黎元洪；河间，指冯国璋。
2 萧楚女：《刘揆一厚脸至矣》，载《爝光》第二期（1925年5月），6页。

萧氏曾是1911年发动武昌起义的湖北新军中一名士兵，可是他并不了解刘揆一及其出任北京政府工商总长的内情，如此断下结论、破口责骂，显然有失公道。但由此能够看出，作为政治生命中的一处硬伤，刘氏之"叛党"给人们留下的印象，从党内到党外人所共知，已到了无法抹去的地步。

正是这种刺激，激起了刘揆一动笔讲述亲身经历、为自己辩护的念头。从1927年春起，他闭门谢客，在北京西城灵境宫的寓所埋头著述，决心还原自华兴会成立到黄兴病逝后湖南革命党人的奋斗史。终以三年之力写成初稿，取名《黄兴传记》，1929年由京津印书局出版后，好评如潮，被时论赞为信史。此时南京国民政府成立不久，当年的湖南都督谭延闿出任行政院院长后，援引彭邦栋、周鳌山、李锜等湘籍国民党人在行政院、军事参议院、财政部任职，刘揆一也被聘为行政院顾问，名为提供咨询，其实谋一政治待遇。刘究竟还是不甘寂寞，1931年九一八事变发生后，他在天津《大公报》上发表长文《救国方略之我见》，详述自己对时局的意见和立场，要求当局对内"创设民众委员会执政委员会以实现真正的统一政府"，对外"刚柔并用"。[1] 其时掌国家权柄者为蒋介石，对革命前辈刘氏的"高见"无可如何，也不以为意，但仍以礼遇之，除了行政院顾问，还增聘他为国民党党史编纂委员会纂修。

刘氏此时五十刚出头，对政治兴趣不减，复问国事，心情急迫，在次年初把他撰写的《救国方略之我见》印成小册子，带到南京去四处散发，同时与若干失意老同志以诗词唱和，对当局现行政策多有讥讽。种种情形，引起蒋介石光火，于是示意解除刘

---

1 刘揆一：《救国方略之我见》（1932年1月16日），载饶怀民编：《刘揆一集》，140页。

的行政院顾问一职。1933年7月刘在给老友陈铁珊的信中说:"近来弟慨国事日非,每多诗文规诫当局,为彼辈所不满,致波及小儿之行政院参事,亦被撤职。"说的就是他那时任行政院参事的长子刘孝叔,受此牵连,也被撤差,调往资源委员会黔湘金矿局的事。刘家于同年南迁归乡之举,多由此因。面对厄运,刘揆一不失老革命的风度,在信中还很硬气地说:"想弟自投身国事以来,家庭倍受惨祸,近之儿子去官,何足沮吾意气!"[1]

其后又十二年,即从1933年至1945年,刘揆一一家在动乱时代里流离失所,备尝艰辛。

返回老家湘潭定居时,刘氏已五十五岁,养育了九个子女。他们一家人迁入位于城正街的刘烈士祠居住,在前清时代,这里是湘潭县守备署,房屋为官衙建筑样式,前后四进共四十余间,民国成立后由陆军部呈请孙中山批准,改建为刘道一忠烈祠,刘家后裔几十口人亦群居于此。此次回湘,刘揆一精神甫定,本拟对地方建设有所规划,而全面抗战骤然爆发。为躲避日本飞机轰炸,他带着全家辗转八斗冲、衡山,最后在长子刘孝叔的任职地湘西洪江落脚,长达五年。有一个夏天,日寇南进,形势危急,刘家是在距洪江百余里的一处矿洞里度过的。多年后,当地人还能忆起刘揆一在这里生活的细节:

> 当时刘揆一已是六十多岁的人了,他与儿子一家住在洪江土塘十号窨子内。……平日深居简出,过着隐居生活。对国民党政府设在洪江的湖南省政府洪江行署、第十区行政督察专员公署的官们,既不逢迎巴结,也不干预拆台,因此当

---

[1] 刘揆一:《致陈铁珊函》(1933年7月16日),载饶怀民编:《刘揆一集》,156—157页。

局对他敬而远之，他也巴不得超脱一些。毕竟因为他名声显著，加上儿子有一官半职，还是有人慕名前来拜访看望。[1]

在洪江的艰苦生活，耗尽了刘揆一的生命精力，他的身体衰弱不堪，就连外出走路都很吃力。据女儿刘孝荫回忆，"有一段日子父亲外出时，母亲就叫由老家逃难来的十五岁的竹伢子扛一把小竹椅跟在父亲身后，父亲走累了，小竹椅往街边屋檐下一放，父亲坐下歇歇脚，再继续走"。抗战胜利后举家搬回湘潭，刘氏已年近七十，是垂垂一老翁了。

其后便是这位老者的最后四年，从1946年到1950年，在生命接近尾声时，他目睹了残酷的国共内战，见证了自己参与创建的中华民国分崩瓦解。

1949年盛夏，刘揆一在女儿的搀扶下，站在刘烈士祠门前，迎接解放军进入长沙城，再次感受到改天换地在心中引起的巨大震撼。这年入秋后，刘氏受聘为湖南省军政委员会顾问，并把八女儿刘孝荫送去参军，表示自己对这场革命的认可。湘潭县政府负责与刘家联络的一名工作人员还记得，谈起往日时光，这位老革命党最为不平的是1912年在出任袁世凯内阁工商总长时，曾登报宣告脱离同盟会而不为世人所理解一事。他常说的一句话是："这只有等待历史去评判吧！"[2]

作为跨时代人物，晚年的刘揆一曾受到国共领导人的共同关注。

1950年前后，刘氏给毛泽东写过两封信，分别反映"征粮流弊"和湘潭地方"退押"中出现的弊端，要求纠正。毛均亲笔复

---

[1] 刘果毅：《刘揆一在洪江》，载《洪江市文史资料》第三辑，内部发行，1989年，119页。
[2] 刘泽后：《刘揆一先生二三事》，载《湘潭县文史》第二辑，出版者不详，1987年，28页。

函解答，其中对后一问题的答复中有"退押一事，原是地方根据农民要求办理的，现已令其停止"等语。[1]

追溯往事，毛泽东、刘揆一两人相知，缘于毛的岳父杨昌济。杨是长沙人，岳麓书院毕业生，1903年与刘等三十四人同船赴日本留学，回国后在湖南省立第一师范任教，1918年6月曾邀刘揆一为包括毛泽东在内的该校毕业生做时事报告。此前，湖南人在南京临时政府、北京政府做高官达到总长一级的，也就黄兴、宋教仁、刘揆一、熊希龄、范源濂、章士钊数人，乡人均视为"巨子""伟人"。由此，当年那次演说的听众之一毛泽东对刘揆一尊崇有加，特派员赴省传话，很愿意见见这位本乡耆老。这正是1950年秋天。但此时刘氏病弱，无法成行，不久病逝于湘潭刘烈士祠，葬于该祠后园。[2]

从此湖南再无老革命党矣。

由于两岸相隔，刘揆一去世的消息，到1952年才辗转传到台湾。国民党元老吴稚晖、于右任、王宠惠等二十三人联名向蒋介石呈文，称赞刘氏"早岁赞襄总理，组党开国，每列先驱，自后隐居三十余年，宏学履道，一介不苟"，请求予以褒扬。[3]这对于早年致力于调停党争、晚岁被排斥于政坛之外的刘揆一来说，究竟是赞许还是怜悯？对元老们所请，蒋氏照准，随即发布褒扬令，并颁给"勋昭行洁"匾额一方。为故去名流请恤，是通行的政治常规，并不能改变刘氏以血泪代价书写的人生教训，也无法混淆历史对时代人物的评价。当然，刘揆一已看不到这些。

---

1 毛泽东：《建国以来毛泽东文稿》第一册，北京：中央文献出版社，1987年，276、300页。
2 饶怀民编：《刘揆一年表》，载饶怀民编：《刘揆一集》，206页。
3 刘绍唐主编：《民国人物小传》第六册，上海：上海三联书店，2013年，410—411页。

风从今夜急

徐绍桢改换门庭记

> 金陵为战略必争之地，绍桢不忍为祸始，不敢为福先，然大势之所迫，群情之所荡，山崩钟应，非绍桢之力所能遏也。
>
> ——徐绍桢

1912年元旦，更历改元，中华民国诞生，新时代从六朝古都南京开始了。当晚十时，孙中山临时大总统就职典礼在原两江总督署内举行，大堂后的西暖阁灯火闪耀、人头簇拥，来自十八行省的数十名参议院议员、观礼代表，把目光投向会场中央的孙中山，以及分列两侧的临时政府要员。老照片上，前排紧挨孙氏的左右四位，是黄兴、蔡元培和胡汉民、徐绍桢。其中，徐的身份为陆海军人代表。

临时大总统就职典礼上，除了孙中山宣誓、议员代表景耀月致贺词、胡汉民代读就职宣言，还有徐绍桢代表陆海军人致颂词一项，引人注目。徐氏在颂词中寄望孙中山不负四万万国人重托，早日统一中国，实现五族共和，孙氏则答以"誓竭心力，勉副国民之公意"。[1] 这些仪式化的安排，主角固然是孙中山，但无形中也

---

[1] 李凡：《孙中山全传》，北京：北京出版社，1996年，230页。

提高了这位徐绍桢的知名度。

几天后发布的内阁名单,照片中簇拥临时大总统的黄、蔡、胡,分别担任陆军总长、教育总长和临时大总统府秘书长。这三位都是晚清以来声震全国的革命巨子,人所共知、天下敬仰,鼎革后被尊称"民国元勋"。但儒气十足的徐氏,何德何能,得以入踞南京卫戍总督这一要职呢?这要从一个月前江浙联军攻克南京说起。前清第九镇统制官徐绍桢,是这场被称作中华民国奠基之役的战役的总指挥。

攻克南京,被封元勋

历史地看,光复南京并立之为中华民国首都,是同盟会中部总会陈其美、宋教仁等人的一大手笔。1911年10月,武昌起义爆发后,冯国璋统领北洋军南下,在二十天时间里,先后攻陷了汉口、汉阳,并以远程大炮威胁武昌。湖北民军在战时总司令黄兴指挥下奋力鏖战,终因训练不足、枪械敝陋,难以与北洋军抗衡。危急时刻,同盟会加快策动长江中下游各省起义,希望以此扭转武汉前线的颓势。不久,陈其美联合商团、会党及巡防营,在上海发难取得成功,陈氏自任沪军都督。消息传来,正在汉阳前线督师的宋教仁认为,上海既已得手,就应该趁热打铁,夺取清廷在江南的最大堡垒南京,"得南京则汉口亦易恢复"。[1] 此议经黄兴首肯后,宋氏乘船东下,赶到上海,与陈其美等合谋攻宁之计。最后议定:电商已宣布独立的镇江、苏州、杭州等地军政府,请他们速派精兵,以上海为饷械供给地,以镇江为集结地,组建江

---

[1] 吴相湘:《宋教仁传》,北京:中国大百科全书出版社,2010年,84页。

浙联军,克日会攻南京。

11月下旬,浙、苏、沪三地民军将领朱瑞、刘之洁、洪承典,各率官兵数千人,渐次开抵镇江,加上同盟会会员、原新军军官林述庆组编的镇军,总数达到一万五千余众,号称江浙联军。几经协调,联军总司令一职由起义的原新军第九镇主官徐绍桢担任。随后,联军各部沿着沪宁铁路搜索前进,从句容、龙潭方向陆续进逼南京城下,与固守城池的张勋辫子军和巡防营开战。

以后十余天里,经历了在外围孝陵卫、马群一带的战斗,仰攻天保城炮台的搏杀,争夺雨花台的枪林弹雨,及尧化门、太平门外的炮战,林述庆率领的镇军首先攻入城内,两江总督张人骏潜逃,在城内督战的主将张勋也率残部退往浦口。12月2日,联军司令部进驻原为太平天国洪秀全行宫的两江总督府,随即通电全国,宣告南京光复。数日间,全国十八行省中宣布脱离清廷而独立者过半。正在武昌集会讨论成立中央政府事宜的各省代表,欣悉金陵已被克复,群情振奋,遂决定乘船赴宁,组建中华民国临时政府。

武汉、南京两个战场彼此相连,互为依存,是大局变幻的关键所在。北洋军攻占汉阳后,湖北都督黎元洪对战事前景悲观,一度退守武昌郊外洪山。黄兴束手无策,通电辞去战时总司令,转赴上海,图谋江南。除非革命阵营取得一次重大胜利,这个局面不能改观。正如陈其美的侄子、国民党元老陈立夫多年后在《怀念徐绍桢先生》一文中所强调:"其时汉口汉阳,相继为清军攻陷。武汉三镇,革命形势,岌岌可危。江浙联军如不能及时光复南京,则辛亥革命能否顺利成功,殊难预料。此一关键,关系革命成败。"[1]

---

[1] 陈立夫:《怀念徐绍桢先生》,载《联合报》1991年6月7日。

江浙联军攻克南京的意义就在于此。钱钟书的父亲、时任江浙联军总司令部幕僚钱基博,回忆当时情景:

> 苏浙沪联军总司令徐绍桢,方顿兵南京坚城之下,以十月八日(公历11月28日)得(黎)元洪电告败绩,念此电一播,军心摇矣,然而不知所措,席地深思。马弁周星乔侍,视地曰:"何来血也!岂总司令所吐者乎?"而绍桢不自知也;独念非急下南京,不足以纾武汉之急。随召总参谋顾忠琛召集参谋各官计议,定明晨分三路急攻紫金山之天保城,不得不休;而武汉失守之电,秘不以宣也,故士气不挠。既克天保城,则以城上之炮,转轰太平门之富贵山炮垒;遂以十二日克南京,而武汉失守之电,乃以播告苏浙沪联军。[1]

大意说:当江浙联军兵临南京城下,徐绍桢收到黎元洪告知汉阳失守的电报,生怕动摇军心,不敢公之于人,坐在指挥所的地上左思右想,急得吐血,自己竟然不觉。于是召集参谋们开会,决定不惜代价拿下紫金山西麓最大的炮台天保城,打开通往南京城内的大门。官兵们士气高昂,能够浴血奋战,得益于他们未知晓武汉前线失利的消息。直到占领南京,徐绍桢才把真实情况告诉联军将领们。

江浙联军攻占南京后,临时政府在此成立,一个多月后清帝退位,宣告清朝灭亡。若干年后,孙中山撰写《建国方略》,在回顾辛亥革命历程时,除了赞扬和肯定武昌首义的重要性,对于陈

---

[1] 钱基博:《辛亥南北议和别纪》,载《中国近代史资料丛刊:辛亥革命》(八),上海:上海人民出版社,1957年,104页。

其美夺取上海及江浙联军光复南京,也如数家珍,评价甚高:

> 时响应之最有力而影响于全国最大者,厥为上海。……故汉口一失,英士(按陈其美字)则能取上海以抵之,由上海乃能窥取南京;后汉阳一失,吾党又得南京以抵之。革命之大局因以益振。[1]

在孙中山看来,时局如同博弈,当北洋军攻占汉口时,陈其美在上海发难成功,敌我打了个平手;汉阳失守后,江浙联军很快克复南京,抵消了不利影响,使得革命大局日益向前发展。这才有了中华民国定都于南京这一开天辟地的壮举。

正因为这样,辛亥年末,孙中山回国后首次与徐绍桢见面时,称赞他为"开国元勋",在临时大总统就职仪式上,指定他作为陆海军官兵代表。当时,南北议和正在紧张进行中,孙中山如此推崇徐绍桢,也想借助他在清廷的广泛人脉,与北方军人政客进行有效的沟通。事实证明,孙氏眼光很准,在辛亥革命洪流中,被卷入革命队伍的前清高级军官很多,如广西陆荣廷、云南唐继尧、浙江朱瑞、福建孙道仁、直隶王芝祥等,历经世事变迁、风吹雨打,能够长期拥护三民主义、追随他将革命进行到底的,也就属徐绍桢了。

南京临时政府成立后,徐绍桢被任命为卫戍总督,直隶于临时大总统,统辖南京地面上的卫戍勤务。以此关系,他与孙中山接触频繁。这期间孙中山参加的各种活动,如祭奠明孝陵,出席南北统一共和成立大会、陆军部追悼烈士大会、粤中倡议死事诸

---

[1] 孙中山:《建国方略》,载氏著《孙中山选集》,北京:人民出版社,1981年,208页。

烈士追悼大会，及辞卸临时大总统后各界举行的饯别会等，都有徐绍桢陪同左右，如影随形。徐氏率领第九镇起义后，他在玄武湖边的寓所、藏书尽被张勋焚毁，孙中山以此赞扬他是开国元勋中"毁家革命第一人"，并嘱总统府庶务科赠予八厘公债一百万元，以酬其功。徐氏不受，表示要"留着精光的身子，继续革命"，益得嘉许。为表彰他的革命功绩，孙中山题写"天下为公"条幅为赠，获此殊荣者，仅徐绍桢及上海帮会大佬徐朗西。[1]

在整个民国时代，徐绍桢率部攻克南京的功勋始终未被遗忘。蒋介石统帅国民革命军出师北伐，底定东南，仍以金陵为首都。饮水思源，蒋氏又把徐氏这位民国元老请出来，任命他为国府委员，以示优遇。到1936年9月徐绍桢病逝，国民政府下令，其"生平事迹，存备宣付史馆，用示国家笃念耆勋之至意"[2]，尊崇之高，同僚皆难望其项背。徐绍桢在国民党高层眼里的分量及民国历史上的地位，也由此可见。

幕僚家世，醉心新学

徐绍桢字固卿，是两广总督署内一个师爷徐灏的第九个儿子。他生于清咸丰朝最后一年（1861），整整半个世纪后，与辛亥革命狭路相逢。说到他的身世，包括陈立夫《怀念徐绍桢先生》在内的各种文章，往上追溯，都提到他是明代开国元勋、洪武朝右丞

---

[1] 徐家阜：《辛亥元勋徐绍桢将后半生交给孙中山》，载《番禺文史资料》第十期，内部发行，1992年，34页；郁琰：《孙中山先生与徐绍桢二三事》，载陈正卿、徐家阜编校：《徐绍桢集》，成都：四川师范大学出版社，1991年，415页。

[2] 《优恤国民政府委员徐绍桢令》，载《国民政府公报》第2155号（1936年9月17日），3页。

相徐达的第十四世孙,但没有说明所据为何。许多牵强附会的传闻沿袭下来,虚实难分。倒是徐氏自己的故事,为这个说法"证伪"。那是清帝逊位、南北议和达成不久,临时大总统孙中山率领临时政府文武官员,祭奠明孝陵,告慰列祖列宗,身为南京卫戍总督的徐绍桢也随从在侧。仪式间隙,大家在一起闲话,孙中山说起徐达攻占金陵、被封中山靖王的旧事,将其与徐绍桢指挥江浙联军克复南京一役相提并论,认为历史演变"如同一辙"。[1] 孙中山本是借古喻今,嘉誉与鼓励徐绍桢,因为是大总统的话,传来传去便演绎成真了。

据徐绍桢长子徐承庶等撰写的《徐绍桢行述》,徐家原籍江浙,自有家谱以来的第十一代迁居广东,即"先世籍浙江钱塘,自十世祖可圃公游幕于粤,十一世祖琢斋公继之,遂迁广东,为番禺人"。[2]

徐绍桢在《学寿堂日记》中回顾自己家世时,也说徐姓此支到他这一代,来粤已经六世:"自太高祖以刑名之学游粤督幕,至清末六世矣。皆始游幕而后入官。游幕之时,尚可自给,入官之后,则无不贫。"[3]

1936年徐绍桢去世后,与徐家有戚谊关系的一位长者(徐绍桢母亲系其曾祖姑)在一篇文章中称,徐氏"先世昆山人,为清名宦徐乾学之后,世代簪缨,家学渊源;其先人游宦广东,遂占

---

1 徐家陶:《南京城下两代元勋——徐达与徐绍桢》,载陈正卿、徐家阜编校:《徐绍桢集》,416—417页。
2 徐承庶等:《徐绍桢行述》,载卞孝萱、唐文权编:《辛亥人物碑传集》,南京:凤凰出版社,2011年,243页。
3 梅生:《徐绍桢传略》,载《广东文史资料》第七十九辑,广州:广东人民出版社,1998年,105页。

籍番禺。"[1]

上面这些记载,虽在徐家的祖籍地、迁徙广东的时代上略有出入,徐绍桢出身于江浙一个源远流长的师爷世家,则是确定无疑的。这一出身使他具有善于审时度势的过人智慧,让徐氏在革命党与清廷决战而胜负未定的情况下,敢于挺身而出、举起反清排满大旗,也为他后来在政坛上扮演的角色打下了鲜明的烙印。

在徐祖来粤的遥远时代,岭南还是蛮荒偏远之地,应各级官府征聘,江浙一些失意文士、落第举子,源源不断地迁居广东、广西,入幕为宾。长江中下游盛产师爷,而两广缺乏文化素质较高的人才,所以能主刑名、善理文案的江南文士在这边很有市场。无独有偶,与徐绍桢同时代的国民党元老中,大名鼎鼎的汪精卫、胡汉民、朱执信等,其先辈都是从江南一带游宦到广东、以当师爷为业的知识分子。到了清末民初,这些文化拓荒者的后代能够走到一起,聚集在革命党的旗帜下,并非偶然,他们对自己文化根基的集体认同,是一个很重要的原因。武昌起义后,徐绍桢加入反清革命阵营虽属被迫,但能够做出这种选择,说明他骨子里保留着江浙人头脑精明细腻、处事灵活变通的特点,如果从文化传统追根溯源,他和上述革命党人同属一个来路。

徐绍桢的父亲徐灏,十七岁时入南海县衙见习,后来长期在两广总督署帮办文案,到年过半百,才升迁为广西庆远知府,最后病死在任上。在回顾其父一生时,徐绍桢总结为:给人做幕客时,兢兢业业,尚可自给,当了官之后,廉洁奉公,反而积蓄无几。[2]

---

[1] 杜如明:《辛亥革命之江浙联军统帅徐绍桢先生》,载《广东文献》1989年第1期,5页。
[2] 徐绍桢:《学寿堂日记选辑》,丙寅年(1926)七月十五日条,载陈正卿、徐家阜编校:《徐绍桢集》,374页。

徐绍桢早年的成长之路，与其官僚家庭出身十分符合。这种家庭有能力把子弟送到最好的书院、名师门下读书，他们所主导的文化层级，高于大多数人在乡塾受到的教育。对于这些官家子弟来说，他们不只要淹通汉宋之奥、王霸之略，知晓兵法、本草、方技等数术，更重要的是，要学有所成、出类拔萃，能够中举人、进士，进入仕途，才算成功的人生。在传统文化的惯性作用下，徐绍桢也走上了同样的路。他进入社会、体验人生，是从在地方官衙里办理刑名开始的。所谓刑名，就是彼时县府衙门的主业——判讼断案。这个行当既要深究经术，还得精通时务，从一个熟读四书五经的学子，成长为佐幕府署的练达师爷，不下十年苦功，是无法胜任职责的。徐氏聪明好学，是其中佼佼者。

父亲离世那年，徐绍桢十八岁，他不得不中断在广州城内广雅书院第三年的学习，继承父业，自谋生路。这段变故，与他温驯宽容性格的养成，有着直接关系。他说：

> 桢年未弱冠，丧父失教，天之付与者，诚不知其何存。顾自念无父之人，不敢与人争胜，一切惟听诸天，而无容心。……所以平生未尝皇皇焉求知于人，更未尝一萌患得患失之心也。[1]

意思是说：我还不到二十岁时就失去了父亲，也等于失去了老天赋予我的最好东西。我常提醒自己是没有父亲的人，从不与人争强好胜，一切都听从老天安排，不做计较。所以这辈子不求出名，

---

[1] 徐绍桢：《学寿堂日记选辑》，丙寅年（1926）七月初一日条，载陈正卿、徐家阜编校：《徐绍桢集》，372页。

也没有患得患失之心。

从这番话中,可以看出老子《道德经》对于徐绍桢的影响。正如他的兄弟、藏书家徐绍棨为其著作《道德经述义》作序时所说,他这位仁兄这一生是"以《老子》之学治身,以《老子》之学用兵,又即以《老子》之学救世者也"。[1] 后来,徐绍桢从一个籍籍无名的文人,经过半生努力,成为清廷二品大员、麾下有八千健儿的新军第九镇统制(师长),而待人接物的风格依然是低调做人、隐忍任事。以至于到辛亥革命爆发时,在南京地盘上,张勋这个带着十几营辫子兵的地方巡防军统领,也敢和他叫板,将第九镇逐出城外。徐氏"不敢与人争胜",直到忍无可忍,而且到了手下官兵即将哗变时,不得已才顺应大势、附和起义。从文化根底来看,这些都与他的书生本色及家庭背景有着直接关系。他这个传统士子本不适合带兵打仗,但命运阴差阳错地让他弃文从武,并且站在了时代的风口浪尖上,也正是这种际遇,使得他在风云变幻中更懂得顺其自然,在辛亥革命中从容不迫地完成了人生的转型。

当时光徘徊在光绪五年(1879),徐绍桢还没有修炼到这个程度。在经历家变、骤失依托之后,由姐夫朱得溪引荐,他只身远赴广西柳州府怀远县,入幕为徒,以刑名为专攻。在各级官署里主办刑事判牍的幕僚,不仅要熟悉刑律,还须学贯经说儒学、会作文章。徐绍桢少时饱读诗书经史,粤省沿海又得西学东渐之先,使得他博涉天文、算学、农学等书籍,对幕僚业务得心应手。他喜欢谈论格物,醉心大同理想,这在同时代士子中算是异数,在穷乡僻壤的广西边地,尤其令人刮目相看。

---

[1] 王丽英:《广州道书考论》,武汉:华中师范大学出版社,2010年,140页。

此后十余年，徐绍桢游幕于两广桂林、肇庆、潮州等地官府，继承先业、博览群书，成了一个小有名气的幕客。公务之余，他与喜好新学的州县丞令、缙绅士们亦多过从，组织过算学会、农学会，一起研读涉及洋务和"救国实学"的书籍。民国十五年（1926），徐绍桢刊行早年著述《学寿堂集》，共二十六册，其中除了传统学问《四书质疑·孝经质疑》《后汉书膝闱考》《三国志质疑》等，还有《学一斋算课草》《勾股通义》《勾股代数草》《算学问答》数种，格致新学，洋洋大观，可看出他已跳出了四书五经的桎梏，蜕变为一个新派知识分子。辛亥革命爆发后，他掌握南洋雄师而放眼全国，敢于毅然背叛清廷、率部反正，这都得益于新学对他思想的洗礼。

追随幕主，游宦粤闽

伴随着对新学的追求，在科举路上，徐绍桢也艰难地走了十余年。直到光绪二十年（1894），他才在甲午科广东乡试中考取举人，时已三十三岁，受聘为广西桂林府文案。此时，桂林的主要领导名叫李兴锐（字勉林），湖南浏阳人，早年以诸生办团练起家，太平天国举事后，几路大军直下江南，湖南首当其冲，李兴锐被曾国藩招至湘军大营，总管粮台，以后追随曾氏辗转征战长江两岸。李办事善动脑筋，对各种洋务尤其留意，很得曾国藩赏识。曾氏屡向朝廷举荐，十多年时光，李兴锐就从一个花钱捐得的道员，一路擢升上海机器制造局总办、天津海关道、长芦盐运使等要职。李氏长年在曾国藩身边耳濡目染，十分热衷研究治事之道，对引进西学和使用人才独有心得。徐绍桢的崛起，与这个伯乐大有关系。

徐绍桢中举次年初春，曾赴京师参加乙未（1895）科进士会试，期望在功名上更进层楼。时值甲午战争刚刚落幕，由于北洋舰队全军覆没，清廷被迫与日本签订《马关条约》，割让台湾及辽东，并赔款二万万两。消息传出，正在京城等待发榜的各省考生群情激奋，于是才有了轰轰烈烈的"公车上书"。举子们通过各种途径向朝廷上书，提出拒和、变法、练兵等主张。参与人数较多的上书有两起，领衔者分别为陈景华和梁启超，他们都是广东人，徐绍桢的名字就列在多达二百八十九人签名的《广东举人陈景华等呈文》中。参与此事、后来成为名人的广东考生，除了梁启超、陈景华（民初担任广东省警察厅厅长），还有清末广东团练总办江孔殷、兴中会横滨分会会长冯镜如、民初广东教育厅长钟荣光、康门弟子麦孟华等。

这次入京会试，徐绍桢与上述诸人均铩羽而归，他们的新学文章，难入阅卷大臣的法眼。徐氏没有沿着"学而优则仕"一条道走到黑，不久便应聘到李兴锐幕中历练，这是个聪明而现实的选择。经过五六年的努力和等待，靠已升任江西布政使的李氏举荐，他通过纳捐进入仕途，以候补道员分发江西。在当时，这已是从四品的领导干部了。这段经历，在光绪三十三年（1907）末，通过朝廷军机处呈报两宫的一份《徐绍桢履历表》里有所记载。此时，徐绍桢已升任新军第九镇统制官，朝廷将派他以钦差名义赴日本考察军事。按照奏举程序，召见之前，还须具折条陈简历，以供太后、皇上御览。移录如下：

    徐绍桢，现年四十岁，系广东番禺县人，由监生中式。光绪二十年甲午科本省乡试举人，二十六年九月报捐以直隶州知州双月选用，十月报捐以道员分发试用，经江西巡抚李兴锐调赴江西差遣。二十七年正月到省，六月奏留补用，八月充课吏馆副馆长。二十八年正月总理营务处暨讲武馆，四月兼统领常备中军，六月经李兴锐奏保，奉旨交军机处存记，七月复经调署广东巡抚李兴锐奏保，奉旨送部引见，十月经工部侍郎唐景崇保荐经济特科，十一月经署理两广总督德寿委统领广东常备中军，并奏留广东统军，暂缓送引。二十九年五月经署两广总督岑春煊委总办广东全省营务处，八月经署闽浙总督李兴锐奏调福建差委，奉旨以道员发往福建补用，十月到省，总办军政局武备学堂。[1]

这是《徐绍桢履历表》的上半部分，主要概括他从光绪二十六年（1900）到二十九年（1903），在江西、广东、福建游宦，随着上司李兴锐的升迁，从一个试用道员，经过在政务（江西课吏馆副馆长）、营务（江西营务处暨讲武馆总理）、军务（广东常备中军统领）多个岗位上的磨炼，提拔到一省军校校长（福建武备学堂总办）的过程。

在这一段快速向上爬的生涯中，也经历了不少坎坷。光绪二十六年秋，当徐氏获得试用道员身份时，李兴锐已由广西布政使擢升为江西巡抚，次年正月即驰函召他赴赣，帮办文案。正值江西教案蜂起，事涉外交，有诸多棘手之处，需要懂得洋务的人来参赞，而徐氏读书多、根底深，兼又熟习中西政治法律之学，所以李兴锐借调他来协助处理对外交涉事宜。

徐绍桢在江西办事得力，给上级领导留下了极好印象。转年

---

[1] 《徐绍桢履历表》，载《第一历史档案馆藏清代官员履历档案全编》第8册，上海：华东师范大学出版社，1997年，6—7页。

教案风波渐渐平息,按说徐的身份是分省试用道员,事毕后"应赴部引见,听候签掣省份叙补",也就是说要按规矩赴京师吏部报到,由组织安排下一步工作。但李兴锐不放他走,给朝廷打报告要求留用:"惟江省交涉之事日繁,且现当振兴庶务之际,在在需才,合无仰恳天恩,俯念时事多艰,饬将分省试用道徐绍桢分发江西,交臣差委补用,俾收得人之效。"[1]

奏片强调徐绍桢长于办理外交,人才难得,请求皇上格外开恩,将此人正式分配给江西。朱批:"着照所请。吏部知道。"于此可见李氏政声之佳,朝廷俾依之重。就连说一不二的西太后,对这位"能臣"也是网开一面、另眼相待。

李兴锐处理政务魄力雄健,用人也很大胆,为了提高文武官吏的素养及办事能力,他独出心裁,开设课吏馆和讲武馆,也就是成立行政学院和军校,分别用来培训各级文武官员。而且,李氏将这两所学校都交给徐绍桢一手管理,可见对其信任有加。相继被委充课吏馆副馆长、营务处暨讲武馆总理后,徐对文官们大讲老子《道德》,对武将们解读历代兵书,显示了他博学多通、功底深厚,既熟悉传统文化,又精于经世之务。光绪二十八年(1902),江西响应朝廷号召,裁编全省绿营、防军及练军,成立常备军(即正规军),徐绍桢被任命为中军统领,成为全省军队领导之一,这也是他弃文从武之始。

徐绍桢毕竟是个文人,在课堂上讲讲兵法还可以,如何做得了挥戈上阵的武将呢?据徐氏后人所撰《徐绍桢行述》,徐绍桢起初对于李兴锐委派的总办营务、统领新军等职诚惶诚恐,一再请

---

[1] 《江西巡抚李兴锐奏请调道员徐绍桢等办理教案片》(光绪二十七年[1901]四月二十四日),载《清末教案》第三册,北京:中华书局,1998年,73页。

辞,但李氏做此安排,有一番自己的道理:

> 勉林(按李兴锐字)中丞曰:"君素治《老子》,以《老子》之学治兵,必无敌。今日得名将易,求儒将难,其勿辞。"

李兴锐鼓励徐绍桢说:"你对《老子》素有研究,用《老子》学说带兵,必定无敌。如今得一个能打仗的名将很容易,得一个有学养的将领却很难,所以你不要谦虚。"李氏用人如此大度,给了徐绍桢很大勇气,也使他放开手脚、大胆创新,在赣、粤、闽诸省狠抓军队建设,且取得显著成效:

> 自是所至皆掌兵事。综计在赣总理营务处,总理讲武馆,统领江西常备中军。在粤统领广东常备中军,总办广东全省营务处。在闽总办军政局、武备学堂。在江南总办参谋处、教练处兼统常备兵。一时各省新军之编制章程,以迄典范令等,皆先府君手定,为全国所仿效。[1]

其实,起用文人治军,并非李兴锐的创举,只是他对曾国藩用人理论的一种发扬罢了。当年曾氏围剿太平军,提拔重用的不少湘军将领,如江忠源、左宗棠、刘坤一等就都是文人出身。包括李兴锐自己,正是从文到武成功转型的典范。

其后数年,李兴锐在官场上飞黄腾达,由江西巡抚先后升迁两广、闽浙、两江总督,始终把徐绍桢带在身边,并陆续保举为广东督练处、福建武备学堂及两江督练公所多个部门的统领、总

---

[1] 徐承庶等:《徐绍桢行述》,载卞孝萱、唐文权编:《辛亥人物碑传集》,243页。

办等重要军职。这说明他的用人观念里，保持着对老湘军儒将传统的尊崇与坚守。

总办广东营务时，徐绍桢名头很响。曾在江浙联军总司令部担任幕僚的广东人潘敬，少年时屡见徐氏乘坐肩舆，"前后卫兵呼拥，疾驰过市"的气派情景，当时心里油然升起"大丈夫不当如是邪"的感慨。[1]

光绪二十九年（1903）秋，徐绍桢跟随李兴锐到福建，开办武备学堂。这时，革命党人的反清宣传起于萍末，闽省第一代革命家林森、方声涛及省武备学堂学生许崇智、林述庆等，已崭露头角。国民党官方编撰的《徐绍桢传》说，徐氏总办福建武备学堂时，"好览革命书报，夜辄持以就学徒宿舍讲说，讲毕曰：'此乃时务精要之学，然宜暗诵烂熟于胸中，而不可出于口以贾祸也。'"。[2]

说徐氏好学，且对新学十分热衷、对各种思潮都有所涉猎是不错的，但夸张到他在学生宿舍公开宣讲革命书刊，就让人难以置信了。

编练新军，统制九镇

由军机处呈报两宫的《徐绍桢履历表》下半部分，记载了他从光绪三十年（1904）到三十三年（1907）在南京的从政经历。如果说徐氏在广东主持营务处、在福建总办武备学堂，还属于文职人员襄理军务、负责行政管理职责，那么光绪三十年他随升任

---

[1] 潘敬：《徐绍桢》，载《番禺文史资料》第八期，内部发行，1990年，79页。
[2] 王宇高：《徐绍桢传》，载《国史馆馆刊》第二卷第一号（1949），59页。

两江总督的李兴锐来到南京，进入军队系统，才真正完成了身份转变。详情如下：

> 三十年六月委办竹崎关税务，七月经调署两江总督李兴锐奏调江南差委，八月到省，十二月总办两江督练公所参谋处兼教练处。三十一年二月兼统常备兵步队第一标，旋经调署两江总督周馥奏保送引，并赴北洋考察军政，四月经吏部带领引见，蒙召见一次，奉旨以道员发往江苏补用，仍交军机处存记，四月因前在顺直赈捐案内奖叙花翎，五月到省仍充总办参谋处兼教练处，并兼统常备兵步队第一标，七月奉旨补授江南苏松镇总兵，经奏留在省练兵，暂缓引见，十月统制江南新军全镇，经练兵处议覆，江南新军应暂编为陆军第九镇。三十二年五月兼充两江督练公所总办、总参议。三十三年七月经两江总督端方电商陆军部派令赴部，会同各员前往日本观操，遵即束装北上，现在到京。[1]

由此可看出，光绪三十年调赴南京，是徐绍桢官僚生涯中的一个重要拐点。时值《辛丑条约》签订后，朝廷发奋图强、推行新政，为了统一军制、编练新军，在京师设置了练兵处，各省亦闻风而动，纷纷设立督练公所。与会办练兵大臣袁世凯的北洋六镇相区别，两江、两湖地区所建的军队称作南洋新军，其中浙江为第七镇，湖北为第八镇，江苏为第九镇。从1905年到1907年，伴随第九镇编制日益健全，负责筹备该镇的徐绍桢从标统（团长）到总兵，再升到镇统制官（师长），逐渐成为手握兵柄、威震一方的

---

[1]《徐绍桢履历表》，载《第一历史档案馆藏清代官员履历档案全编》第8册，6—7页。

将军了。正如履历表显示,这期间他北上京师,曾到北洋六镇考察取经,并受到过光绪帝的召见。由于李兴锐患病乞养,这次接见由代理两江总督周馥"奏保送引"。文中所述徐绍桢受命考察北洋军政,其后发回江苏补用,都是为了一件事——早日完成新军第九镇的编练。

值得一提的是,在北洋考察期间,徐绍桢结识了时年四十六岁的袁世凯。徐仅比袁小两岁,对这位年兄创建新式军队所取得的成绩,称赞不已,袁身为直隶总督兼北洋大臣,对徐的渊知博学也颇为欣赏,其后一次朝见中,他推荐徐氏升任江南苏松镇总兵。这是两人结缘的开始。此时,京师练兵处已合并到新成立的陆军部,各省也按要求组建了负责督察编练新军的督练公所。在此背景下,徐绍桢调到江苏后,主持两江督练公所并以兵备处总办名义负责筹建新军第九镇,都是朝廷经过用人考评程序之后的周密安排。不久简授江南苏松镇总兵、署理江北提督,相当于从四品道台直升到二品大员,为他出任第九镇统制官铺平了道路。可见,由于缺乏陆军人才,朝廷对徐绍桢独具青眼。

这就不难解释,光绪三十三年(1907)徐绍桢再次应诏到京,会同陆军部官员们一起赴日本观操时,慈禧太后为何要单独召见他。这是徐氏履历表中的最后一节,也是他官宦人生中的压轴戏。这年夏秋间,第九镇编练就绪,慈禧太后从军机处奏报中得知徐绍桢束装北上,已经到京,便立即传旨召见。两江兵备处出版的《南洋兵事杂志》报道说:

> 江督奏派赴日参观特别大演习之徐绍桢,于八月二十一日召见。慈宫曾垂询江南陆军情形良久,并谕现在商战世界,陆军仍关紧要,日本之陆军正蒸蒸日上,演习必有可

观；务要详细参观考察，以后回到江宁，或可藉资整顿。又谕陆军人才，实在难得。徐（绍桢）保奏田中玉、张彪二人。[1]

晚清以降，经历了甲午战败、庚子事变及刚刚过去的日俄战争，清廷吃了大亏，也长了见识，强兵自卫的紧迫感明显增加。慈禧太后打破常规召见一个师级统制官，详察细问、谆谆嘱托，表明了对军事人才的重视，也表明这位垂帘深宫中的女强人，对世界大势有足够的了解。

通常情况下，在召见将结束时，太后或皇上照例要问奏对者，有无人才可举荐。徐绍桢保奏了田中玉和张彪二人。田是直隶山海关人，毕业于天津武备学堂炮兵科，甲午战争中曾率清军入朝作战，后来在北洋新军升至协统（旅长），经徐绍桢这次举荐，调任东三省督练公所总参议兼省武备学堂监督。张是山西榆次人，老绿营出身，1904年湖北常备军改翼为镇之前，就是统领之一（另一个是黎元洪），不久新军第八镇成立，升任统制官。

徐绍桢自己也是保奏制度的受益者。清初，对于官职升迁设有种种严格规定，有满汉之界、内外之界、文武之界等；到了晚清，随着统治由盛而衰，满人的优越感失落，清规戒律也逐渐被打破，用人开始不分界限，汉人中不少有才干的知识分子，得以利用各种渠道在各级官府中获取显职。其中一途，便是通过捐资取得道员资格，再设法补授实缺，跻身权柄在握的地方官、朝官之列，徐绍桢走的就是这个路数。光绪乙未（1895）科进士胡思敬在其笔记《国闻备乘》中，将这种现象称为"道员诡遇"：

---

[1]《慈宫谕徐绍桢详观日操》，载《南洋兵事杂志》第15期（1907），2—3页。

> 是时事例大减,由俊秀径捐道员只二千余金,中外显宦大半因之以起。段芝贵由试用道得巡抚,赵秉钧由试用道得侍郎,刘式训、胡惟德、黄诰由试用道得出使大臣,卢靖、方旭由试用道得提学使,刘世珩、施肇基由试用道得参议,陈昭常、姚锡光由试用道得左右丞,张德彝由试用道得都统,吴煦由试用道得提法使,朱启钤、荣勋由试用道得厅丞,刘永庆、李准由试用道得提督,黄忠洁(浩)、徐绍桢由试用道得总兵。[1]

所谓"事例",便是几百年沿袭下来任用官员的规则。以上所列晚清人物中,段芝贵、赵秉钧、胡惟德、施肇基、姚锡光、张德彝、朱启钤等人,都是由道员升入高级干部行列,在京师朝中官至相当于今日正部级官员的政坛要角。从官吏管理制度的角度讲,这打破了汉人不得入阁,外官不得内用的老规矩。与此同时,文人不能改任武职的传统也被刷新:率先破例的是慈禧宠臣岑春煊,在两广总督任上,他推荐试用道员李准掌管广东水师;紧接着,袁世凯一口气推举了刘永庆、徐绍桢、黄忠浩三个道员出身的人选,分别充任江北提督、苏松镇总兵及右江镇总兵。从官职文化的演进来讲,这未尝不是一种进步,对清朝统治者而言,却是大一统天下瓦解的开端。

光绪三十三年(1907)八月,徐绍桢正式统领新军第九镇不久,他的恩师李兴锐病卒于两江总督任上,遗缺由满洲大员端方接替。到宣统元年(1909),端方奉命调回京畿,朝廷又派老臣张人骏继任。这以后,张大帅把身边亲信,多数换成了家乡直隶人。

---

[1] 胡思敬:《道员诡遇》,载氏著《国闻备乘》,北京:中华书局,2007年,30—31页。

张氏出身翰林，是晚清名臣张佩纶的侄子，也是袁世凯的儿女亲家，他生性狐疑、胆小怕事。驻节南京后，他对效忠朝廷、头脑顽固的江宁将军铁良、江北提督张勋十分信任，对一身书卷气的徐绍桢则不冷不热。因此，充斥着疲散老兵的江防营受到重视，装备先进、士气高昂的新军反遭排斥。

徐绍桢自此失去靠山，日子不太好过，虽被派到日本观摩操典、考察军事，又以裁汰湘军旧营、招募江南文化青年入伍而素称"知兵""善练兵"，却因为他在军中提倡读书看报，允许官兵议论国家大事，而令省里军政同僚们侧目。此外，第九镇吸收了赵声、柏文蔚、熊成基、倪映典等不少富有改革思想的军校生担任中下级军官，他们的同盟会会员身份并未暴露，但第九镇中革命党活动频繁的消息，让张人骏寝食不安，对新军戒备更深。徐绍桢忧谗畏讥、事事谨慎，为了表明自己心无异志，在玄武湖边修建藏书楼"学寿堂"，拥书自遣。据《辛亥以来藏书纪事诗》："光宣间，（徐绍桢）在南京治兵，于后湖湖神庙之左，购地五十余亩，建藏书楼，所藏不下二十余万册。"[1]

到宣统三年（1911），徐绍桢年过半百，便有归隐林泉之意，但天下大势的改变不允许他这么做。随着武昌第八镇起义，南京第九镇从暗流涌动到积极响应，徐氏后半生的命运也开始跌宕起伏。

被迫响应武昌起义

第九镇号称南洋常备军，按全国所编新军序列，统辖十七、

---

[1] 徐信符著，徐汤殷增补：《广东藏书纪事诗》，载伦明等著，杨琥点校：《辛亥以来藏书纪事诗》，北京：北京燕山出版社，2008年，285页。

十八两协（旅），下设三十三至三十六共四个步兵标（团），另附骑兵、炮兵各一标，工程、辎重各一营，并宪兵队三个营，计有一万多人。全镇分兵两地驻守，遥相呼应，互为犄角：镇司令部、十七协及马炮工辎各标营驻扎南京，拱卫金陵门户；十八协所辖两个步兵标在六十公里外的镇江扎营，扼守徐淮要冲。江苏地面上的军队，第九镇最具有战斗力，当然也最危险。

同盟会成立后，长期以广东、广西为根据地，屡经挫折，到1910年初广州燕塘新军起义失败，才逐渐把举事重点转移到江南。宣统二年（1910）春，宋教仁、陈其美、谭人凤等在上海设立中部总会，统筹策划长江中下游沿岸的反清起义，并把第九镇当作主要策反对象。在标统赵声、管带柏文蔚等军官鼓动下，第九镇不少营连级干部、班排兵目秘密加入同盟会，其中熊成基、倪映典、林述庆、林之夏、吴忠信、陈其采等在清末革命史上赫赫有名。

次年秋天，武昌起义消息传到南京，第九镇立即躁动起来：中下级军官心照不宣，士兵兴奋莫名，各标营互相串联、通风报信；营区里流传的报纸上，多有揭载武昌起义军节节胜利或者某行省宣布独立、某军声明与清廷断绝关系的新闻电讯。官兵们都有预感，要么自上而下，要么自下而上，第九镇早晚要像武昌第八镇一样发生哗变。

在时人笔下，当革命气氛笼罩第九镇全军、兵变一触即发之际，身为主官的徐绍桢没有躲避，反应十分积极。这多少有些夸饰，但反清志士们在该镇通行无阻、各显身手，则是不争的事实：

  当是时，革命潮流已沛然莫之能御，徐（绍桢）与党人通声息，兼收并蓄以培其朝气，志士从之者如归市。帐下健儿如营长柏文蔚、冷遹、赵声,排长叶开鑫,什长徐源泉、方振武,号兵孙殿英,兵士张宗昌等,其后皆扶摇直上、位跻显秩,粉骨糜驱者有人,弄权蔑法者有人,此则非徐始料所及也。[1]

文中列举的革命党人,有些是第九镇的中下级军官,有些是位卑名微的小角色,但后来都成了近代史上的风云人物:如赵声在黄花岗起义中担任总指挥,柏文蔚在辛亥革命中当上了安徽都督,冷遹成为江苏第九师师长;其他如叶开鑫、徐源泉、方振武,到北洋军阀时代都崛起为雄踞一方的将领;至于当时还是普通兵士的孙殿英、张宗昌,以后攀龙附凤、为所欲为,更以其恶行臭名远扬了。这些都是徐绍桢当初无法预料到的。

武昌起义以新军第八镇为主体,在文学社等革命团体运作下一举成功,《申报》等各大报纸都报道了湖北省城武昌被革命军攻陷、湖北总督逃亡、第八镇统制张彪受伤的消息。第八、九两镇分峙于长江中下游,平日互通声气、往来频繁,更多消息很快传到南京。两江总督张人骏本来对第九镇疑心重重,这下倍加提防,传令收缴全镇弹药(每兵仅留训练弹五发),克日出城,移驻城南六十里之外的秣陵关。随后,他把张勋统领的江防军二十个营从江北浦口调回南京城内,宣布实行戒严。

张勋入城接防后,为了向徐绍桢示威,纵容部下在玄武后湖的徐氏寓楼边放火,将其多年搜集的善本藏书焚毁一空,宅中衣物等也皆失散。徐绍桢受此大辱,愤恨至极却也无可奈何,只能

---

[1] 陶菊隐:《徐绍桢》,载李广生主编:《时代笔录:辛亥革命亲历亲闻》,天津:百花文艺出版社,2012年,133页。

搬出古训安慰自己。

据时人回忆,当第九镇被张人骏赶出南京城、徐氏手足无措之际,犹与部属大谈老子。他说:"善战者,不以兵强天下;兵者非君子之器,杀人众多,悲哀泣之,我有三宝,先之以慈。"[1]他所说的"三宝",就是老子在《道德经》中反复阐述的行为准则:慈爱、俭约和不与世人争名夺利。徐氏学问渊博,也迂腐得可以,面对挑战,按说应以勇气当先、行动为上,拿老子的《道德》能部勒属下么?

徐绍桢虽懂得与时俱进,但他只是个比较开明的官僚,头上又戴着二品红顶子,忠于朝廷、服从上级是其本分,不到危急和生死关头,是不敢越雷池一步的。然而形势变化很快,在江南,革命党人夺取并控制上海、杭州后,驻节苏州的江苏巡抚程德全迫于形势,也宣告全省独立、脱离清廷。这下,移防秣陵关的徐绍桢面临两个选择,一是继续犹疑不决并压制部队直至自行发生兵变,一是顺应军心主动举义并向南京发起进攻。徐既钻研兵法,又涉猎许多新学,在这种局势下,他当然选择后者,因为全镇官兵愿意拥戴他领导起义,而张勋却要向他下手了。1912年成书的《中国革命纪事本末》云:

> 大军移防后,张勋密派心腹盛朝臣等十余人,乔扮皮匠、剃发、乞丐等,潜来秣镇,意图暗杀。经下士查哨,获交执法官,询明确系张勋派出,携有张勋护照。斯时徐统制,尚不欲明与为难,旋将盛朝臣送往张人骏处发落。翌日陆军警察营管带桂城、三十四标教练官恩锡来秣,手执拳铳(按即

---

[1] 王宇高:《徐绍桢传》,载《国史馆馆刊》第二卷第一号(1949),60页。

手枪），直扑徐统制卧室。镇部及标营官长持枪追入，勒令桂恩两人，将兵器缴出。[1]

说是张勋派人潜赴秣陵关，并收买第九镇旗籍军官来暗杀徐绍桢，幸亏第九镇司令部驻地防范严密，刺客均未得手，徐氏总算性命无虞。但张大辫子的这种做法，不是逼着人谋反么？此事发生后，一向心平气和的徐绍桢终于怒不可遏了，在一次军官会议上他表示第九镇再也不能坐以待毙，任由张勋宰割了。话虽这么说，但要讲求读书明理的徐氏下决心举事，还需一种理论支持，顺理成章才算合理合情。

在给江苏布政使樊增祥的一封信中，徐绍桢表露了被上级抛弃后凄凉无奈的心境，也为第九镇的下一步行动找到了道德依据。他说：

> 新旧军同服国家之役，理无歧视。新军不发弹药，久戍于外，是行路遇之也。防地往复之路则严陈兵备，镇属留守之兵则无故逮捕，是乱党视之也。行路遇之，则行路报之；乱党视之，则乱党报之，不为过。今上海、苏州已告光复，镇江、杭州、福州等处不日且将举事，北军方一其力于武汉，秦晋军队复西掣其肘，无暇兼顾东南。金陵为战略必争之地，绍桢不忍为祸始，不敢为福先，然大势之所迫，群情之所荡，山崩钟应，非绍桢之力所能遏也。[2]

---

[1] 《江苏光复纪事》，载郭孝成编：《中国革命纪事本末》，北京：商务印书馆，2011年，118—119页。

[2] 茅乃登、茅乃封：《江浙联军光复南京》，载《辛亥革命江苏地区史料》，南京：江苏人民出版社，1961年，395—396页。

徐氏的信中有不平、有诉苦,但更多的是对大势的分析和即将出战的宣言。他认为:新军、江防营都是为国家服役,按理应一视同仁,但上峰没收新军弹药、将他们逐出城外,当作另类对待,又在新军驻防地外设置警戒,无故逮捕其士兵,简直把新军视为乱党了。因此,我做出相应的举动,并不为过。眼下上海、苏州已经光复,镇江、杭州、福州等地也将举义,陕西、山西军队又先后发生兵变,忠于朝廷的北洋军正在武汉镇压第八镇起义,根本无暇顾及东南各省。南京是战略要地,我徐某不忍心在这里开战,但形势紧迫、群情汹汹,官兵们一定要战,我也无法管束。

其后几天,徐绍桢眼见第九镇中的革命党人暴动在即,为免于陷入进退失据的境地,他同意全镇发难。[1]为了留有余地,他任命正参谋官沈同午为总指挥官,督带驻扎在秣陵关的十七协及南京城内的镇部留守人员,合计五六千之众,回师攻打南京。他自己则于部队拔营后,下令杀了关押在镇司令部的两名旗籍军官桂城和恩锡,换上便装,悄悄离开秣陵关,潜往上海等待消息。这一步棋,显出他老谋深算的一面。

1911年11月6日拂晓时分——第八镇在武昌举事的第二十八日——乘着最后的夜色,第九镇一多半人马进至南京城外雨花台,向固守炮台的辫子军发起冲锋。为什么选在此时进攻?这是实践徐绍桢的夜战理论。徐对战术颇有研究,曾在《南洋兵事杂志》上发表专文论述夜战,强调"暗夜接近""拂晓攻之"。其中有一段说:

---

[1] 金冲及、胡绳武:《辛亥革命史稿3:1911年的大起义》,上海:上海辞书出版社,2011年,1118页。

> 自来兵家谓攻坚固阵地，昼间不易奏功，宜乘暗夜接近，待拂晓攻之，其不轻于夜战如此；但今日火器愈出愈精，攻者乘暗夜出之，可以减少敌弹之伤害，有不可不亟亟研究者。[1]

文中还详列"攻击之大要""防御之大要"等战术要领，俨然是军事专家的口吻。事实上，徐氏治兵多年，除了零星剿匪、治安平乱，未曾指挥过一场大规模的实战。所以到了战场上，其理论并不灵验。这支弹药极其有限的队伍，刚接近雨花台城堡就被守敌发现，正面炮台、工事上弹如雨下，前锋遭到迎头打击，损失甚重。总指挥沈同午为日本士官学校毕业生，性格急躁、争强好胜，继而组织敢死队赤膊上阵蛮干，因子弹不继，死伤众多。

徐绍桢还撰有《论跃进》一文，其设想场景与攻击雨花台正好符合。文中指出，战场跃进最核心的要领是："一、以射击为十分准备，毋稍间断，奋勇前进；二、在有效敌火之下，而长久停止，必被伙多之损害；三、于敌前进入近距离之后，忽复退却，必自陷于灭亡。"[2]

可是在实战中，第九镇的战术动作未照此执行，特别是攻击失利后，慌忙撤兵，在敌阵前犯了"忽复退却"的错误。退却时，侧翼又有敌军马队包抄追击，导致部队很快失控，决堤潮水般向通往镇江的大道溃散。这是第九镇解体的开始。

次日，驻扎镇江的三十六标第二营管带、同盟会会员林述庆，联合几个同盟会籍营、连长，驱逐对举事态度游移的驻镇江十八协统领孙铭等高级军官，夺取镇江城池及沿江各炮台，宣布起义。

---

[1] 徐绍桢：《论夜战》，载《南洋兵事杂志》第一期（1906），1页。
[2] 徐绍桢：《论跃进》，载《南洋兵事杂志》第七期（1907），11页。

随后以三十五、三十六两标人马为班底,并收容雨花台溃兵,组建镇军,推举林氏为都督。林述庆与徐绍桢争权,自此开始。

统帅联军,血战金陵

从时间上看,第九镇发难失败,武昌起义已过去一个月。此时中部同盟会通电东南各省,将组织上海、苏州、杭州及镇江等光复地区的民军,成立江浙联军,会攻南京:

> 南京之得失,关系民族之存亡,非攻克南京不足以完成江苏革命之任务,且无以挽回武汉革命之颓势。[1]

组织联军会攻南京,需要一位领军人物,谁能胜任呢?为此,宋教仁、陈其美致电江苏都督程德全、浙江都督汤寿潜征求意见,大家会商觉得徐绍桢最合适。加入革命阵营的将领中,徐氏资望深厚、在江南军界职衔最高、对其旧部具有号召力,由他担任联军总司令能孚众望,并有助早日达成目标。只是徐绍桢意甚犹豫,他与清廷决裂的态度虽已明确,但彻底倒向革命的决心还未下定,尤其第九镇兵败雨花台令他沮丧万分,因而对统帅联军一事,一再推辞。

徐绍桢是被革命党人逼迫剪了辫子之后,才最终束手就范的,这十分符合他的性格。钱基博笔下,徐从南京赴上海寻求械弹援助时,与旧部顾忠琛狭路相逢的一幕十分有趣:

---

[1] 标题不详。转引自《江苏省志·江苏人民革命斗争纪略》,南京:江苏人民出版社,2008年,278—279页。

> 至则（徐）绍桢盥洗已毕，方衔烟倚坐，弛服脱冠，而发辫垂垂缘颈以悬背也。（顾）忠深（琛）骤出手枪，厉声喝曰："徐固卿！事势至此，尚有观望之余地乎！"立呼侍者，召发工以髡其首焉。绍桢猝不意忠深（琛）之至，莫知所为；而随行幕僚，愯而相顾，不敢动也。忠深（琛）执枪环视，而叱发工并髡焉……[1]

说是徐绍桢在第九镇向雨花台进发后，偕随行幕僚数人，乘沪宁线夜车于次晨到达上海，来到一家西餐馆盥洗进食。他们的行踪被江苏都督府参谋厅长顾忠琛侦知，于是带着一伙部下尾随而至，进得门来，便见徐氏背后还拖着一条长辫子——这哪里是要投身革命的样子？二话不说，就招来剃头匠为徐绍桢剪辫子，之后又挥舞着手枪，指挥剃头匠顺便将徐氏随行人员的辫子一一剪掉。

钱基博撰写此文，所依据的是他本人的经历和他收集的江苏都督府参谋厅文电卷宗，以及顾忠琛在参与攻打南京期间所写日记等，内容当属可信。顾忠琛，江苏无锡人，武备学堂毕业生，早年曾在第九镇任队官（连长），加入了同盟会，武昌起义后参与策反江苏巡抚程德全。顾氏探闻徐绍桢到沪，闯上门来，不仅用手枪威胁老长官，身后还跟着剃头匠，当场逼迫徐绍桢剪去发辫，就是要断绝其对朝廷的最后一丝幻想，让其彻底加入反清革命行列。据钱氏记载，剪发之后，顾忠琛向徐绍桢"致程（德全）都督之意，而以五万金犒第九镇，请饬所部，集合待命……绍桢亦

---

[1] 钱基博：《辛亥江南光复实录》，载《中国近代史资料丛刊：辛亥革命》（七），上海：上海人民出版社，1957年，51页。

宣言以第九镇效死前驱，而告急苏浙沪三都督，以大会师"。[1]

时人文章中，也有说徐绍桢被迫剪发，实系沪军都督陈其美所为的。其中一篇说，在第九镇攻打雨花台失利后，徐绍桢只身赴上海向陈其美求援，初次见面，颇有愧色。为了安慰徐氏并督促其铁心造反，陈在一枝香西菜馆宴请他时，亲手为之"剪断烦恼丝"：

> 第九镇兵士（与张勋战于雨花台）……无如饷绌械窳，援师不继，败退至丹阳。徐（绍桢）只身走沪晤陈英士（按陈其美字），痛哭曰："大敌当前，羸师不济，有何面目见江东志士耶？"陈与于右任力慰之，宴之于一枝香。陈持剪在手曰："今日为固公剪断烦恼丝，以示再接再厉之决心。"徐怡然。[2]

徐绍桢到上海后，确实与陈其美、于右任等人见过面，商议组织联军攻打南京事宜，但陈为徐剪发的故事，更像是道听途说，只能姑且听之。实际情况是，在陈其美、宋教仁等人推动下，11月11日，徐绍桢率领随从人员数十名，从上海乘火车到镇江组建联军司令部。镇江距南京六十公里，原是第九镇第十八协驻地，该协下辖的两个标，已在三十六标管带、同盟会会员林述庆领导下宣布起义。林氏系福建人，早年在徐绍桢总办福建武备学堂时入读该校，两人有师生之谊，按说很好打交道。但时移事易，林述庆自任镇江都督后，所部改称镇军，拥兵已有四五千之众，而徐

---

[1] 钱基博：《辛亥江南光复实录》，载《中国近代史资料丛刊：辛亥革命》（七），51页。
[2] 《徐绍桢》，载车吉心主编：《民国轶事》第二卷，济南：泰山出版社，2004年，762页。

绍桢身为败兵之将,又是光杆司令一个,来到镇江后,不免有寄人篱下之感。加上他以前清大员的身份统领革命军,让以同盟会骨干自居的林述庆很不服气。如此这般,在攻打南京之前,联军高层就潜伏了深刻危机。

几天后,镇江西关金鸡岭下的原洋务局,挂出了江浙联军司令部牌子。总司令以下,本来推选林述庆的老师、镇军总参谋陶骏保为参谋长,未几,上海方面又电举顾忠琛为参谋长、孙毓筠为军事参议。为了平衡关系,发布司令部名单时,参谋长一职由陶、顾并列任之,这无疑增加了联军内部矛盾。陶骏保因此不到总司令部上任,留在镇军参与指挥,这使得徐绍桢与林述庆之间的关系更加紧张。此外,还任命了若干顾问,史久光、陶逊、于右任、范光启、伍崇仁等中部同盟总会的重要人物,皆被揽入;其他秘书、经理、执法、交通几个部门的长官,也都是一时之选,如茅乃封、郑为成、吴忠信、马君武、郑赞臣、周应时等,后来都成了南方军政界扛鼎人物。有道是水涨船高,民国成立后,徐绍桢声名鹊起、门生济济,尤其在革命党占优势的南方军界备受尊敬,就是因为在攻打南京时,麾下聚集了这样一些优秀军事人才。

就在江浙联军擂响战鼓、整队出征之时,徐绍桢遇到了一个大难题,就是主攻部队镇军的都督林述庆,不买他的账。林对徐在转向革命过程中迟疑不决、未能先发制敌,深为不满;在缺乏子弹的情况下,徐贸然下令进攻雨花台铩羽而归,更让林氏鄙视。徐绍桢虽被公举为联军总司令,林述庆仍固执地认为:自己是已入党八年的同盟会会员,怎能服从一个被迫参加革命的清军败将?因此当徐绍桢来镇江时,林述庆及镇军参谋长陶骏保通电表示反对,声明不愿与徐氏为伍。这些在林氏撰写的回忆录《江左用兵记》中,都有详细回忆,如公历11月19日这天的记录:

> （农历）二十九日，固卿（徐绍桢字）主张立即进攻，时镇军因准备未完，不能成行。余与烈武（柏文蔚字）、朴青（陶骏保字）甚忧虑，遂将其事通告各处。电中陈述颇激烈，欲另举联军司令。事后追思，颇悔之。[1]

这是林述庆几个月后的心情写照。他检讨认为：徐绍桢在镇江成立总司令部以后，不顾镇军准备未竣等情况，下令全军立即进攻南京，以致镇军未能与大队同时出发。我和柏文蔚、陶骏保一时气愤，联名拍了一封电报攻击徐氏，并主张罢免他的总司令职务，现在想来，都是轻率之举。

回到历史现场，当江浙联军组成后，徐、林两人起初在军事会议上争执不休，到了战场上，仍相互掣肘乃至拆台。自此，人事纠纷、意气之争及指挥权归属等问题，贯穿江浙联军攻打南京一役的始终。

12月2日，南京被攻克，中华民国奠基礼初成。联军破城后，徐绍桢、林述庆为争夺宁军都督一职互相攻击，各自拥兵自重，几至爆发火并。宋教仁偕同于右任、梁乔山、陶逊等同盟会要角，专程赶到南京调解，提议任命徐绍桢为援鄂总司令、林述庆为临淮北伐总司令，一场风波暂告平息。但出师北伐——长途劳顿兼冒锋镝之险——又非徐绍桢所愿，他拨出一部分游勇及张勋降兵，组成一支两千余人的部队，由淞军统领黎天才率领，赶赴汉口前线增援。自己则通电表示"剑身归隐"，随后回到上海静观时变。林述庆得了个北伐总司令的空名，组建班子时遭到部下釜底抽薪，只好宣布下野。随着南北议和很快达成，他挥师挺进中原、扫荡

---

[1] 林述庆：《江左用兵记》（二），载《辛亥革命江苏地区史料》，434页。

清廷的宏愿化成了泡影。

筹备南京临时政府期间,因为第九镇的失败和与镇军的旧怨,徐绍桢哭诉于黄兴、陈其美,要求严惩镇军都督林述庆、参谋长陶骏保。黄、陈偏信其言,乃以召开军事会议为名,将陶骏保诱至沪军都督府,以扣压联军弹药、造成南京久攻不下等罪名就地枪决。晚到一步的林述庆闻讯后逃离上海,保住了性命,不久辞职返乡。徐绍桢是老子学说的信徒,虽然推崇慈爱、笃信仁勇,但在革命党内部写下如此残酷一页,可见他内心中也有很强硬的一面。

审时度势,拥护中山

徐绍桢统帅江浙联军,攻克清廷在江南的最大堡垒南京,为革命党人组建临时政府创造了条件,立下第一功劳。此后,各省北伐军会师金陵城下,达到十数万人,徐以联军总司令身份,成了一言九鼎的人物。当全国十七省代表云集南京,为黄兴和黎元洪谁做大元帅、谁做副元帅而争吵不休,又为选举谁为临时大总统而费尽口舌时,徐氏的意见是:大总统职位非孙中山莫属。这个选择改变了他后半生的命运。

徐绍桢从未与孙中山谋面,又非先知先觉,为什么做此选择?可信的解释是:他对前清官场黑暗了解甚深,寄望孙中山能以西方自由平等观念,扫除专制社会弊端,重建理想中的大同世界。这在他晚年回忆中也可得到印证:"余以为孙(中山)向在海外,通晓外国情形,而无中国习气,举为大总统,当能治中国。"[1]

---

[1] 徐绍桢:《学寿堂日记》,丙寅年(1926)正月二十九日条,北京:商务印书馆,1971年,48页。

这是他拥戴孙中山的初衷。此外,徐是广东人,对孙的言行了解很多,同乡关系及对西方政治文化的欣赏,让他找到了共同点。

徐绍桢精通历史及其变迁,对国家政体也深有研究。据《学寿堂庚午日记》,1911年秋南京光复后,不少当地士绅及革命党人来拜访他,提及最多的问题是,"当用何者政体,治此新起之民国"。徐每每引用明人吕坤《呻吟语》中"尧舜事功,孔孟学术"八字作为回答。什么是尧舜事功?用他的话说,就是"公议援泰西民国之例选举大总统定为政体,亦无异于余所举尧舜之政也"。[1] 意思是:现在大家援引西方民主国家的先例选举大总统、建立共和国,与我所说的实行尧舜之政是一样的。

在徐绍桢心目中,孙中山就是现代的尧舜,他竭诚拥护孙氏为大总统,与做其他选择一样,都有充分的学理基础和道德依据。近距离观察了江南革命阵营中政治风云变化的钱基博,对江浙联军夺取南京后,徐绍桢拥戴孙中山出任临时大总统一事,有具体细致的描述:

> 江浙联军诸将既新胜虚骄,而轻黄兴败将,尤有大欲以望于孙文。徐绍桢以粤人为大将,久镇江南,又新有功,而江浙联军诸将,推为北伐总司令,一言以为轻重。而以(孙)文乡人,革命先觉,临时大总统微斯人谁属!昌议大廷,主之尤力。……(农历十一月)十三日,孙文由上海乘专车赴南京,就临时大总统职,定国号为中华民国。[2]

---

[1] 徐绍桢:《学寿堂日记选辑》,庚午年(1930)七月二十九日条,载陈正卿、徐家阜编校:《徐绍桢集》,390页。

[2] 钱基博:《辛亥江南光复实录》,载《中国近代史料丛刊:辛亥革命》(七),55—56页。

钱氏认为：江浙联军攻下南京后，各军将领都成了风云人物，在讨论临时大总统人选时，他们轻视刚从武汉前线败归的黄兴，而有意于孙中山。这其中，身为联军总司令、又被举为北伐军总司令的徐绍桢，是起决定性作用的人物，他之所以推崇孙中山，不仅因孙是革命先行者，也因他们都是广东人。此后，徐氏在各种公开场合力挺孙中山为临时大总统，这才有了孙氏从上海赴南京开府就职的一幕。

以公历来计，孙中山由沪赴宁这天，便是更历改元之后的 1912 年 1 月 1 日。下午六时，孙中山所乘专车到达南京下关车站，黄兴、徐绍桢等率各界代表前往迎接。这是孙、徐首次谋面，相见时格外亲切，执手晤谈甚欢。随后，徐以首席武将身份，陪同孙改乘蓝色绣花丝绸车棚马车，一起进入临时大总统府。这充分显示了他在南京军界的显赫身份。

为赢得孙中山的好感和信任，徐绍桢预留先手，颇费了一番心机。攻下南京不久，徐曾与黄兴、宋教仁、陈其美等人联名通电海外，欢迎孙中山回国主持五族共和大计。孙氏抵达上海次日，徐绍桢又以个人名义拍了一封由沪军都督府转给孙本人的电报，表示恭候他莅临南京，就任临时大总统。电文如下：

> 东南略定，民国新成，我公艰难缔造，三十年如一日，黄帝降鉴，日月重光。公志大酬，民气复活，水源木本，全国镌恩。惟北虏未殄，庶政无主，人自树兵，各思专闱。不谋统一，必至攫饷无得浸成流寇，神州前途可惧孰甚。我公雄略盖世，为华盛顿替人。祖国明灯，非公莫属，当有善策，以靖横流，桢拟抽暇晋谒明旌，籍亲宏论。谨掬悦服之诚，

风从今夜急

先表欢迎之意。[1]

大意是：东南搞定了，民国也要成立了，这是您多年奋斗的结果，仿佛黄帝重又降临。您圆了梦，国家得了救，归根究底，人民感谢您的恩德。眼下清廷还未垮台，天下大乱，如果任由局势发展，前途堪忧。您的雄才大略，可比美国国父华盛顿，国家元首非您莫属，相信您一定有治国平天下的好办法。我准备抽时间到上海看您去，当面聆听您的教诲，在这里先表心悦诚服及热烈欢迎之意。

电文有些用语夸张，几近吹捧，有些明表忠诚，暗送承诺。通过此举，徐绍桢要保持政治上的正确性，在即将成立的南京临时政府中为自己争取更大的生存与发展空间。其实，在建国理念上，徐绍桢并不完全了解孙中山的三民主义，他所推崇的"尧舜之政"（民主共和），也并非其最高的政治理想，他笃信终身的，还是"老子之道"（自由平等与无政府主义）。1926年冬，在南京应益社邀请演讲时，他说："当辛亥（1911）十月，余率江浙联军，底定南京，甚原（愿）见无政府之制度。商之党人，以为此则太早，不如行共和之制，采欧美民主立宪。余谓尧舜之道即共和之制，亦与今日之民主相合，未尝不可行。"[2]

他讲得很清楚：民国成立之初，他曾提倡无政府主张，在革命党人说服下才接受了共和思想；眼下自己也认为，事实证明，欧美民主与尧舜之道殊途同归，很符合中国实际。

---

[1] 徐绍桢：《致孙中山欢迎回国望速谋统一电》（1911年12月27日），载陈正卿、徐家阜校：《徐绍桢集》，99页。

[2] 徐绍桢：《应益社邀请作立国之道演说》（1926年11月20日），载陈正卿、徐家阜编校：《徐绍桢集》，359—360页。

这显出徐氏见贤思齐，也很懂得见机行事。当他亲身领教孙中山上任后大刀阔斧推行民主共和时，便收束了自己对无政府主义的向往，一心一意实践共和制度。当时为什么不能实行无政府主义，而是实行民主共和制度呢？徐也有自己的一套理论。他曾拿人与天气打比方说，君主专制犹如隆冬严寒，刚刚从中挣脱的国民还穿着棉衣，一下子让他换上夏葛，当然不行，必须以绵帛、单衣逐渐过渡，才能符合天时、顺应人心。[1]

　　徐绍桢的功课没有白做，他很快通过了孙中山的考验。南京临时政府成立后，孙任命徐为南京卫戍总督，直接听命于临时大总统，徐的权力从维持金陵地面军纪，扩大至行使行政管理职能，相当于首都直辖市军政一把手。这也是孙大总统煞费苦心的一项人事安排。临时政府组阁时，若非黄兴在革命党内部为众望所归，以徐绍桢攻克南京的功勋和他在南北军界的声望，加上孙中山对其的好感和信任，徐本是做陆军总长的最佳人选。在同盟会内部，以资望和实际地位而论，黄兴几与孙中山平分秋色，筹组临时政府前后，他不与黎元洪竞选大元帅，更无意与孙中山争做临时大总统，也和得不到南京军界领袖徐绍桢的支持有很大关系。徐氏在《学寿堂日记》里也提到，江浙联军攻下南京后，在各省临时议会上，他倡导推举还在归国路上的孙中山为大总统，由此引起黄兴的不满。

　　黄兴对于徐绍桢观感又如何呢？在江浙联军总司令部任参谋的王时泽回忆说，南京临时政府成立后，有次他拜见黄兴，谈话中涉及对徐绍桢的评价，黄兴对徐氏每餐饮酒时必举杯大呼"大

---

[1] 徐绍桢：《应益社邀请作立国之道演说》（1926年11月20日），载陈正卿、徐家阜编校：《徐绍桢集》，360页。

总统、大元帅万岁"的做法，很不以为然，认为"徐的这种举动是官僚作风。他参加革命是被迫的"。[1]

同理或可推断，徐绍桢未能进入南京临时政府核心领导层，与黄兴等革命党人不满于他身上的旧官僚作风，并予以种种形式的抵制，有很大关系。

孙中山就任临时大总统后，煞费苦心安排徐绍桢出任南京卫戍总督，仍引起了驻扎南京地盘、等待北伐的各省军队的质疑。徐氏任职公布后，各军提出了不少问题，如"南京卫戍总督所辖之区域如何""关于维持公安上，有时需用兵舰炮船，应否由卫戍总督直接调遣""战时南京总督之任务如何"等。为此，临时政府于1月15日发布《南京卫戍条例》时，文件后面特附一个"质疑答复"，以释众惑。其中对各军最为关心的"辖区"问题，解答是："欲定南京卫戍总督所辖之区域，则北以南京下关江岸，东以朝阳门，南以南门，西以汉西门外，各三十里为其暂行管辖之区域。"[2]

徐绍桢这个卫戍总督，拥有多少兵力来保护南京这片有限的地域呢？据黄兴在南京留守府后期开列的裁编南方军队序列，南京卫戍总督所辖军队仅宪兵二营而已，陆军部则有宪兵一营、守卫队一个混成团。[3]

可见徐绍桢的职责重点，在于维持首都各项功能的正常运转。他职衔虽高，但对内是临时政府机构中的一个摆设，对外则是孙中山与袁世凯对弈棋盘上的一枚棋子。徐氏"士为知己者死"的

---

1 王时泽：《辛亥组织海军陆战队会攻南京和北伐经过》，载《湖南文史资料选辑》第三辑，长沙：湖南人民出版社，1982年，210页。
2 《南京卫戍条例附质疑答复》，载《南京临时政府公报》第九号，1912年2月6日。《临时政府公报》影印本，南京：江苏人民出版社，1981年，65—67页。
3 黄兴：《黄兴致袁世凯等电》，载氏著《黄兴集》（一），349页。

观念很强，在南北议和期间，利用自己与北方军界的关系，促进南北局势缓解，提倡天下共和，做了不少疏通联络的工作，孙中山对此十分满意。

1912年春，孙中山辞去临时大总统，让位于袁世凯，徐绍桢不愧为饱学之士，他与孙氏一起下野，正所谓同甘苦、共进退。这种做法古风犹存、道义可感，为他们在后来的护国、护法诸役中密切合作，打下了基础。

孙袁之间，从容进退

南北议和达成后，临时政府迁往京师，徐绍桢和孙中山等一起赴沪闲居。寓公生涯不到一个月，继任临时大总统袁世凯来电，请徐出任北京政府陆军参谋总长。一般资料都说徐氏"辞谢未就"，钱基博《辛亥南北议和别纪》中称，北京下任命令后，"顾忠琛以陆军第十六师师长领衔江南诸将，通电反对绍桢，绍桢不起"。[1]说是南方将领们对徐绍桢不服气，故有此举。无论何因，徐氏自请辞职是事实，袁世凯顺水推舟，批复照准。随即任命副总统黎元洪兼任参谋总长，其亲信陈宧为次长。

袁世凯刚刚上台，需要老同僚们鼎力相助，因而促徐出山的初衷不变。几天后，他下令改任徐绍桢为仓场总督。在前清，此职称作总督仓场户部侍郎，设一品大员两人，一满一汉，掌管京师及通州等处的仓场粮储，被视为京外第一肥缺。清帝退位后，江浙漕米停运，此官也就形同虚设，根本无事可办。同一项命令，还发布蒋作宾为陆军次长、徐谦为司法次长，这种混合委任，愈

---

[1] 钱基博：《辛亥南北议和别纪》，载《中国近代史资料丛刊：辛亥革命》（八），107页。

显仓场总督的没落和政治摆设的性质。[1]

徐绍桢私下认为"仓督间曹，不足以资展布"，不愿就任，于是借口身体多病，具呈辞职。但这次袁世凯不允所请，仅给假调养，徐氏在上海休息了一阵，到这年8月，只得北上入京点卯。[2]

算起来是在五年前，徐绍桢赴京考察北洋新军时，与时任直隶总督兼北洋大臣的袁世凯见过一面。徐在古代兵法、西学等方面的渊博知识，给袁留下了深刻印象。在后来的一次殿见中，袁氏保举徐氏转任苏松镇总兵，助其完成了官宦生涯中一次重大转折。如此，按照官场常例，袁与徐便有师生之缘，要比一般上下级关系亲近得多。

这次见面晤谈中，袁世凯列出陕甘练兵、浦口开埠及在总统府特设练兵处等名目，任由徐氏挑选，其用意倒简单：不过是要把他羁縻在北京，远离南方革命党圈子，免为孙中山所利用。徐绍桢在前清各级官府里浸润多年，与袁世凯略一交谈，便看懂了其把戏，内心很不自在。经再三婉拒，他辞去了仓场总督，只愿接受总统府顾问一职。在1928年印行的《学寿堂丁卯日记》中，他透露当时之所以就任顾问，是因为此职"无事权之相属，而有优俸以养，诚公养之仕也"。[3] 看看，既重视名位俸禄，而又珍惜名誉，这便是典型的旧士大夫心理了。

徐绍桢入京履新后，还被授予陆军中将加上将衔，并给勋二位。名头虽响，在北京政府中仅是个点缀，也无需办公，只要在

---

[1] 《北京临时大总统府发布有关袁世凯任命徐绍桢为仓场总督、蒋作宾为陆军次长、徐谦为司法次长的命令电》（1912年4月4日），载《南京临时政府遗存珍档》第五册，南京：凤凰出版社，2011年，1872页。

[2] 《仓场总督徐绍桢辞职政府不允》，载《民誓杂志》1912年第1期，12页。

[3] 徐绍桢：《学寿堂日记选辑》，丁卯年（1927）十二月三十日条，载陈正卿、徐家阜编校：《徐绍桢集》，383页。

人前多说袁氏好话就行。居京期间，他将书室命名为学寿堂，又恢复搜藏古书珍本的爱好，身着长袍马褂、夹着布书袋，成了琉璃厂书肆的常客。时人记述说：

> （徐）绍桢嗜书，搜藏甚富，虽参戎幄，亦以书卷自随。……辛亥起义，书尽为张勋所焚……绍桢入民国后，又曾复收书，寓北平，与琉璃厂书肆来往最密，所藏复充牣，著有《学寿堂题跋》，于版本研究至精。惟晚年为环境所逼，珍本无存矣。[1]

转眼到了1913年春，因国民党代理理事长宋教仁被刺案，南北关系再度交恶，二次革命爆发。身在北京的徐绍桢，对孙中山动员南方兴兵讨袁的做法表示怀疑，也不愿被袁世凯所利用，于是闭门谢客，做不问政治状。凭借智慧与老练，得以平安度过了民初第一场巨型风暴。然而，他对二次革命究竟观感如何？其晚年《学寿堂日记》中有这样一段评述："民国二年（1913）二次革命，时民党为都督者十六省，皆志满意得，卒为袁军所败；或投械于袁，以图自保其功名富贵，是不能自哀而人哀之也。"[2]

徐绍桢道出了国民党在讨袁之役中迅速失败的原因：辛亥革命取得短暂胜利之后，党人没有危机感，更不懂得保卫自己的胜利果实，不是志满意得，便是贪图功名富贵，所以遇到袁世凯这样的强硬对手，其结果不是被打败，就是自动缴械投降。

二次革命失败后，孙中山、黄兴亡命日本，国民党骨干一百

---

[1] 徐信符著，徐汤殷增补：《广东藏书纪事诗》，载伦明等著，杨琥点校：《辛亥以来藏书纪事诗》，285页。
[2] 徐绍桢：《学寿堂日记》，丙寅年（1926）正月初二日条，8页。

多人陆续东渡，国内许多与革命党有关系的政界人士，或遭到清算，或四处避祸。徐绍桢这位前南京临时政府的高官，却坦然住在皇城根下，平安无事。1914年5月，袁世凯废除国会，设立最高咨询机关——参政院，入选者皆军政界知名人士，徐绍桢也得到参政的头衔，俸禄又增加了一份。一年以后，筹安会在北京浮出水面，大行其道，徐氏预料帝制复辟必将在短期内发生，为了避免与之产生瓜葛，乃在家称病。袁世凯为此很恼怒，示意手下严密监视徐家，逼其就范。徐氏长子徐承庶在所撰《徐绍桢行述》中说，这期间，徐家居所曾被增派军警，"阳为保卫，阴实伺察"，[1] 袁克文及石瑛等筹安会头面人物也曾登门拜访，请徐氏出来捧场。但他不为所动，索性请假避居上海，呈此反应，源于其政治经验和多年读史心得。

1916年6月袁世凯病死，帝制运动戛然而止。黎元洪继任大总统后，电召顾问、元老们各复原职，继续为国家献计献策，并对自己的工作多提意见。徐绍桢认真履行职责，主动给黎上书，提出若干建议，表明自己参与国事的愿望。黎元洪很快回应，邀他早日重返岗位。6月14日，徐氏在离沪前向黎致电，客气地表示："一得之愚，仰荷嘉纳，奖饰逾分，惶悚莫名。桢病现已稍痊，遵即来京销假，敬效驰驱。"[2]

徐绍桢到京后，仍被任命为总统府高等顾问。仅过一个月，安徽督军张勋打着调和"府院之争"的旗号，统领数千辫子兵入京，扶持逊帝溥仪复辟。黎元洪避入日本使馆，京师乱作一团。当年徐、张同在南京，各领新、旧军，素来不和，其后徐绍桢率

---

[1] 徐承庶等：《徐绍桢行述》，载卞孝萱、唐文权编：《辛亥人物碑传集》，245页。
[2] 徐绍桢：《徐绍桢遵命来京视事电》（1916年6月14日），载《天津市历史博物馆藏北洋军阀史料：黎元洪卷十》，天津：天津古籍出版社，1996年，506页。

兵攻克南京，张勋败走，自此怀恨在心；这次占据北京后，张扬言将对徐氏不利。在友人帮助下，徐绍桢潜赴上海，远走日本，在神户避难数月。直到闹剧结束，才悄然回国。

1917年7月，孙中山以中华民国军政府陆海军大元帅名义，开府广州，发起护法之役，与北京政府抗衡。大元帅府成立后，即电邀徐绍桢来粤省相助。徐氏同意加入南方阵营，除了在政治理念上与孙中山有某些共性，对孙氏人格的敬服及为家乡建设尽力，也是重要原因。次年4月，他到省后，被任命为大元帅府卫戍总司令，兼充陆军部练兵处督办，负责整顿广州治安、编练粤军。

孙中山与盘踞粤省的桂系军阀的合作，维持了近一年，因南下支持护法的北洋舰队总司令程璧光被刺，孙中山失去了与桂系抗衡的资本，合作终告破裂。徐绍桢也一同去职，离粤赴沪。其后数年，孙中山一直在上海筹划回师广东，到1920年时机趋于成熟，考虑两广各路招讨军总司令人选时，第一个想到的还是徐绍桢。当时陈炯明统领的粤军主力盘马漳州，孙氏所能依赖的只有各路民军，而徐氏拥有早年组织江浙联军的经验，终于不负所望，克服种种困难，统领数千民军于江门起事，分路进袭广州，揭开了讨桂战争序幕。

次年4到5月，孙中山卷土重来，在广州重组军政府，出任非常大总统，徐绍桢被委任为总统府参军长。第二次南北和谈开始后，徐氏作为孙中山的代表，奔走于北方，与京师及直、奉、皖各派军政要员会晤，其中有担任过国务总理的靳云鹏、张绍曾等。从这一时期孙、徐多通往来函电中，可见孙氏对这位"志兄"甚为信任，复函中屡对徐绍桢"以高年奔走于朔风冰雪中，为国贤劳"，表示"至为感念"，并嘱"北地多寒，诸维珍重"，其语谆谆，超越了一般上下级关系，足见倚重之深，情深谊长。[1]

这期间，因政治见解不同，陈炯明与孙中山决裂，部众围攻观音山总统府，孙氏脱险后赴沪。徐绍桢也是变兵追拿对象，在混乱中搭轮逃到上海，家中财物被陈炯明叛军抄掳一空。

两年后，孙中山重整旗鼓，组织滇桂粤联军，打败了陈炯明。广州大本营建立后，孙以徐绍桢劳苦功高，任命其为广东省省长。徐氏时已六十二岁高龄，才过了一段安稳日子，但广东省长一职是各方势力角逐的对象，他上任后心灰意冷。1923年5月，为缓和元老派胡汉民与太子派孙科之间的紧张关系，孙中山决定撤换徐绍桢，以胡为替代。徐氏得知孙的意图后，主动递交辞呈。香港一家报纸评价说："（孙）中山脑筋本富于冲动性，朝令夕改更在所不免，应付已感困难，而三四等伟人政客复日日纠缠之、包围之，徐（绍桢）因是态度益形消极。"[2]

徐绍桢辞卸省长后，调任大本营内政部长，从他就任后给孙中山的呈文可知，内政部事务极其繁重，而全部职员不过二十五人，积欠薪俸已七八个月。在此困境下，徐氏仍响应孙中山号召，尽力减员裁薪、开源节流，决定从10月份起，"再将全部职员薪俸按照已减数目一律七折支发，约计每月需银四千五百二十元六毫，与额定四千元之数相差无多，俟一二个月后察看情形，如有可为裁省之处，当再另行拟具办法呈请察核，总期不超过四千元之外"。[3]

---

[1] 孙中山：《复徐绍桢函》（1922年12月30日），载氏著《孙中山全集》第六卷，北京：中华书局，1985年，653页。
[2] 《酝酿中之省长问题》，载《香港华字日报》1923年4月2日。
[3] 《大元帅指令第一零四五号（附呈文）》，载《陆海军大元帅大本营公报》第26号，1924年9月20日。

在激烈的内部争逐中，徐绍桢饱受煎熬、焦头烂额，到1924年11月提出辞职。对于这一年多的工作，他在《学寿堂丁卯日记》中有一段总结：

> 然余之计划，不能行者多。生性迂拘，不解容人，人亦不能容我。余固无道，即有道亦不可行也。在粤前后五六年，竟可谓未办一事，何以对吾粤之父老矣。[1]

他说：我在内政部长任上所做种种计划，大多数没能推行，这恐怕是因为我生性迂腐拘谨，不善与人交结，别人同样也不能容我。我办事固然谈不上有措施、有手段，在这种环境下就是有了也无济于事。从加入护法之役至今，我来广东五六年，可以说没有办成一件事。

同月，孙中山在北上天津途中肝病发作，转入北京协和医院治疗。广州国民政府推选徐绍桢、李烈钧、张继、张静江为代表，赴京探望。徐氏侍疾数月，直到孙于次年3月逝世。北京各界公祭孙中山当天，徐绍桢为执绋者之一，年老多病的他因中风，已不良于行，仍执意跟随送行队伍，从协和医院步行到中山公园。他用这种方式，表达对孙中山最后的敬意，令同人感佩不已。

息影沪上，萧条余生

徐绍桢人生中最辉煌的一幕，当属辛亥（1911）初冬统帅江

---

[1] 徐绍桢：《学寿堂日记选辑》，丁卯年（1927）十二月三十日条，载陈正卿、徐家阜编校：《徐绍桢集》，383页。

浙联军攻克南京的壮举,这是他与清廷决裂的开始,也是与革命结缘的开始,奠定了他后半生的命运走向。因此,在民初政争纷繁的岁月里,无论是从政还是在野,他从未忘记当年率部血战金陵的经历,并视其为自己宝贵的政治资本,引以为莫大骄傲,而在究学问道的过程中,这段经历也作为改造社会、检验理想的一种参照。这种心境,在他多年后所写的一首诗中,表现得十分充分:

>雄师三路夺天城,恶战连番梦亦惊。
>飞炮每天(从)头上过,疏星遥相(向)月中明。
>二分垂足挥戈上,百尺悬崖倚树行。
>自是当时拼九死,即令(今)何以慰平(群)生。

诗前并有小引:"辛亥十月攻南京百计不下,余以为非先夺取紫金之天宝城不可,因分三路登山,恶战两昼一夜而定,戊午冬忽梦其事,感而赋此。"[1]

戊午即1918年,写此诗时,正值徐绍桢追随孙中山第一次护法失败。诗中对当年夺取紫金山天保城炮台情形的惊心回首,自不待说,其中环顾九州、感喟群生的情怀,在护法运动遭到挫折的背景下,更有一番沉痛的觉醒。可以看出,经过孙中山多年的熏陶,徐氏已脱胎换骨,冲出旧思想的桎梏,进入革命化境。

徐绍桢人生中的另一件大事,便是结识孙中山并信仰三民主义。孙氏病逝后,他意志未消,到了晚年,仍是国民革命的拥护和推动者。从护国运动到两次护法运动前后的五六年,为了宣

---

[1] 徐绍桢:原诗无标题(1918年12月),载陈正卿、徐家皁编校:《徐绍桢集》,190页。

扬贯彻孙中山的救国主张,他不顾年事已高,以多病之躯奔波各地;主持粤政期间又备尝艰辛,而矢志不渝。他为孙中山的伟大人格魅力所折服,笃信其政治主张是根治中国痼疾的良方,才心甘情愿为此奔走效力。1923年10月,他代表孙中山赴洛阳联络吴佩孚,探讨双方合作事宜,因吴对孙有偏见,此前广州军政府屡派专使接洽,均未得要领。由于吴佩孚也是好读书之人,徐氏出马,受到热情欢迎,两人见面时谈经论道,有不少共同话题。徐绍桢介绍孙中山的为人处世风格说:

> 中山无中国政治家惯用之权谋术数,不修饰外表,不追求财利,而有超越中国人之习性,是彼之长;至于薰染习俗,而操纵群伦,吞吐清浊,以颠倒英雄,则彼无此伎俩,是其所短。……中山为一理想家而非实际家,用思想以求征服中国,或有其可能性;至于实力的征服,则不可期待于彼……[1]

徐这样告诉吴:孙中山是个伟大的理论家,而非实干家,他的思想将来有可能征服中国,但用武力征服中国的那个人,却不是他。孙这个人的长处,是不操弄大多数中国政客所擅用的权谋术数,不装模作样,不追求钱财,更超越了传统中国人的习性。他的短处则是对官场中的伎俩诡计之类一窍不通,不懂得随波逐流,以得到大众的好感,也不会混淆是非,换取追随者的忠心。

这些都是徐绍桢的心里话,也是大实话。可见徐与外界打交道时同样诚恳、厚道,对人无所保留,不太懂权谋术数。这也是许多近代广东政治家的共同特点。从这点来讲,也只有在孙中山

---

[1] 吴相湘编撰:《孙逸仙先生传》下册,台北:远东图书公司,1982年,1529页。

的理解并庇护下，他才能找到自己的位置并发挥才干。

随着孙中山离世，徐绍桢的政治生涯骤失依托，画上了句号。国民党倡导的北伐革命开始后，徐氏欲有所为，但是时势不再，加之年老体衰，只能读书自省，以娱晚景。其实，政坛得意不曾改变徐的书生本色，倒是下野生活，给了他一个找回自我的机会。

徐绍桢最重要的著述《学寿堂丛书》《学寿堂题跋》《学寿堂日记》，都是在这个时期整理出版的。作为一个读书人，徐氏孜孜以求的是对先贤思想学以致用，他最崇拜的三位圣人，一位是提倡直寄斯民于"道统"的老子，一位是主张融合"君统"与"道统"的释迦，最后一位就是"祖述尧舜，宪章文武"的孔子。民初寓居北京时，他在袁世凯眼皮下做"人质"，未尝忘情于学，逢人便谈经论道，希望以孔学作为治理国家之道。1913年初，他向袁世凯呈文，建议恢复祭天之礼，配以尊崇孔子，并"可将天坛改成中华民国最大之礼拜堂，嗣后凡值岁首一月第一礼拜，由大总统率同百僚及国民，前往举祭天之礼，其他礼拜日，概听国民随时瞻拜。"袁氏未作表态，批转教育部"博采群言，折中一是"。[1]

段祺瑞执掌北京政府时，徐绍桢也向其宣传老子的"卫民"学说，上书倡言实行军民分治及国防教育，认为"官之卫民，不若民之自卫"，并谓"不可以新兴之术，干道家之忌"云云。结果段祺瑞"迁之"，"（徐）绍桢自是闭户不问当世事"。[2]

又过了若干年，国民革命军北伐成功，底定南京。蒋介石上台后，礼聘徐绍桢为国民政府委员，以为几上摆件。在"新生活"时代，"训政"是党国主流思想，徐氏的圣人理论显然已经不合时

---

[1] 徐绍桢：《徐绍桢呈》，载《教育部编纂处月刊》第二卷第二册（1913），6—7页。
[2] 王宇高：《徐绍桢传》，载《国史馆馆刊》第二卷第一号（1949），61页。

宜了。

退出政坛之后的徐绍桢，旧梦重温，一度对从事实业很感兴趣，寄希望于后代在此方面有所建树。但长大成人的几个儿子，没有一个让他满意。早在民国元年（1912），他交卸南京卫戍总督后，就与名流王人文、王芝祥、朱葆三等在上海发起创办"纯粹之华商寿险公司"——华安人寿保险公司，并出任董事长。民初在全国颇有地位的特种银行——殖边银行，也是由他手创的。殖边银行于1914年末在北京成立，"以放款于拓殖事业为宗旨"，补充中国银行对于边疆金融力量之不足，[1] 由徐绍桢出任总理，王揖唐、冯麟霈、张轶欧等一干要人为董监事，开业伊始，声势浩大。该行因拥有发行纸币权力，且在全国各大都市设立营业所几十处，业务蒸蒸日上，几与中国、交通两大银行分庭抗礼。但好景不长，1916年初帝制风潮兴起，其上海分行发生挤兑事件，竟致倒闭。随后，风声波及全国，各地分支机构也纷纷停业清算。时任上海分行总经理的，恰恰就是徐氏的第四子徐几亭。

这位徐四公子曾留学海外，在徐绍桢众多儿子里，算是精明强干、英俊有为的，然出身豪门、少年得意，行为亦不免纨绔，尤其嗜好赌博。上海静安寺路上有一家名为"斜桥总会"的俱乐部，为中西高等人士游宴场所，尤以轮盘赌著名，吸引了不少达官贵人，徐家四公子也是其一。上海一家小报披露说：

> 几亭夫妇乃此间常客，方其为殖边银行总经理时，几无一夕不至，而至必与夫人俱，夫人之博兴尤豪，以银行巨子之太太，钱在手头，博负之多寡，初勿以为意。惟如是久之，

---

[1] 《殖边银行则例》，载孙中山：《论农民与工人》，广州：广东人民出版社，2009年，28页。

> 所负日巨，不得不挹此以注彼。殖边之财权既操于几亭，乃向库中移挪，图为背城借一之计。不过愈久而所负愈多，库且为空，周转遂不灵，最后卒告倒闭。[1]

殖边银行倒闭原因很多，主要原因当非此文所说为徐几亭豪赌、挪借库中资金所致。然而徐绍桢教子无方，也难辞其咎吧。

徐绍桢妻妾若干，共生养了18个儿子，多数早逝，堪称人才者除了徐几亭，留学日本、攻读政治经济学的长子徐承庶也是一个。徐承庶早年做过华安人寿保险公司董事，护法战争中曾被简任为孙中山大元帅府参事，按说在父亲身边耳濡目染，操守自严，不知为何在抗战期间竟然附逆，做了汉奸。据沪上报纸报道，日伪时期，陈公博出任上海市长时，曾引用不少广东子弟充职，徐承庶最初被任命为市中心区的区署长，所辖地方为江湾、引翔港乡，因为战乱四起、田园荒芜，宦囊并不丰裕。为了多捞外快，他要求调换任所，到嘉定做区署长。此间田赋收入比市中心区增多数十倍，"因此收回以前损失而有余"。报道对徐承庶还有一段评价：

> 徐承庶人极忠厚，性好饮酒，一切做事，还有些书生本色，没有十分剥刻人民的膏脂，至于其人的学识行为，但对其父较衡起来，却有虎父犬儿之诮了。[2]

此时徐绍桢已经离世，未能亲见其子的堕落，但若九泉之下有知，

---

[1] 豹：《徐绍桢与殖边银行》，载《沪光》1946年第5期，6页。
[2] 肖厂：《徐绍桢有不肖子，两度伪区署长，收支尚足相抵》，载《秋海棠》1946年第8期，10页。

会做何感想呢?

徐绍桢生命的最后几年，隐居上海，不问政事，在寂寞萧条中度过。小报上有篇文章，就是其晚年生活的真实写照。说是在上海战事爆发以前，人们常见外滩一带马路上或公园里，停着一辆类似伙食店运货用的黑色小卡车，车中主人是一个双脚患有风瘫的老者，由于双脚不良于行，只能坐在可以推行的孔明式两轮车椅中。这位看上去气度不凡的老人，每天准时出现在同一地点:

> 到了目的地，便由佣仆抬扶下来，缓步绕行，以博老人的游目赏心。伺候左右的，却是一个中年面麻的女仆，服侍得非常贴心着意，这位老人就是当年的徐固卿将军，那个女仆据说是"上坑"妈子。[1]

"上坑"妈子为何物？"坑"者，炕也，此种妈子专为有钱的孤寡老人提供全面服务。

1936年9月，七十五岁高龄的徐氏在上海病逝。国民党国史馆馆刊中的《徐绍桢传》说他"以末疾卒"，[2] 也即死于多年所患痹症。南京国民政府派上海市长吴铁城前往致祭，并给治丧费五千元，这在当时已属很高待遇。当月发表的徐氏褒恤令称:

> 国府委员徐绍桢，才兼文武，器识宏通，辛亥之役，首率新军反正，先复金陵，厥功甚伟。嗣后追随总理，护法岭南，迭膺军政重任，矢忠党国，险阻弗渝。比年入赞枢务，

---

[1] 肖厂:《徐绍桢有不肖子，两度伪区署长，收支尚足相抵》，载《秋海棠》1946年第8期，10页。
[2] 王宇高:《徐绍桢传》，载《国史馆馆刊》第二卷第一号（1949），61页。

> 方冀老成硕望，共济时艰，乃以宿疾未瘥，淹留沪渎，遽闻溘逝，良深悼惜。[1]

此褒恤令虽属官样文章，但把徐绍桢改换门庭、投身革命之后的人生，概括得简明扼要，又让人感受到起伏漫卷的岁月风云，不失为一篇盖棺定论的范文。家人遵其遗嘱，葬徐氏于南京麒麟门外小白龙山——这里是他当年统帅江浙联军攻打金陵时的总司令部驻扎地，可见辛亥之役在他心目中的重要地位。这也是他对自己跨越多个时代的一生做出评判的独特方式。

---

[1]《国府褒恤徐绍桢》，载《兴华周刊》第33卷第36期（1936），38页。

政海迷航

程璧光被刺考

宁维持公理死,毋违反公理生。

——程璧光

程璧光命运中有两个"克星",一个是黎元洪,一个是孙中山,他们共同决定了这位民国第三任海军总长的生命钟摆,停止在1918年一个诡异的春夜里。

光绪末年,程璧光与黎元洪曾在广东水师共事,程氏做广甲兵舰帮带官时,黎还是该舰负责轮机维护的二管轮,两人一同参加过甲午海战,侥幸生还,走上不同的人生道路。程璧光与孙中山是广东香山同乡,兴中会成立后首次在广州发难,孙曾动员因败战被斥革回乡的程氏加盟,结果造反未成,反而由此产生了一段个人恩怨。

二十多年后,孙、黎、程都成了政治舞台上的重要角色,但生命形态大不相同。民国六年(1917)夏天,身为民国大总统的黎元洪与国务总理段祺瑞争权失利,地位不稳,程与其统领的海军是坚定的拥黎派。同时,程璧光与孙中山再度"同床异梦"地合作,孙为了倡导维护《临时约法》、恢复国会,策动程璧光率领北洋第一舰队脱离北京政府,南下广东,加入护法军政府。

几个月后,程璧光在广州海珠码头遇刺身亡,像一艘在浓雾中行驶的船,浮过南北政争这片迷茫的海时触礁沉没。历史的进程被猛然打断,程氏之死导致南方护法阵营很快瓦解,孙中山被迫辞去军政府大元帅一职,黯然离开广东,轰轰烈烈的第一次护法运动就此落幕。

若问程璧光为何惨遭暗杀,答案要从他的人生经历中去找。

一、艰难困苦的少年时代

程璧光在广州遇刺后,南北各大报纸争相刊登他的生平事迹,体例五花八门,内容大同小异,但都不如其子程耀楠撰写的一篇履历引人注目。程耀楠时任京汉铁路局河南驻马店车站站长,并不擅长文字,所以笔下没有多余的辞藻,更无雕琢的语句,只是将程璧光一生所获荣誉和职衔,由近而远,依次排列下来而已。这种笔法,却也脱离俗套、自成一格。兹录如下:

> 中华民国二等文虎章,海军中将,海军总司令,统率办事处参议,总统府军事顾问,前清二等第二双龙宝星,二等第三双龙宝星,海军协都统,北洋海军统领,海军筹备处第二司司长,陆军部海军处船政司司长,会办北洋水师营务处,英国阿厂海天、海圻兵舰监造员,花翎副将衔,尽先补用游击,尽先补用都司,尽先补用守备,海圻、海容兵舰舰长,康济、元凯、广丙兵舰管带官,超武、广甲兵舰帮带官,福建水师学堂操演教习,福建水师学堂驾驶毕业生。[1]

---

1 程耀楠:《程总长之讣闻与哀告》,载(上海)《民国日报》1918年4月3日。

履历上，从前清福建水师学堂毕业生到民国海军总司令、海军总长，享年五十七岁的程璧光，看上去走过了一条成功人生的道路，实则这路程中遍布曲折坎坷、血泪杂色。在四十多年的海上军旅中，他经历了同时代人难以想象的惊涛骇浪；如果再远溯他的少年时代，也充满了同龄人少有的悲苦辛酸。

程璧光的家世，至少可以上溯到宋代由内地向沿海边疆移民的时代。据20世纪20年代初编成的广东香山县《程氏族谱》，程姓家族原籍在江苏吴县（今苏州），北宋熙宁年间（1068—1077），其先祖游宦广东，声名最显著的曾做过广州经略使、东莞知县、香山盐场司等职。程璧光的出身后面，掩藏着岭南史地变迁的丰富信息。那时两广还是蛮荒之地，吏治乏人，而江浙人办理刑名钱粮，素有才能，有不少落第士子、对功名失望的文人，为求谋生，移民到人少地多的两广，很多人成了小官吏或衙门师爷。与程璧光同时代的胡汉民、汪精卫、朱执信、徐绍桢等广东籍政要，祖上都是早年从江南来粤的创业者。祖先的拓荒精神、进取气质通过血脉传递，深深地影响着后人的思维和行为方式，才使他们中间涌现出这么多职业革命家。

根据《程氏族谱》记载，到了元明时代，程姓族运渐衰，后代辗转落籍于与海路相连的香山县，在南朗一带的村落定居下来。程璧光与孙中山由此结缘。香山不仅是程氏的生养之地，也是抚育孙氏长大的家乡，程璧光比孙中山大五岁，是田边村人，该村与孙的老家翠亨村相隔不过六七里。清代以来，孙、程两氏不仅通婚，在其他方面也有很多交集，例如孙中山二叔孙学成的妻子就是程氏族人，孙中山九岁时正式入村塾读书，塾师程步瀛便是邻村的一个廪生。此外，孙中山投身革命后创建兴中会、同盟会，最早入会的程天斗、程天固也都是南朗程氏，以后他们成了令家乡人骄傲的国民党元老。[1]

香山县的名人榜中,还有一位是民国元年(1912)出任北京政府国务总理的唐绍仪,他是唐家湾人,到护法之役兴起时,以乡谊为桥梁,与孙中山、程璧光结成了盟友。

清咸丰十一年(1861)程璧光出生时,程家家境尚属小康,是南朗程姓中有名的"万元户"。据时人所作程璧光小传,程的祖父租地雇人耕种,由于经营有方,一度"积万金"。但是到父亲程培芳手里,因不善理财,又"结客为任侠、周急济困",程家所积资本渐渐散失殆尽。[2] 程璧光自撰的《先君行状》中,讲过父亲乐善好施的故事:

> 某除夕,(父亲)向先妣取髻上一金压发,质钱为度岁资,朝而出,傍午始归。先妣问归何晚及质钱几何。曰:"得五两,今只余二钱余耳。"复问其故,曰:"贫者无以度岁,吾拳金归,沿途求贷甚众,吾断而分之,可十数人。使复有请,此区区之数,亦何能留?"

这是说他父亲为了全家过年,将其母的金钗典当为钱,却在回家路上慷慨助人的轶事。彼时五两银子,可是一笔不小的数目,程父的行为好比拿着五百元钱,一路上被人东拆西借,回到家手里只有二十元钱了。如果还有人求贷,连这点钱也留不下。这种毫

---

[1] 以上据孙中山故居纪念馆藏《程氏族谱》。转引自黄健敏:《孙中山与香山南朗程氏——以南朗〈程氏族谱〉的资料为中心》,载中国社会科学院近代史研究所编:《纪念孙中山诞辰140周年国际学术研讨会论文集》(下),北京:社会科学文献出版社,2009年,1081页。

[2] 莫汝非、郑道实:《程璧光殉国记》,台北:文海出版社,1970年,9页。

不利己、专门利人的精神，堪称咸丰时代的活雷锋。程璧光成年后，为人慷慨大度而绝少防备之心，从中可见到其父的影子。

父亲在外面做好人好事，对别人宽容，晚上回到家，对自己孩子却要求很严。程璧光和两个哥哥，见到老爸总是一张严苛的面孔，这常常令他们胆战心惊。因为功课未竟，或读书不熟，或调皮贪玩，他们经常遭到父亲责打。许多年后，程璧光还记得兄弟几个围着灯台读书，父亲在一旁执鞭督课的情景：

> 光幼时与诸昆季共治课，夜置短檠（按指灯台）于案，灯中许留一芯，其光如豆。诸昆季环之而读，稍不熟，夏楚（按指鞭子）随下。曰："子弟年少好玩，荒弃所业，恐无成立也。"

还有一次，他去附近一个芒果园游玩，日暮才回家，犯了"背父野游"之罪。父亲大怒，"关其扉……杖数十，痛苦至于失声，怒乃息"。可见程璧光这个未来的海军总长，也是棍棒打出来的。这种育才方式造成的心理阴影，贯穿了他的一生。

程璧光五六岁时，正值同治年间，地球另一端的美洲正在大举开发。广东沿海一带很多人漂洋过海，去做发财梦。香山位于西风东渐必经之地，几乎每户都有人远赴旧金山、檀香山（夏威夷），去做各种苦工。后来在檀香山雇人开荒成为茂宜岛地主的孙中山大哥孙眉，就是其中一员。这时候，程父培芳与其妻谭氏已生养一个女儿、五个儿子，人口增多，生计日蹙，决定也去那片广土鲜民之地闯荡一番。他先在旧金山打工，后来在檀香山落住了脚，很快来信召程璧光前往。八岁的程璧光跟随一位族叔动身，在太平洋上漂泊了两个多月，抵达檀香山，在父亲开设的永益药

铺里打杂。在这里,他再次体验了父亲的啬己丰人之义:

> 濒行时,衣一,旧履一,草席一,他无长物。过香港,友人为置新履,先君命之非佳节庆贺日不可用。在永益供使役奔走,唯年长者之命是听,与雇僮无别。[1]

说是临出发时,自己只有一身衣服、一双旧鞋和一领草席,这套行头哪像出国探亲?经过香港时,亲友帮他买了双新鞋,但父亲规定只能在节假日期间穿一下。在自家的铺号里,他并无特殊地位,与受雇童工没有区别。由此可见程父很"酷"的一面。

在广东濒海乡村的淘金客中,程氏父子称得上前辈,却不走运。程培芳在檀香山前后五六年,备历艰辛,先在半开垦状态的荒岛上从事耕牧,薄有积蓄后,又开设永益药铺,多种经营,兼做别样,生意一度兴旺起来。同时,他乐善好施的本性也被激发起来。檀岛很多地方荒无人烟、瘴疠四伏,不少异乡客死后,弃骨外邦、魂魄无寄,程氏于心不忍,出面联络侨民中好义者,集资修建了一所积善堂。营骨归葬的费用,少部分出自积善堂,大部分为永益药铺历年收入。

程璧光在《先君行状》中感慨道,程家家道衰落,自此而始,原因是父亲这个人凡事都为他人着想,太过于先人后己了。譬如说:"同辈中有失业者,惟先君是谋,有疾病者,惟先君是告,有横死暴卒者,先君必为具衣衿棺木","故业之所得,为施贫乏、赈鳏寡而耗去者过半矣"。也就是说,广东乡亲中,失业、得病乃至横死暴卒,程培芳都要管,他把自己营业收入的一半以上,都

---

[1] 程璧光:《先君行状》,载莫汝非、郑道实:《程璧光殉国记》,10—11页。

用来做好人好事了，照这种做法，就是把另外一半用上也不够。

难以理喻的是，程培芳对待同乡侠骨义肠，像春天一样温暖，对待自己的亲人却吝啬苛刻，像冬天一样寒冷。以至于程璧光在《先君行状》这种褒扬文字里，回忆父亲种种暴戾与善良、冷酷与有情交织在一起的奇异行迹，也禁不住流露出许多酸楚、感慨与无奈。直到成年后他才领悟到，父亲这样做自有一番深意，正如多年后英文《大陆报》记者在一篇报道中所写的："父亲把他如同仆人一样看待，决不让他从小就享受有钱人的特权，是为了让他培养出谦逊的品质。"[1]

据《先君行状》，程培芳死于同治辛未年（1871），年仅五十岁，算起来，程璧光这年才十岁。过早体味人间的艰辛，经受生活的磨炼，这使他迅速成长，能够适应没有父亲的生活。在檀香山三年，他学到了许多生存的本领，包括坚忍不拔的精神和掌握了英语，这对他日后适应海军生涯并获得升迁助益甚多。

父亲死后，虽有友人帮助处理丧事，入棺成殓时身边却仅有程璧光一个亲人，其后尸骨载船归国，也由他从太平洋的另一端扶柩回乡。对一个少年来说，这意味着要有逾于成人的承受力、与众不同的心理素质。当然，在这种早熟孩子内心中，或许多了一些扭曲变形的东西。

二、率广东水师参加甲午战争

程培芳死后，程家的境况日益凋敝，无力供应众多子弟上学，于是为其各寻出路。几经周折，程璧光远走福建，投靠在南洋水

---

[1]《程璧光被暗杀对西南是一个打击》，载（上海）《大陆报》1918年3月8日。

师靖远轮充任管驾官的姐夫陆云山，上兵轮当差。靖远轮是一艘排水量只有五百多吨的木质兵船，同治十一年（1872）竣工出厂，陆氏担任该轮管驾的时间为同年9月，程璧光初识航海术，由此开始。[1]

五年后的光绪三年（1877），福州船政局水师学堂第五届招生，程璧光由陆云山保送入学，专习轮船驾驶。福州船政局是当时全国最大的造船机构，主持者为福州船政大臣沈葆桢，其下又设制造、水师两个学堂，近代闽粤两省的海军栋梁多出于此。福州船政学堂历届毕业生中，水师学堂驾驶班前五届毕业生，有在甲午海战中战死的刘步蟾、方伯谦、林泰曾、邓世昌等名将，也出了萨镇冰、刘冠雄、李鼎新、程璧光等在清末民初担任过海军总长的高官，可谓人才辈出、星光灿烂。

在水师学堂学习期间，程璧光"资性既过人，而攻苦特甚"，校方认为他优于同辈，"治诸学科，咸能探其奥要"。[2]这是由于他有过数年出国经历，能看懂与驾驶技术有关的英文资料，同时十分用功。毕业后，他被分发南洋水师，连续提拔重用，与此大有关系。

南洋水师建于洋务运动中，舰队驻守江浙洋面，拥有巡洋舰、炮舰等十余艘，也是中国海军的摇篮之一。以后数年，程璧光被轮番派到扬武舰、超武舰、元凯舰历练，这几艘木质或铁肋木壳兵船，都是福州船政局早期的试验之作，排水量及工艺、造价比不上后来建造的铁甲舰，但指挥、管驾等关键岗位仍需专门

---

[1] 沈传经：《福州船政局》，成都：四川人民出版社，1987年，338页；《近代中国船政统计资料·"靖远"号》，载刘传标编纂：《近代中国船政大事编年与资料选编》第三册，北京：九州出版社，2011年，1006页。

[2] 莫汝非、郑道实：《程璧光殉国记》，13页。

人才，因此福州、江南两所水师学堂的毕业生升迁很快。据《中国近代海军职官表》一书中所载《南洋水师职官表》，程璧光在毕业后次年，即光绪七年（1881），就当上了超武舰二副，光绪十年（1884）升为帮带，到光绪十一年（1885）被任命为元凯舰管带，任职三个月后，调充福州船政局水师学堂教习。[1]

从光绪十三年（1887）开始，福州船政局以两年一艘的生产速度，为广东水师打造了三艘大型兵舰，也就是在甲午海战中广为人知的广甲、广乙、广丙。它们都是船身长达二百余英尺（约70米）、排水量超过千吨的铁木混合巡洋舰，加起来花了六十多万两银子，却都运命不济，几年后与日本人交战，不是被俘就是搁浅。在其中的铁肋木壳兵船广甲于1887年8月竣工后，委派程璧光为管带官，驾驶回粤，程也就此调入广东水师。到1891年，钢肋钢壳鱼雷快船广丙下水，程氏又调任该舰管带官，级别为正四品，官衔为拔补千总。同年9月，直隶总督兼北洋大臣李鸿章在《办理海军请奖折》中，向朝廷奏保"北洋海防历年在事出力文武员弁"数百人，程璧光因为北洋舰队提供过技术帮助，也名列其中，得到的奖励是"以守备尽先补用"。[2]

甲午年（1894）中国与日本外交决裂，双方争夺朝鲜半岛控制权，黄海周边一带局势紧张。春天，北洋舰队在黄海举行操演，程璧光奉命率领广东水师最先进的广甲、广乙、广丙三舰北上会操，李鸿章观摩了这次盛大的军演，对广东水师甚为满意。时人记述："凡演阵法，及驾驶诸术，一时称最，即北洋舰之老宿，亦

---

[1] 《南洋水师职官表》，载刘传标编纂：《中国近代海军职官表》，福州：福建人民出版社，2005年，12页。

[2] 李鸿章：《办理海军请奖折》（光绪十七年［1891］九月初六日），载氏著《李鸿章全集》（奏议十四），合肥：安徽教育出版社，2008年，190页。

啧啧称公（按指程璧光）能矣。"[1]

到了初夏，战争爆发在即，北洋舰队出巡警戒。李鸿章对广东水师在例操中的表现，包括阵法、驾驶技术以及程璧光的指挥才能，印象十分深刻，特意照会粤省，要求加派粤舰"三广"，以备随时增援。两广总督李瀚章是他哥哥，响应速度很快，下令由程璧光统领舰队，克期北上。官方资料里，广东水师赴黄海参战，被描绘成慷慨庄严的壮举，野史却透露了一个秘密：时值盛夏，正是岭南荔枝成熟的季节，程璧光的座驾广丙舰上，除了兵勇和炮弹，还满满当当装载着以李瀚章名义进贡两宫和京城大吏的荔枝。

由于北洋舰队将领对形势估计不足，粤舰驶抵天津后，被列为后备队，在渤海湾停泊候命。程璧光闻之不快，于是登岸到城内北洋大臣公署谒见李鸿章，为麾下三舰请战。他认为中日一旦开战，水师应成为先锋，"不可不集全力以张吾军威，何后备之云"。程氏此举，既有广东人的豪爽，也可见他从父亲身上继承的急公好义，这让李鸿章十分欣赏，同意广甲、广乙、广丙皆编入北洋作战舰队序列，开赴前敌。没过几天，在波涛汹涌的黄海上，甲午战争就拉开了帷幕。

黄海大战第一幕，是7月底发生在朝鲜半岛牙山湾附近的丰岛海战，广乙舰毁于此役。当时广乙与北洋巡洋舰济远、练船威远、炮船操江编成一队，为清军增援牙山的运兵船护航，任务完成后，在归途中遭到日本舰队袭击。交战不久，广乙就被击中要害，伤亡官兵三十名，船身倾斜，无法发射鱼雷；撤退途中，又在半岛西岸十八家岛海面搁浅，为免于资敌，管带林国祥命令纵火焚船，七十余名残卒登陆获救。广乙后来由日本打捞商在十八

---

[1] 莫汝非、郑道实：《程璧光殉国记》，14页。

家岛就地拆解,并将残骸拍卖。

几天后的1894年8月1日,中日正式宣战,清政府为先发制人计,加紧向朝鲜增派援兵。一个多月后,为运兵船护航的北洋舰队,在黄海大东沟和日本联合舰队狭路相逢,与之激战,损失惨重。超勇管带黄建勋、扬威管带林履中、致远管带邓世昌、经远管带林永升先后阵亡。大东沟海战中,广甲参加了围攻日舰赤城、西京的战斗。北洋舰队最先进的舰只之一致远被重炮击沉后,广甲管带吴敬荣眼见日本军舰均在四千吨级左右,自己这艘已七年船龄的铁肋木壳船根本不是对手,于是尾随方伯谦管带的济远退出战场,不久在大连湾口三山岛触礁,大部分船员弃船逃生。这其中有个人,就是以后的民国大总统黎元洪。

黎元洪在广甲的职务是二管轮(军士衔),有资料表明,当邓世昌指挥的致远舰被击沉后,在交战中仅中了一炮的广甲舰,便随着济远舰掉头遁走。按海军战律,这种行为属于临阵脱逃,后果十分严重。但两舰的不同之处是:方伯谦把济远开回了旅顺军港,所以该舰是否尽全力作战、受损到什么程度,证据一清二楚,他被朝廷开刀问斩,实属"送货上门"。但广甲在撤退途中,就被黎元洪等人弄搁浅了。据掌管轮机的广甲舰老兵回忆,当年他们故意把船开进大连湾三山岛外浅滩,这样广甲舰就不用开回去了,别人也就没有证据指责他们是临阵脱逃了。[1]

黎元洪是湖北黄陂人,早年他父亲在北洋练军中捐得游击一职,全家相随北上,寓居天津。他于光绪九年(1883)考入天津北洋水师学堂,毕业时恰逢广东水师招募海员,他投考获中,被

---

[1] 萨苏、雪珥:《黎元洪:从甲午逃兵到辛亥元老》,载氏著《大国作手:清末政改与革命中的40人》,北京:金城出版社,2013年,90页。

编入新下水的广甲舰，这艘舰的帮带正是程璧光。章太炎撰写的《赠勋一位海军上将前海军总长程君碑》说："（程氏）尝为广甲帮带，黎公以管轮属君，甚相得也。"[1] 在广甲舰上，黎氏负责轮机管理和维修，这一职务在一艘大型兵舰的管理层中（以二十四人计），排在最后一名。程、黎在清末海军中共事的经历，让他们保持了毕生的友谊。

黄海大战硝烟散后，清廷的方略是"保船避战"。北洋舰队的残余舰艇退守威海卫，不准出港，由此，战局一步步演成颓势。广东水师只剩下座舰广丙了，由于日本舰队封锁了出海口，在接下来几个月里，它滞留港内，参加了死守威海卫的血战。日本军舰四处游弋，幸存的北洋舰艇已无斗志，程璧光却显露了广东人的硬脾气。曾在广东护法军政府海军部任文秘的莫汝非，听他讲过日舰攻击刘公岛陆路炮台时，广丙屡屡出击，冒险与之较量的故事。在炮战中，程璧光中弹负伤，险些送命：

> 一日，公（按指程璧光）领广甲（按应为广丙）先出应战，矗立舰首，督士卒发炮猛攻，自朝至午略无休息，已而腹部被弹，血溢四周，浸内衣过半，公不知也。既罢战为解外衣，见血，始知脐下受伤，血仍涔涔滴，左右相视失色。去夏（按指1917年夏）公在海珠办公署，搴内衣示其僚友，伤痕半掌大。公曰："此甲午战争之纪念品也。"[2]

那场战斗异常激烈，广丙舰与日舰从早晨打到中午，没有间断。

---

[1] 章炳麟：《赠勋一位海军上将前海军总长程君碑》，载卞孝萱、唐文权编：《辛亥人物碑传集》，370页。

[2] 莫汝非、郑道实：《程璧光殉国记》，15—16页。

程璧光腹部被弹片击中，血浸内衣过半，竟未察觉。甲午战争在他身上留下半掌大的伤痕，是"纪念品"，也是一段充满耻辱感的记忆。

三、代表北洋水师向日本舰队投降

"冲围一舸来如飞，众军属目停鼓鼙。船头立者持降旗，都护遣我来致词。"这是清末外交家兼有"诗界革新导师"美称的黄遵宪，在甲午战争败后所写《降将军歌》中的几句，当时流传很广。"船头立者"指的是程璧光，"都护"即北洋水师提督丁汝昌，说丁不顾朝廷颜面，派程来向日人乞降。黄遵宪此诗嘲讽意味很浓，反映出北洋舰队全军覆没后，人们对乞降者的鄙夷态度。

黄海大战后，由于北洋舰队缩在港内，日军得以从容布置陆上包围圈，直到旧历次年正月即1895年2月，海陆发炮夹攻，攻陷了威海卫。几天内，北洋水师尚存的来远、定远、威远、靖远诸舰，或被毁，或被俘，全军覆没。其中，水师提督丁汝昌的旗舰靖远是在中炮搁浅的最后关头，由广丙发射鱼雷击沉的。同样遭到日炮重创的广丙，成了北洋舰队幸存下来的几艘大型兵舰之一。广丙舰中弹的情形，山东巡抚李秉衡根据东海关道刘含芳、威海营务处提调牛昶昞的报告，向朝廷奏称："正月初五日，威海南台先失，倭以龙庙嘴之炮击我舰艇，广丙大副守备黄祖莲中炮阵亡。"[1] 程璧光就是在此役中弹负伤的。

---

[1] 《山东巡抚李秉衡奏查明丁汝昌死事折》（光绪二十一年［1895］三月初三日），载中国史学会主编：《中日战争》（三），上海：上海人民出版社、上海书店出版社，2000年，580页。

广丙之所以还幸存，与程璧光肩负的一项历史性使命有关，那就是代表北洋水师向日本联合舰队投降。

北洋水师覆灭之前，水师提督丁汝昌、总兵刘步蟾及黄岛护军统领张文宣等几个高级军官，先后在刘公岛衙门内自戕，其惨烈场景，是史书中扣人心弦的篇章。程璧光如何替朝廷收拾残局、向日本舰队投递降书，却是鲜为人知的一幕。

丁汝昌死后，手下两个洋人——副提督马格禄和顾问浩威接管了指挥权，他们以西方军人的行事规则，对战局做了明确清晰的了断：向战胜者俯首称臣。代表北洋舰队，先后两次登上日本联合舰队旗舰松岛号请降的，是程璧光和牛昶昞。

在舰队解体、炮台陷落之际，刘公岛上的海陆军官们为了保命脱责，纷纷躲烦避事，免于抛头露面，为什么程璧光愿意执行这项沉重、屈辱的任务？除了广丙舰硕果仅存的缘故，程氏勇于担当的性情起了很大作用。其子程耀楠在一篇怀念文章中，回放了当时情景：

> 于是，海军全体将士，公举先严（按指程璧光）乘小舟赴日舰，宣达丁（汝昌）公之意。先严起立慷慨而言曰："统帅为生灵及人才计，即肯牺牲性命，不才谬承推举，亦当牺牲一切，以成统帅之志。"其务远大而不拘小节又如此。[1]

文章说，当众人推举程璧光代表北洋水师向日军洽降时，他并未推辞退缩，而是很爽快地答应下来。一番慷慨陈词，显示了他做

---

[1] 程耀楠：《程耀楠泣告程璧光逝世哀启》，载《护法运动史料汇编（一）：海军护法篇》，广州：花城出版社，2003年，201页。

大事业不拘小节的风度。

其实，在危难关头，程璧光挺身而出，除了勇气和担当，或许还有一个很现实的问题：在刘公岛活下来的中国水师将领中，程氏级别最高、资格最老，而且他能说英语，便于与日本人洽谈投降条件。

20世纪30年代，著名史家张荫麟重访威海卫旧战场后，写成一篇别开生面的考据文章，用夹叙夹议的手法再现了历史现场。其中对程璧光往返日本舰队所在阴山口锚地，登上旗舰松岛号与司令官伊东佑亨洽降的情景，有如下生动描述：

> 翌日黎明（按指农历正月十八日），广丙管带程璧光乘镇边炮艇，悬白旗，赍降书至日旗舰乞降。伊东急会诸将商议，并遣四舰扼西港口，防我舰逸出。旋接见程氏，以英语相问答。……话毕，伊东畀程（璧光）以复书及香槟等物，程许以再送书来而别。[1]

文中提到的程璧光所持降书，正式名称叫作《自愿认输之书》，是以丁汝昌名义写的。其中说："本军门（丁汝昌自称）始意决战至船没人尽而后已，今因欲保全生灵，愿停战事，将在岛现有之船及刘公岛并炮台军械献与贵国，只求勿伤害水陆中西官员、兵勇、人民等命，并许其出岛归乡。"[2]这封英文降书的起草人为陈恩焘，时任北洋舰队军械委员，是程璧光在福州船政学堂的同班同学。

据山东巡抚李秉衡呈朝廷的专折奏报，在欲率各舰突围未果

---

1 张荫麟：《甲午中国海军战迹考》，载《清华学报》第十卷第一期（1935），94页。
2 丁汝昌、陈恩焘：《自愿认输之书》。转引自张荫麟：《甲午中国海军战迹考》，载《清华学报》第十卷第一期（1935），93页。

的情形下,丁汝昌才致信日方,愿以自己的死换取"军民万人之性命"。其后,"派广丙管驾程璧光送往倭提船。璧光开船之时,丁汝昌与张文宣先后仰药,至晚而死"。[1]

程璧光与敌酋伊东佑亨见面时都谈了些什么?上海西文报纸曾摘译北洋舰队某洋员的书简,转述伊东与程氏的问答之辞如下:

> 伊问:"丁提督安否?"答:"有病。"问:"刘总兵安否?"答:"安。"问:"食足否?"答:"米与萝卜胶菜俱有。"问:"牙山之役,方伯谦甚谙海战,何故杀之?"答:"上命也,丁公殊不愿。"问:"威海卫何易失也?"答:"陆军与水师不相顾也。又无战律。再战徒伤生命,无济于事。"问:"刘公岛近况如何?"答:"官眷及有财者皆去。穷民不能去,受贵军轰炸,其苦实深。"[2]

丁汝昌及总兵刘步蟾等决意以死报国,程璧光是知道的,但丁、刘都是在镇边开船之后吞服鸦片的,所以程回答"有病"和"安"。在被问及"食足否"时,他隐瞒了实情,说"米与萝卜胶菜俱有"。实际上,刘公岛已弹尽粮绝了。黄海大战中的幸存者、广甲舰管轮卢毓英所撰《卢氏甲午前后杂记》稿本中,所载"海军仅剩'镇''平''济'及'康济''广丙'五艘,并蚊船(按浅水炮舰)六艘。盖以军火已罄,军粮已绝,无可如何"等语可以为证。[3]

---

[1] 李秉衡:《奏遵旨详查丁汝昌等死事情形折》(光绪二十一年[1895]三月初三日),载氏著《李秉衡集》,北京:中华书局,2013年,314页。
[2] 蔡尔康纂辑:《中东战记本末》卷四,出版信息不详,48页。转引自张荫麟:《张荫麟全集》(下卷),北京:清华大学出版社,2013年,1454页。
[3] 卢毓英:《卢毓英海军生涯忆旧》,载卢毓英等著,孙建军整理校注:《北洋海军官兵回忆辑录》,济南:山东画报出版社,2017年,39页。

随着谈话继续，也许由于气氛缓和、情绪放松，接下来程璧光对于方伯谦被斩、威海卫失守原因和刘公岛近况三个问题的回答，显示了他爽直的性格，也暴露了他外交经验不足。在处于交战状态并且败局已定的情形下，他更多地扮演了海军职业军官的角色。

那么，与伊东佑亨会面后，程璧光带回的日方"复书"中都说了些什么？内容很简单：接纳降议，将于次日点收战舰及其他军用物品。清军将领们合议后，以时间急迫为由，请求日军延期三日受降，回信仍由程氏送达。张荫麟考据文章接着描述道：

> 翌晨，程璧光乘镇边舰，持伪托丁汝昌之复书赴日舰，且报丁氏之丧。其书大意请将点收战舰及其他军用物之期，展至正月廿二日。[1]

程璧光再赴松岛号时，递交了中方回信，并明确地通报了"丁氏之丧"，即丁汝昌自尽的消息。伊东佑亨闻讯后，鉴于程氏的身份仅为信使，遂要求中方加派刘公岛上职位最高的行政长官，出面详议投降条件。几天后签订的《威海降约》十一条，是由威海营务处提调牛昶昞与伊东议定的。

威海洽降后，程璧光试图用海军军官特有的方式与伊东佑亨打交道。日军接收战利品时，他请求对方不要俘虏广丙舰，理由是该舰归属广东水师，如果在北洋因不加抵抗而被日本舰队缴获，回粤之后他将无法交差。程璧光的这个请求也让人看到，晚清南北海军缺乏统一的国家观念，地域思想浓厚。这种体制上的弊端，

---

[1] 张荫麟：《甲午中国海军战迹考》，载《清华学报》第十卷第一期（1935），161页。

一直延续到北洋军阀时代。

伊东倒是愿意给这位同行一个面子，但表示广丙已被列入战利品目录并且上报，不能交还。但是出于对程璧光的某种好感或同情，伊东采取了一个变通办法：当时，在牛昶昞的执意要求下，日军同意归还一艘军舰，用于将丁汝昌、刘步蟾等高级军官的遗体运往烟台，伊东乃借此提议，由程璧光担任这艘军舰的指挥官。该舰就是鱼雷练习船康济。

那么广丙舰呢？它在威海港被日军就地俘获后，经过维修编入日本舰队，仍保留原舰名，舰长为海军少佐藤田幸右。同年12月，该舰在台湾澎湖海面巡航时，遭遇风暴沉没。

康济是福州船政局于光绪五年（1879）出厂的老船，排水量一千三百余吨，航海性能及战斗力远不如设备较新、武器先进的广丙，由此可见日本人的精打细算。它被解除武装后，管带萨镇冰自杀未遂，被朝廷革职回乡。关于日军归还康济一事，程耀楠在怀念父亲的文章中也有一段回顾：

> 威海之围既解，日将即以康济鱼雷练船归还先严，并拟稿函致直隶总督王公文韶，举先严为管带官……谓归还康济以备运送阵亡将士骸骨。追船抵北洋，总督王公备悉原委，即檄先严管带康济。[1]

据此，由程璧光指挥康济，是日本人指定的，船到烟台后，才得到新任直隶总督王文韶的正式任命。前述《甲午中国海军战迹考》

---

[1] 程耀楠：《程耀楠泣告程璧光逝世哀启》，载《护法运动史料汇编（一）：海军护法篇》，201页。

一文也载:"廿五日,伊东遣康济舰送丁汝昌、刘步蟾等之灵柩赴烟台,日舰下半旗,鸣哀炮送之。"[1] 廿五日,便是刘公岛投降三天之后,康济这个北洋舰队的"孤儿",载着丁汝昌、刘步蟾等高级军官的七口棺柩,在日舰监视下,黯然驶离威海卫。另有运载北洋官兵四五千人的民船队列,一同开往烟台。

康济舰开到烟台后,程璧光诚惶诚恐。据程耀楠所述,"受事数月,以不慊于营务处人员,备受萋菲,迫得辞职回粤"。[2] 虽不用对败战负责,但他代表官方向日本人请降,人所共知。在朝野对刘公岛幸存将领的一片喊杀声中,他哪能再管带一艘北洋舰艇呢?未受深究,得以辞职回粤,已是最好的结局了。

四、一页糊里糊涂的革命史

光绪二十一年(1895)春夏间,程璧光从烟台回到广东。甲午硝烟散尽,朝廷追查北洋舰队覆没的责任,革斥、监禁了一大批海军军官,就连保住了自己座舰康济的管带官,到清末担任海军大臣、北洋时代做过海军总长的萨镇冰,也丢了饭碗,回老家福州做了一名私塾先生。由于粤舰为"客军",且是自请参战,当局将包括程璧光在内各员,遣散归乡作罢。

回到广东后,程璧光人生历程中的一件大事,便是与孙中山的结识。1894、1895年之交,二十八岁的孙中山从檀香山回国,在香港建立了兴中会总会,以行医之名,在粤省结纳会党,秘密开展反清革命。程璧光返省时,孙中山恰在广州活动,两人因同

---

[1] 张荫麟:《甲午中国海军战迹考》,载《清华学报》第十卷第一期(1935),94页。
[2] 程耀楠:《程耀楠泣告程璧光逝世哀启》,载《护法运动史料汇编(一):海军护法篇》,201页。

乡关系而相熟。但茫茫人海中，程、孙究竟缘何谋面呢？章太炎所作《程璧光碑传》，有此一说：

> 自威海卫败归，时临时大总统孙公名尚微，方有所规画，以医自隐。君（按指程璧光）常求治疾，孙公即要君同任光复事，君诺之。事泄，亡命海外，而弟奎光以系狱死，故君与孙公称布衣交。[1]

章太炎考据不足，在此用语模糊，说孙中山、程璧光是以医患关系而相识，并且孙发展程参加了反清革命，这就为后人演义两人关系提供了想象空间，例如绘声绘影描写程氏到孙逸仙医所求治腹疾，被孙氏邀入密室，动员其参加兴中会等。但这些故事均不可信。

其实，程璧光是通过他弟弟程奎光认识孙中山的。此外，不仅程璧光参加革命党一事涉嫌虚构，就连其弟奎光是否加入了兴中会并跟随孙氏造反，都成疑问。

程奎光也是船政学堂学生出身，《程氏族谱》中所载程奎光小传，说他"少有志操，稍长投身福建船政靖远军舰学习驾驶，历充超武军舰帮带、黄埔水师军舰教习、管带镇涛军舰"，[2]可见在谋生路上步其兄后尘，甚至先到靖远见习、再派往超武历练的成长经历，都是相同的。这些都得益于姐夫陆云山的苦心安排。

镇涛是广东水师最早从英国订购的六艘木质兵船之一，曾与

---

1 章炳麟：《赠勋一位海军上将前海军总长程君碑》，载卞孝萱、唐文权编：《辛亥人物碑传集》，370—371页。
2 孙中山故居纪念馆藏《程氏族谱》卷23，33页。转引自黄健敏：《孙中山与香山南朗程氏——以南朗〈程氏族谱〉的资料为中心》，载《纪念孙中山诞辰140周年国际学术研讨会论文集》（下卷），1089页。

安澜等兵轮作为主力。程奎光管带镇涛兵轮时，在广东水师中很有声望，时人评价他性格和易，不谋财利，喜好交游。也正是与三教九流交往，给他带来了杀身之祸。

孙中山从海外返粤后，与会党人物陈少白、郑士良、陆皓东、杨鹤龄等往来很密切，其中孙、陆、杨都是香山人，他们常在广州南园抗风轩聚会，批评时政，讨论救国方略，并在暗地里发展兴中会会员，策动反清起义，同为香山人的程奎光也是常客。以乡谊来论，这实属寻常，但孙中山显然不只与他吃茶谈天，而要把这位镇涛舰长拉入兴中会，还想策动其兄一同加盟革命党。此中详情，老同盟会员冯自由的一段记述，被认为是权威的解说：

> 总理（按指孙中山）闻璧光落魄返里，遂使奎光约会于（广州）西关某机关，语之曰，清廷丧师失地，均由政治不良所致，君身预战事，自无不知，吾今顺天应人，提倡大义，君前年亦赞同此议，即请宣誓入会，共成美举云云。璧光闻言，意甚犹豫，良久不欲署名，总理遂托故离席，密使奎光向乃兄说辞。奎光曰，此地乃造反大营，吾兄到此，已知一切机密，各人何能任兄徒然外出，弟已入会多时，决以身许国，兄亦断不能置身事外，请即毅然入会，勿再迟疑。璧光度不能免，乃援笔书誓而出，其意未释然也。[1]

这一段大意是：孙中山通过程奎光，把其兄约到广州西关的兴中会机关里，以申明大义、危言耸听等方式先后做他的思想政治工

---

[1] 冯自由：《程璧光与革命党之关系》，载氏著《革命逸史》第二集，26—27页。

作，逼他入伙。无奈之下，程璧光只得宣誓入会，虽然在誓书上署了名字，但心里并不爽快。

冯自由把程璧光被迫加入革命党时的反应，描写得活灵活现，但其真实程度大可商榷。兴中会发动广州起义（1895）这年，冯自由十三岁，且正在日本读书，以上记述都得于传闻。而北洋海军前辈、曾任飞鹰舰长的李国堂听说的版本是：举义前，孙中山召集包括程氏兄弟在内的同党，在广州秘密开会，当场分配职务，"大家议定，不签字不准离开；程璧光被分配为海军总督。待散会后，程即经香港（逃）至新加坡"。[1]

该版本捕风捉影，亦不足信。从当时情况来讲，程璧光因乡里关系与孙中山交往，实属正常，但他不可能贸然加入革命党。甲午战败后，程氏落职返粤，对清廷大失所望，顶多在乡友聚会中发发牢骚，冯自由由此断言他产生了反清的念头，过于简单轻率。事实上，以程璧光多年在海军所受的正统思想训练和忠君爱国教育，他既不具备投身革命、参与兴中会谋反的觉悟，更没有铤而走险、犯上作乱的胆量。只是事不由人，接下来发生的一场风波还是把他卷了进去。

这年重阳节前夕，兴中会在广州发动起义的计划，已近成熟。未料机密泄露，当局侦骑四出，缉拿各路党人。孙中山、陈少白、郑士良等相继出亡日本，同党陆皓东等数十人被捕，为首者四人被杀。受此牵连，与孙等交往密切的程奎光也被人举报，羁押狱中。冯自由在《程奎光事略》中说"清吏以其身任职官，令以军棍严刑逼供……笞至军棍六百，卒气绝而死"。[2]

---

[1] 李雍民：《程璧光护法前后》，载（台北）《世界日报》1986年5月25日。
[2] 冯自由：《程奎光事略》，载氏著《革命逸史》第二集，25页。

所述虽情景毕现，但实情并不尽然。据老同盟会会员邓慕韩多年后的调查，程奎光被扣留查办后，"为同胞四营将力保，乃得不死，暂押南海县羁所。延至戊戌年（1898），瘐死狱中"。[1]

看来这个案子情节重大、涉及人多，由于同僚担保，程奎光才多活了三年，而并非上引冯自由所称在审讯中"气绝而死"。奎光在狱中病殁时，程璧光尚在英国公干，奎光的丧事是由其嫂邓氏和妻子何氏料理的。奎光死后，何氏"自到以从"。[2]

1895年广州兴中会起义事件，清廷官方档案称为"粤城双门底王家祠革命案"，王家祠即兴中会广州分会所在地。该机关被破获后，藏匿于此的讨清檄文、会员名册，皆落入官吏之手。在两广总督谭钟麟向朝廷奏报的拿获党人名单中，并无程氏兄弟，这或许可以说明他们没有正式加入兴中会。作为革命党人首次反清起义的发起者，孙中山后来多次提及这段往事。例如1912年秋，广东各界召开殉国烈士追悼会并捐款抚恤遗族，孙中山致电广东都督胡汉民时说：

> 九月初九，为乙未岁第一次倡共和革命失事之辰。烈士陆皓东殉，然附同赴义者，有临时招募之朱贵全、邱四二人，并波累程曜臣、程奎光狱死，故当日有朱、邱、陆、程之称。[3]

文中提到的程曜臣，是兴中会会员杨心如（香山翠亨村人）的岳

---

1 邓慕韩：《国父乙未广州举义始末记》，载广东文献馆主编：《广东文物特辑》，香港：中国文艺推进社，1949年，4—5页。
2 冯自由：《程奎光事略》，载氏著《革命逸史》第二集，26页。
3 孙中山：《致胡汉民并广州各界电》（1912年10月19日），载氏著《孙中山全集》第二卷，529页。

父,广州起义失败后,杨避走台湾,程被官府抓获。据杨鹤龄回忆,程曜臣被捕后,"在狱多年,备受残刑,卒之瘐死狱中,为革命家散人亡"。[1] 孙中山使用"波累"二字,表述程曜臣、程奎光与革命党的关系,颇需玩味。起义二十多年后孙氏撰写《建国方略》时,回顾这段往事,说得更加明确一些:"同时被株连而死者,则有丘四、朱贵全二人。被捕者七十余人,而广东水师统带程奎光与焉,后竟病死狱中。"[2]

可见,程奎光入狱的原因并非主动参加革命,而是"与焉"。换句话说,纯属"交友不慎"而被牵连。

奇怪的是,对于程奎光"殉国烈士"的身份,程氏家族也不认可,与之相反,他们很早就呼吁为这桩"冤案"平反。民国五年(1916)二月,负责纂修《程氏族谱》的香山县绅士程道元、程彦农上书广东省政府,要求为程奎光恢复名誉,并按有关规定予以表彰。之所以这样做,是因为当年程奎光的案子连累家人甚多,除了他本人瘐死狱中,"乃兄腾光、汉光,嫂谭氏,妻何氏,侄耀鋆,均因是郁伤,相继殂丧,人亡家破,至为惨怛"。[3] 在上书中,此举称为"洗冤"。

几个月后袁世凯病逝,黎元洪继任大总统,代理广东督军谭浩明、省长朱庆澜据此向黎呈文,请予昭雪:

> 查程奎光系香山县南朗田边乡人,由福建海军学生出身,

---

1 《杨鹤龄致陈春生函》,原件藏中国国民党党史会。转引自黄健敏:《孙中山与香山南朗程氏——以南朗〈程氏族谱〉的资料为中心》,载《孙中山诞辰140周年国际学术研讨会论文集》(下卷),1091页。

2 孙中山:《建国方略》,载氏著《孙中山文粹》上卷,广州:广东人民出版社,1996年,281页。

3 莫汝非、郑道实:《程璧光殉国记》,17页。

充任镇涛兵轮管带，整顿江防，不遗余力。光绪二十一年（1895）八月间，前大总统孙文在粤提倡革命，曾以乡谊与程奎光相往还，粤吏不察，疑为同党，遽置之狱。当时全省兵轮管带吴瑞桢等深知其冤，联名禀保。卒以迹涉嫌疑，未获省释，幽禁三载，瘐死狱中。迨上年秋间，浩明、庆澜莅粤伊始，微闻此案之冤诬。现据水上警察厅帮办黄伦苏等查复属实。[1]

大意说：程奎光本是个尽忠尽职的军人，因为乡谊关系与孙中山往来频繁，被卷入革命。当时广东官府不了解情况，怀疑他为同党，捉拿入狱。其上级领导深知这是一起冤案，曾经联名要求保释，但因情况复杂，无法洗清其罪名，最终程病死狱中。

黎元洪很快批准了呈文请求，并饬令海军部按少将因公殒命例，给予程家抚恤金八百元、殡费八百元。当此时，程璧光已任北京政府海军总长，可以推测，此事经过他的首肯，也可能是他亲自参与运作的。问题是，民国已成立数年，共和革命理念深入人心，程奎光作为早年反清起义的烈士，非但用不着隐瞒避讳，而且不是一件很光荣的事吗？为什么家属们反而对这一荣耀避之不及，非要把其中真相弄个明白呢？很明显，他们不单对程奎光之死有一种无法释怀的怨愤情结，也不是为了还历史以本来面目，而是刻意把程氏的死与孙中山及其发动的革命划清界限。此时孙的身份是前大总统，也是流亡在外多年的持不同政见者。

因为弟弟的死，程璧光对孙中山怨愤很深，后来他与孙的隔

---

[1] 谭浩明、朱庆澜：原文标题不详。转引自莫汝非、郑道实：《程璧光殉国记》，17—18页。

阂难解，与此大有关系。当年，程奎光身陷囹圄后，程璧光在广州待不下去，想到外乡躲避一时，"亲族戚畹，莫肯相容留者"，于是出亡香港、新加坡；其间先在香港商人梁浩田家藏身数月，足不出户，之后远赴新加坡，长期住在富豪钟泽家。[1]

如此看来，程璧光的外逃不仅为了避嫌，毕竟兄弟之情义难解难分，若不是做了亡命客，官府也要拿他问罪的。

命运的转机缘于光绪二十二年（1896），程璧光与李鸿章在海外的相遇。是年春天，俄皇尼古拉二世举行加冕典礼，朝廷派李鸿章为头等专使，前往祝贺。远洋途中，李在新加坡和槟榔屿停留，程璧光投刺请见。章太炎、莫汝非撰写的程氏传记中，对此都有记载。当时，李鸿章与程璧光谈及甲午海战中北洋舰队全军覆没的情景，相对唏嘘良久。接着，李问程已知罪否。程璧光从军多年，脾气本来率直，回答也很有趣："我败固有罪，然罪固不在余一人，傅相（按李鸿章尊称）亦宜少分其咎。"[2] 李闻此言，忍俊不禁，他是甲午海战中方统帅，深知北洋舰队惨败的原因所在，见程氏出言坦荡无忌，无由横加责备，反而备为欣赏，大度地说："此大事于一人何尤，且归，吾当为君电解之。"于是电请朝廷宽大为怀，勿咎往事，对程璧光量才以用。[3]

如果程璧光真的参与了孙中山的造反，以李鸿章的老成练达，哪会向朝廷保举他做官呢？或可言之，李鸿章敢于起用他，说明他与革命党并无关系。再以后，清廷运数将尽，程璧光生命中这一页糊里糊涂的革命史，也就随风飘去、烟消云散了。

1　莫汝非、郑道实：《程璧光殉国记》，19 页。
2　莫汝非、郑道实：《程璧光殉国记》，19 页。
3　冯自由：《程璧光与革命党之关系》，载《革命人物志》第六集，台北："中央"文物供应处，1971 年，234 页；莫汝非、郑道实：《程璧光殉国记》，19 页。

五、新一代海军将领中的翘楚

程璧光在李鸿章保举下到北京复职时，甲午战争已过去两年，迫于外患加剧，朝廷正在考虑重建北洋舰队。这时候，清政府向英国阿姆斯特朗造船厂订购两艘巡洋舰，正在遴选内行赴英担任监造专员，李鸿章因此才推荐了程璧光。两年后，程氏带着这两艘新式铁甲舰回国，便是北洋海军赫赫有名的海天、海圻。其中，由程管带的海天排水量为四千三百吨，航速二十四海里，配备各式火炮二十八门、鱼雷五枚，战斗力居国内之首。此后数年，他历任清廷北洋海军营务处会办、陆军部船政司司长等职。到了宣统元年（1909），朝廷又提出恢复和发展海军的七年规划，将现有船只编组为巡洋、长江两支舰队，其中巡洋舰队由程璧光出任统领（协统衔），下辖巡洋舰、驱逐舰、鱼雷艇、练习船、运输船共十五艘，汇集了国家海防全力。1910年，海军部建立，程璧光出任军政司司长。

辛亥年（1911）武昌起义前夕，程璧光正以清廷特使身份漫游欧美。这次远航目的，是参加英王乔治五世的加冕庆典，朝廷原议派贝子载振（庆亲王奕劻的长子）为大使、程璧光为副使。载振曾代表朝廷出席过英王爱德华七世的加冕礼，领教了漂洋过海之苦，这次不愿再乘坐海轮，拟搭西伯利亚铁路快车抵英，乃由程氏率领使团由海路先行。

海圻于宣统三年（1911）三月从上海杨树浦码头启程，使团成员中的海圻舰长汤廷光及监督林葆怿、李和等，后来都成为北洋政府海军的中坚人物。经两个月航行，海圻抵达英国军港普茨茅斯，这是中国军舰第一次出现在大西洋上。为了树立海军形象，途中程璧光下令，由于"长发污衣藏垢，既不卫生，又有碍动作",全舰三百多名官兵一律剪去辫子。¹ 载振最终未能成行,程璧光于五月底率使团成员参加了在伦敦西敏寺举行的乔治五世加冕礼。随后,海圻舰按原定计划沿大西洋西行,赴美洲各国慰问华侨。途经美东时,一行人得到了美国总统塔夫脱的接见。

多年来,孙中山在美洲鼓吹反清,不少美国、古巴华侨参加了革命党,同盟会发动的1910年广州新军起义、1911年黄花岗起义,就是由他们捐款促成的。海圻舰到访之处,当地侨民商会召开欢迎大会,组织民众上舰参观,热闹非凡,革命党人也不放过宣传机会。程璧光身为清廷将领,一路上谨慎应付,言行保守持重。据同盟会美洲总部负责人李绮庵、梅乔林回忆,海圻在纽约湾靠岸时,国内黄花岗起义消息已经传开,同盟会会员赵登璧等上舰慰问,将《革命方略》《救苦救难》等书分送官兵,"且作剧烈之演说,责以大义,劝(该舰)即起锚返国参加革命",程璧光不敢表态,只得登岸躲避。²

据黄鼎之《古巴的三民阅书报社》一文,海圻驶抵古巴时,同盟会在哈瓦那的分支三民阅书报社同人,也登舰演说反清革命大义,并散发传单。这份传单名为《海圻军人听者》,除了告知国内革命风潮涌动、清政府危机四伏,对舰上兵员"不惜以汉人之资格,甘为满虏之臣奴"表示遗憾,还明目张胆号召他们起来造反:"诸君之所以仍能受我侨胞之欢迎者,良以我侨胞有所厚望于诸君也。厚望为何?即厚望诸君实行革命,推覆满清政府是也。"对此,程璧光不以为然,且颇有怨言。黄鼎之是参与接待海圻官兵的同盟会会员,他回忆:

---

1 冯伯群、屈春海主编:《清宫档案探秘》,武汉:华中科技大学出版社,2018年,339页。
2 梅乔林、李绮庵:《开国前美洲华侨革命史略》,载《辛亥革命史料选辑》(续编),长沙:湖南人民出版社,1983年,135—136页。

> 惟负该舰全责之程统领璧光，及汤舰长廷光，与夫驻古代办吴寿全等，皆大为不满。而程氏则于欢宴席上，大发牢骚，谓"若辈（指各同志）干此行为，使我一入国门，头颅必将难保矣"等语。

次日，当地中华总会馆在亚秘梳大戏院包场上演歌剧，款待程璧光一行，驻古巴代办吴寿全等陪同。中场休息时，同盟会会员乘机派发传单，组织这次活动的三民阅书报社骨干黄鼎之还记得：

> 时担任派至程统领、汤舰长及吴代办等之前者为陈君枢，以其年龄最小故也（时只十三岁）。当时程、吴二氏接阅该传单后，面现愠色，即离座而出，一时院内空气顿形紧张。

程、吴此举，表现出高级官员的政治敏锐性，也是官员们的自保行为。果然，第二天各报都刊载了这一新闻，还将《海圻军人听者》传单制版登出，有篇题为"中国预备大革命"的报道，"其标题系用二寸许之大字"。[1]

武昌起义爆发近一个月，正在英格兰西北岸巴罗港维修的海圻官兵，才得知国内情况，他们对革命深表同情。该舰航行日志中，有这样一则记事："（九月）十三日（按即公历11月3日），安抵巴罗，船受风伤，入厂修理，旋闻祖国光复，恨无寸功，咸以为辱。"[2]

---

[1] 黄鼎之：《古巴的三民阅书报社》，载《近代史资料专刊：华侨与辛亥革命》，北京：知识产权出版社，2013年，285—286页。
[2] 《程璧光率"海圻"参加革命记》，载《辛亥·海军：辛亥革命时期海军资料简编》，济南：山东画报出版社，2011年，240页。

按海军规则，兵舰航行日志例由专人记录、舰长负责审查，以上所记也代表了程氏的宽容态度。

多种官方海军史里，都记载了这样一个插曲：武昌起义消息传到海圻时，程璧光集合全舰官兵，宣布改旗易帜、支持革命，并下令赞成者站右舷，反对者站左舷，结果全员赞成云云。此类演义，很难令人相信。实际上，海圻舰修复后，并没有立即启航归国，由于国内政局不明，经与驻英公使刘玉麟商议后，程璧光决定暂驻南洋，待机回国。海圻在形体、航速、火力诸方面，均称北洋海军之最，因而其归属引人瞩目。一个多月后，孙中山组织南京临时政府时，曾打算提名程璧光出任海军总长，南方议和总代表伍廷芳为此电促程氏从速回国，孙中山也通过他在英国的朋友金融家詹姆斯·戴德律打探海圻的动向。戴德律回信说："我一直与程璧光统制及海圻舰保持密切联系，会将其任何秘密行动以电报告知你。"[1]

海圻舰迟迟未归，在九江率先响应武昌起义的穹甲快船海筹舰长黄钟瑛，被任命为中华民国首任海军总长。黄氏是福州船政学堂第十一届驾驶班毕业生，辈分资历均远逊于程，他得任此职，完全因为"光复海军第一功"。1912年春天海圻归来时，南北和谈达成，国内局势大变，孙中山已辞去临时大总统，让位于袁世凯，临时政府也迁到了北京。

袁氏上台后，北京政府海军总长由其亲信刘冠雄担任。刘是福州船政学堂驾驶班第四期毕业生，论辈分是程璧光的"学兄"，甲午海战后也曾被朝廷革职遣返，又过几年，出任海天管带官。

---

[1]《詹姆斯·戴德律致孙中山函》（1912年1月6日），载《各方致孙中山函电汇编》第一卷，北京：社会科学文献出版社，2012年，130页。

程璧光与袁世凯没有私交，回国后，不愿屈居刘冠雄之下，于是辞去巡洋舰队统领，寓居上海。这期间，他与章太炎、唐绍仪、岑春煊等多有往来。袁世凯性格多疑，最忌名流结党，先是恳辞函召，接着派员赴沪催请，坚邀程璧光入京"帮忙"。程氏只得从命北上，就任海军高等顾问，成了北京政府门面的点缀。

1913年春，国民党代理理事长宋教仁被刺，二次革命爆发。孙中山动员南方各省成立讨袁军，与袁世凯干戈相见。在随后的"戡乱"中，北洋海军南下长江，游弋于九江、芜湖、南京、上海，充当了横扫革命党人的利器。次年5月，为了集军政大权于一身，袁世凯下令撤销国务院，成立政事堂，下设陆海军大元帅统率办事处，作为全国最高军事指挥机构。段祺瑞、刘冠雄、陈宧、荫昌、萨镇冰、王士珍六人为办事员，直接听命于袁，在办事员之下又设参议八人，程璧光是其中之一。与他同官者还有蒋方震、陈仪、张一爵、覃师范等人。

1915年下半年，袁世凯加快帝制自为，程璧光对此态度超脱、置身事外。当袁氏下令筹备登基时，身边文武大员逐个上表劝进、通电敦请，就连补任军事统率处办事员的蔡锷，也常常列名指导各地加紧推行帝制的密电中。程氏远离这些活动，表现出职业军人的操守。国难将起时，他也愈不能自安。从这年秋间致广东友人吴寿眉的信中，可见其满怀抑郁：

> 惟时势不佳，实足令人厌世，恨不得早死为快也。国事不堪闻问，衮衮诸公，日云整顿，时言筹备，无非徒托空谈；官吏不习于因循，即习于敷衍。哀我中国，生机已尽，暮色苍（按仓）皇，惟有仰天长叹而已。国庆日原有阅兵之举，忽有黄袍加身之野蛮所为，遂又停止阅操，然究未晓如

政海迷航　219

何结局。杞人之忧,未敢决其无事也。[1]

意思是:现在形势不好,活着没劲。在国事方面,当大官的今天指示整顿,明天强调筹备,都是空谈;做小吏的不是因循守旧,便是敷衍了事。眼见中国如此衰败老弱,我辈只能悲叹而已。中央原定于 10 月 10 日国庆节阅兵,现在忽然冒出恢复帝制这种蛮举,听说阅操将停止,但时局如何演变还很难讲。也许我是杞人忧天,但我敢说天下从此不太平了。

到次年 6 月,袁世凯复辟帝制事败,在天下一片声讨中忧愤而死。黎元洪的机会来了,程璧光的命运也要改变了。

六、被黎元洪任命为海军总长

袁世凯死后,黎元洪继任大总统,但是新一届北京政府的大权和实力,由国务总理段祺瑞掌握。段氏组阁时,欲以刘冠雄继任海军总长,但国会推举讨袁有功的海军总司令李鼎新,两方各不相让,于是黎元洪提名程璧光,顺利获得通过。经过二十多年变迁,程、黎的上下级关系正式调了个儿。

与程璧光相比,当年黎元洪的运气要好得多。广甲舰搁浅后,管带吴敬荣等高级军官乘小艇逃命,黎元洪泅渡自救,九死一生。据章太炎《大总统黎公碑》,黎游到大连岸边时,"同行十二人,存四耳"。[2] 黎氏等人遇救后,到南京候差,先后在长江狮子山炮台、湖北练军、新军第八镇任职,于辛亥革命中天降大任,一步

---

[1] 程璧光:《公反对帝制致友人书》。转引自莫汝非、郑道实:《程璧光殉国记》,27—28 页。
[2] 章炳麟:《大总统黎公碑》,载卞孝萱、唐文权编:《辛亥人物碑传集》,28 页。

登天，发达起来。由于早年渊源，黎元洪与程璧光的关系中，也多了一份信任与默契。

黎重用程，也不仅因为两人在广东水师的旧谊。章太炎撰写的程璧光碑传中，有一段很值得仔细玩味："黎（元洪）公既践位，锐意完葺海军，知非君（按指程璧光）无可恃者。又时袁氏余孽犹在，举事数不如意，亦欲倚君为心膂，用自强，以是委任甚专。"[1]大意说，黎元洪上台后很重视海军，但除了程璧光之外，没有自己人；而且包括段祺瑞在内的北洋派势力很强，所以要通过程氏，把海军抓在手里，压一压北洋军人的霸气。

黎元洪的感觉不错，在接下来发生的府院之争、张勋复辟等事件中，程璧光投桃报李，都坚定拥黎。

府院之争产生于1917年3—4月，黎、段为了中国是否对德宣战而相持不下，黎元洪不主张卷入世界大战，段祺瑞则极力主张参战。段为了贯彻自己的意图，电召各省督军进京开联席会议，并要求包括海军总长程璧光、陆军训练总监张绍曾在内的与会者，签字"赞成总理外交政策"。众人均照办，唯独程璧光在表决纸上写道："如国会一致，当服从多数民意。"[2]

程与段的关系原本和谐，据深谙内情的人称，"段颇与公（按指程璧光）友善，尝在国务院办事毕，乘摩托车归寓，每挽公与同乘，以示亲密"，这次签名风波后，段十分恼怒，"乃大恨之"。[3]

5月上旬，段祺瑞将参战议案交付国会，准备强行表决，内阁成员群起反对，程璧光及外交总长伍廷芳、司法总长张耀曾、农商总

---

[1] 章炳麟：《赠勋一位海军上将前海军总长程君碑》，载卜孝萱、唐文权编：《辛亥人物碑传集》，371页。
[2] 袁灿兴：《北洋军征战史》，北京：团结出版社，2021年，127页。
[3] 《程玉堂先生之历史》，载（上海）《民国日报》1918年3月8日。

长谷钟秀集体辞职。这下子，内阁根基动摇，黎元洪乃借机免去了段的职务。段氏系北洋强人，去职后岂能甘休？在他指使下，北洋系督军张勋、靳云鹏、徐树铮等纷纷宣布独立，并带兵北上，拥段驱黎。这便是史书所称"督军之乱"，也是近代史上军人干政的开端。

此后一个月里，黎元洪被困中南海，方寸大乱，在督军团威逼下，他宣布解散国会，国务总理也先后换了伍廷芳、李经羲及江宗朝，都无济于事。

在这种情形下，总统府的幕僚们建议黎元洪从北京转道天津，南下上海或广州，以便行使国家元首权力，号令南方各省，挽救共和危亡。程璧光虽已辞去海军总长，然舰队指挥权犹在，于是调动第一舰队海容、海筹等四艘军舰，赶往天津大沽，听候调遣。但问题是，身陷旋涡的黎氏，仍拿不定主意。

为了促黎南下，这期间，程璧光亲自到京，数次入总统府劝驾。时人记述云：

> 至次日，（程璧光）入公府再劝黎行，黎仍执意不允，谓出京则都中心乱。因与外交总长伍廷芳商，伍谓黎不行，君可自行，何自困此间？公乃偕伍谒黎，伍请总统不能行，不妨以资助程总长行。黎召财政次长谋，则以库空如洗、仅有公债券十万对，黎嘱以券付公，公携以行。[1]

大意是说：程璧光两次到总统府劝黎元洪移驾南下，黎氏执意不肯，理由是总统出京，将造成全国大乱。程璧光无奈，只好与前外长伍廷芳商议，伍认为舰队自可先行一步。于是他们再次谒黎，

---

[1]《程玉堂先生之历史》，载（上海）《民国日报》1918年3月8日。

程氏才被允许南行,并得到十万元公债券的开拔费。

对一支即将远航的舰队来说,十万元公债券微不足道,但黎元洪倾囊相助,说明对海军南下是十分支持的。分手时,他指示程璧光召集舰队,以应对事变。黎氏擅长柔暗之术,此时已打定主意不去南方,资助程璧光南下,意在将他及第一舰队作为与段祺瑞较量的王牌。

6月24日,黎元洪签发大总统令(李经羲副署),特任程璧光为海军总司令。这表明在关键时期,黎氏要亲手掌握海军。程璧光遵命返回上海,坐镇高昌庙海军公署,与第一、第二舰队(原称巡洋、长江舰队)保持密切联系。

在京师,督军团正闹得不可开交,为了向黎元洪叫板,北方各省及北洋政府控制下的浙江、安徽、福建,接连宣布自主。在这危难时刻,黎元洪在众多幕僚建议中,做了一个错误选择:电邀安徽督军张勋带兵入京,以资调停。张勋心怀二意,乃于7月1日拥立废帝溥仪复辟。一夜之间,北京大街上到处飘舞黄龙旗,黎元洪这下手忙脚乱,逃入东交民巷日本使馆避难。段祺瑞则抓住这个机会,召集旧部组成讨逆军,在天津马厂誓师,沿京津、京汉铁路进逼北京,大张旗鼓讨伐张勋。

黎元洪避难期间,程璧光两次从上海给坐镇南京的副总统冯国璋打电报,告知自己仍听命于黎,且将出师讨贼,表示"海军直隶于大总统,本总长奉大总统命而来,大总统尚在,即大总统之号令未绝,不能认为自由全失",宣告"现在一面派遣军舰奉迎黎大总统南下,一面筹划出师讨贼"。[1]

---

[1] 《程璧光致冯国璋告海军仍听命于黎元洪电》(1917年7月5日)、《程璧光复冯国璋告拟出师讨贼电》(1917年7月7日),载《护法运动史料汇编(一):海军护法篇》,10页。

与此同时，程璧光十分担忧黎元洪的安危，并对其南下执行总统职责抱有很大希望。他致电日本公使，要求派员将黎护送到天津，搭乘军舰赴沪。日本人回电称："黎总统避难使署，本系总统个人意思，则黎总统之去留，敝国无容喙余地。"[1]

正如史载，复辟闹剧昙花一现。结果，段祺瑞控制了中央政权，也赢得了"再造共和"的美名。黎元洪在日本使馆躲了十四天，返回东厂胡同私宅后，发表以冯国璋代行总统职务、段祺瑞恢复国务总理的特任令，声明自己自动辞职、绝不复任。这让程璧光大失所望。

黎元洪躲入日本使馆时，为了维护《中华民国临时约法》，挽救共和国体，驻足上海的孙中山，向北洋政府发起了挑战。具体办法是联合云南、广东、广西军阀及部分国会议员在广州恢复旧国会、另立中央，并迎请黎元洪来粤执行总统职务。这便是护法运动的由来。

滇、粤、桂早在督军团入京、张勋复辟时就已宣布自主，其后，三省领导唐继尧、陈炳焜、陆荣廷联名通电，指责段祺瑞擅权专制，对冯国璋代理大总统"不予承认"。出于保护各自地盘和扩充实力，他们拥护孙中山的主张，走到了护法旗帜下。这意味着，孙氏与西南大佬们结成的联盟十分脆弱，一开始就孕育着危机。

孙中山很清楚，打出护法旗号还不够，与北洋政府唱对台戏，必须有坚强后盾做保证。所以他全力以赴所做的一件事，就是动员海军一同南下。程璧光不是要"护卫元首"么？缺口就从这里打开。一开始，负责做程璧光思想工作的是章太炎。章氏是孙中

---

[1]《日本寺内首相不允保送黎元洪南下的复电》（1917年8月7日报载），载《护法运动史料汇编（二）：国会议员护法篇》，广州：花城出版社，2003年，56页。

山发起护法运动的重要智囊,在上海参与了各项策划,到广东后担任大元帅府秘书长。他回忆说:

> (民国)六年(1917)护法之役,孙中山、程玉堂(按程璧光字玉堂)为倡始,而鄙人多预其谋,遥戴黄陂(按黎元洪号)要求总统复位及海军奉迎之议,皆鄙人与玉堂发之;及为中山作宣言,亦始终不离此旨。¹

章太炎说,孙中山、程璧光是护法运动创始人,他自己也参与了许多谋划,动用海军拥戴黎元洪南下,以大总统号令全国,就是出于章某与程氏的倡议。这些意图,也体现在为孙所撰写的《大元帅宣言》中。

孙中山的本意,也是要促请黎元洪到北洋军阀势力莫及的广东,执行大总统职权,用以号召天下。当黎氏从北京脱身、避居天津时,孙致电说:"知已出虎口,悲喜交集。文(按孙中山自称)前往上海,曾与海军总长商遣军舰至秦皇岛奉迎,未获如愿,私心耿耿。"²

看得出来,在拥黎南下这件事上,孙中山始终未改初衷,章太炎也曾谋划声援。只是黎氏对于国事灰心丧气,不自振作而已,所以他们都寄希望于程璧光能够说服黎元洪。

程璧光为何冒生命危险加入护法行列?到广州后,他曾对人说过"此次起义,公则为国,私则因黎被人压迫过甚,不得不起而援手"这样的话³,表达的是见义勇为的豪气,但言下之意,也对

---

1 汤志钧编:《章太炎年谱长编》下册,北京:中华书局,1979年,641页。
2 《孙中山请黎总统来粤电》,载(上海)《民国日报》1917年9月9日。
3 《程玉堂先生之历史》,载(上海)《民国时报》1918年3月8日。

黎元洪的隐忍软弱，颇有恨其不争的味道。程氏此语也告诉人们，他虽然拥护孙中山"维护《临时约法》、恢复国会"的主张，但率领舰队南下的行动，并非像舆论所宣传的那样，是为了追随孙中山。第一舰队到广东后，这种矛盾心态始终困扰着他。

1917年夏天，北京政局覆雨翻云。北洋老将冯国璋赴京后，顺理成章代行大总统职务，黎元洪随即离开京师，息影津门。这表明在他内心，认定与北洋强人们的抗争已经失败。段祺瑞的专横蛮干，使北京政府的合法性受到质疑和挑战，把越来越多的人推入孙中山领导的南方革命阵营。其中一个重要人物，就是满怀失望回到上海的程璧光。

七、阴差阳错加入孙中山护法行列

从北京回到上海当天，程璧光召集第一舰队司令林葆怿及几个舰长，传达黎元洪对海军的指示，并重申了拥黎讨贼的立场。是否与孙中山主导的西南护法阵营合作，还未确定。鉴于此，孙动用各种手段，对程展开了一场公关。

据冯自由在《革命逸史》中的讲述，程璧光对护法之役持积极合作态度，但其家人反对。其中一段绘声绘色的描述，说程氏将率第一舰队启程时，夫人邓氏坚决不允，因为广州起义那段往事在内心留下的阴影，无法磨灭。为此，她对孙中山意见很大，还跑到位于环龙路的孙府上大闹了一场："当将发之夕，程夫人哭于上海环龙路孙宅之门，不令璧光赴粤，曰吾叔死于君，吾娣死于君，其又欲吾夫死耶？璧光不为所夺，毅然就道。"[1]

---

[1] 冯自由：《程璧光与革命党之关系》，载氏著《革命逸史》第二集，28页。

邓氏责备孙中山说："你害死了我小叔子，害死了我弟媳，现在又想害死我丈夫吗？"但程璧光没有被夫人的眼泪所软化，毅然走上革命道路。

冯自由笔下惟妙惟肖的场景，与实情不符。程璧光南下后，上海《时事新报》曾刊登一篇通信，透露他与澳门绅士卢某的谈话，其中述及邓氏与孙中山冲突这段故事，颇为详细。程告诉这位至交说：

> 当政变之始，余奉黄陂（按指黎元洪）秘密命令，以宣慰海军为名驻沪静观时变。时孙文在沪，因以同邑之谊，投刺请见，适余他出，为余妻所知，乃亲率娘子军逐之门外，且骂之曰："汝既害吾小叔，今又欲害及吾夫，吾断不宽宥汝。"复告司阍者曰："以后孙某来，当以闭门羹享之。"

可见，并不是程夫人到孙宅门前闹事，而是孙中山到程家"投刺请见"，却吃了闭门羹。程夫人出身于水师世家，是程璧光管带广州内河兵轮时所娶的官家小姐，脾气十分火暴。尽管她对孙中山如此不客气，但孙氏不以为怪、坚忍不拔，发扬自己所倡导的有志者事竟成的精神，直至成了程家的座上宾。通信引用程璧光的话说，孙"既受此奇辱，翌日仍投刺请见，至再至三"，程"不得已乃延入厅室，亲为道歉"，至此这场民国版"三顾茅庐"才告结束。

程璧光继续对这位卢姓绅士说：

> 孙氏遂乘间以海军独立说，且愿先以三万金助海军经费，余婉辞却之。以后曾时相过从，余实始终不为所动。（张勋

> 复辟事起，余乃谋之唐少川（按唐绍仪字）率第一舰队南下，冀遥掣北方，保护黄陂，磊落光明，颇堪自信。然莫之为而为，莫之致而致，至是遂与孙文共事于一方矣。[1]

大意为：见面后，孙中山劝我率海军独立，并承诺助款三万元，被我婉言拒绝。以后虽时常往来，但我并没有答应与孙合作。第一舰队南下事宜，是我与唐绍仪等人谋划后决定的，目的是牵制北洋政府，光明磊落地保护黎元洪。要说自己与孙中山的关系，可谓"莫之为而为，莫之致而致"。也就是说，我这次南来广东，并不是跟从孙氏闹革命的；我们同属于护法阵营，但并不是为了同一个目标走到一起来的。

在亲自出马"策反"程璧光同时，孙中山还调动各种关系齐头并进。众多说客中有个名叫程天固的老同盟会会员，是程璧光的族弟。据他回忆，孙中山交代任务时这样说：

> 国事一坏至此，非我出负责任，无可收拾；现在我心目中的基本实力，惟程璧光是赖，顾此中衷曲，有不便自达之处，以璧光对革命理论与策略，认识还未透彻，复好执偏见，影响大事的进行甚巨，今以疏通璧光的责任付你，望你向他多方开解，晓以大义，并将革命原理，及本党主义，逐一剖析，俾在其脑筋，尽忠革命。[2]

孙中山说：现在国家搞得这样糟，非得我出来拨乱反正不可。程

---

[1] 《沪报之广东特约通信——孙中山不见重于程、李》，载（长沙）《大公报》1917年10月10日。
[2] 程天固：《程天固回忆录》（上），台北：龙文书社，1993年，101页。

璧光及其麾下海军是我们唯一可利用的力量，但这话我不好对他讲。程这个人对革命党怀有偏见，对下一步要进行的护法来说是个大麻烦，所以派你去做疏通工作。你要利用亲情细致耐心地说服他、感化他。

程天固还记得，将出门时，孙身边的重要干部朱执信也叮嘱他说："我知总理盼咐你的是什么，但你须知璧光是一个很固执的人，不知何故，他与总理之间的芥蒂，总是不能捐除，你进行此事，和他说话时，态度和词令，都要十分谨慎才好。"[1] 朱也认为，程璧光是个不好打交道的人，况且他与孙中山之间的矛盾中，有一些局外人难以理解的隐情，所以要认真对待。

为了动员程璧光加入护法阵营，在上海的岑春煊、唐绍仪、章太炎等也费了不少思量，全力扩展与海军的关系。6月下旬，孙中山因岑春煊未经协同、欲搭乘海容舰赴粤一事，与之发生误会，并引起该舰官兵骚动。事情平息后，为了打消程璧光的疑虑，并表示诚意，孙、唐与岑协商，联名邀请程氏在哈同花园吃饭。其函如下：

> 玉堂总长执事：
>
> 敬启者：此次海军拥护共和，义声久著于全国，微闻将士有以为弟等办事未能统一，转觉迟回。实则弟等同以救国为志，断无自相睽锘之理。如执事果以弟等不统一为疑者，请释厪怀，并于二十三日下午六时在静安寺路哈同花园略备晚餐，敦恳驾临，俾得面商一切，弟等当联同拱候也。[2]

---

[1] 程天固:《程天固回忆录》，101 页。
[2] 孙中山:《致程璧光函》(1917 年 6 月 23 日)，载氏著《孙中山全集》第四卷，北京：中华书局，1985 年，106—107 页。

信的大意是：这次国难中，海军旗帜鲜明地拥护共和，被舆论誉为正义之师。听说你手下海容舰官兵因我等办事未协调一致，意见很大，其实我们几个是为了救国走到一起来的，绝不会自己拆墙脚。如果您怀疑这一点，请给我们一个解释的机会。咱们一起吃个饭，还有许多重要问题需当面商量。

几大巨头在哈同花园碰面，推杯换盏中，纷扰云消雾散。这次聚会，初步确定了西南诸省、海军与中华革命党统一步骤、共同护法的目标。当然，海军的选择，不是哈同花园这顿晚饭所决定的。程璧光加入护法阵营的决心，由多种因素促成。其一，是出于为黎元洪打抱不平。张勋复辟事件发生后，程便以通电等形式，在第一时间表达了对黎元洪的忠诚及对其处境的关注，此后的南下行动，也是在黎氏授意下进行的。其二，是对国家大义的维护。程身为职业军人，其思想底色是忠君保国，当黎元洪被排斥、段祺瑞独揽大权时，北京政府在他眼里已属非法，是民国的叛逆，必须予以讨伐。他与南方革命党携手，赞成恢复《约法》及国会，都体现了对国家信念的坚守。其三，才是对孙中山护法主张的呼应。程璧光的副官长彭东园等认为，就连拥兵自雄的陆荣廷、唐继尧都要借重孙中山的声望合作护法、号召天下，海军何不乘势而为呢？这些看法，对他深有影响。

此外，程璧光决意与孙中山合作，还有一项颇具吸引力的条件，是孙氏承诺为舰队筹措开拔经费。随后，由中华革命党美洲支部负责人曹亚伯牵线，孙中山动员德国官商克利莱提供四十万元巨款，用以支付第一舰队开拔费及南下参众两院议员旅费。[1]

---

1 《曹亚伯——功成身隐的革命先驱》，载叶贤恩编著：《湖北名人》，武汉：湖北人民出版社，2011年，382页。

在这种情况下,程璧光迈出了护法第一步。7月20日,他调动第一舰队所属的巡洋舰海琛及炮舰应瑞,护送孙中山、章太炎、廖仲恺、朱执信、陈炯明、许崇智等先行赴粤。出发当天,他陪同孙中山等人登上海琛舰,"向高级将校训话,并宣布率海军第一舰队南下,以广东为根据地,召开非常国会,翌日即启航南来"。[1]

两天后,第一舰队各舰只,陆续由上海启航,驶向南海。舰队由九艘舰艇组成,包括"海"字巡洋舰中的海圻、海筹、海容,另有炮舰永丰、永翔及数艘辅助舰同行,乘风破浪、声威甚壮。和程璧光同在旗舰海圻上的,除了舰长汤廷光,还有第一舰队司令林葆怿。林是福州船政学堂毕业生,汤则是广东水师的资深舰长,宣统三年(1911)程氏率使团乘海圻首途欧美,他们都是随员,如今三人均脱离北京政府,又站在一条船上,显示了海军内部自成体系、高度团结的传统。

次日,舰队驶过浙江洋面时,海军上将萨镇冰来电劝阻。又过一天,北京政府下令免去程璧光海军总司令、林葆怿第一舰队司令职务,遗职由海军总长刘冠雄暂行兼领,并饬南下各舰返航。刘冠雄致电各舰长,告诫勿"受局外人之愚""牺牲我海军名誉"。各舰长则联名复电,重申海军宣言:"今所要求者,拥护约法、恢复国会、惩办逆首三者而已矣。"[2]

就这样,程璧光拉开了护法运动的帷幕,抵粤当天,他在日记中写道:"宁维持公理死,毋违反公理生。"[3] 这两句话,透露了他加入护法阵营的原始动机,也成了他通往生命终点时言行的基本

---

[1] 邓警亚:《彭东园说程璧光与孙中山合作》,载李俊权、黄炳炎主编:《岭峤拾遗》,北京:中华书局,2005年,59—60页。
[2] 以上据汤锐祥:《护法舰队史》,广州:中山大学出版社,1992年,28页。
[3] 程璧光手迹影印件,载莫汝非、郑道实:《程璧光殉国记》,41页。

准则。对南下舰队而言,此行是义理之举,也是一次生死抉择;对程氏而言,这是他生命中最为辉煌的纪录,也是将在绚烂中凋谢的一页。

八、卷入西南政局的复杂内斗

第一舰队南下后,旧国会领袖伍廷芳、范源濂、王正廷、孙洪伊等率先响应,议员群起加入,分批从天津、上海汇集广东,达一百三十余人。这是孙中山依赖的政治力量。9月初,非常国会在广州召开,成立中华民国军政府,选举孙中山为陆海军大元帅,云南督军唐继尧、两广巡阅使陆荣廷为元帅,与北洋政府分庭抗礼。军政府是护法命脉所在,但唐、陆始终未来广州,只是看孙中山单打独斗。孙氏拿什么与北京抗衡呢?要说硬实力,只有程璧光麾下的第一舰队。但程能不能听命于孙,从一开始就是个问题。

不祥的预兆首次显露,是在9月4日。这天,非常国会议长吴景濂等,为驶抵广州后的第一舰队军官举办招待宴会。孙中山等主要领导致辞后,程璧光代表海军作答词曰:

> 海军舰队宣言护法,始终如一,非达目的誓不罢休。余本军人,既不善于辞令,不善于阿谀,只知有命令,如命令开炮攻击,只知开炮。[1]

程氏的话固然信誓旦旦,听起来却缺乏点儿政治觉悟。军人当然以服从命令为天职,但问题是听谁的命令?显然,程璧光不准备

---

[1] 《羊城之群英会》,载(上海)《民国日报》1917年9月12日。

听命于孙中山，他心目中的上级是黎元洪。他在致内兄邓聪保的信中也说，此次赴粤是为了"挽救共和，保卫元首"[1]，具体主张很简单，就是迎接黎元洪南下，来广州继续履行大总统职权。

对迎黎来粤，孙中山也很赞成，一个多月前，他乘坐海琛舰到达广州时，曾在黄埔公园举行的各界欢迎会上，呼吁与会者"即日联电，请海军全体舰队来粤，然后即在粤召集国会，请黎大总统来粤执行职务"，并告诉大家"鄙人前已与程总长商定，派出兵舰二艘，往北方迎护黎大总统来南就职"[2]。

这是孙中山的真心也好，政治策略也好，随着局势的快速演变，当第一舰队和大批国会议员陆续抵达广东时，他已经无需这样做了。黎元洪脱险到天津后，即通电表示绝不复职，也不问国事，孙中山拉黎这面大旗，与段祺瑞斗争的希望就此落空。接下来，只能在护法这个堂堂正正的口号下，自立门户，把这场革命进行到底。对孙中山来说，这可谓水到渠成、瓜熟蒂落，对程璧光来说，以后何去何从，却成了大难题。

广东军政府成立后，在唐继尧、陆荣廷两位元帅都不到任的情况下，孙中山仍坚持举行了陆海军大元帅就职典礼，以示护法决心。鉴于时机不妥，陆氏发来辞谢电称："方今国难初定，应以总统复位为先务之急，总统存在，自无另设政府之必要，元帅名称，尤滋疑议，易淆观听。"[3] 唐氏也复电婉拒："谨以至诚，奉辞元帅名义，即祈公决照准。"[4]

---

1 《程璧光告为国事奔走致邓聪保函》，载《护法运动史料汇编（一）：海军护法篇》，3页。
2 孙中山：《在广州黄埔欢迎会上的演说》（1917年7月17日），载氏著《孙中山全集》第四卷，115页。
3 《广东军政府组织之波折》，载（长沙）《大公报》1917年9月17日。
4 《粤东元帅府中之辞职声》，载《申报》1917年9月29日。

这么一来，军政府内阁随之难产，当选各部总长公布后，外交总长伍廷芳、内政总长孙洪伊、财政总长唐绍仪、陆军总长张开儒、交通总长胡汉民，有的谦辞婉谢，有的拖延观望，都未按时上任。其职分别由王正廷、居正、廖仲恺、许崇智、马君武以次长名义代理。

于1917年9月11日印发的《军政府公报》第一号，也颁布了特任程璧光为海军总长的大元帅令，但他直截了当拒绝了。起初，非常国会公推议员张伯烈、宋渊源上门劝驾，被他三言两语打发了事；接着又以专函敦请，内称"总长一席，匪异人任，望勉为其难，以维大局"云云。程氏如此作复：

> 鄙人此番南来，不过尽一分（份）义务，绝无权利思想……是故事前屡经面向孙先生暨诸公力辞，如果实有复选，鄙人为海军总长之事，请将此席取消。[1]

他说：我这次来粤，是为国家尽一份力量，绝没有当官发财的想法……所以此前当着中山先生及各位的面，我已表明了态度。如果有人再提选我当海军总长这件事，索性就把这个职位取消掉吧。

程璧光这么说，也这么做了。在广州半年多，他始终没有就任海军总长。但形势比人强，无论他情愿与否，都要被卷入西南政局越来越复杂的内斗之中。

在护法军政府所在地广东，有云南和两广这两大势力集团。其中云南在粤省驻扎两个师，这是两年前讨袁护国战争结束后的

---

[1] 苏小东编著：《中华民国海军史事日志（一九一二年一月—一九四九年九月）》，1917年9月14日条，北京：九州图书出版社，1999年，123页。

滞留军队,称为驻粤滇军。由于史地、民情等原因,云南督军唐继尧的兴趣是做云贵川三省联帅,对广东仅驻兵牵制而已。掌握桂粤财政、军事大权的是两广巡阅使陆荣廷,两省督军陈炳焜、谭浩明都是其桂籍亲信。孙中山来粤后,广东督军陈炳焜的态度不冷不热,军政府举行成立典礼时,他称病缺席并发表通电,认为"凡此举动,无论是否合法,要皆因中央不允召集国会,遂使全国民意无所宣达。溃决堤防,迫而出此……",同时申明"以后因此无论发生何种问题,炳焜概不负责",以示不偏不倚的立场。[1]

西南阵线对护法做观望状,这让孙中山深感失望,更令他沮丧的是程璧光及第一舰队来粤后的表现。此次海军共九艘舰艇开赴广东,加上原驻广州的凤舞、楚豫两舰,总排水量在一千七百吨以上,占全国海军总吨位的百分之四十。以此力量不仅可以控制东南沿海,也可威胁京津,所以第一舰队的向背,对于南北政府都举足轻重。初到广东时,在致中华革命党高层邓泽如的信中,孙中山曾一度信心满满:"向来革命之成败,视海军之向背。此次文实率海军主力舰队南来,其余未来之舰亦皆不为彼效命,我已操制海之权矣。"[2] 在其大手笔的筹划中,有了第一舰队,再联合十数师西南军队,从广东出征,最多十天就可以打到武昌,进而掌握中原要冲,北洋军定会战败。

但是孙中山很快发现,一同南下的程璧光,紧紧抓住第一舰队不放手,正阻碍他在广东地面上施展拳脚。

第一舰队赴粤后,名义上隶属护法军政府,实则保持着独立

---

[1] 《陈炳焜谴责冯国璋等不依法召开国会通电》,载中国第二历史档案馆、云南省档案馆合编:《护法运动》,北京:档案出版社,1993年,396页。
[2] 孙中山:《致邓泽如函》,载氏著《孙中山全集》第四卷,132页。

的指挥系统。舰队司令部设在广州长堤路边的海珠岛，主力舰驻扎黄埔海面，浅水军舰则停泊于珠江白鹅潭，此外还有永丰等几艘炮艇游弋于省河，执行警戒任务。这些舰艇均听命于程璧光，他人无权节制调遣。程氏刻意保持第一舰队的独立性，表明他对护法军政府并不十分认同。但是舰队既已南下，无法改弦易张，随着局势变化，遂成骑虎之势。

从这期间程璧光所写家书中可看出，对时局的失望情绪，正笼罩着他的生活：

> 我怀国家兴亡，匹夫有责之义，且早已决绝个人权利之思，仗义执言，来与西南各省联为一气讨逆，不料各怀私见，各谋权利，置大局于不顾，以致正当事无人理，利禄事各相争。……此种忧思，无路去诉，惟有自怨自艾而已。[1]

程璧光的意思是：我参加护法，是为了挽救国家政体危亡，也是不含私利的仗义之举，未料来广东后，坠入各省各派头面人物争权夺利的内斗旋涡中，而满腹忧愤、不胜丧气，又无从诉说。早知今日何必当初呢？

这是家书，程氏说的都是心里话，但身处乱局之中，仅仅"自怨自艾"显然是不够的。无论形势发展的需要，还是自我保护的本能，都要求他尽快做出明确抉择：海军是站在孙中山一边，还是站在西南强人们一边。程的问题在于，他哪一边都不想站。孙中山想要控制海军，被他努力挣脱；陈炳焜允诺每月拨付十万

---

[1]《程璧光感慨西南护法各方争夺权利的家书》，载《护法运动史料汇编（一）：海军护法篇》，60页。

元作为海军军饷，也遭到拒绝。程璧光力图坚守初衷：以南下之举与非法的段祺瑞政府抗争到底，直到黎元洪恢复大总统职务。这也是此后几个月里海军舰队的行动指南。

在桂系军阀、广东地方势力和孙中山革命党构成的既合作又斗争的微妙三角关系中，为了维护第一舰队的自主地位，程璧光小心翼翼地纵横其间、极力调和，却收效甚微。在接踵而至的纷争与内讧中，他采取的稳健持重态度，既遭到西南军阀们猜忌，也让孙中山等革命党人深为不满。在孙中山与广东督军陈炳焜的斗争中，他持中间立场，便是一例。

孙中山来粤后，陈炳焜无视大元帅府的存在，以粤省主人自居，在警卫军的归属、省长任命等重大问题上，与军政府掣肘作对，一时间双方关系紧张。孙决心解决与陈的矛盾，其方法不是文斗而是武斗——他以大元帅手令，指示程璧光调动军舰，炮轰督军署所在地观音山，将陈炳焜逐出广州。但程璧光不愿介入内争，当孙中山质问他为何不执行命令时，他回复说："我们舰队开赴南方的宗旨是坚持共和护法，别无其他。此外我是广东人，我应维护当地和平。"[1]

为了防止孙中山直接指挥海军，程璧光下令把浅水军舰及炮艇均调往黄埔海面，划定警备区，宣布戒严令。

费尽周折后，孙中山还是说服陆荣廷，将自负专断的陈炳焜调回广西，广东督军改由广惠镇守使莫荣新代理。岂料莫氏与孙中山更不相容，没过多久两人又起争端，这使程璧光再次陷入尴尬境地。

---

[1]《粤海关情报》1917年11月21日条，载《孙中山与广东——广东省档案馆库藏海关档案选译》，广州：广东人民出版社，1996年，114页。

九、与孙中山的公仇私愤骤然爆发

莫荣新是广西桂平人,十八岁起投身官军,历经几十年风雨,从一个伙夫干到师长、镇守使,自有其不凡之处。除了能征善战、残忍好杀,他身上还有一些其他武夫不具备的特质,便是脑筋灵活多变,善于审时度势,对复杂局面的掌控能力很强。若非如此,他不可能在革命党根据地广州、惠州盘踞多年。与这个新对手打交道,孙中山除了用智还得用勇。在"智"的方面,他自信远胜于莫氏,但谈到"勇",不免气短——他没有自己的军队,到危急时刻,只能求助于一同南下的第一舰队。

当孙中山迫切需要程璧光时,突发的孙昌遇难事件,让两人关系陡然紧张起来。孙昌是孙中山大哥孙眉的独子,时任广州大元帅府中校参军。这年11月20日,他乘船前往黄埔执行公务,误入第一舰队旗舰海圻的警戒线,遽遭炮击,酿成惨剧。多年后,孙昌墓从黄埔迁到香山翠亨村山麓,由孙中山之子孙科撰写碑文,追述事情经过说:当时,大元帅府卫士队某营驻扎黄埔戒严区域内,孙昌奉命前往犒军,事先未及通知,"舟抵黄埔,海军疑为奸细,炮狙之,兄(按指孙昌)仓猝跳入舟旁小艇,因身怀镶弹,艇侧身重,遂坠入海,没泥淖中,卒以不起"。[1]

孙中山与孙眉手足情深,为了支持他的反清革命大业,大哥毁家纾难,尽其所有,昔日拥有一望无际的土地及成群牛羊的檀香山"茂宜王",到1915年病逝时只是澳门岛上一个普通寓公。因此,孙中山对贤侄甚为关爱,遭此变难,愧悔难消。他与程璧光的隔阂,除了政见分歧,也增添了一份个人恩怨。

---

[1] 孙科:《从兄昌墓碑》,载黄健敏编著:《孙眉年谱》,北京:文物出版社,2006年,112页。

事情远未结束。转眼到了1918年初，围绕着大元帅府与广东督军署之间的纠纷，孙中山、程璧光的公仇私愤骤然爆发。大元帅府成立后，即开始招兵买马，组织亲军，桂系对此甚为不满，认为是私招军队，在莫荣新许可下，不仅逮捕军政府派往各县的征兵委员，桂军游击营还以镇压乱匪之名，枪杀了若干所募新兵。

孙中山怒不可遏，于是想调动军舰炮击督军署所在的观音山，教训一下莫荣新。鉴于前一次程璧光拒命，这回他直接找到驻防省河、拱卫大元帅府的同安、豫章两舰舰长，亲自下令。停泊帅府前河面的这两艘炮艇，排水量各只有五百多吨，但施展一次报复性的打击，足敷使用。两名舰长温树德和吴志馨，十分愿意服从孙中山的命令，但格于海军纪律，发炮须有程璧光的命令，意犹彷徨。据在场的大元帅府侍卫副官黄梦熊回忆，孙中山一句话就把他们说服了。他问："我是海陆军大元帅（按或为陆海军大元帅之口误），可下命令否？"温树德答曰："除非大元帅亲自下舰指挥。"于是，1月3日当晚，"孙中山先生登豫章舰，命令同安随行，至中流砥柱炮台附近，下令停航。……亲督两舰官兵发炮向督署轰击"。[1]

与这次行动相配合，孙中山还布置兵力从陆上向桂系在广州的机关、军队驻地发起进攻。大元帅府参军陆满，是负责联络李福林、李耀汉等广东地方军队的信使之一，他的任务是协同李部，届时以海军发炮为号令，联合警察一齐出动，按约定直扑督军署、江防司令部、大佛寺桂军驻地，彻底解决盘踞广州的桂系军队。但是海军开炮后，其他各军均未响应，由此形成窘局。陆满

---

[1] 黄梦熊：《大元帅府见闻》，载《文史资料存稿选编：东征北伐》，北京：中国文史出版社，2002年，364—365页。

回忆:"各军舰开始向观音山炮击以后至6时天亮为止,桂军却没有回击一枪一弹,孙中山先生指定分向桂军机关和驻地进攻的部队亦完全没有动作,以至督军署和其他桂系机关和桂军驻地都安然无事。"[1]

足智多谋的莫荣新,以打不还手的方式拆解了来自孙中山的挑战。这一夜,豫章、同安两舰共向督署所在地观音山开炮一百多次,桂军却未回击一枪一弹。广东是桂系的天下,但驻广州桂军不过三千多人,而粤省杂牌军加起来近万人,若真的打起来,实力悬殊。所以军舰开炮后,莫荣新审时度势,传令所部消极抵御、不准出击。这样一来,陆上粤军各部自无发动进攻的借口。孙中山一举消灭桂系的计划就此落空。

接下来收拾残局时,孙中山不得不面对一件事,就是如何向程璧光解释豫章、同安两舰擅自开炮的问题。温树德、吴志馨的行动虽属义举,但严重违反了海军纪律,如果不按规定严肃处理,就有可能动摇第一舰队入粤以来程璧光自守的政治立场,并让苦心维持的军纪一夕崩溃,造成秩序混乱,以后他就很难再控制、号令其他舰艇了。所以事发次日,程氏召集紧急会议,拟将两名舰长撤职查办。

黄梦熊还记得,温、吴二舰长听到风声,立刻向孙中山求助,孙氏二话不说,立即渡河赶往海珠岛海军总司令部会场,向程璧光解释缘由,但未能扭转会议按军规所做的决定。[2]于是,孙回府后就叫人把二名舰长赶紧保护起来(随后任命温为广东水雷局局长,吴为大元帅府参军),以免被捕。

---

[1] 李朗如、陆满:《从龙济光入粤到粤军回师期间的广东政局》,载《广东文史资料精编》(上编第1卷):民国时期政治篇》,北京:中国文史出版社,2008年,5页。
[2] 黄梦熊:《大元帅府见闻》,载《文史资料存稿选编:东征北伐》,365页。

程璧光拿不到查办对象，非常恼怒，一气之下，便去大元帅府兴师问罪。恰在现场的程天固目睹了孙、程咄咄逼人的"对决"：

> 因他二人厉声疾辩至高潮时，楼上梯口的卫队中有一人冲动起来，大声喝骂一句鄙俚之语，璧光听到也甚镇定，态度泰然，也不回顾发言者是谁，只双手垂后，从容向总理说："我是只身来此，先生可随时枪毙我，只要让我多说几句公道话，虽死无恨。"那时各人见势不佳，趋前劝解，先由李烈钧氏紧抱总理，扶其上楼休息，其余各人拥着璧光，送他出门……[1]

孙中山、程璧光二人争论些什么，以致撕破了脸皮、不欢而散？程天固深讳其言，国民党官史里也不会记录此事。但是天下没有不透风的墙，素以消息灵通见称的粤省海关洋人，很快得知了孙、程吵架的事，并将其报告给了驻广州领事馆。其中一条记录里，孙中山对程璧光说过这样的话："你如重新归顺中央政府，那么可以这样做；但是假如你同莫督军站在一起，那么，我就得说你对不起我。"[2]

孙中山说的是气话：你要是把舰队带回北京去，我不会反对，因你毕竟不属于护法军政府；但你要是和莫荣新结成同盟，那就太不够朋友了。孙为人一向宽厚大度，若非程璧光所为过于逾矩，他绝不会出此厉言的。程璧光的回答也不难猜想，头一句话也许是心平气和的：温、吴二舰长不讲手续、擅自开炮，必须军法从

---

[1] 程天固：《程天固回忆录》（上），104页。
[2] 广东省档案馆藏《粤海关档案全宗》，"各项时事传闻录"1918年1月8日条。

事。但接下来,孙指责他与莫荣新站在一起,着实让他感到冤枉,而且,"你对不起我"后面的意思很明显,当然是"我将要对不起你了"。程璧光一定被此话激怒,才有上面"我是只身来此,先生可随时枪毙我"的气恨之语。实际上,从现场气氛来推测,程氏的原话应该是:"我就赤手空拳一个人,有本事你打死我呀。"

程璧光与孙中山较劲,纯属赌气,孙氏以领袖气度,固然不会报复他,但大元帅府里一班会党出身的干部是吃素的吗?

1918年元月初旬在混乱中匆匆过去了。孙中山与程璧光的关系,也即护法军政府和南下海军之间的合作,是进一步破裂,还是有望弥合如初?据粤海关得到的情报,程璧光在1月7日通令第一舰队各舰:"将来谁胆敢擅自行动,谁就要受到严厉处置;企图强行登舰者,不论是谁都得撵走。"由此可见,在争吵之后,双方都没有让步。

在大元帅府高级参议邵元冲的眼里,孙、程两人合作的前景相当不妙:

> 经此事件,程璧光以开罪桂系,深自危惧,颇怨先生(按指孙中山),且欲严惩豫章、同安两舰长以泄愤,两舰长引匿得免,以后程与先生隔阂渐深。[1]

他写道:炮击督军署事件发生后,由于海军得罪了莫荣新及桂系,程璧光颇不自安,本想严惩肇事两舰长,也不能遂愿,为此与孙中山产生了更大隔阂。

在接下来的日子里,孙、程之间的紧张关系继续发酵,而且

---

[1] 邵元冲:《总理护法实录》,载《建国月刊》第一卷第三期,1929年7月。

明显表现在公务活动中。1月20日,大元帅府宴请海军、滇军官佐,孙中山在席间说过这样一番话:

> 然兄弟自督海军,滇军欢迎来粤,当时以必可告成功。因现在国家之武力在海军,而海军之权力在程总长。程总长首先护法,与兄弟同来,自可扫除一切障碍,以复共和。到粤以来,程总长所以不肯急进者,以小心谨慎,统筹全局所致。[1]

孙中山说得很客气,但指责意味也显而易见。一方面对程璧光站在中立立场上,调解军政府与督军署的矛盾表示理解,一方面绵里藏针,"现在国家之武力在海军,而海军之权力在程总长"一语,嘲讽之意十分鲜明,"小心谨慎""不肯急进"等语,更表达了对海军深深的不满。

在公开场合中,程璧光就不如孙中山那样善于克制情绪、转圜态度。同月下旬,盘踞海南岛、听命于北洋政府的两广矿务督办龙济光,统兵攻陷高州、雷州半岛,粤省南路告急。为应对危局,广州各界联合举行粤省治安座谈会,加强护法阵线团结也是会上重要话题,伍廷芳、程璧光、徐绍桢等人都参加了会议。程璧光在会上快言快语,重申了海军立场。他说:

> 我海军南来,专为拥护《约法》,前宣言三事(按指恢复《约法》、国会及惩办首逆),万无改变。今日西南各省业已一致,何患不达目的?最怕自私自利耳![2]

---

[1] 孙中山:《在宴请海军滇军官佐会上的讲话》(1918年1月20日),载氏著《孙中山全集》第四卷,303—304页。
[2] 《伍程徐宣布上海治安纪》,载(上海)《民国日报》1918年1月24日。

可见程璧光并未改变护法的态度，不过他要的是西南各省的大团结，而非仅仅与军政府结盟，或者像孙中山所期望的那样，将海军隶属于大元帅府的指挥之下。"最怕自私自利耳！"这句所指者为谁？再也清楚不过了。程璧光自恃大公无私，如此直言不讳，他哪里料到，几个月来护法阵营内部种下的祸根，在南北政争达到武装冲突临界点的背景下，很快就要破土发芽了。

十、革命党下达命运判决书

进入 1918 年 2 月份以后，广东政界的气氛颇不平静。在抵制代理督军莫荣新，呼吁"粤人治粤"的同时，推举程璧光担任粤省督军的请愿书，不绝于报端。程氏不愿为此得罪桂系，也生怕由此引起革命党人的嫉视，于是发表声明，表明自己无意担任广东督军一职。这本是他在复杂政治局面中采取的自保策略，却被误读为海军意志摇移，且将北归投敌的前兆。

在这同时，孙中山也对程璧光失去耐心，开始在多个场合公开批评海军到粤后不肯急进、过于小心，致使护法运动"以最好之机会，最易之事业，亦不能稍有起色"。[1] 孙氏身为革命党领袖，既出此言，属下自有理解——程璧光离心离德，已成为护法的绊脚石，应当予以清除。这等于给程氏下达了命运判决书。

2 月 26 日晚上，不明身份的刺客在长堤路边的海珠码头伏击了程璧光，弹中前胸，顿时殒命。当晚程氏有两个饭局，先是省议员苏某请客，宴席至八点多钟始散；回到海军办事处后，广州

---

[1] 《孙中山在军政府宴请海军滇军机关会上的致词》（1918 年 1 月 20 日），载《护法运动史料汇编（一）：海军护法篇》，130 页。

电报局局长陈作桢来电话招饮，于是再次出门。从海珠岛到长堤，需乘小船渡河，因赴会地点就在附近，程璧光仅带了仆役吴某。船到对岸后，程氏扶木梯而上，木栅旁突然跃出两人，持枪向他射击。借着夜色掩护，刺客迅速逃离现场，遗弃左轮手枪一支、炸弹一枚。[1]

由于凶手逃脱，程氏死因顿时成谜，广东《民国日报》及上海《申报》《新闻报》连篇累牍报道，不是局外人言，便是人云亦云。社会上对于刺客为何人指使，也有"北方奸人"和"桂系凶手"之说。一种归罪于北洋政府，认为段祺瑞对程加入护法军政府与北方作对的行为，衔恨甚深，派人跟踪至粤，将其置诸死地。另一种则断定元凶为桂系军阀，理由是桂系除掉程后，可以把舰队抓到自己手里。这些就把另外的可能性掩盖住了。

程璧光被刺当晚，孙中山正在出席广州基督教青年会组织的一个弥撒，当卫士长马湘匆匆进来报告消息时，他面色骤变，吩咐立即备车，驰往长堤路案发现场。先后赶来的胡汉民、朱执信等人对此事的反应，也非同寻常。《程璧光殉国记》再现了当时场景：

> 俄而，孙君中山，偕胡君汉民、朱君执信、吴君景濂、方君声涛及督军参谋长郭君椿森，相继而至。咸以须速请林（葆怿）司令回（办事）处主持，为第一要者。……众推胡君汉民拟讣电，通告天下。……汉民拟电时，稿凡数易，搁笔洒泪者再，喟然曰："人生之最惨痛处也。"稿成，无缉凶句，朱（执信）君增"现在严缉凶手"六字，乃即席送电局拍发。

---

[1] 莫汝非、郑道实：《程璧光殉国记》，102—107页。

> 其时天已近晓，孙君等乃辞去。[1]

孙中山等人在海珠的活动，让人感受到历史现场中的微妙玄机。胡汉民是孙中山的"文胆"，自镇南关起义以来，追随孙氏，书露布、草通电，倚马可待，拟程璧光讣闻时，悲痛难抑，数易其稿，且悲叹这种事为"人生之最惨痛处"，莫非已知其中隐情？如此推论，后来被指为刺程主谋的党内元老、大元帅府总参议朱执信，临时添加的"现在严缉凶手"数语，岂非成了"贼喊捉贼"？个中细节，也为追索真凶提供了想象空间。

孙中山或许已知这是部下的"见义勇为"之举，但事既如此，也只好一方面出示悬赏，以塞众人之口，一方面由非常国会决议举行国葬典礼，厚待死者，安慰家属。

但程夫人邓氏对此并不领情，她令赴广州奔丧的继子程耀楠退还治丧费，声明辞谢国葬，并执意将丈夫灵柩运回上海安葬。在给程璧光侄儿、第一舰队海琛舰长程耀垣的信中，她说：

> 国葬何等荣耀，婶岂不知。三叔所遗产业有限，各处致送丧费，可轻家中担负，婶岂不欲。惟利害及名誉所在，婶不能不审慎也。现在政争未已，倘遵从非常国会美意，举行国葬，万一后日有所变更，为人凌辱，岂非无以安死者之灵，益伤家人之心。故婶不图目前之荣耀，而以子孙来得随时祭扫，不致有意外之事为重。家人情切，所虑者远，此不受国葬之礼者此也。[2]

---

[1] 莫汝非、郑道实：《程璧光殉国记》，108—109页。
[2] 《程夫人辞谢国葬程璧光致程耀垣函》（1918年3月），载《护法运动史料汇编（一）：海军护法篇》，195页。

意为：我也知道，国葬是十分荣耀的事，我也想收下各处所送的钱，用以减轻家庭负担。但咱们要考虑一下这里面的利害关系。现在正值政争纷扰年代，对待政治人物的评价覆雨翻云，今天这个非常国会给予国葬待遇，明天换个政府说不定就会掘墓开棺呢！所以，咱们不要只图眼前荣耀，重要的是找个安稳地方让死者安息，子孙后代能够随时祭扫纪念。这也是我们全家人的意见。

此种"妇人之见"，与广州政客们高唱入云的通电、诔词、挽联，形成了对照。有意思的是，远在天津的黎元洪，一开始应允将亲自参加四月二十八日举行的程璧光追悼会，事到临头却打电报说"窒碍难行"，只好特派专员"南下致闻"，"以伸景仰"[1]。如果追根溯源，程璧光南下护法，不是为了挽救陷于危难之中的黎元洪么？程为此殒命，黎仍不能拿出一点勇气酬报死友，实在可叹。

追悼之事既毕，缉拿凶手成了众目所瞩的焦点。这期间，在上海出版的英文《亚洲日报》刊登广州通信《程璧光被刺之面面观》，详述事件始末，在谈到程氏被刺原因时，公开把怀疑矛头指向孙中山。在大元帅府授意下，非常国会驻沪议员孙洪伊立即向该报交涉，认为这篇报道"似程氏之被刺纯由中山指使，且罗织种种无聊之琐事以为证明"，要求"迅为改正，取消（三月）七日、九日所载通信……勿为流言所惑，致淆观听"。[2]

尽管护法军政府、广东督军数下通缉令，所属各文武地方官大张晓示，加紧严缉，所出赏格也高达五六万元，若干好事者也四处访查，试图弄清真相，但还是没有结果。几年后，广东成为北伐革命根据地，程璧光命案一再被提起，但报章杂志都为革命

---

[1]《程耀楠答谢黎元洪致祭程璧光函》（1918年4月），载《护法运动史料汇编（一）：海军护法篇》，209页。
[2] 孙洪伊：《孙洪伊致〈亚洲日报〉函》，载（上海）《民国日报》1918年3月11日。

党人所控制，不允许有碍安定团结局面的杂音出现。直到孙中山逝世后，在国民党控制下的广东，报刊谈到此案时仍把罪责推向桂系军阀。这表明，有一种默契始终引领着舆论导向，一点点把这件事埋入泥土更深处。

石沉大海也有露头显形的时候。许多年后，追随孙中山护法的大元帅府旧部陆满和黄梦熊，在回忆文章中透露了一些秘密。其中陆满是这样说的：

> 程璧光被刺致死的原因，是他受了桂系军阀领袖陆荣廷邀请秘密到广西南宁面商反对孙中山先生，而孙中山先生的忠实信徒张民达等认为程璧光对孙先生护法运动起初拥护，现在竟加反对，这是绝无宗旨及反复无常的可耻行为，决定置这狗东西于死地。因此派了数人到海珠长堤附近，待他从海珠过渡到长堤码头的时候，将他枪杀，以儆效尤。[1]

陆满确切地指出，刺程主使人是中华革命党骨干张民达。据查张氏是广东梅县人，早年在马来亚加入同盟会，袁世凯称帝后回国，时任中华革命军总司令朱执信安排他负责锄奸，即招揽华侨青年，狙击政府要员。同盟会具有悠久的暗杀传统，辛亥革命前，刘思复、黄兴在粤港组织过"支那暗杀团""东方暗杀团"，炸死广州将军凤山，炸伤广东水师提督李准。民国成立后，南洋青年热衷暗杀的风习未改，朱执信也倡导用这种方式解决政治争端。

护国战争期间，朱执信从日本潜回港澳，招募海外华侨组成

---

[1] 李朗如、陆满：《从龙济光入粤到粤军回师期间的广东政局》，载《广东文史资料精编（上编第1卷）：民国时期政治篇》，6页。

锄奸团，专门对付时任广东都督龙济光及其党羽，曾派反间谍能手刘梅卿处决革命党叛徒龙侠夫、凌就兴等。孙中山在广东护法期间，该团也未停止暗杀行动。有资料表明，1917年11月3日，代理督军莫荣新在欢迎伍廷芳莅粤时被掷炸弹，同年12月17日，滇军第二师师长方声涛遭到枪击，都是中华革命党在幕后所为。

由此来看，张民达受命刺杀程璧光，也就不奇怪了。关于此，黄梦熊进一步证实说：

> 程璧光被刺死后，有张民达等，亲自出马承认是他指使黑鬼宋（诨名）亲手执行，事前，他曾面告孙中山先生，程璧光西上邕宁系游说陆荣廷倒军政府，非杀不可，孙中山先生无言，认为孙中山先生默许，故使黑鬼宋执行，他虽自吹自擂，当时军政府中人，疑他别有作用。[1]

黄梦熊的说法是，刺程案中，张民达是指使者，具体实施则由"黑鬼宋"所为。查黑鬼宋真名宋绍殷，是檀香山华侨，早年加入兴中会，当时在粤军第二师八旅担任机枪营长，善使各种枪械。和所有的政治刺杀一样，刺客们需要一个理由来支撑自己的行动，张民达给出的理由是：程璧光来粤不久，就到广西去拜访陆荣廷，商谈如何搞垮广东护法军政府，这种行为不能容忍，所以该杀。

此外，黄氏所说"孙中山先生无言，认为孙中山先生默许"，太令人玩味了，历史上许多政治人物被杀，不都发生在这种阴差阳错情形下么？

时光再走若干年轮（1962），原国民党高级军官许让玄在一篇

---

[1] 黄梦熊：《大元帅府见闻》，载《文史资料存稿选编：东征北伐》，366页。

短文中，也透露了程璧光被刺的一些内情。据他在《程璧光被杀内幕》一文中说，孙中山部下谋刺程璧光，是因为其"意志动摇，想把来粤护法的北洋海军，北归投降北洋军阀政府"。所以，受命于朱执信，张民达才来广州组织暗杀团，训练杀手使用手枪和炸弹，专以刺杀程璧光为目的。许氏在粤军第十八团任排长时，恰与刺客之一李汉斌相识：

> 执行暗杀程璧光的是广东兴宁县人李汉斌。他用二号左轮手枪，在广州长堤海珠码头窥伺程璧光赴海珠海军司令部办公时，把程璧光杀死。李汉斌达到目的后，将手枪甩掉在海珠码头地上，乘乱混入人群逃脱了。……上述的事是1923年我与李汉斌同在张民达的粤军第十八团同事时，他在江西北伐行军中亲自对我说的。[1]

许让玄虽资历深厚、持论有据，但毕竟属于"孤证"。无独有偶，护法时期在孙中山身边担任高级幕僚的罗翼群，也以当年的亲历亲闻，揭开了刺程案的一角。据罗氏回忆，护法战争期间，他在援闽粤军第二支队许崇智部任参谋长时，军次蕉岭，有天罗立志、张民达二人偕两青年前来投效，罗翼群向许崇智介绍了罗、张的详细情况，许即同意将两人委为司令部委员，同来的两个青年萧觉民、李汉斌也得任差遣。由此，罗翼群了解到这几个人在刺程案中所起的作用：

> 其后，我在军中偶与张民达闲谈，张始透露出当时受朱执

---

[1] 许让玄：《程璧光被杀内幕》，载《文史资料存稿选编：东征北伐》，407页。

> 信命布置行刺程璧光之经过，并谓当日（二月二十六日）下手刺程者即萧觉民、李汉斌两人。后数年，曾有人对我谈及，刺程时系三人下手，除萧觉民、李汉斌外，尚有一个名宋绍殷，诨名黑鬼宋……[1]

罗翼群在文中清楚指出了萧觉民、李汉斌加入粤军许崇智部的时间，即1918年3月初旬，这正是程璧光被刺不久。显然，萧、李顺利完成任务后，风声正紧，一方面要应酬其功劳，另一方面还需安排工作，而军队是最安全的藏身之地了。此外，罗氏提到除了萧、李，刺客还有诨名黑鬼宋的宋绍殷，这与黄梦熊的记述相符。宋在孙中山第二次开府广州时，得任两广盐务缉私处副主任等职，1923年病亡，葬于广州黄花岗附近的兴中会坟场。

这页历史的奇诡之处在于，当年参与实施刺杀程璧光的几个人，日后均死于非命。朱执信在1920年为驱逐桂系军阀，只身赴广东联络民军，被刺杀于虎门。张民达在北伐战争中历任团长、旅长后，擢升至粤军第二师师长（该师参谋长为叶剑英），1925年于东征途中在汕头湘子桥翻船而亡，年仅四十岁。两名刺客，也都死于孙中山发起的第二次护法运动：在张民达部手下担任掌旗官的李汉斌，驻扎安远县附近茅店圩时，因口角之争被勤务兵枪杀；不久，已升至第二师团长的萧觉民，在东路讨贼军与陈炯明粤军的战斗中，阵亡于惠阳永湖。

程璧光被刺后，护法运动立即跌入低谷，排斥孙中山的暗潮很快浮出水面：1918年5月18日，广州非常国会在"保持护法之

---

[1] 罗翼群：《有关中华革命党活动之回忆》，载《广州文史资料》第十一辑，内部发行，1964年，34—35页。

统一与发展"的名义下,通过《修正中华民国军政府组织大纲》,宣布对护法军政府进行改组。改组的核心就是取消大元帅制、实行首领合议制,换言之,让孙中山下台。随后,在西南军阀主导下,议员们选举唐绍仪、唐继尧、孙中山、伍廷芳、林葆怿、陆荣廷、岑春煊为总裁。这七人中,只有第一舰队司令林葆怿、桂系政治领袖岑春煊是新面孔,其余都是原大元帅府的阁员。显然,这次不流血的政变,旨在将孙中山驱出粤省。

5月21日,孙中山悄然离开广州,前往上海。同一天,程璧光的灵柩也由广州启运上海,巧合中仿佛暗含着一种命定。在辞职声明中,孙中山表达了对桂系、广东地方政府及海军的愤慨与失望,也宣布了第一次护法运动的终结。声明指出:"南与北如一丘之貉。虽号称护法之省,亦莫肯俯首于法律及民意之下。"[1] 他难以言说,导致护法失败的另一个原因,是护法运动发起者之一程璧光的死。

三年之后,孙中山以锲而不舍的精神卷土重来,在广州成立中华民国政府(1923年改组为中华民国海陆军大元帅大本营),拉开第二次护法的大幕。出于前车之鉴,孙氏就任非常大总统后全力以赴的一件事,便是将桂系势力驱逐出广东,并亲自策划用武力夺取了第一舰队。可见程璧光之死,在他心中留下的阴影还未消散。此时,原海军司令部所在地海珠岛已辟为公园,并竖起了一座高大的程璧光铜像。孙中山每每经过这里,内心中一定五味杂陈。

---

1 孙中山:《辞大元帅职通电》(1918年5月4日),载氏著《孙中山全集》第四卷,471页。

消逝的恩仇

李准与广东革命党

香港李直绳先生鉴：粤省光复，公树伟功。从前公仇，一概消释。

——黄兴

阴影袭来

一个巨大的阴影正在向广东水师提督李准逼近，他早有所闻，但此时并未察觉。

这是辛亥年（1911）农历闰六月十九日，一个看起来平淡无奇的正午，李准（号直绳）乘坐八人抬大轿，在数十名兵勇护卫下，从广州城外天字码头的水师行营，浩浩荡荡进入大南门，去参加两广总督张鸣岐召集的文武官员会议。这年李准四十岁，充任广东水师提督已六年有余，作为地方高级军事长官，官从一品，在粤省地位仅次于张鸣岐，称得上封疆大吏，威震一方。

按清代官制，在全国设陆路提督十二名，水师提督三名，其中水师在福建、广东、长江分设行营，管辖本区的江海防务。而广东沿海浩渺无边、沿江水域广大，水师提督一职，尤其显赫重要。但这样一来，李准也便成了革命党人的眼中钉。

午后的广州城闷热如笼，李准坐在加顶藤轿里，官服正襟、心绪缭乱，更觉得酷暑难忍。如果他能从空气中嗅出近来粤省到处弥漫的革命味道，进而联想到无处不在的手枪、炸弹，就一定会汗流浃背了。

在开道锣声中，这列轿从大南门内的双门底，转入一条熙攘大街时，随着"轰"的一声巨响，硝烟骤起，李准应声从轿中扑出。他在梦里常常看见的那种血淋淋场面，终于在自己身上发生了。按照官方描述，李与手下行至双门底时，"突有匪徒在路旁用炸弹向该提督抛掷，致伤李腰际等处，并伤及随从十余人"。[1]

革命党人制造的这一幕，振作了岭南的反清形势，也改变了李准的后半生。

自光绪三十一年（1905）四月，李准受到慈禧太后召见，谕令署理广东水师提督，他统带水师、巡防营，维护海防、平定内乱，在粤省地盘上威名大振。为了报答朝廷恩宠，他对反清革命也不手软，率部先后参与扑灭孙中山、黄兴等发起的潮州黄冈起义、广西钦廉防城和钦廉上思起义，及同盟会在广州策动的燕塘新军起义和黄花岗起义，与党人结仇既久且深。这一情形，可从当时舆论中得到证实。有一篇文章指出，在清廷眼里，李准"忠勇可倚，前后剿获革党，不下百余，举凡城内外县，变动之处，皆由李准一手追杀。故革党恨李准，谋杀李准，亦最用深心"。[2]

就在三个多月前，即辛亥年（1911）农历三月二十九日，黄兴率领一百多同盟会会员攻打广州城内两广总督署。李准督带水师配合巡防营，堵截追杀起义者，举事党人几被剿灭，事后收殓

---

[1] 《两广总督张鸣岐为李准被刺事致内阁电》（宣统三年［1911］闰六月十九日），载《孙中山与广东——广东省档案馆库藏海关档案选译》，717页。
[2] 作者不详：《击李准》，载《丽泽随笔》1911年第9期，7页。

埋葬在城外黄花岗有名有姓者,就达七十二人。如此累累血债,革命党人能不复仇乎?几个月后李氏当街被刺,就是香港同盟会所属"支那暗杀团"蓄谋已久的报复行动。用李自己的话来说:"党人经此失败之后,恨余尤甚,在港宣布余之死刑而暗杀焉。"[1]

关于案发现场情形,总督张鸣岐在致北京内阁的电报中称,爆炸发生后,李准受伤,但"该提督即时力疾督率护卫弁勇上前捕拿,匪徒仍连掷炸弹二枚,并施放手枪向该提督轰击。该提督亲自跃登屋顶与匪相持,当场格毙匪徒一名,并经巡警拿获陈敬岳一名"。[2]

同盟会背景的上海《民立报》,捕捉新闻向称灵敏,根据内部消息,次日就刊发了一个专电:

> 今日午刻水师提督李准自行辕出行未远,忽值炸弹爆发,当时护卫等即拥李回辕,闻伤甚重。
>
> 轰炸李之际即有卫队会同巡警拿获三人,当场格毙,一面搜查余党,立将城门关闭,迨时复开。
>
> 午后五时,得提辕信,李伤势虽重,可保无恙,惟官场恐慌殊甚,加派兵警,沿街巷均随时密查。[3]

另外,北方大报《顺天时报》两天后也刊发了"广州来电",但显然它的消息来源有点问题。比如说李准是"被革党用小枪向其腰

---

[1] 李准:《李准自编年谱》,载氏著、王国平整理:《李准集》,南京:凤凰出版社,2022年,98页。
[2] 《两广总督张鸣岐为李准被刺事致内阁电》(宣统三年[1911]闰六月十九日),载《孙中山与广东——广东省档案馆库藏海关档案选译》,717页。
[3] 《本报专电》,载《民立报》1911年8月14日(农历闰六月二十日)。

部及腕部狙击,当时护兵奋勇防护,击毙党人三名",并称省城秩序一切正常云云。[1]

关于刺客情况,官方报告说是格毙、拿获各一名,《民立报》则称"拿获三人,当场格毙",《顺天时报》也载"击毙党人三名",所述不尽一致。国民党党史史料编纂委员会编纂的《革命先烈先进传》《革命人物志》等记载,被称作"执行员"的刺客共三人,其中林冠慈死难、陈敬岳被捕、潘赋西逃走。李准自述中,则称自己除了击毙林冠慈,还打死了林的另外两个同伙。几方面说法各自表述了一部分事实,并非真相的全部。

行刺李准,及这次行动的酝酿、筹备和实施过程,是一个曲折复杂的故事,背后掩藏着形形色色的人物。报纸从街谈巷议中搜集整合出来的消息,不过揭示了冰山一角,最大的知情者还是官方。地方发生重大案件,最高军政长官须在第一时间向朝廷奏报详情、请示机宜、听候裁夺。那么广东官府是如何处置此事的呢?

在向北京内阁总协理大臣、军咨府及海陆军部的报告中,张鸣岐详述事件始末后,着重谈了李准的伤势:

> 鸣岐闻信后立即遣派勇队前往救护,一面邀该提督(按指李准)回至城内水师行署赶延西医施治,并亲往看视。该提督腰际受伤甚重,血流如注,衣褥尽赤。经西医检视,伤损及骨。随在受伤部位剖入数寸,取出炸弹铁皮一块、碎骨少许。据西医云,伤势虽重,幸非要害,医治可望得手。鸣岐与之接谈,该提督犹能将捕情形,历历追述,神志极清,当不致有意外。

---

[1] 《提督李准之受狙击》,载《顺天时报》宣统三年(1911)闰六月二十一日(8月15日)。

在张鸣岐的报告中，行刺李准"匪徒"仅两人，且当场"格毙捕获"，全部解决。对于炸弹手枪从何而来，略未涉及。至于李准为何要"跃登屋顶与匪相持"等关键情节，更未一语。

除了重点禀报李准伤势，表明未击中要害，张氏的报告对案发过程也轻描淡写。给人的感觉是，这是一次偶然发生、针对李准个人的意外袭击，于广东大局无碍，与革命党的活动关系不大：

> 伏查该提督此次经受重创，犹能奋不顾身，亲自格毙匪徒，勇气实异寻常。现值地方多事之秋，正赖将士用命，可否仰天恩传旨慰问，以励戎行，出自鸿施逾格。至此次事变，虽出仓猝，幸当场已将匪徒格毙捕获，人心勉可镇定。除仍严饬兵警查明此次行凶有无余党，认真究缉，并将近日地方详细情形另电奏明外，乞代奏。[1]

如此官样行文、消解危机，实与粤省政局和张、李二人关系等有很大关联，暂按下不谈。

有意思的是，在《李准自编年谱》中，事情经过则没有这么简单。他力图表明，当时自己不甘做任人刺杀的目标，在爆炸发生后迅速还枪反击，打死了刺客林冠慈，语气中大有好汉不提当年勇之慨。接下来，李氏笔下展现的这一幕，俨然现代枪战片的发轫，他本人则成了上天入地、无所不能的好莱坞版晚清英雄：

> 其时街心地上之石板为炸弹炸裂，地下自来水总管子亦

---

[1]《两广总督张鸣岐为李准被刺事致内阁电》（宣统三年［1911］闰六月十九日），《孙中山与广东——广东省档案馆库藏海关档案选译》，717 页。

消逝的恩仇　　257

炸裂，水石泥土横飞天际，烟焰障天，对面不见人。而对面文玉堂书铺楼上似有人自高射击，弹掠余头而过，乃起而上天台，抚铁枝而上，直登屋顶于瓦面屋脊上，尚见有两人假充修电话线工人形状，踞电杆之横铁上持炸弹下视，作欲击状，不知余已登屋顶也。余持自来得手枪遥击之，二人下坠而炸弹发矣，响声极大，血肉横飞，肚肠挂电线上，盖此二人已为炸弹粉碎矣。其城厢内外兵队云集，枪声不止，余下令停放，奈济军不谙号令，仍不肯止，再三呼喊，始停放焉。

在再现交战中各种细节的同时，李准顺便把自己描写成了重伤不下火线的硬汉：

及由瓦面下至平台砖地上，见鲜血顺瓦沟流至砖地，凝结至数分厚矣。察看再三，始知手腕及腰际受伤颇重，以兵士之裹脚布及包头以裹之，而血仍不止。缘梯而下，点查随行之人，死伤二十有三，分别医埋。余仍步行，从双门（底）往北而行，沿街铺户均已关门。余一路仍呼各铺开门，照常营业。及行抵藩署，把门之兵士亦不识余，不知当时余作何状也。[1]

李准的记述虽详尽细致，但用语夸张，如同演义，颇多自诩成分，且编写年谱时，已事过多年，也有回忆不确之处。唯从中可知，革命党共三人死，李之卫队死伤二十三人，此种大规模杀伤，绝非林冠慈一人抛掷炸弹所致，现场应该有多名党人相助。

---

1 李准：《李准自编年谱》，载氏著，王国平整理：《李准集》，99页。

对于李准自述其好汉行为，前引《丽泽随笔》所刊《击李准》一文也质疑说：炸弹爆炸后，李被击中左手，并伤及右肋下，深二寸余，"当时人见其面无人色，经兵众扶入藩署养伤，窃恐性命不保；广督奏李准上房对战，当是文章之套"。[1]

李准虽不知究竟有多少革命党参与了此次行动，对这声爆炸所包含的意味，对革命党人恨他入骨的原因，却都是心知肚明的。只是没有料到，复仇之火来得这样迅速，燃烧得如此猛烈，险些要了他的命。

刺客画像

同盟会冒巨大风险、花许多经费，经营了几个月，以多名同志死伤的代价，仅刺伤了李准。这看起来功败垂成、益不抵损，但此举造成的影响，远在其上。

谋刺李准一事，从革命党人于农历三月二十九日之役（黄花岗起义）失败起，就已拉开了帷幕。黄兴等幸存者逃回香港后，欲为死难同志报仇，除张鸣岐、李准而后快。同盟会地下组织"支那暗杀团"也是这时候活跃起来的，他们招募死士，装配炸弹，分为若干小组，往来于香港、广州间，寻找动手机会。据参与行动的同盟会会员郑彼岸回忆，他们在城郊龙眼洞准备炸药，并在珠江南岸的长胜里顺和隆机器厂定铸了弹壳三十八具，用来制造各式炸弹。张鸣岐深居简出，不易下手，于是党人专谋李准。时隔不久，就得到一个线索：黄花岗之役后，兵勇们清理战场，拾得一枚炸弹，督练公所总参议吴锡永上前踢了一脚，不料

---

[1] 作者不详：《击李准》，载《丽泽随笔》1911年第9期，7—8页。

弹炸，伤其左足，乃入长堤韬美医院治疗。这期间李准曾来探问伤情，暗杀团成员李熙斌闻讯即托病入院，寻机阻击，但机会转瞬即逝。[1]

不久，党人又得到情报，李准下令备船，将往顺德一带办理清乡。刚从南洋回国的暗杀团成员陈敬岳得知，立刻采取行动。他乔装成乞丐，以竹筐藏炸弹，提前到顺德守候，白天求乞，夜则宿于破庙。但李准此行始终没有登岸，故未能得手。[2]

陈敬岳是广东梅州人，年少时崇拜古时游侠，早年遍历南洋各岛，落脚在槟榔屿，后来以设帐授徒为生，并加入同盟会。这次应召谋刺李准，已四十四岁，他出自民族感情，愤于汉贼助清、屠杀同胞，才挺身而出。据记载，陈归国后，曾向海外同志报告详情，由此可看出，当时以他为中心形成了一个严密的组织网络：本欲设机关于省城广州，因"随带禁物及各炸料颇多，恐有失误"，"刻下省垣附近奸探密布，耳目众多，颇难驻足"；况且"所领队中有二三团友，未曾到过省垣，恐形迹可疑，诸多不便"，寻觅再三，最后把机关设在城外河南瑞仁大街附近。

当时，李准的办公场所水师提督衙门设在长堤天字码头东，居所则在城内天平街。经过多日侦查，暗杀团决定在两处中途实施阻击。具体任务由广州同盟会主盟人高剑父主持，执行员分为两组，林冠慈、赵灼文在城内，陈敬岳、潘赋西在城外，各自见机行动。

作为刺李行动中的关键人物，陈敬岳一开始独自行动、志不得达，乃与林冠慈、潘赋西所在的"支那暗杀团"联合，才出现

---

[1] 郑彼岸、何博：《暗杀团在广东光复前夕的活动》，载《广东辛亥革命史料》，广州：广东人民出版社，1981年，82页。
[2] 《陈敬岳炸李准被捕就义之经过》，载《革命先烈先进传》上集，198页。

轰炸李准的壮烈一幕。郑彼岸谙知内幕,也很了解陈在行动中的具体细节:

> 陈敬岳在城外,载两弹于木制小箱内,由长堤尾追李准至大南门口。闻巨响,知林冠慈已行动,便折入育贤坊至圣庙门前,但因不识路,东西乱跑,且兼剪发西服,为警察郑家森所疑,潜其后,竟被执。敬岳虽受严刑质讯,至死不屈。[1]

按郑彼岸所述,行动这天,陈敬岳尾随李准至大南门时,还未接近,林冠慈已经动手,可惜的是,陈在撤退途中,因不熟悉广州城内道路,且紧急状况下应对失当而不幸被捕。

其后,由张鸣岐、李准会审定案,陈敬岳被判十年监禁,收押于海珠监狱。同年11月7日,即广东光复前两日,他被巡防营首领李世桂斩杀于猪山头兵营。及革命党进占广州,捉李世桂,愤而杀之。

狙击李准那天,与陈敬岳同在大南门外的,还有执行员潘赋西。他带着一只摄影镜箱子,内藏两枚炸弹,正在相距不远处守株待兔,听见爆炸声,料想同志中已有人得手,乃按照约定,迅速出城。接着径至天字码头,雇一小艇渡河,途中投镜箱于水中。返回香港复命时,才得知陈敬岳被执,林冠慈已当场就义了。

林冠慈别名阿庸,这年二十八岁,少年时代曾来广州谋生,在基督教会的福音船上学习驾驶,以后还乡务农,加入了同盟会。设在香港摩士忌街的"支那暗杀团"机关,活动保密,团规颇严,

---

[1] 郑彼岸、何博:《暗杀团在广东光复前夕的活动》,载《广东辛亥革命史料》,83页。

新入团者须经过最少一月考察，才被正式接受。林不仅经得起这种检验，而且被批准担当执行员，其忠诚与果敢，自不待言。与他同时进入"支那暗杀团"的郑佩刚回忆：

> 林阿庸是顺德农民，自幼曾饱受官兵敲诈、凌辱，满怀愤恨，常思反抗，恨无实力，高剑父在乡下进行革命宣传教育，发展组织时，阿庸受到启发，就离家跟剑父到香港，加入了"支那暗杀团"，住在团部，担任勤务工作。阿庸对思复帮助很大，因为刘手已断，生活方面诸多不便。阿庸身材高大，豪爽乐观，我初见他是在辛亥初春，他闲时喜欢吹口琴和唱基督教赞美诗。我曾笑问他是否基督信徒，他摇摇头，说在乡间常听基督教徒布道唱诗，学识几首罢了。[1]

按文中提到的刘思复即刘师复，是"支那暗杀团"团长，也是同盟会中倡导暗杀最有力者。两年前他因谋炸李准，在广州凤翔书院装配炸弹，失慎爆炸，失去一臂，被逮后多方具保，始被开释。高剑父为广州同盟会盟主、画家，曾参加三月二十九之役，死里逃生，是暗杀团中的"教父"。他们发展林冠慈入暗杀团，又亲自将其送上赴义之路，分手时十分伤感。林从香港赴广州执行任务前，刘、高照例问他有何遗嘱，林慷慨言曰：

> 我以身许国，所系念者惟老母耳。有长兄在，想能侍奉尽职。但我死后，请勿使老母知之，以伤其心。[2]

---

[1] 郑佩刚：《刘思复之暗杀活动》，载《纪念辛亥革命七十周年史料专辑》（上），广州：广东人民出版社，1981年，18页。
[2] 《林冠慈传》，载《革命先烈先进传》（上集），194页。

刘、高诺之。林冠慈领任务赴省后,每天与陈敬岳等人分路侦伺张鸣岐、李准的行踪,其间几次与之擦肩而过。农历闰六月十五日(公历8月9日),林正蹀躞于永清门外仓前街,遥见张鸣岐仪仗隆隆、充塞街市,他急忙趋前,但张乘坐的肩舆已过十数丈,追之不及。到十七日,又逢李准出城,因距离较远,未及投弹。这天林冠慈回到机关,曾对同志说:"机会尽多,所恐者投掷不准确,使民贼漏网耳。"[1]可见其临事审慎、从容不迫之态。到十九日得到李准将赴督署的情报,林冠慈以为这次志在必得,乃将两枚炸弹藏于茶篓中,于午前早早出门,来到双门底一家制衣铺守候。虽知此次必死,出门前却没有留言。前述郑彼岸回忆中,也有一段对现场的还原文字:

> 是日下午一时许,李准肩舆行至双门底,林冠慈立在怡兴缝衣店门前等候,伪为购衣,待坐舆直至店前,林冠慈即将二枚重一磅半的炸弹掷准,只闻轰隆二声,李准即在轿内扑出,胸部双手俱受重伤,断肋骨二条,轿前后卫队死伤二十余人。但林冠慈亦因额上中弹,当堂就义。[2]

林冠慈额上中弹,这一枪是谁打的?如果李准确实已受重伤、无法还击,林之死则有可能是卫队乱枪所致。其后,林的尸身为官府所得,验明正身并照相后,秘密掩埋。彼时照相皆委托私馆,《林冠慈烈士传》记载:"数日后,同志于某影相店,购得烈士就义后遗像,一目闭,口合,无丝毫苦状。倚一木柱,辫发缠于柱

---

[1] 李熙斌:《林冠慈烈士传》,载卞孝萱、唐文权编:《辛亥人物碑传集》,91页。
[2] 郑彼岸、何博:《暗杀团在广东光复前夕的活动》,载《广东辛亥革命史料》,83页。

上,其右目之上有血痕一条,流至颊下,弹盖于此穿入脑中,致命伤也。"

刺杀李准一幕,就此结束,但余波并未休止。事情的发展,正如两位舍生取义的志士所期待的,他们以性命为代价,拼出了一个新局面。几声轰响之后,广州的形势转变了,李准的命运也被改变了。

昔日飞扬跋扈的水师提督抚伤自怜,回想在慈禧太后关怀下,在包括张之洞、李鸿章、岑春煊、袁世凯等各级上司的培养下,自己快速成长的历程,不免感慨系之;但是痛定思痛,看看天下大势,反清革命来势凶猛,清王朝前景不妙,心中又感觉一片空虚。

官场生涯

据李准《任庵自编年谱》,同治十年(1871)二月,他出生于四川邻水县柑子铺一个大户人家,少时在家从祖父训读,六岁那年,父亲李徵庸考中光绪丁丑科(1877)进士,经过钦点签分,得任刑部学习主事。又过十年,改任广东河源知县,这才将一家老少接到任所团聚。这是李准与粤省结缘的开始。以后多年,他父亲一直在广东当官,历任香山、南海、揭阳知县。李准到广东时,已十七岁,随同其父在任职各县的衙门里读书,但并不刻苦,对背诵《日知录》、抄写《说文解字》之类不感兴趣,唯喜欢篆刻及北魏书法,以及赏玩花卉虫鸟、研究照相术,显示了一个纨绔子弟的文化追求。在此期间,他连续三年赴京师参加顺天府乡试,屡次不中,均落第而归。

父亲无奈,在光绪二十一年(1895年)为李准捐了一个同知

（知县级），把他送到广西布政使黄植庭幕中，充当见习文案；不到一年，又投到湖广总督张之洞帐下，协助办理赈捐。这时李准已二十五岁，是三个孩子的父亲了。

李准读书不成，到了湖北后，在办理赈捐这件事上却表现出了过人才能。有清一朝，向来捐例繁杂，不少能吏也视此为难事，莫能言其究竟。李准到任后，推出了一项创新之举，便是将各项新旧事例、大小花样条分缕析，并分门别类录列为表，石印散发给持捐者。这么一来，使人一目了然，纳捐的积极性明显提高。张之洞对此赞不绝口，又派李准赴香港、汕头各处劝捐，李父在粤省做官多年，素有人脉，所以他一个多月就募得十余万元。张之洞认为这个年轻人才具优长，且实心做事，乃保奏为知府，留原省补用。

李准善理赈捐之名，由此而起，不久四川、直隶等省有关部门也委任他办理劝捐。事毕后，督抚们照例加以保举，得到皇上传旨嘉奖：李准着以道员资格录用，发往广东充任钱局提调，兼任海防善后局提调。这两个职务都是与钱打交道的，很容易结交上级，飞黄腾达。光绪二十六年（1900），即他二十九岁这年，正式升迁为广东厘金局总办（省税务局局长），获得了入仕以来的第一个实职。

与此同时，李准父亲的官也越做越大，这一年，李徵庸因捐助京师蜀学堂经费二万两，朝廷赏赐头品顶戴、三品卿衔，钦差督办四川矿务商务大臣，官至今日的副部级了。同年，恰逢李鸿章出任两广总督，李徵庸与这位朝廷重臣素有交情，于是携子谒见，请求予以关照。此时，随着对外贸易增加，粤省各江商船来往频繁，而匪徒常在沿岸开枪截击，虽有兵船提供保护，但并不奏效。李鸿章见李准生得英武强悍，说话麻利干脆，于是也不含糊，委以广东巡防营统领，亦即省民团司令，令其兼巡各江水师，会同办理营务处，进一步筹措资金，用于训练防营、添造舢板，加大剿匪力度。

这是李准"弃文从武"的第一步，也是他进入广东水师的先声。

光绪二十八年（1902），李准家里请来一位教书先生，便是后来到北京刺杀摄政王载沣的汪精卫。此时汪氏学名汪兆铭，刚满十九岁，上年先后在番禺县试中得第三名、在广州府试中取为案首（第一名），获秀才头衔，尚未结交革命党。广州知府龚仙舟十分赏识这个英俊又有才气的少年，当李准为其子女物色授读古文的家庭教师时，龚热心地推荐了汪。李家每月致薪金十元，逢年过节另有馈赠。汪精卫上几代都是做师爷的，家里并无遗产，加上父母早亡，其学生时代的衣食住行等费用，都由在两广总督署中办文案的长兄汪兆镛供给。教书两年时间，他积下数百两银子，可见李准所付薪金很优厚。到光绪三十年（1904）冬，广东省获准保送十五人赴日留学，派赴东京法政大学，汪精卫名列其中。李准想不到，他付给"子曰先生"汪精卫的脩金，成了其走向革命道路的"第一桶金"。

光绪二十七年（1901），李徵庸去世，朝廷下旨"追赠内阁学士衔，照侍郎出差，积劳病故例，从优赐恤，谕赐祭葬"，可谓优遇。新任两广总督陶模到省后，对李准独加青眼，仍令其统领全省各江水师、兼管广东义军，限期在辖内驱逐海盗、清除匪患。此后数年，李准率领水师及巡防营奔波于股匪出没、会党盛行的肇阳、罗定、高州等地，追剿加上收抚，成效显著。特别是他通过发动群众、明察暗访，并亲自率队围追堵截，最终生擒了恶名昭彰的盗匪首领李北海和林瓜四，显出这方面的天资。这是广东剿匪工作多年来少有的好成绩，督署一边大事嘉奖，一边将李的军功奏报朝廷，不久得到上谕："李准着交军机处存记，遇有道员缺出，请旨简放，并赏给'果勇巴图鲁'名号。"[1] 也就是说，如有相当于今厅局级的官缺，要优先考虑李准。

这意味着，李准就要时来运转。到了光绪三十一年（1905年）春天，他扶柩回川葬父时，接到川督八百里加急公文，内载军机处紧急通知："奉谕旨：李准着迅速来京，预备召见。"李乃买舟兼程由上海赴京。原来，因北洋大臣袁世凯、两广总督岑春煊保举，西太后和皇上要面试他。晚清时代，官员保举制日渐成熟，皇太后在召见臣下时，常问"有无可保之人？"，大员们也根据自己所了解的情况，向两宫举荐下级官员，这些已成定制。袁、岑举荐李准，皆属尽职履责。

据李准在《李准自编年谱》中云，召见于农历四月十五日在颐和园的仁寿殿进行，当天上午共两起，李准为第一起，袁世凯的表弟刘永庆为第二起。李在仁寿殿跪对的时间将近四刻，大部分是慈禧太后问话，语多家常内容，涉及公务很少，这是其考察官员的特有方式。光绪帝则沉默不语，这也是他在召见活动中的一贯表现。看来宫中办事效率很高，据李准回忆，他退出颐和园后，乘车回到城内，约莫十一时，即奉到军机处传达上谕："本日召见存记，简放道李准着开去道员，记名以总兵用，署理广东水师提督。"[2] 也即李准被免去道员，改任武职，级别为总兵，职务为署理广东水师提督（代理广东海军司令）。刘永庆则赏给侍郎衔，代理江北提督。

按清代官制，水陆提督一职，历来从立有军功的武将中选任，

1　李准：《李准自编年谱》，载氏著，王国平整理：《李准集》，42页。
2　李准：《李准自编年谱》，载氏著，王国平整理：《李准集》，54页。

李准、刘义庆都是道员出身，不谙行伍，又未经历大规模的沙场征战，如何能做武将军呢？从表面上看，这显现出大清江山到了光绪末年，运数将尽而秩序先乱，已顾不得什么祖宗老规矩了。但以时代而论，何尝不是统治者与时共进的一种选择呢？《国闻备乘》列举了包括李准在内的例子，感叹打破文武界限之举对官场文化的冲击：

> 刘清由文臣起家，官至山东盐运史。临清盗起，自请以武职提兵杀贼，遂改总兵。张曜为布政使，言官劾其目不识丁，亦改总兵。当时诧为异数。自岑春煊荐道员李准为广东水师提督，袁世凯荐道员刘永庆为江北提督，徐绍桢、黄忠浩皆以道员擢总兵，而文武之界破矣。[1]

文中所举的几个例子，都是清史上弃文从武的政坛模范人物。刘清于嘉庆十七年（1812）授盐运使，次年自请将兵，改任山东登州镇总兵，以平定地方民乱而有名。张曜于咸丰十一年（1861）授河南布政使，被参后降为总兵，在僧格林沁手下镇压捻军，屡建功勋，后来又升任山东巡抚。徐绍桢、黄忠浩各在南京、长沙统兵，辛亥革命中，徐率部起义而任江浙联军总司令，黄则在岗位上为清廷尽忠而死。相比之下，李准的命运没有大起大落，却多了一些别样的恩仇。

这次赴京，李准遍谒各军机大臣于私邸，扩大了人脉。特别是和把持朝廷军机的第一大员那桐拉上了关系，并且这位"那大人"非常赏识他。《那桐日记》载：

---

[1] 胡思敬：《用人不分界限》，载氏著《国闻备乘》，81页。

又广东署提督李准来拜,号直绳,四川人,李铁船京卿之子,丁卯丁丑乙酉年侄也,人精明果敢,洵奇材也。[1]

夸奖李准"精明果敢",才具不一般,这是朝中大员给予的高度评价,对他继续升迁至关重要。

果然,到了六月份,李准转回广东不久,朝廷电传上谕又至:"广东南澳镇总兵着李准补授,仍着署广东水师提督。"这意味着他正式被提拔为总兵(相当于后来的中将),并代理广东水师提督,成为粤省第二号军政人物了。

得此重任,李准对朝廷感恩戴德,正当乱世之秋,两广是孙中山所领导的兴中会的摇篮,也是同盟会成立后发展壮大的根据地,反清革命此起彼伏。李准统领广东水师数千人马,对于朝廷谕命,无不遵从发挥,几年之间,镇压大小起义十余起,在声震东南沿海的同时,他也成了革命党的追杀对象。

欠下血债

李准主持粤省军事后,被革命党人记入"生死簿"者,有三宗罪。一为镇压1907年潮州黄冈起义。是役,他调集吴宗禹、隆世储、李耀汉、邓瑶光、王有义等巡营,分乘军舰伏波、琛航及商船致远、广利,进逼潮州,解救围城之困,杀死同盟会组织的会党数百人,仍不甘罢休。夺取黄冈后,他又率部追击革军余党,直到福建诏安、云霄境内,才肯班师回粤。二为平定同年发生的

---

[1] 北京市档案馆编:《那桐日记》上册,光绪三十一年(1905)四月十八日条,北京:新华出版社,2006年,536页。

广西钦廉防城起义。黄兴等革命党人起事后，李准调集广大号等快船运载大队新军开往北海，会同清军郭人漳部，一起开往廉州、钦州弹压，其间他亲自率队与起义军七八千人，激战于两广边界的太平墟，击毙、生擒大量起事者，又围堵退入十万大山的余党，诛尽杀绝。三为扑灭1910年的广州燕塘新军起义。兵变发生后，李准即用无线电台飞调在外巡防的亲军各营，星夜回省，并挑选上千兵勇组成敢死队，在广州东郊牛王庙猫儿岗，会攻新军大队人马。当时革命党人倪映典、罗帜扬等出与李准谈判，欲拥其为首领，共同革命，李不予理睬，听任部下杀死倪映典等官兵数十人。

新军系招募训练而成的新式军队，广东仅编成两个标（团），平日与旧防营矛盾很深，这次遭李部残杀后，兵员溃散，十一个营仅余四营；而李准犹不罢休，为了报复而下令烧毁新军营房，迫使大量官兵逃亡香港，后被同盟会收容。消息传到省外，影响颇大，朝廷内部也有人看不过去。都察院御史陈善同起折参劾李准，说他狡诈贪暴、行为不轨，手底下的兵比土匪还坏，并列举其贿买差缺、营私舞弊的例子，表明粤人对其恨之入骨。在谈到追剿广州燕塘新军一事时，这位御史更痛心疾首：

> 此次新军之变，李准实躬亲督剿，事发之时，真正革党不过数人。乃李准意在邀功（，）纵勇混杀，遂令数年训练克期成镇之新军十一营，伤毙逃亡几于净尽。仅余四营不满千五百人，将来成镇又在何时。且正月初三日巨魁就歼、乱兵尽逃之后，竟于其夜纵令防兵放火，将国家百数十万金所经营之营房衣械，先后同付一炬。

按其所说，广东新军兵员遭伤毙逃亡、营房被付之一炬，不能按计划像南方其他省一样训练成镇（师），罪魁祸首就是李准。在奏折中除了要求"简派公明廉正大员，按照以上各节认真查办"李准外，陈御史还弹劾新任两广总督袁树勋偏信李准，应负有连带责任，不能逍遥事外。[1]

此奏折递入宫内，并未受到重视。李准干得虽有些过火，毕竟是为朝廷卖命，哪能动不动就"请旨严惩"呢？此时的东南半壁，革命党屡屡起事，朝廷需要的就是李准这样实心干事的爪牙，哪会认真处理他呢？为敷衍言路，乃下旨交部议处，结果总督袁树勋与李准同时"革职留任"，但对李准又"格外加恩"，予以宽免，让他继续统制广东水师。这表明朝廷对其所作所为是认可的。

有道历史是多面的，历史人物也是杂色纷呈的，李准亦不例外，若在其一生中列出几件值得称道的事，第一个便是在宣统元年（1909）四月受命视察西沙群岛、宣示主权。当时，他受两广总督张人骏派遣，带领海军官兵及化验师、工程师、测绘员、医士等一百七十余人，分乘伏波、琛航、广金三艘军舰，前往西沙群岛巡视勘查。在岛历时二十二天，查明岛屿十五座，一一刻石命名，大部分岛名使用物产、军舰及同行各官籍贯的名称，其中"邻水岛"出于李准故乡。这些岛名沿用至今的有甘泉岛、珊瑚岛和琛航岛。其后，他们在西沙岛上升旗鸣炮，公告中外，声明南海诸岛是中国领土。巡查中，李准一行广泛采集物产标本，带回广州举办展览，并著《广东水师国防要塞图说》印行。

二十多年后，因法国、日本先后入据西沙群岛，其归属权引起国际纠纷，李准早年的探险行动遂显价值。1933年，当法占南

---

[1] 陈善同：《奏参广东水师提督李准折》（宣统二年［1910］五月二十日），载《信阳县文史资料》第二辑，出版者不详，1986年，52页。

海九岛事件发生后,南京国民政府曾引粤省致中央电,向国际社会陈述前清时曾派水师提督李准至该岛调查,并鸣炮升旗等往事,以为佐证。李准闻此,也亲自到天津大公报社,面交他当年草就的巡海纪事一册,该报得此珍贵史料后,同时在《大公报》及《国闻周刊》上以《李准巡海记》为名予以发表,引起巨大反响,随后《中央周报》《国民外交杂志》《国际现象画报》纷纷转载,为南京国民政府据理交涉此案提供了舆论支持。越十余年,南京国民政府新版南海图上,将位于南沙群岛西部、广雅滩南十二海里的一片礁石命名为李准滩,以纪念他当年的不寻常之举。

回到宣统三年(1911),时光很快要走到历史的转弯处。李准四十岁,已做了六年的水师提督,而两广总督换成了张鸣岐。张氏字坚白,山东无棣人,早年师从岑春煊协办学务及营务,为人猜疑而性格怯懦,李准与他合不来。从早春开始,广州城就有了不安定的迹象,风闻革命党人将图谋起事。三月初八日(公历4月6日),全城召开游行大会,有项活动是外国人在郊外燕塘表演飞行,高级官员都在被邀观看之列,李准因往香山县办事,未能参加。活动结束后,广州将军孚琦乘轿途经东门外咨议局门口,被革命党人温生才刺杀。温被捕后交代,他的谋刺对象本来是李准,这天蹲守时,看见大路上仪仗隆重,以为是李准驾到,乃趋前跃起,连开三枪,击毙轿中之人。

此事发生后,张鸣岐要求省城加强戒备,李准也对革命党活动益加警惕。据他在《李准自编年谱》中回忆,农历三月二十九日(公历4月27日)下午,他出城到水师公所处理公务,途经大南门外桥时,从轿上看见不少身着白衣的青年学生,陆续乘舆入城,但是并未多疑。抵天字码头不久,就听到督署方向传来一阵激烈枪炮声,这便是黄花岗起义的前奏。他急忙登高远望,遥见督署内白烟漫起,走廊上有一些白衣人来往奔忙,炸弹、手枪之声若断若续。他知事不妙,即传令部下分批出队。正要出大门,见军官吴翰香手扶一身穿黑短夹袄、戴墨镜的人,跌跌撞撞赶来,定睛一看,原来是总督张鸣岐。此时,张"面如死灰,扶之登楼几不能举步"。[1] 随后,李准调遣手下兵队会合巡防营,赶往城内,与攻入督署院内的革命党交战。同时下令监视分扎城厢各处的新军动向:

> 夜半,督署火起,余下令不许救火,仍(令)翰香、云亭率队分投以御乱党,终夜枪声不绝。幸吴总参议仲言同来行台,随时电告协统蒋百器,以城内击散乱党,善抚新军,勿令外出。幸先一日已暗将枪机卸下,新军终不敢动。[2]

文中提到的几个人:翰香、云亭都是李准的部将;吴仲言名锡永,时任省督练公所总参议;蒋百器名尊簋,时任广东新军协统(旅长)。李在回忆中透露了一个重要信息,即已被革命党策动同意参加举事的新军,为何事到临头,却引而未发。原来,身为同盟会会员的蒋氏被怀疑并监视,官兵不准出城,且所有枪支都被卸下扳机,故未能响应起义。如此一来,由黄兴率领、从海外及各省招募而来的一百多党人,只得凭借手枪和自制炸弹,孤军奋战,结果大半死难,是为"黄花岗七十二烈士"。

有意思的是,李准如此为清廷卖力,家里却无端冒出个革命党。黄花岗之役两天后,就在地球的另一端,一个据称是李准儿

---

[1] 李准:《李准自编年谱》,载氏著,王国平整理:《李准集》,94 页。
[2] 李准:《李准自编年谱》,载氏著,王国平整理:《李准集》,95 页。

子的留学生和孙中山搭上了关系。据《中华民国国父实录》,那天,孙中山从菲律宾到达美国芝加哥,当地同盟会在唐人街福州酒楼举办欢迎会,并邀请华侨为革命党捐募军饷。孙氏演说刚毕,一个年轻人捐出了身上仅有的五美元。有人介绍,此乃广东水师提督李准之子李国庆,众人闻此,皆感惊讶。散会后,李国庆随同党人们到孙中山下榻的旅舍,说他将动身返国,劝说其父李准赞同革命。次日早晨,他再次来到旅舍,展示装有左轮手枪及子弹的小包,要求孙中山给香港同盟会机关写介绍信,以便回国后密商行事。孙出于各种利害,并未满足其所愿,但该青年仍践诺踏上归途,并与同盟会保持联系:

> 国父虽知李为爱国热血青年,然为香港党人安全计,不得不慎重,乃告之曰:"现值党人新败,香港党人机关,料必侦探密布,万一被察觉,汝不能行事。汝意以为如何。"李连声称是,乃匆匆握别赴旧金山。至旧金山,犹致函芝加哥同盟会同志,殷殷致候,并告返国日期。李去后约一年,闻李准有杀一子之风说,自此,李国庆之信息,亦竟杳然。[1]

《实录》以逐日记载孙中山行迹见长,但对这位李国庆与李准究竟是何关系,其下落又如何,并未详加考证。可见当历史事实为迷雾所笼罩,即便信史对此也束手无策。查《李准自编年谱》,他一共有三个儿子,其中长子李相枚生于光绪二十二年(1896),少时被送往德国游历,其间李准被炸,曾驰电回国询问伤情,后于

---

[1] 罗刚编著:《中华民国国父实录》第贰册,台北:罗刚先生三民主义奖学金基金会,1988年,1400—1401页。

民国元年（1912）三月始归。至于其他两个儿子，二子李相度民国十三年（1924）生于天津，三子李相普则又五年（1929）出生，都不可能是李国庆。

不过，用不着所谓家人做思想工作，在镇压黄花岗起义后，革命党对其实施的报复，已让李准魂胆两散了。伤愈后，他精神头儿大不如前，亲身体验了炸弹的厉害，经过血与火的洗濯，一张严苛面孔看起来放松多了。经此一炸，他如梦初醒，遵旨养伤一月期满后，电奏陈请开缺，不想再干了。朝廷下旨："着再赏假二十日，安心调理，勿庸开缺。"[1] 假期满了，他再奏请开缺，朝廷不高兴了，接下来的一道圣旨，有些连哄带吓的味道："着再赏假半个月，安心调理，勿庸开缺。现在时事多艰，该提督务当以国事为重，倘伤势稍愈，当立即销假，照常视事，勿再固辞。"[2]

闻命之下，迄无转圜余地，李准便也不再作声。他虽无可奈何，心里却感慨万分、陡生异念，这就给革命党人劝降提供了机会。

党人劝降

入夏以后，广州风声愈紧，革命党的活动越来越频繁，李准在家养伤假满，延宕旬日，武昌起义的消息已经传开了。武昌革命党举义，粤省局面也随之骚动，李准本来并不为意，认为自己手中有兵有枪，足以应付地方事变。但是，再看看自己的顶头上司张鸣岐的所作所为，便又有了另外的打算。

---

[1] 李准：《李准自编年谱》，载氏著，王国平整理：《李准集》，100 页。
[2] 李准：《李准自编年谱》，载氏著，王国平整理：《李准集》，104 页。

张鸣岐身为总督,在京城中布有眼线,又与朝廷军机处每天文电往来,对天下大势自有把握和判断。他看到内地十八行省中,已有一大半宣布独立,在这种形势下,广东势难自保。于是,他也通过身边人与革命党人互通款曲、取得联系,并下令不得与各乡民军交战。一些老资格的在野人士,也劝说张鸣岐顺从趋势,早日谋定粤省大局,其中最积极的是省咨议局议员丘逢甲。丘早年在梅县等地授业,门生遍布广东各界,其中有官员,也有革命党,本人与张鸣岐私交不坏,乃登门劝导。张本是顽固头脑,对革命党持势不两立态度,但自李准被刺,及新任广州将军凤山甫一入城即被炸死后,心中惊惧,一连两个多月闭门匿迹。武昌起义后,他更惶惶不可终日,一会儿缓和态度,答应考虑"和平独立"问题,过了几天脸色一变,不准各界再议脱离清廷之事,声言"如敢反抗,格杀勿论"。据丘逢甲的观察,实际上,他嘴上强硬,私下里左思右想,拿不定主意。[1]

在这同时,劝说李准反正的,也大有人在,同盟会南方支部负责人朱执信就是其中之一。朱氏名大符字执信,早年留学日本,加入同盟会,回粤后曾在当地一商人家中,与李有一面之缘。农历三月二十九(公历4月27日)攻打广东督署时,他双手各持一枚炸弹,与黄兴等攻入总督衙门,在巷战中多处负伤,躲入两广方言学堂宿舍,才得以脱身,辗转逃往香港。

当粤省革命大潮兴起时,朱执信潜赴顺德、高州等地,秘密组织民军,准备攻打广州湾,然而水师炮艇对其部威胁很大。朱乃筹划一边攻坚、一边攻心,他写信给李准,除了严责其以往屠杀

---

[1] 丘琮:《仓海先生丘公逢甲年谱》,载丘逢甲:《岭云海日楼诗抄》附录,合肥:安徽人民出版社,1984年,496页。

革命党人的罪行,还晓以民族大义,劝其率部起义、戴罪立功:

> 军门姓李,四川省人,乃是无可否认之汉族,何必媚事满人?三月二十九之役(按即黄花岗起义),死难者皆汉族之优秀精锐,请军门扪心自问,何忍出此!大符与军门有一日之雅,谨尽忠告,望即克期举义,戴罪图功,统率所部来归,不特前事可不计较,且全体党人共同拥戴军门为创造大汉民国之首领。[1]

水师公所的总文案汪莘伯收此信后大惊失色,因为他正是朱执信的舅父。犹豫再三,还是照例呈交上峰。李准阅函后,绕室彷徨再三,虽嘴上指示不予理会,但如今革命党的"生死帖"又找上门来,他心里能不惊惶着急?为了争取主动、抢占先机,他开始做许多铺垫:在咨议局议员及学报各界、九善堂、七十二行、自治会等单位代表大会上,表示自己统领的军队将维持地方治安、保卫人民生命财产;为了不再与革命党结怨,把中路清乡的任务,委托给了他人。同时,他提议对羁押在狱的革命党刺客陈敬岳"宽大为怀",免除其死罪;并将黄花岗起义中被捕的同盟会会员但懋辛释放回川,以示"仁至义尽"。种种举措,都为了向已发展壮大的革命势力示好,也给自己留条后路。

进入深秋,东南半壁两湖、江浙及西南滇黔,均已脱离朝廷、宣告独立,广东革命党人也加快了光复本省的脚步。在广州的同盟会南方军事特派员谢良牧,从李准的幕客谢义谦那里找到了突破口。谢义谦字质我,祖籍梅县,光绪十五年(1889)举人,以

---

[1] 汪希文:《朱执信先生外传》,载(香港)《春秋》第 5 期(1959),9 页。

消逝的恩仇　277

足智多谋且擅长书法,深得李准赏识,聘为西席后,与李交谊益深。三月二十九之役,广州同盟会会员大部分出逃,不能公开露面,省城党务乃由谢良牧主持。他与谢义谦是同村本家,乡谊厚重,在酝酿光复全省的各种方案时,他想到利用这一关系,即促请谢义谦说服李准反正,为党人争取兵不血刃夺取广州创造条件。这是一个十分大胆的设想。

谢良牧参加过春天攻打总督署的战斗,当然不敢贸然与谢义谦接触。革命党人中,有一位警察学堂毕业生李柏存,也是梅县同乡,与谢义谦有些交情,并且从谢的口中打听到李准的情况。原来,自武昌起义后,李准的进退两难、惶惶不可终日之感与日俱增,除了害怕再挨革命党炸弹,对顺势反正也颇多顾虑,因在黄花岗之役中对起义者下过杀手,料想革命党人肯定不能原谅他。最近一段时间,他伤势虽已渐愈,但长吁短叹,终日闷闷不乐,谈话中多有何去何从之忧。得知这些情况,谢良牧决定先给谢义谦写封信,由李柏存转交这位本家,奉劝其找机会向李准进言。

此信以谢良牧与惠阳民军司令陈炯明联名形式发出,口吻是试探性的,先说明革命党行刺李准的原因,并阐述"缴枪不杀"的政策:

> 素闻先生与某提(按指李准)有杯酒之谊,敢因执事为某提一言。某提固党人夙昔所切齿者,以为于粤省清吏中最有抵抗力,故三月二十九之役后,则有乡人某某君挟弹狙击之事。某提不死,继此乃不闻何所关涉于党事。良牧等虽不信某提有悔祸之心,然党议则未尝不稍稍原之。……前此衮衮,皆是党众之含愤,岂为个人之感情,亦以翦彼族之羽翼,而锄其抵抗之势力而已。……满洲之亡,将在旦夕,……威权已

坠于地，为之臣者纵极效忠，亦何所救？……然某提至此尚复徘徊，其必谓与党人之恶感不释，惧不相容，故从违罔决。

他们让谢义谦给李准带话：我革命党人恨你杀你，并非出于个人恩怨，而是为了民族大义，推翻满人统治；眼下清王朝就要灭亡，跟着它走是没有希望的，所以姓李的你不要再徘徊，还是早日与党人合作为好。

但具体应该怎么办呢？信的后半部指出天下大势，分析李准与张鸣岐之间的矛盾，并为李指明一条出路：

> 良牧、炯明敢为预言于此，他日见民军逼粤，诈取某督〔提〕而迎降者，必某督（按指张鸣岐）也。急则相求，缓则相倾，某督想早试其技。为某提计，当先发难制之。……使某提约束部下，一鼓可以袭城。其次据守要塞，升义旗，发令水陆，使之集攻，专声责某督之罪。二策行其一，皆可令某督授首，百粤景从，如是则为民国立大功勋，某提之名位，当不在黎元洪下，前兹与党人之恶感，亦涣然冰释。其道至正，其势至顺，某提何惑而不出此耶！良牧、炯明非有爱于某提，而爱我桑梓，不欲多流血而定，至转祸为福。[1]

值得注意的是，在信中，革命党人促使李准反正，不止规劝一法，还采用了离间计，即利用敌人营垒内部矛盾，敦促李准投诚。大意说：来日我们率民军攻打广州城，出卖你的必定是张鸣岐，所

---

[1] 陈炯明、谢良牧：《与谢良牧致谢质我书》（1911年11月3日），载段云章、倪俊明编：《陈炯明集（增订本）》（上卷），广州：中山大学出版社，2007年，33—34页。

以你要先发制人。或者率先动手把张拿办了,或者集结所部宣布起义。总之,只要消灭了张鸣岐,光复了粤省,你就是为民国立了大功,功劳不在湖北的黎元洪之下,而且以前与革命党的旧账,也可一笔勾销。何去何从,请你赶快决定。

革命党人从离间李准与张鸣岐关系入手,来做李的策反工作,事出有因。农历三月二十九日(公历 4 月 27 日)革命党攻打两广督署时,张鸣岐猝不及防,仅着一黑色短夹小袄,在亲兵护卫下,仓皇出逃至水师行台,向李准求救,状甚狼狈。事后,李准以自己镇压党人有功,并获朝廷赏穿黄马褂,多次当着众人奚落张鸣岐,张因此怀恨在心。为了加强省城戒备,并防止李准夺其权位,不久张又奏请朝廷,调派其广西旧部龙济光来粤,兼任新军镇统,与李准抗衡。济军(按龙济光部别称)八营共二千人到省城后,分布在观音山、莲塘街、德宣街、粤秀街等要地,并负责严密守卫张鸣岐暂时寄身的省督练公所。而李准统辖的各营兵队,则全部调至虎门及附省各要隘。李准对此大为不满,但水师提督例受驻省总督节制,无可如何,只能以常常抵制张鸣岐的各项指示,作为泄愤。如此一来二去,两个人的矛盾逐渐加深。在这个节骨眼上,革命党的介入与分化瓦解,很快便奏效了。

武汉前线停战后,随着南北议和开始,清廷权力中心逐渐崩溃,辛亥革命已成燎原之势。张鸣岐眼见各省纷纷光复,深知大势所趋,粤省也不能避免,恰在此时,孙中山也从纽约发来电报,促其尽快加入革命阵营,以免战乱伤害百姓。而耆老丘逢甲又登门晓以利害,直言进谏,劝其再勿饶幸拖延,云:"大局已无可为,若江道一塞,已无出路矣。"告诉他不要恋栈,赶紧出逃。[1] 这

---

1 舒刚庆:《丘逢甲传》,北京:北京时代华文书局,2016 年,145 页。

么一逼，张鸣岐心里又骚动起来，于是同意考虑广东光复之事，但以时局未到紧急关头，仍按兵不动。他没料到，在这节骨眼上，李准按捺不住了，按照革命党撰写的脚本，参与上演了这出粤省光复大戏。

水师反正

当广东局面处于动荡之中，同盟会南方支部长胡汉民认为时机可乘、大有可为，他在粤省党人大本营香港，召集谢良牧、朱执信、陈炯明等开会，研究加快策动全省光复的办法。此时，距武昌起义已二十多天，但省城广州因清军严密戒备，尚在沉闷之中。胡等党人制定了行动方案，其重要内容是联络动员惠阳、潮汕等地民军及绿林会党，渐次向广州四郊集中，造成合围之势，与省城内的清军决战。

会上，谢良牧报告了策动李准反正一事，并提出下一步计划，但与会者以李为清廷忠实走狗，均认为策反计划缺乏可行性，不以为然。胡汉民后来回忆，自己当时的反应是："其时民（胡汉民自称）尚未肯深信"，但亦未置可否。[1] 谢良牧则根据自己掌握的情况，认为既有一线可能，则应努力争取，乃以南方军事部特派员名义，提笔给李准写了一封信：

> 直绳（按李准字）足下：今者，满洲政府已亡，中华各省已告光复，惟两粤尚悬而未地，仆等不愿桑梓糜烂，知足

---

[1] 房学嘉：《谢良牧与辛亥广东光复》，载《梅县文史资料》第二十辑，出版者不详，1991年，58页。

下亦必不愿，为已亡之满清效无益之死，故敢进一言释足下之疑虑。若足下能即反正，取粤省之抗拒民军若张鸣岐、龙济光之属而诛之，断绝清政府服从民国，则足下与两粤俱安，前兹国民对于足下之恶感俱可涣然冰释，足下值此时会当审明哲保身之义。须知豪杰做事贵于见知，荣辱生死只在转机一发之间，仆等更不必为劫持之言，惟足下善自择之。[1]

此信的意思，和上次让谢义谦给李准带话的信大致相同，但用语直率，承诺更加明确，主要是为了打消李准的顾虑，促其早日下决心反正。信中还提出了几项条件：移兵省城，杀张鸣岐等清廷大吏；约束旗营满人不准反抗；布告全粤已举兵反正，表明断绝与清政府关系；树国民军旗通告各国领事；召集各界欢迎民党，推出兵职各权，听众选举任事人员组织机关等。[2] 当然，革命党人所列条件都是一厢情愿，李准能否接纳，还要看外部形势的变化。

此信写成后，谢良牧仍遣党人李柏存乘班轮返回广州，面交谢义谦。谢义谦已清楚地看到清廷将亡的大势，为给自己留后路计，对策反李准十分积极，接信后立即呈交于李。当李准询问其意见时，谢直言不讳，劝李不要步孚琦、凤山两将军的后尘，徒做清廷的牺牲品，此时弃暗投明，还可保全身家性命，并有机会东山再起。唯恐李准游移不定、继续观望，他又将谢良牧给自己的信也递上，供其参照。据谢回报称，李准阅信后，疑虑尽释，

---

[1] 《谢良牧致李准书》（1911年11月4日），载房学嘉、李大超编著：《谢逸桥谢良牧与孙中山领导的民主革命》，广州：暨南大学出版社，1991年，78—79页。

[2] 《谢良牧致李准书》（1911年11月4日），载房学嘉、李大超编著：《谢逸桥谢良牧与孙中山领导的民主革命》，78—79页。

答应与革命党正式商议反正事宜。[1]

当晚，李准召其胞弟李次武及谢义谦，再次密谈，磋商至天色将晓，决定由谢义谦、李次武充任谈判代表，次日动身赴香港，与革命党人见面，洽商合作有关事宜。谢、李到港后，几经周折找到了谢良牧，三人随即一同与胡汉民见面。至此，胡才相信争取李准反正一事，并非异想天开。胡汉民在自传中回忆这件事时说，当时张鸣岐怀疑李准与革命党私下里联系，已准备夺其所统巡防营中的三十营，而且派人收取虎门要塞大炮撞针，这些举动都使李准感到不安。然而，李对革命党能否容赦他以前的所作所为，尚有顾虑，因而先后托其幕友谢义谦、电报员黎凤墀再次潜至香港，探询革命党真实意旨。其后见面过程，胡汉民逐日回忆，记之甚详：

> （农历九月）十五日（按公历11月5日）良牧偕与来见，余曰："革命党不报私仇，特为汉族请命耳。清廷大势已去，李当知之，李果能反正，而尽忠于革命，所谓以功赎罪也。李固识（汪）精卫，犹不能信革命党之行动耶？"谢归报。十六日，李又使电报职员黎凤墀至港，因韦宝珊求见。……余见黎，即曰："今为李策，只有两途：若欲为满洲尽节效死，则当与民党再战；如其不然，则当即从民党。首鼠两端，祸且在眉睫，今但问其决心如何耳。"黎谓："李已有决心，若不见疑，请示以条件，将惟公之命是听。"[2]

---

[1] 谢永昌：《为光复广东立功的谢义谦》，载《梅县文史资料》第十六辑，出版者不详，1989年，191页；辛亥革命纪念馆编：《辛亥革命时期的广东名人传略》，广州：华南理工大学出版社，2014年，213页。
[2] 胡汉民：《胡汉民自传》，载氏著《胡汉民回忆录》，北京：东方出版社，2013年，37页。

引文第一段，叙述的是谢义谦、李次武在谢良牧陪同下见面时，胡汉民所说的一席话。从组织角度正式承诺，革命党不报私仇，李准尽可放心来归，这等于给李吃了一颗定心丸。"谢归报"以下，则写李准又派密使黎凤墀，经港岛议员韦宝珊介绍面见胡汉民之事，胡重申了革命党的条件，黎则表示李准已下决心起义。这次见面，黎还带来了李准的亲笔信。

李准的信共两封：一是投诚书，内中表示"愿率部下水路各军全行反正，以救国民。如国民军定期以文明举动来省，当率部欢迎"；另一封具体讨论举义日期及其他细节和条件。最后约定反正日期为农历九月十九日（11月9日），届时广东水师在内河悬挂义旗，欢迎胡汉民等同盟会人员尽早莅临广州。这与李准在《李准自编年谱》中所述"当派无线电总管黎凤墀及"江大"管带吴光宗、嘉应举人谢义谦即日往港，胡汉民、陈景华、李君佩、李纪堂、李煜堂诸人，于二十一日一同来省，过船话旧"云云是相符的。[1]

就在胡汉民等与李准谈判时，革命党人组织的十八路民军也已从东江、西江、北江三个方向，来势汹汹，形成进逼省城之态。在这种情况下，一直静观待变的张鸣岐也不得不审时度势，迅速行动起来，企图将主动权抓到自己手里。在其授意下，省咨议局召集七十二行商总会、同盟会及总督署代表，商议独立问题。同时，以两广督府名义出示布告，宣称："国势日危，大局岌岌。多数人民，主张独立。现正筹议……定期竖旗，以昭正式。"[2] 各界会商的结果，决议推举张鸣岐、龙济光为临时正副都督，并宣布全

---

1 李准：《李准自编年谱》，载氏著，王国平整理：《李准集》，107—108 页。
2 《云贵两广光复纪事》，载郭孝成编：《中国革命纪事本末》，北京：商务印书馆，2011 年，163 页。

省独立、保境安民。

张鸣岐躲在幕后操纵政局的企图居然奏效了。大概是为了平衡各方面力量,特别是缓和来自同盟会方面的压力,次日,各界代表再次集会,做出"欢迎民党组织共和政府临时机关""宣布共和独立,电告各省及各国"等十条决议,并派由港来省的同盟会会员陈景华等,将正副都督公文印信分送张鸣岐、龙济光二人。[1]由此可见,在李准未归顺前,同盟会并不具备接管省政的决心与实力。

没想到张鸣岐又退缩了。原来张听说李准在和革命党暗中结盟,抢了先机,深知自己倘若恋栈,早晚要出局;加上他连日接到香港同盟会电话恫吓,担心自己残杀革命党人的劣迹断不会为世人所原谅,决定还是走为上策。故此,当咨议局派员来送都督印信时,张已于前一天夜间潜逃。议员们转而拜访龙济光,发现龙也在做离粤准备,力辞不就,仅表示支持独立。

张鸣岐出走之前,乘坐事先联系的炮艇,先驶往沙面,向英国领事杰弥逊请求帮助,并在递交的照会中称:"本总督部堂即离开广州,日常事务可同咨议局接洽。"英领事允其所请,派了军舰护送其赴香港避难。这位曾经不可一世的清廷大员,就这么不声不响地从政坛消失无踪。[2]

正由于张鸣岐逃走,李准向同盟会输诚,胡汉民等才有可能这么快登上粤省政坛。在这种情况下,连日酝酿了各种独立方案的省城各团体,又在咨议局开会复议,乃改选胡汉民为广东都督,

---

[1] 《全省各团体会议决议案》,载《广东文史资料》第六十八辑,广州:广东人民出版社,1991年,148页。

[2] 李云谷:《清廷对革命党的防范和镇压》,载《纪念辛亥革命七十周年史料专辑》(下),广州:广东人民出版社,1981年,33—34页。

前新军协统蒋尊簋为军事部长，陈景华为民政部长。在此之前，胡等革命党人已与李准达成协议，明确投诚时应行遵守的事项，因而政权交接进行得十分顺利。此中过程，胡汉民年谱里有详细描述：

> （农历九月）十九日（公历11月9日）午再开大会，举展堂先生为都督，未回省前，由蒋尊簋代理，并以陈景华为民政部长，李准亦同时宣布反正，并以明电致展堂先生，言："张鸣岐已走，咨议局开会，举公为都督，盼即来省。"旋咨议局公电及省中同志陈景华、邓慕韩等电皆到。是晚，展堂先生与夫人陈淑子、妹宁媛及同志李文范、谢良牧、李应生、黄大伟、李郁堂等乘轮上省。[1]

据胡氏年谱所记，农历九月二十日他们一行人登岸时，省河内的兵舰已满悬青天白日旗。李准即以所部列队欢迎胡汉民等，并一同步行至咨议局，接受各界沿途欢迎。一行人中，还有李准派往香港迎接革命党人的代表，分别是无线电总管黎凤墀、师爷谢义谦及水师江大轮管带吴光宗。一同来省的同盟会人物李文范、李应生、黄大伟、李郁堂等，不久成为都督府各方面事务的主管。在咨议局会场，胡汉民就任广东军政府都督一职，即日布告安民，通电海内外，并通告改元剪发。

李准的倒戈，迫使张鸣岐、龙济光先后逃逸，而革命党人顺利接管粤省政权，这就有力地树立了李的正面形象。不几日，清

---

[1] 蒋永敬编著：《民国胡展堂先生汉民年谱》，民国前一年（1911）九月十九日条，台北：台湾商务印书馆，1981年，122页。

乡总办江孔殷归顺民军,巡防营首领李世桂逃亡,和平光复之路上的障碍被一一扫清。

当天,全省水陆部队均执行以李准名义发布的通告,一律改竖白旗,不准与民军发生冲突。粤省光复,兵不血刃,到此顺利完成。李准遂成为同盟会唯一认可的旧当权人物,如无过人智慧,何能至此佳境呢?

出走香港

李准率部投降后,广东军政大权落入同盟会掌握中。但问题是,革命党人都是造反好手,长于破坏,而对于筹划一省政局,驾驭诸多军队,可以说是没有任何经验。胡汉民受任都督之际,全城各级官吏出走殆尽,等于无政府,官库中存款仅万余元,其他都被张鸣岐及属吏席卷一空。张在出亡前曾扬言:"革命党即得广东,不能守三日也。"[1]

军事问题更为棘手。省城广州的驻军,除了新军一个标(团)是正规部队,拥护革命党,其余一部分为李准旧部巡防营,共三十余营,仍由李节制,还有一部分为从广西调来的龙济光"济军"十二个营,虽已易帜,但不愿听从新政府的指挥调度。省城光复后,各路民军陆续开到广州,络绎不绝,总数达十万以上,集中在长堤一带及东校场、咨议局等处。这些临时组织起来的民众武装缺乏训练、不守纪律,所到之处狼藉一片,忽而这里失火,忽而那里开枪。此外,拥到督署登门索饷、索伙食者,更难以应付。胡汉民入督署接事后,百事纷繁、急务丛生,一时难以理出

---

[1] 胡汉民:《胡汉民自传》,载氏著《胡汉民回忆录》,39页。

头绪。尤其是军事方面,民军以首义者自居,将归顺的防营士兵看作俘虏,而营兵则鄙视民军,讥为草泽绿林,互相攻击,时起内战。

鉴于这种情况,各路军队的运筹部署、调动指挥,需要专门人才负责。而同盟会内有此经验者,甚为缺乏。胡汉民乃动议李准做他的军事助理,襄佐戎机,共同治理省内军务。据报道,胡为此特意刊印一颗,赋予李准维护治安的重任,李正式接印后,为表示革命决心,即将发辫剪去。[1]

从这一安排中,可看出胡汉民等革命党人的书生气。这种讲求仁义道德的知识分子做事风格,不独在胡汉民,还存在于许多革命党人身上。此后,从民国成立到二次革命爆发这段时间,孙中山、黄兴等革命党领袖在禅让大总统、临时政府去留等许多关键问题上,或与对手妥协让步,或采取包容忍耐态度,致使革命受到巨大损失。广东革命党人对于李准的宽宏大量,只是一个开始罢了。他们有所不知,李准虽已投诚,也只是以一时之利害,暂时臣服革命党而已。实际上,他对局势的变化仍心存观望,意犹盘桓,与军政府的合作更是缓兵之计。因而,当胡汉民发出加盟邀请时,李准留了一手,即同意继续留在广州任职,助理都督府军务,但私下里,他安排家眷由虎门要塞乘船到香港,在达摩路赁屋居住,以防时局骤变,可作一退路。

但是,李准在前清时代的显赫身份,决定了他担任新政府的军事首领,并不相宜。对广东来讲,要扩大全省光复成果,掌握军队是关键,特别是治理好进城的十余万各路民军,运用好这支革命主要力量,尤为重要。据胡汉民自述,当时他的治军策略

---

[1]《李准剪辫》,载《顺天时报》宣统三年(1911)十月二十二日。

是:"余审察各部分之性质,因定计先巩固新军,使其居中不动,作诸军之监视,而张民军之势,以压迫降军与防营。"[1]胡所述策略的核心是:把新军当作新政府的主要依靠和保障,同时利用民军压制降军和旧防营,在相互制约中取得平衡。但是,首先反对这种设计和想法的,就是他的军事助理李准。

民军分子,以赤贫农民及失业而流为土匪者为基本力量,又裹挟一部分乡团及溃散防营,仓促啸聚,举义为师,开到省城后虽壮大了革命声势,但其滋扰生事行为难以遏制。有一天,人数最多的顺德民军石锦泉部,因讨饷而拥众生乱,居然攻击都督驻地水师公所,李准闻讯非常愤怒,扬言必将石锦泉一股歼灭,以儆其余。当即知会军事部长蒋百器率带新军,堵截长堤及入城道路,李准也亲自调遣水师船艇快炮,沿江布防,下令"凡锦泉所盘踞之处一律击毁,以除此贼"。[2]正待开战时,胡汉民闻讯赶来制止,以革命党内部不能自相残杀为由再三劝阻。在他调解下,石锦泉民军撤往城外大佛寺,这场骚乱才告解除。这以后,李准多次向胡汉民进言,请求逐步解散民军,以恢复省城治安、遏制乱萌,但胡顾虑多多,不敢轻易为之。

与此同时,李准敢于明目张胆与民军作对,当然为大部分党人所不容。人们开始怀疑胡汉民起用李准是否是明智之举,他们的理由很简单:作为清廷恩宠豢养的大吏,李准多年与革命党为敌,尤其三月二十九之役,率部参与屠杀党人达七八十人,且其中多是同盟会骨干,此仇不报,诸烈士九泉之下如何能瞑目?于是,革命势力对于前清官吏的报复行为,眼看就会蔓及李准。在

---

[1] 胡汉民:《胡汉民自传》,载氏著《胡汉民回忆录》,39页。
[2] 李准:《李准自编年谱》,载氏著,王国平整理:《李准集》,110页。

此之前，向称缉捕能手、与革命党结怨甚深的广九铁路巡防队统带官李声振，有天刚走出长堤鹿角酒店，就被民军射杀。在三月二十九之役中生擒宋玉琳等多名革命党人的亲军营管带李景濂，在光天化日之下，亦遭军政府枪毙。

民军对前清官吏的这些报复举动，把李准吓得不轻，他生怕哪天灾难降到自己头上，便听从亲信意见，搬到兵船上去住。但民军仍不放过他，每天入夜，都有划着小艇的身份不明分子，环绕李准座船，周游不止，持手枪恐吓者有之，备炸弹寻找机会下手者更有之。为防止被刺，光复后几日里，李准的宿营地无定所，每每在雪安、龙骧、江大、广定四艘兵轮中轮换，而且夜幕一降临，或开出黄埔，或到附近海面定桅，黎明时分才回城内办公。如此小心翼翼，自觉安全才稍有保证。但是，麻烦事继续发生：没过多久，他在省城天平横街九水坊购置五亩地修建而尚未竣工的洋楼住宅，被民军敢死队相中，占据为营盘。这让李准觉得，这是民军有意为难，仍不放过他。

在此情况下，李准难以在广州待下去，去香港躲避之念日益急迫，于是向胡汉民及省咨议局请辞。胡对李如此介意自身安全问题，颇不以为意，认为是其被刺后"杯弓蛇影"的表现，为了解除他的顾虑，有天亲自登上李准座舰，温言慰藉，晚上且在舰上"畅眠达旦"。但李对党人的威胁终不能释怀，还是不辞而别了。胡汉民的自传中对此有绘声绘色的描述：

> 李（准）对于军政府，服从惟谨；而党人有扬言将为七十二烈士复仇者，李恐，遂住兵船，不复登岸，其部队益离散，或劫取所有，而投于民军。李称病辞职，余亲往视之，李警卫甚严，双手持短枪，见余始释之。告余曰："党人殆终

不恕我，连夜谋以水雷炸弹攻我舟矣。"余知其自受行刺后，杯弓蛇影之见耳，乃慰藉之，且就其舟中畅眠达旦，谓李曰："昨夜如何？"李感甚，良久乃曰："公来，谁复敢犯此者，我实受公之庇；然公岂能终日庇我而不问一切事耶？公请还府，非极危殆，我仍留此听耳命（命耳）。"余还都督府，李母妻哭劝李行，李遂往港。[1]

按《李准自编年谱》记载，其出走时间，在农历十月初三日（11月23日），距广东光复仅过半个月。随同有戈什哈（按清代高级官员的侍从护卫）段树勋、何树清二人，于二鼓雾散后，在毛树基等四人护卫下，乘江大兵轮出黄埔，再至莲花山。船行途中，李准通过无线电向胡汉民致意，言及不得已而去的苦衷，其中有"愿君与竞存（陈炯明字）共谋补救之方"等语。[2] 发电报后，即令船向澳门进发。天明过九洲洋时，接到胡汉民回电，表示挽留之意。李准既已到此，何肯再回头？继续开船至澳门登岸，入住旧部卢廉若之娱园。初五早上，又搭汽船直达香港，回到位于达摩路的寓所，与家人相聚。抵家次日，胡汉民即派警察厅长陈景华来港，请其回省，李准坚辞不从，准备息影一时，静观形势变化。

正在此时，清廷又向他招手了。十月初六日（11月26日），有信使兼程到香港，送来宫廷密谕，李准展开一看，内容是"署理两广总督，会同梁鼎芬规复粤省事宜。张鸣岐究竟逃往何处，是否潜匿租界，仰该督查明拿办""梁鼎芬着赏给三品卿衔，会同

---

[1] 胡汉民：《胡汉民自传》，载氏著《胡汉民回忆录》，40页。
[2] 李准：《李准自编年谱》，载氏著、王国平整理：《李准集》，112页。

李准规复粤省事宜"等语。[1] 也就是说，清廷在生死存亡关头，仍对保全广东抱有一线希望，所以任命李准代理两广总督，番禺人、三品京堂梁鼎芬为广东宣慰使，一同收复粤省，并查办张鸣岐。

然而，当此时，全国宣布独立的省份已经大半，中部同盟总会组织的江浙联军正在会攻清廷在南方最大的堡垒南京，大清崩溃已成定局，李准有逆历史潮流而动的胆量么？

很快，革命党人也得知这个消息，为防止李准轻举妄动，由黄兴具名致电香港，发出警告：

> 香港李直绳先生鉴：粤省光复，公树伟功。从前公仇，一概消释。望勿再为虏廷所惑。黄兴[2]

其实，革命党人毋庸多虑，廷寄谕令是官僚主义的产物，因为这时，梁鼎芬正在河北易县清西陵叩谒光绪皇帝梓宫，以后几天，还要在寝殿外面露宿，以表达对清室的忠诚。李准无从与其"会同规复粤省事宜"。况且张鸣岐也并没有"潜匿租界"，而是早已借道香港携巨款逃亡日本。朝廷的情报，统统不准。

在这个关头上，李准默察清廷大势已去、无可挽回，尽管"两广总督"的头衔十分诱人，但他知道此时出头逞强，肯定于事无补，还不如随波逐流、适时顺变，更为上策。可见李是聪明人，尤其善于审时度势，设若当时他经不起朝廷的诱惑，为了过把瘾而又上贼船，那么后半生的命运就是另番情景了。

此后一年间，李准在罗便臣道购买两所大屋，以为全家居室，

---

[1] 李准：《李准自编年谱》，载氏著、王国平整理：《李准集》，114页。
[2] 黄兴：《致李准电》(1911年12月上旬)，载氏著《黄兴集》(一)，157页。

又在德辅道昭隆街三号置业，先后花费几十万元，可见他做水师提督这些年，宦囊之饱满，并不比同僚差。居港期间，他每日在家练习书法、研究金石，也常与二三友人在位于百步梯的景泉别墅喝茶聚谈、消暑纳凉，给人感觉他从此埋头做海岛隐士，不再与闻外事了。

尊为元勋

李准到香港做了寓公，果能从此忘却官场么？非也，他是在等待时机。在此期间，国内政坛变幻莫测，局势起伏，令人眼花缭乱。先是在1912年元月，从海外归来的孙中山在南京就任中华民国临时大总统，次月，南北议和达成，清帝宣布退位，举国一片欢腾，尤其是成为革命党人天下的东南半壁，建设共和的呼声响彻云天。南京临时政府饮水思源，特别成立一个稽勋局，以同盟会元老冯自由为局长，专门办理辛亥革命有功人员事迹的搜集及酬勋事宜。在此情势下，李准也不甘寂寞，要在民国元勋这道大餐中分一杯羹。蛰居香港期间，他把自己投诚反正的过程撰写成文，并汇集胡汉民、谢良牧等与他历次的通信，编成小册子《光复粤垣记》，广为散发，为自己制造舆论。其中追述水师起义过程时，这样写道：

> 准（按李准自称）自反正之念发生，因囿于职守，莫由与党人通诚。党人谢良牧等冀准内援，因与胡汉民商，使李柏存因谢质我（谢义谦）通信于准，约与连合。九月初四日，准遇谢质我于虎门，谢以党人属意告，许之。准既输诚革命，遂忠告粤督张鸣岐，晓以时机，责以大义，张竟不谅，忌准

> 益甚。旋伪布独立，粤人知其诈。准乃遣胞弟次武赴港，往谒韦宝珊君，因识李杞堂君而通诚意。次武还告，准修书致机关部，交次武复之港。见南方支部长胡汉民暨谢良牧等于韦宝珊家，达准力图反正原因，为粤民生命财产计。胡、谢等密授机宜，并覆准书。次武受盟后，专轮回省。时汉民在港候信，往还磋商，事甫就绪。

以上一段，李准的意思是：自己早就想反正了，只是"囿于职守"，无法与革命党人沟通，后来党人谢良牧通过谢义谦给我带话，才取得联系。这以后我多次忠告张鸣岐，劝他反正，但张不听，于是我派胞弟李次武赴港面见胡汉民，对光复粤省初步达成了一致。接着又先后加派多人为代表，与在港岛等候消息的胡汉民等人，反复商讨广东独立的约定、条件等细节。

李准的这段自述，大体为事实，但也多有为自己涂脂抹粉之处。文中提到的韦宝珊名韦玉，时任香港定例局（按即立法局）议员，与革命党人一向有联系；李杞堂即李纪堂，曾做过香港太平局绅士，其所经营的青山农场，常常藏匿逃亡的革命党人，并做炸弹实验。李准之弟李次武作为其特使首次赴港，就是通过这两人穿针引线，才与胡汉民等同盟会领导人取得了联系。现在，他公开证据，透露此关键两人姓名，目的是证明自己倒向革命，既非迫不得已，也不是孤身一人，而有着切实的行动及一干非凡人物的奥援。

接下来，李准在《光复粤垣记》中详叙如何与首鼠两端的总督张鸣岐做坚决斗争，如何做济军统领龙济光的思想工作，以及自己布置、指挥所部举行起义的经过。同样，在讲述基本事实外，他也不忘笔墨渲染，为自己增添许多光彩，给人感觉当时广东脱

离清廷、宣布独立,在其中发挥主要作用的不是革命党,不是民军和新军,而是他统领的水师各部。其文曰:

> 一面派周子文、陈了明等往说龙济光,动以至诚,使知一启兵祸,殃及生灵。龙遂感动,愿表同情。准复遣水师营务处刘冠雄君往见张督,告以准决意反正,劝其勿恋虚荣,贻害地方。张仍犹豫,欲窥各省成败,不肯早决。准以龙既归心,新军均表同情,遂传谕所部水陆各军,沿海炮台,由吴宗禹、吴占高督饬各营队约期同举义旗,各部悉受命令,其时兵舰已先期调集省河受命。布置妥洽,电约机关部,定期十九日反正,不从者讨之。……迫十九晨,准即下令各炮台军舰,一律升国民军旗,并电邀胡汉民君暨党众上省,举胡汉民为都督。[1]

李准如此自我表扬,并不奇怪,毕竟自尊自赏之心,人皆有之,况且这背后还有一些政治上的考量。但随后胡汉民也站出来,大力宣扬李准为广东的革命事业所做出的巨大贡献,就让人十分难解了。

粤省光复后,胡汉民仅做了一个多月都督,便随孙中山一同赴南京,负责组建临时政府并担任总统府秘书长。此时李准寓居香港,两人一度中断联系。直到李编撰《光复粤垣记》,才打电报给在南京做"二总统"的胡汉民,告知自己正在编写记述广东光复始末的书,请胡将广东光复过程写成文章,并特别要求把自己率领水师襄赞革命的真相公布于众。显然,李准意在利用胡汉民

---

[1] 李准:《光复广东始末记》,《中国近代史资料丛刊:辛亥革命》(七),246页。

的权威制造影响,作为自己的政治资本。

胡汉民的性格耿直坦率,为人还有温情脉脉的一面,或许未能洞察李准的心计。在建设共和的大氛围里,他对李的举义之功念念不忘,即遵命写了一篇长文《南京宣布反正时情形》,回顾粤省光复历程,其中第一句话就是"粤东省城九月反正,以李直绳军之功为最",这无疑又为李准的革命生涯增添了一轮光晕。其后,文章从胡、李两人在省城第一次见面写起,细数李准率部反正所建的功劳,赞扬其"有功不居"的个人优秀品质:

> 既与相见,汉民即欲宣布直绳君反正之事实,直绳力辞,谓非为一人之功,若遽专其名,将有不安于心者。汉民领之,盖心服其让,且能为大局计也。

其中还回忆了李准不堪民军威胁,不得已逃亡香港的往事。由此看出,胡汉民对此颇感内疚,回忆两人当时结下的深厚友谊,仍有恋恋不舍之情:

> 直绳君乃呜咽言曰:"吾知君真能推诚相待,吾尚欲为粤效力,更企有所借手,还救我桑梓蜀人。区区本怀,此时不能家喻而户晓。我一身何足惜,特徒死无益,且于粤亦必致有扰攘。我所以求去,异日民国用我,我犹不敢辞也。"因约非至真有危险不可留,则决不去。及汉民由咨议局迁至督署,直绳君走书辞行,急往止之,而直绳君已往港矣。

最后反复解释,李准的功绩之所以未使天下尽知,是因其一贯谦虚谨慎的美德,也与自己主政广东期间没有向外界公布,没有积极主动宣传有一定关系。因而,有必要将李准率部反正内幕及李的"心迹行事"昭示于人,这样才不至于"隐善没功",且有助于树立"民国大信"于天下。他说:

> 直绳君虽离粤,是非尚未大白,汉民屡致书慰问,日请其意,欲为宣布,直绳君犹不忍居功。……今度得电,知直绳君已允将其事实宣布,故谨出前后约书于此,非以慰直绳也,事之真相,不可不明。隐善没功,何以昭民国大信于天下。直绳君谦让于始,当日固有所保全。汉民以直绳君有大功犹且不居,若必急遽言之,人且疑汉民之自炫。避此小嫌,久久缄默,使直绳君之心迹行事,尚未昭示于人人,汉民之过也。[1]

由以上这声情并茂的文字,可见以胡汉民为代表的革命党人是多么单纯善良、仁慈厚道,与李准的富有心机、老于世故相比,显然小巫见大巫。如此一来,李准很快达成愿望,民国元年(1912)正月,南京临时政府颁令,为光复各省做出突出贡献的军界数百人授衔,李亦名列其中,被授为"陆军中将"。如此,他洗掉前清水师提督身份,堂而皇之地进入辛亥革命的功劳簿。按照这个逻辑,我们就不难理解,民国成立后,革命党这么快就从政治舞台上消失,孙中山仅做了三个月临时大总统,就把无数党人浴血奋斗夺下的政权,拱手交给了前清大臣、现北方势力领袖袁世凯。可是他们哪里知道,在革命的逻辑里,他们的敌人永远是敌人,因形势变化而暂时做的伪装,还会因形势的再度变化而易色现形。

---

[1] 胡汉民:《南京宣布反正时情形》,载《中国近代史资料丛刊:辛亥革命》(七),247—249页。

这年3月，闲居香港颇感寂寞的李准，静极思动，乃赴气候宜人的青岛。选择青岛，事出有因。清廷崩溃后，遗老大臣们纷纷出京，许多人选择这里作为暂避之地。李准也去那里凑了几个月热闹，令人匪夷所思。据其《李准自编年谱》，过上海时，他入住江西路克里饭店，"往拜西林，羞不与见"。西林即岑春煊，李说老上司岑氏羞于见他，也太自负了，实际上岑此时以革命派自居，不愿与前清遗老们有染。这反倒显出李准此行少了些自知之明。《李准自编年谱》又云："下旬，抵青岛，寓海边之亨利大饭店，遍访张安圃尚书、吕镜宇尚书、徐菊人相国、于晦若侍郎、吴蔚若尚书。"[1]其中所列遗老皆以字号称呼，分别是前两江总督张人骏、督办津浦铁路大臣吕海寰、体仁阁大学士徐世昌、国史馆副总裁于式枚、军机大臣吴郁生。李准既拥有"革命党"身份，又能与一帮保守派人物打得火热，让人不得不佩服他智商之高、情商之富。可见，李准后来在政治上八面玲珑，成长为一个里外通吃型人物，并非偶然。

南北议和结束后，南方革命党让步于北方军阀，袁世凯于1912年4月上台，当上了临时大总统。袁是清廷旧臣，为巩固自己势力，一方面百般抚慰清廷遗老，不使后院起火；一方面对于名誉尚好的文武官员收拢安插，布置在北京政府各部门，作为与革命党对峙的潜在势力。李准这种有本事的人，当在其招揽之列。10月，袁氏电召李准到北京，委任为总统府高等军事顾问，月薪八百元。这时，恰逢袁世凯就职后，北京政府首次为高级将领授衔，李准被明确为陆军中将。据广东出版的《民誓》杂志透露，在此之前，胡汉民曾特意致电北京政府，证明李准在广东光复之

---

[1] 李准：《李准自编年谱》，载氏著、王国平整理：《李准集》，115页。

役中先竖白旗、保卫地方治安，堪膺此衔。

曾输诚于革命党的李准摇身一变，又成为攫取革命果实的袁世凯帐中红人，而在背后的推手又是革命党领袖人物，这让人们如何思量呢？这表明，非黑即白的历史是不存在的，正是李准这种人物，把我们带入民国史的灰色地带。

北上京师

李准奉令入京后，以参议名义被派到总统府军事处办公，这充分表现出袁世凯对他的拉拢。该处名义上是统筹节制全国军事事务的最高机构，处长为荫昌，袁世凯的亲信唐在礼实际掌权，若干成员中，副处长李书城曾任南京临时政府总统府秘书处军事组组长，傅良佐多年在北洋军中任参议官，蔡成勋是京畿附近驻屯军副司令，过去都是威震一方的将军，现在都被袁世凯拉拢到一起为他效力。袁世凯用人，一向采取羁縻笼络方法：当年李准由道员破例升迁广东水师提督，袁是保举人之一；现在进入民国，李准又被袁起用，自然要感恩戴德、认真办事。李准的职责是处理广东这一方面军务，盖因为他在粤省旧关系多也。

转年是癸丑年（1913），凶多吉少，3月份就发生了国民党代理理事长宋教仁被刺案，刚刚缓和下来的南北局势，又紧张起来。随着案件审理进程的深入，暴露出刺宋主谋为袁世凯及其国务总理兼内务总长赵秉钧，国民党内部讨袁呼声四起，东南各省尤为热烈。广东是革命党人根据地，都督胡汉民奋勇当先，联合湖南都督谭延闿、江西都督李烈钧、安徽都督柏文蔚通电全国，要求公布宋案真相，同时，正在积极酝酿独立讨袁事宜。

面对革命党人挑战，袁世凯也不含糊，为筹集开战军费，与南方兵戎相见，4月底，不经国会批准，北洋政府与英、法、德、日、俄五国银行团签订了两千五百万英镑的"善后大借款"合同。此举遭到各地国民党要人一致反对，粤、湘、赣、皖四省都督再次通电，要求袁氏"立罢前议"，立即受到其明令训斥。四都督亦复电严词辩驳，其中以胡汉民的反应最为激烈，他在电函中表示："粤省兵尚充实，械亦精利，军心团结，谁为祸首，颠覆共和，当与国民共弃之！"[1]

对于敢于抗命的国民党四都督，袁世凯采取各个击破的方法，分别对待。对付胡汉民，他指示多人从各方面向胡施加压力。李准与胡汉民有旧谊，于公于私，理当进行规劝，于是奉命给他打了封电报：

> 南北恶感迭起环生，争在党人，祸沦家国。比闻执事与湘、赣、皖各都督联电中央，对于宋案、借款二事，颇有龃龉。嗣阅大总统电复各节，词理甚明。保国爱民，公之素志。畴昔准随诸君子后，光复粤垣，冀同享共和，免遭兵祸。迨民国底定，我公督粤，所持政见，仍以调和南北为主，历奉电函，夙所钦佩。此次与中央抵触，谅亦如项城（按袁世凯）原电，谓公僻处海疆，或有误会，一经剖白，应释嫌疑。当此国步漂摇，决裂恐难收拾，又况人心厌乱，胜算未必可期。公固达人，为国家策安全，为人民谋幸福，自有卓见，毋俟哓（哓）哓也。[2]

---

1 邹鲁：《国会内的奋斗》，载朱宗震、杨光辉编：《民初政争与二次革命》上编，上海：上海人民出版社，1983年，391页。
2 《李准致胡汉民请释疑电》（1913年5月11日），载朱宗震、杨光辉编：《民初政争与二次革命》上编，343页。

大意是：听说胡先生您对中央很有意见，但我读了袁大总统答复你们的文电，觉得很有道理。一年前我追随您光复粤省，政见一直相同，以我之见，这次您与中央闹意见，是因为对一些情况不了解，所以才造成误会。再说您作为一省长官，哪能扛得过堂堂大总统呢？您是聪明人，其中的道理不用我说，自能明白。

李准此电，理从浅处论，话分两头说，可见他老于世故、十分滑头的一面。他既想要出色完成袁世凯交给的任务，也不欲得罪老友胡汉民，因而不痛不痒地摆摆形势、表表态度，但袒护袁、利诱胡之意，已十分明显。胡汉民很快有了回话，而胡之复电，对李的谬论不予驳斥指责，反而曲意表白自己一向主张南北调和，无意与中央抵触，并以"各党各报之谰言请勿轻信，有如广东独立之说，传之一年，谣言之是非，事可知矣"等辞作为推挡，虚语应对。[1]

胡汉民如此回电是鉴于国民党即将兴兵讨袁，为了迷惑对方而采取的计策，还是他看重与李准的关系，不愿把话挑明、伤了感情？后者更接近当时情况。但无论如何，政治斗争你死我活，岂容温良恭俭让占了上风？胡等革命党人长期生活在国外，缺乏与旧官僚文化博弈的经验和本领，其文明之举、软弱之态，使得袁世凯变本加厉，采取更加严酷的举措对付国民党。

紧接着，袁世凯明令罢免包括胡汉民在内的国民党四都督，经征求李准等人的意见，在广东安排同为同盟会出身的陈炯明继任，这显然是分化瓦解之计。到7月中旬，二次革命拉开帷幕，李烈钧在江西、黄兴在江苏先后宣布独立，兴师讨伐袁世凯。广

---

[1] 《胡汉民复李准电》（1913年5月），载朱宗震、杨光辉编：《民初政争与二次革命》上编，344页。

东是革命党地盘,在各界要求下,陈炯明也被迫通电响应。但是,对付广东革命党,因有李准这样的大牌军师出主意,加上袁世凯也自有一套,故三拳两脚就把粤省的反袁革命化为乌有。

其计策是花钱运动在关键岗位上的政客与军官,各个击破,以安抚军队、收买人心,不使革命党人有立足之地。这些事,当然要靠与粤省有渊源的属下去办。由此,袁世凯接纳李准建议,先派几个广东籍军官分批回粤,联络新旧各军,驱逐了准备响应赣宁起义的陈炯明;再由李准急电他的旧部李耀汉,迎驻军梧州的广东镇抚使龙济光来粤主事。李耀汉出身绿林,当年由李准招抚加入官军,当然从命。但是,在此期间,粤军内部纷扰不休,为争夺都督一职,正打得不可开交。其中,代理都督苏慎初与第一师师长张我权互不相让,都想坐第一把交椅,他们都是广东陆军速成学堂毕业生,也是由李准向袁世凯力保而得任高级军官的,因此龙济光虽已经中央明令简放为广东都督,仍顾虑重重,逗留在邻近梧州的肇庆,不敢贸然进入省城。

解铃还须系铃人,为了震慑军心,尽快稳住局面,袁世凯下令李准加上将衔,授为广东宣慰使,让他亲去广东开导,化解此事。正待起行,接到李耀汉等来电,告以因各军官慑于中央威望,加之听说李准将衔命赴省、解决纠纷,都各自鸣锣收兵了,刻下龙济光已顺利入驻都督府,接印视事。纷扰既平,李准便也无需南行,打一个报告向袁大总统复命,这一段风波才算结束。

在袁世凯亲自指挥下,在李准的参与破坏下,二次革命就此在孙中山最寄期望的广东流产了。李准办事如此得力,袁世凯大约十分满意。这年秋天,袁给予李四川宣抚使名义,调拨两个旅的兵力,由他带到讨袁口号喊得最凶的老家,平息当地革命党举义事态。此令公布后,四川各界纷纷来电,以爱护桑梓为由,劝他切勿引客军来川，以免蹂躏地方，骚扰父老乡亲。李准不愿担骂名，也不能违抗上级指示，但懂得一定要摆脱此事，为自己留条后路。于是绞尽脑汁写了一个理由充分、冠冕堂皇的辞呈，居然说服了袁世凯，同意他观察形势、暂缓入川。这说明李在揣摩人心、见机行事这方面，也有自己的一套，且功夫不浅。

打这以后，李准遵袁世凯命，长居京城，常在总统府军事处走动。据《政府公报》第六百九十五号上所载"大总统令"，1914年4月13日，他被授予二等文虎章，此勋章多给予陆海军中有战功或劳绩者，李仅有微劳而得此勋章，表明袁氏对其有厚望焉。其后一年他仍充总统府高等顾问，但每天无事可做，除了看戏打麻将，还常常读史和研习书法，自称"每日看书兼看碑帖之外，则作篆一二千字，临汉碑亦数百字"。这与他给外界留下的印象颇不一致。为方便应袁世凯之召，随时赶到总统府，李准在西城顺城街的化石桥租了一座大宅院，前院邻居为后来担任审计院长的庄蕴宽，后院邻居为贵州籍众议员夏同龢。巧得很，他们都以书法鸣世，且能诗擅联，李准与这两人交往很多，在书画技艺方面得益不少。

1914年，袁世凯为了削弱地方势力、培植亲信，先后成立了将军府和陆军混成模范团，李准名列后者。这两个机构多多少少有监视、控制军人的意味，到了1915年袁世凯准备复辟时，氛围更加紧张。

李准在《李准自编年谱》中称，对袁世凯的帝制自为，他的态度是"不敢预闻其事而避之"，但对袁氏规定的组织、生活纪律，均做到严格遵守，"眷口住津，亦不敢无故回津"。他在非常时期格外小心，唯恐招惹嫌疑，他还说：

> 每早到团，食中饭，午后即约同陈秀峰（按光达）、陆

秀山（按锋）、蔡松坡（按锷）、张敬舆（按绍曾）诸同事同至广德楼观剧。及在福兴居食晚饭，再观夜剧毕，回寓就寝，日以为常。……各人轮流给费，以释项城（袁世凯）之疑。余等举动，便衣侦探盖已随时报告项城。[1]

李准所描述的一干高级将领，在袁世凯眼皮下，皆战战兢兢、以求自安的情况，为前所未见，从一个角度反映了京师高层之间的紧张氛围和错综复杂的关系图景。到这年年底，随着国内讨袁护国运动兴起，京师统治集团内部很快分化瓦解。不久，蔡锷逃出京城，潜赴云南集结旧部、宣布独立，拉开了反对帝制、讨伐袁世凯的帷幕。不久，广西陆荣廷、广东龙济光先后加入独立行列，这自然影响到身在京师、面临何去何从问题的李准。

李准善于察言观色、审时度势，已非一朝一夕，这次他决意挣脱袁世凯的控制。当龙济光在广东宣布独立讨袁后，袁世凯非常忧虑，拟派他归粤劝龙济光取消独立。李觉得这正是离开京城的好机会，便以"不受何种任命名义，以个人资格往港"为条件[2]，一口答应下来，临走时连家具也转送给友人，显然不做回京的打算。其后事态的发展证明，这是个聪明的决定。

李准的判断是准确的，这年6月6日，在他由天津搭乘太古洋行的夔州轮到达香港的第二天，在全国一片征讨声中，袁世凯忧愤而死。这下子，李准到处宣传自己如何与袁世凯斗智斗勇，又如何机智勇敢、脱离虎口，顺理成章地成了反袁英雄，也为自己与下届政府合作，打下了基础。

---

[1] 李准：《李准自编年谱》，载氏著，王国平整理：《李准集》，122页。
[2] 李准：《李准自编年谱》，载氏著，王国平整理：《李准集》，122页。

最后一幕

黎元洪继任大总统后,循规蹈矩,于民国六年(1917)2月,仍任李准为总统府顾问,并授直威将军,薪水照开,但并未委以具体工作。连李自己也认为,这些"不过坐拥其名而已"。其《李准自编年谱》民国七年(1918)第一条就说:"仍居津门。日惟学书,以消永昼。万事都不关心。"次年第一条还是:"仍居津门。学书看竹,无事可记。"[1]可见,在经历了太多世间风雨之后,他对于国事十分消极,所谓政治生涯已经名存实亡。

滞留京中,无事可做,李准便到天津做了寓公。定居津门后,他花了一万五千两银子,购置天津英租界戈登路十八号洋楼,洋楼占地近四亩,树木葱茏、曲径通幽,整修后成为花园名所,也作为狡兔之窟。不久,又在法租界三十二号路开工修建巨宅,仅建筑费就用去八万余元,命名曰"泰安里"。同一年,又伙同天津海关道监督蔡绍基,在泰安里组织泰安俱乐部,设牌九、麻将等赌博项目,还经营川、粤佳肴名点,巨商富豪云集,遗老同人接踵,生意十分兴隆,前财政次长张弧、军阀张宗昌、政客潘复等也经常光顾于此。"泰安里"建毕,自成一条胡同,李准及家眷住其中洋楼两所,其余两楼两底九所大屋均用于出租,月得房租银数千元,足以养尊处优。加上在泰安俱乐部的股份,他从一个携宦囊避难的寓公,几年工夫,就成了赫赫有名的津门巨富。李除了精明会做官,居然还有经商头脑,这让人刮目相看。

进入北洋军阀时代,北京政坛飘摇不定,黎元洪下台后,直奉皖各系军阀首领如走马灯,你来我往,轮番主政京师。李准蛰

---

[1] 李准:《李准自编年谱》,载氏著,王国平整理:《李准集》,125页。

居无事,余热尚存,常来往于京津之间,在各派政争中管管闲事、打打圆场,与一班政客和旧军人混得火热。但他也有脱俗的一面,他在戏曲与书法两个领域所取得的成绩非同一般。

李准在《李准自编年谱》中谦称自己寓居天津后,为打发时光,每日除作篆学隶之外,多以编写新剧、指导伶人演戏为乐。实际上,从事这两门艺术,如无一定天赋及长期追求、刻苦努力,均难以达到社会认可的水准。据他自陈,由于长期花大量时间练习大小篆书,他的书法渐入佳境,时有上门求字者,定轴中堂、斗方扇面,都有固定润格。李之书法,今已不多见,唯有借"大公报"三字传世者,犹为人所熟知。1926年著名报人吴鼎昌、胡政之、张季鸾,从旗人英敛之手中接办天津《大公报》,邀请李准题写刊名,李以汉隶体书之,珠圆玉润、古意醇厚,故为人激赏,一直沿用至今。在编戏方面,李准颇具禀赋,更乐此不疲,由他改编创作的剧本有《玉琴缘》《画中缘》《棒打春桃》《拾金不昧》等几十部,均是提倡传统道德、主张改良社会之作,曾流行一时。

与此同时,本性难移的李准也未能忘怀政坛。20世纪20年代战火纷飞,各路军阀纵横捭阖,结成各种联盟,互相征战。吴佩孚得势时,李准前去投靠,得聘直鲁豫巡阅使。这期间他还到过保定谒见下野总统曹锟,陈述对粤省政事意见,获得善后会议代表名义,入京调解南北冲突。到了奉系军阀首领张作霖、直鲁联军总司令张宗昌入据北京期间,李准也多次晋京拜访二张,并被委以军事参赞等职,以为敷衍。这些行迹,表明他虽乐于介入政治,却没有固定观点和长久立场,东奔西突、南北往来,纯属不甘于寂寞。

如果说李准作为一个旧官僚、老军人,怀恋往昔,想在军阀时代浑水摸鱼,尚可理解,那么在1925年2月,逊位多年的宣统皇帝溥仪出逃到了天津,借日租界内张园为居所时,李准"以旧主关系,日夕往朝而照料一切"的行为,[1]则令人不解了。溥仪在天津做起第一号寓公后,清室故旧来津追随者络绎不绝,有庆亲王载振、驻德公使载涛、摄政王载沣、户部侍郎铁良、军机大臣那桐、两广总督张鸣岐、天津海关道蔡绍基、直隶提督马玉昆、工部右侍郎张翼、清宫大总管"小德张"等等,不一而足。李准也混迹于其间,就显得有些异样,因为他毕竟做过几天革命党,若要问究责任,朝廷的家天下广东,也是毁在他手里的。但有记载显示,在此期间,李准与这些晚清遗民多次在天津聚会,参与了不少清室复辟的密谋。

1926年,北伐革命已拉开帷幕,新时代缓缓降临。从年龄来讲,此时李准甫过五十五岁,还算是年富力强,但其心态已近暮色,或可谓还停留在旧时代,甚至大约十年后仍然如此。文字学家胡邦彦于1935至1937年曾在天津中南银行做过文书,因其友人曾做过"泰华里"的房客,而与李准有一面之雅。他有一篇掌故是谈对李准印象的,略云:

> 予友朱君赁屋与李(准)对门居。予访朱君,曾见李出入,长袍外加黄半臂,盖黄马褂无用,取其袖改制者。体貌魁梧,果武夫也。房客皆呼为"军门"。

说他拜访赁居在此的这位朋友,曾看见住在对门的李准,身着长袍外搭黄马褂,那马褂显然是前清两宫所赏赐之物,大概是不再有用,便将其改造了。此外,房客依然用清代对提督的尊称"军

---

[1] 李准:《李准自编年谱》,载氏著,王国平整理:《李准集》,131页。

门"来招呼他。

黄马褂、军门，这么看来，李准的怀旧心理，亦逾于常人。查李准《李准自编年谱》，上述房产盖指他于1925年再度投资，在英租界购地修建的新宅"泰华里"，为当时津门古典式豪宅之一，房客多为高收入阶层。在此宅中居住的，还有他客寓天津之初所纳妾阎氏，及陆续降生的几个女儿，在上述胡氏文中，称作"有姬妾及小儿女数人"者也。

在浓厚的怀旧情结驱使下，李准对于往事自有一番看法，这也暴露出其灵魂底色。胡所撰掌故中有一段关于黄花岗起义之事，据说是"朱君"亲见亲闻的：

> 一日小儿女跳踉庭中，李以是日非星期日，问何以不上学。小儿女曰："今日为黄花岗七十二烈士殉国纪念日，故放假。"李曰："甚么黄花岗烈士？"于是小儿女竟讲历史，谓清奴才如何残害志士仁人。李大怒，斥令入小屋静坐，不许出门。盖小儿女不知乃翁即斯役之奴才，而李亦不能以告小儿女也。

从李准与小儿女谈论黄花岗烈士这段故事里，可以看出他此时的心迹，对当年自己归顺革命党人，是大不以为然的，不仅不认可，而且已成为一大心病和忌讳的话题。从中可以看出，当年镇压反清革命、残杀起义党人，仍是他内心中巨大的阴影。

若屈指算来，时已二十多年过去，从当年敦请胡汉民著文告知天下，为他树立民国功勋形象，到如今以前朝遗老自居，讳谈自己往事旧迹，李准的心态似乎画了一个圆圈，又返回至过去的时代。总之，当年镇压革命党也好，短暂的革命党生涯也好，都是他不愿意再面对的话题。

胡氏掌故里还提到李准所擅长的书法,在津门风行一时,但评价李的书法拙劣稚嫩,就有"以人废字"之嫌了:

> 李虽失势,犹得优游终老。喜作字,商贾以其名重求书者甚多,以致署名"邻水李准"之市招及楹帖随处可见。其书似汉隶,题款亦如之,拙劣乃如小儿弄笔者,盖不能为行草也。[1]

这些年间,李准不仅在思想上以遗老自居,也颇有一些行动。1931 年九一八事变后,溥仪从天津逃亡关外,在日本人扶持下成立伪满洲国。李准在其旧思想支配下,鼎力支持,更积极奔走,为末代皇帝上台出谋划策、摇旗呐喊。据其《李准自编年谱》:他于 1935 年正月奔赴长春祝诞,"召见六次,赏旅费千元";六月又赴长春,"召见五次,赏千元,回津";1936 年正月,他冒着风雪第三次赴长春,"召见五次"。[2] 这时,李准已是六十六岁老人,怀旧心理愈见沉重,对清室的效忠和复古的美梦,成了支撑他走完生命最后里程的慰藉。此中情怀,实在令人感叹,清廷官僚文化中有哪些值得坚守的信念元素,对他构成了巨大的诱惑呢?

次年,李准病逝于天津后,有人撰文悼念,其中说他老年窘迫、余资渐罄之际,"旧日同僚某君,道出津门,闻李困厄,献以五百金,并邀其同赴关外,直绳却之"云云,[3] 对其高风大义之举,

---

[1] 胡邦彦:《李准之晚年》,载顾国华编:《文坛杂忆续编》,上海:上海书店出版社,1999年,261—262 页。
[2] 李准:《李准自编年谱》,载氏著、王国平整理:《李准集》,140—141 页。
[3] 雨文:《李直绳轶事》,载《北洋画报》第三十一卷、一千五百零四期,1937 年 1 月 14 日。

颇为赞赏。其实,查看李氏晚年自述文字,两相对照,该文是不足为信的。

旧资料中载李准晚年困顿者,还有数例,其中一个说李氏年老后在天津,最初靠出租房屋维持生活,其间以房产作抵押投资,损失巨大,不得已"以武人而好文事,遂称书家,为商人写市招甚多"。这篇资料细节翔实,当是时人中友朋辈所为:

> (李准)将死之前数年,投机失败,境况甚窘,携两老妾居陋巷中,欲以书法易米,日辄挟雨伞、着旧胶皮鞋,遍访市上各书肆,托代兜揽生意。且函张人骏后人告贷,张氏后人拒之。[1]

1937年暮冬,李准悄然离世,如上文所述,死前困窘、身后萧条。但他毕竟是名人,京津各报都刊登了"前广东水师提督李准1月9日在津开吊"的消息,当日灵堂内高悬的匾额"神归紫府",为蛰居津门的前大总统徐世昌题写。李准人脉之广,于此亦见。

李准死后葬于天津市郊,身后留下发妻黄氏及小妾二人。他养育后代众多,共有儿子三人,女儿十三人,死时,三子相普刚刚上小学,年龄最小的十三女如瑜(李桄)未满五岁。著作存有《粤东从政录》《广东革命大事记》《任庵闻见录》《任庵自编年谱》等多种。这时,革命党人辛亥年间在广州刺杀他的往事,已过去整整四分之一世纪,在生命弥留之际,那个血淋淋的场景,也许成了他潜意识中能够感知到的最后一幕。

---

1 戴赐:《西沙群岛与李准》,载《读书通讯》第十六期,5页。

一个被时光治愈的病例

唐在礼经历的北洋时代

> 袁（世凯）用人与交友，第一取其诚实；第二始重才具。……参谋次长唐在礼，才华甚绌，然为人可靠，致密无失，袁故擢为统率办事处总务厅长……
>
> ——薛观澜

1960年6月，中央文史研究馆馆长章士钊给国务院副总理、曾任上海市长的陈毅写信，告以"有一上海小小人事问题向公烦渎"。信中所言，涉及两个北洋遗老——袁世凯亲信唐在礼、段祺瑞胞侄段宏纲——的生活安置问题。关于唐事，申说如下：

> 民国初年任袁世凯统率办事处长、煊赫一时的唐在礼，近八十，流离沪渎，饮食衣履，无计周全。查此人赋性笃实，平生无甚政治劣迹，当我政府广搜遗先之际，彼仍属药笼必备之物。又闻乃兄在复宦囊裕如，而市政府照顾有加，律以君子周急不继富之义，似亦须略加调整，此其一。……该二人如经调查，别无意外可怪事迹，即予以如市政府参事等相

当名义,俾资学习而够生活之处。[1]

大意说:民初袁世凯手底下的红人唐在礼,现已落魄为上海弄堂里衣食无着一孤寡老人。此人人品尚佳,也没干过什么坏事,对新政府来说,算得上堪以备用的人才。听说他的哥哥、北洋时代做过高级外交官的唐在复很有钱,目前上海市政府都照顾有加(安排其做了文史馆馆员)。孔子说:君子应救济有紧急需要的穷人,而不是为富人锦上添花。按这个说法,应该特别照顾一下唐在礼。可否给他一个市政府参事之类的名头,好让他有碗饭吃?

章士钊时年七十九岁,早年曾和黄兴等发起华兴会,是个激进的革命党人,到北洋军阀后期,在段祺瑞内阁中历任教育总长、司法总长等要职,按辈分资历来论,属于北洋旧人中的一员。只是比起同时代人来,章氏更懂得审时度势,且长袖善舞,到了国共内战时期,以耆老奔走调和于两党之间,颇负时望;及至新中国成立,乃成为新政府座上宾,出入政协、人大两席,纵论国事,进言献策,毛泽东、周恩来等视其为"诤友"。章以湖南乡谊及精通逻辑学,与毛泽东关系尤密,其养女章含之做过毛的英文教师。

新中国成立以后,章士钊因与中共高层交往密切,不少旧雨故交、前朝政客都找上门来,求他帮助解决各种困难、问题。章氏虽年老,而性格热忱好事,利用自己的"通天"管道,救济了不少旧官僚,也为新政府做了大量统战工作,由此得到"闲事佬"的美称。为晚年潦倒上海的唐在礼说项,是他管过的诸多闲事之一。经他写信举荐后,陈毅把这封信批转给上海市委统战部长兼

---

[1] 内引章士钊信函为私人收藏。转引自刘国军:《章士钊一封信札见证一段历史》,未刊稿。

副市长刘述周,请其"考虑照顾一下"。[1] 很快,唐在礼被上海市文史研究馆聘为馆员,虽是挂名闲职,但有一份稳定收入,老年生活终有所依。

唐在礼曾是袁世凯身边亲信,深谙清末民初政坛种种内幕秘史。在世最后几年,为了生活挹注,他应命草成长文《辛亥以后的袁世凯》,一万余字,缕述从民国成立到帝制运动失败,自己在袁氏身边的所见所闻,发表后备受史学界关注。到1964年以八十二岁高龄辞世前,他又完成长篇回忆文章《辛亥前后我所亲历的大事》,亦被视作珍贵文史资料。从他讲述的自己前半生中,大可一窥北洋时代的诡谲风云。惜乎天不假命、机缘无多,若章士钊再早些管其闲事,或可留下更多第一手秘闻实录呢。

从广方言馆到日本士官学校

对于唐在礼此人究竟从何而来,北洋以后他又往何而去,坊间一知半晓、语焉未详,这便为寻史者创造了研究空间。

若要追根问底,唐在礼一生的功业,是从上海广方言馆起步的。该馆成立于同治二年(1863),是沪上最早开办的外国语学校。当时国人把外语称为"方言",即地方语言的一种,从中可见大清朝的自大傲慢心理;所谓"广",即推广、学习之意也。广方言馆的开办,比京师同文馆晚一年。同文馆被称作中国第一所外语学校,是咸丰十年(1860)英法联军占领京师后,清廷被迫与之签订城下之约、实行对外开放政策的产物。该馆隶属新设立的总理各国事务衙门,所招学生限于在京的满蒙八旗学童,年龄多

---

[1] 内引章士钊信函为私人收藏。转引自刘国军:《章士钊一封信札见证一段历史》,未刊稿。

在十五岁上下,到光绪二十八年(1902)并入京师大学堂之前的四十年间,培养了数百名外语人才,可说是中国近代第一批外交官的摇篮。

上海广方言馆的性质、作用与北京同文馆相同,不过它是西学东渐的副产品。其主管部门级别也要低些,是清政府洋务派开设的大型军工企业——江南制造局。该局历任掌门人,也都是广方言馆的直接领导,其中有不少是风云人物,如两江总督李兴锐、江南制造局总办郑孝胥,就曾兼充该馆总办。负监学之责的,有道光年间进士、翰林院编修冯桂芬,还有湖南名士、民初曾任南京临时总统府英文秘书的张通典。历任教习中,美国传教士林乐知(Young John Allen)、英国传教士傅兰雅(John Fryer),都是中西文化交流史上的佼佼者。[1]

彼时,上海为远东最有名的通商口岸,车马辐辏、华洋杂处,当地人多少会讲几句洋泾浜英语。广方言馆的学生也不例外,入学前大都粗知一点外文,所以他们的成绩也要优于京师同文馆的八旗子弟。出于此因,从光绪三年(1877)开始,清廷陆续在海外设立使领馆,所派驻的外交人员,多由广方言馆选送到京师,再分门别类,加以集训深造。

到了光绪二十二年(1896),即中日甲午战争结束后,广方言馆向同文馆选派第五批学生,这次一共七名,其中有个名叫唐在复、字心畲的上海学子,到京后入法文馆就读,此人便是唐在礼之兄,这年十八岁。据今人所辑《广方言馆学生可考名单》,其弟唐在礼这时也正在广方言馆学习英文,时年仅十四岁。唐氏兄弟

---

[1] 以上据熊月之:《上海广方言馆史略》,载唐振常、沈恒春主编:《上海史研究》二编,上海:学林出版社,1988年,193—198页。

家境如何？他们为何小小年纪即以习洋文为生计？情况、原因均不详。自五口通商后，上海虽在洋务方面领风气之先，但是到洋行当伙计、进西人工厂做工，乃至入学馆习洋文，仍为富家、中产子弟所不齿。以此作为生活出路的，大多出身于贫民家庭，想来唐家兄弟亦如此。

然而，从光绪到宣统，时光仅跨过二三十年，环球更新，世风大变。谁曾料到，原来自贬为舌耕笔通之辈的外国语学生，到清末时却被尊为出类拔萃的人才，活跃在世界外交舞台上，大出风头呢。以广方言馆为例，到光绪中期以降迄宣统年间，该馆早期毕业生汪凤藻已升任出使日本大臣，杨兆鋆官至出使比利时大臣，吴宗濂被派为驻意大利公使，陆徵祥先后常驻荷兰、俄国……在第一代外交官中，广方言馆毕业生做到公使位置上的，就有九人。论级别，公使为二品专官，地位仅次于出使大臣，以后前途很广。其中，资历稍浅的唐在复于北京同文馆毕业后，即被派赴法国留学，入巴黎大学深造，其后历任驻法国使馆随员，及驻荷兰、俄国使馆参赞，到辛亥革命前夕，已在外交界崭露头角。[1]

在当年那个氛围中，即便学外语是进入仕途的一条捷径，少年唐在礼到广方言馆学洋文，想来未必出于自愿。但其兄被送到京师同文馆深造、有机会出洋这个前景，或许使他们的父母看到了这条无人问津之途所显露的机遇与希望。因而他们让唐在礼步其兄之后尘，期冀他闯出一条生路来。唐氏没有辜负父母的心愿，在广方言馆好好学习，不久之后，好运就向他招手了。

---

[1] 以上广方言馆总办、监院、教习及学生情况，参照《上海广方言馆史略》一文及文末附表。熊月之：《上海广方言馆史略》，载唐振常、沈恒春主编：《上海史研究》二编，176—211页。

光绪二十四年（1898）七月，也正是中日甲午战争败于日本三年后，痛定思痛的光绪帝，给总理各国事务衙门下旨，令他们选派优秀学生游学日本，认真向船坚炮利的昔日对手学习。日本人当然欢迎清朝这种甘拜下风的态度，总理衙门与日本驻华公使商议的结果是，"日本政府允将该国大学堂、中学堂章程酌行变通，俾中国学生易于附学，一切从优看待，以期造就"。但日本方面有一个条件，要求派来的留学生，必须合乎德智体全面发展的要求，即"所派学生必须年少聪颖，有志向上，谙习东文英文"。[1]这些都是在大清国第一个派赴日本留学生条例中所规定的内容。日本居高临下的姿态，也是显而易见，总署办事人员腆颜称诺，并无贰词。

但无论如何，清廷此举，扩大了早期留日学生的规模，意义不凡。各省督抚接旨后，相继选出了一些优秀学子，以官费生名义，预备东渡日本，学习军事、法政、师范等专业。这批留学生中，以学习军事者居多，从中可见清廷在甲午战败后，急于增强国家军备实力的急切心态。

据今人整理的《清季中央地方派遣留学生表》，这批留学生共九十七人，除了京师同文馆保送的三十一名，其余六十六名出自内地各省，分别由直隶总督兼北洋大臣王文韶、湖广总督张之洞、两江总督兼南洋大臣刘坤一、浙江巡抚刘树棠等官员具衔咨送。[2]这批留学生以出身学校计，京师同文馆保送者占了多数，其余的分别来自北洋武备学堂、两湖书院、江南储材学堂、求实书院等多所较早教习外国语的学校，其中包括上海广方言馆保送的六人，

---

1 《江南制造局为送广方言馆英文学生六名赴日游学事之详文并南洋大臣刘坤一之批文》（光绪二十四年［1898］七月十五日），载《中国近代兵器工业档案史料》第一册，北京：兵器工业出版社，1993年，1218页。
2 陈琼璀：《清季留学政策初探》，台北：文史哲出版社，1989年，179—197页。

唐在礼便是其一。广方言馆的上级部门江南制造局在完成总署交办的任务后，按照报告路线，向两江总督兼南洋大臣刘坤一禀陈了本馆即将赴日留学生的情况。还特别说明，因为广方言馆不教授日语，只学英法两国语文，所以这六名学生是按照"年少聪颖、堪以造就"的标准来选拔的。唐氏得入其列，表明在馆监及教习眼里，他是个有培养前途的好苗子。呈文说：

> 遵经查明职局广方言馆向未教习东文，所有学生只习英、法两国语言文字，惟有遴选英文学生之年少聪颖、堪以造就者备送。兹奉前因，理合将挑定英文学生……等六名年岁、籍贯缮开清折，具文详送……
>
> ……计开：章通骏，湖南善化县人，现年十八岁。单启鹏，安徽滁州人，现年十七岁。张朝基，江苏长洲县人，现年十七岁。朱思榛，浙江慈溪县人，现年十七岁。唐在礼，江苏上海县人，现年十六岁。舒厚德，浙江慈溪县人，现年十五岁。

看看这几个人以后在仕途上的发展，也是有趣的：章通骏毕业回国后长期在陆军部、军咨府工作，民国初年被授予陆军少将衔，为总统府众多军事顾问之一，以后被派驻英国任禁烟代表；单启鹏归国后先被湖南武备学堂聘为教习，不久调任湖北新军第一标第三营管带（营长），以后情况不明；张朝基最初也是在地方军校教书，后来调回江苏陆军，1913年被授予步兵上校衔，直到1923年才晋授陆军少将；朱思榛中途病亡；舒厚德也是到1912年才被授予少将衔，以后转业到地方政府及银行界，先后担任过江苏省政府委员兼财政厅长、中国银行高级经理职务。

一个被时光治愈的病例　317

相比之下，在广方言馆同学中，唐在礼升官最快、官职最大，称得上唯一的风云人物。

在报送刘坤一的呈文后面，江南制造局又另外缮折，以"幼童之愿出洋游学者，寒畯居多"，而广方言馆"经费逐年亏欠甚多……自无余款供此要需"为理由，申请由中央出资解决六名留学生的游学经费问题：

> 此次广方言馆所挑六名，材固可造，境皆清贫，如日使所议衣食等费人各自备，力恐有所不逮。若以该馆学生即令该馆筹款拨用，则广方言馆近来经费支绌异常，自顾不遑，焉能挹注。此经费专款不可不先筹也。[1]

结果，刘坤一采纳了局方的建议，专文咨请总理各国事务衙门，援照昔年派员出洋游历成案，在出使经费项下划拨专款，以资常年应用，这才圆满了事。这笔费用有多少呢？粗算起来，一名学生除了首途置装费、川资约二百元，每年衣食笔墨还需花费三百元，即以三年毕业计，也需一千多元，是一笔不小的开销。更重要的是，如此一来，唐在礼等就成了朝廷专项资金培养的官费生，相当于今之国家留学基金派出者，毕业后分配不愁，且能在京师谋到好位置，何其幸运也。

唐在礼从日本士官学校毕业回国后，死心塌地为清廷效命、戍守边防，其中何尝不包含着一个贫寒子弟对于扶助他飞黄腾达的官家，一份真诚的感恩戴德呢？

---

[1] 《江南制造局为送广方言馆英文学生六名赴日游学事之详文并南洋大臣刘坤一之批文》（光绪二十四年［1898］七月十五日），载《中国近代兵器工业档案史料》第一册，1218页。

练兵处新来的年轻人

唐在礼赴日本留学的 1898 年冬天，正值戊戌政变刚刚发生，朝廷在坚决镇压内乱之后，进一步加强政治管制，收紧了对出洋留学在内的涉外事务的管理。譬如以前赴各国留学生，均由地方大员选派，如今权力上收，都归总理衙门办理。唯一例外的是出洋学军事的留学生，为重视起见，一律归全国练兵处管理。该处首任练兵大臣为庆亲王奕劻，会办大臣为袁世凯。袁氏上任不久，恰逢唐在礼毕业回国，唐受知遇于袁，也由此开始。

唐在礼甫渡东洋时，年十六岁，还看不到自己的美好未来与前景。但无疑他是个聪明好学的孩子，领悟能力很强。按照中日有关协议，中国留学生赴日本习军事，须先入成城学校学日语、西学及陆军操典等。唐氏在成城读了一年半，便以优异成绩达标。按该校的规定，学生把相当于中学的课程读完后，还要分到日军联队里去实习半年，担任见习小队长、伍长等职，经历体操、枪械、野营拉练等所有训练项目，才可正式进入士官学校。唐在见习中的表现也很突出，因而于庚子国变（八国联军入侵北京）那年，顺利转入士官学校就读。他晚年时回忆：

> 我是庚子年（1900）进入日本东京士官学校第一期的，又读了一年半。在这一年半中，科目繁多，限期读完、读好，所以感觉到十分紧张。士官第一期中国派去的学生共四十名，中途死了一位。毕业后他们都回国了，我仍留在东京，参加到日本陆军中去见习，在炮兵联队里很快就升到见习少尉排长。那时我对炮工兴趣很浓，就考进了日本炮工学校。

唐在礼所述，便是所谓日本士官学校第一期的情形，以后北洋军界拉帮结派，论资排辈起来，早期士官生被奉为留日军事学子的前辈，备受尊捧。士官一期毕业生回国后，除了少数几个人留京任用，其余都分发到各省带兵，在辛亥革命爆发前夕手握权柄，或有名于南北军界者，随手列举即有：陆军部军务司长陈其采、陆军部军制司长万廷献、禁卫军协统王廷桢、新军第六镇统制吴禄贞、第二十镇统制张绍曾、第九镇协统杜淮川、第十七镇协统萧星垣、直隶督练公所军事参议官陆锦、江北督练公所总参议蒋雁行、两江总督府参谋处总办兼督练公所参议官吴绍璘、广东督练公所总参议吴锡永等。这些人都是那个时代军事人才中的凤毛麟角，到后来，只有唐在礼混到了袁世凯身边，从清末到民国初年，成了留日士官生中职位最重要、声名最显赫的人物。

唐之引人注目，就在于此；他的过人之处，也早在学生时代就已显露出来。话说回去，光绪二十八年（1902），在一期士官生都毕业回国的情况下，为什么唐在礼独自留在日本，又考进炮工学校？原来，因为他学业优良、表现突出，受到了赴日考察军事的练兵处筹备负责人铁良、徐世昌的赞赏，故指名让他继续深造。炮工学制分为初级和高级，因数学内容艰深，他只学了一年便肄业回国了，以后深以为憾。即便如此，他士官生加上炮工生的身份，也高人一头。唐氏回忆文章中，曾谈及他归国后即受重用的情况。从时间上算，正是光绪二十九年（1903）秋天的事：

> 从炮工学校出来，我就回到北京全国练兵处……向铁良与徐世昌报到。他两人和我相当熟识，因为他们曾于我在士

官读书的时候,到东京去调查过军事。他们到士官来参观的时候,我被同学推举做代表,向铁、徐禀报情况,曾得到他二人的夸奖。所以到练兵处去重新见到他两人,在我感觉到很亲切,而他们对我也是另眼看待,以后我就常到练兵处去。[1]

练兵处是清廷为加强国防而新成立的武备机构,级别规格之高,前所未有,以庆亲王奕劻为练兵大臣、袁世凯为会办大臣,具体办事的是襄办大臣铁良和提调徐世昌,他们负责协调京畿及各省军队训练,筹备组建北洋新军。所谓新军,是在改造八旗绿营、防军团练的基础上,模仿德国与日本军队编制与训练方式而建立起来的新式军队。其中,北洋六镇是以袁世凯小站练兵为基础扩编而成,仅第一镇大部分为旗兵,其余五镇,都是袁世凯一手带出、以招兵为主的嫡系部队。

新军的训练,既然以德、日为师,那么刚从日本学成归来的第一期士官生,作为最早接受西化军事教育的群体,对促进清末新军从装备、编制、训练等方面走向近代化,将发挥重要作用。所以他们是朝廷关注的对象,像唐在礼这样的佼佼者更是如此。对于富有练兵经验,深知人才对于缔造新军作用的袁世凯而言,培养和重用唐在礼的意义就在于此。

此时,袁世凯的正式职务是直隶总督兼北洋大臣,练兵会办大臣虽是兼职,却干得格外起劲。唐在礼回国这年,袁氏正雄心勃勃在天津筹办北洋督练公所,以期深化新军改革,进一步将训

---

[1] 唐在礼:《辛亥前后我所亲历的大事》,载中国人民政治协商会议全国委员会文史资料研究委员会编:《辛亥革命回忆录》第六集,北京:中华书局,1963年,329页。

练正规化、专业化，故对于留洋人才十分注意。转过年来，督练公所正式成立（总办为王士珍），得益于徐世昌的推荐，唐在礼被任命为督练公所教练处帮办，相当于总教官助理。被称为"北洋三杰"之一的王士珍才智过人，也是个老好人，平时对公事不大过问，把许多公文要件都交给唐在礼去办，因而唐常有机会向袁世凯当面汇报工作。袁很赏识这个聪明机灵、办事细致认真的年轻人，不久又安排其转任参谋处帮办，以便尽快熟悉练兵处各个关键部门的业务。

光绪三十二年（1906）十月，也就是唐在礼在北洋督练公所历练的第三个年头，清政府下令在河南彰德府一带举行秋操，即实战演习，用以检阅军力、宣扬国威。此为练兵处成立后的首届秋操，陆军部十分重视，特意调集北洋第五镇和湖北第八镇两大主力，动用各式武器装备，采取野外对抗形式，以检验数年来南北新军的训练成果。所以除了练兵处方面大员袁世凯、铁良担任阅操大臣，还由陆军部军学司正使冯国璋、副使良弼，分任南北两军的审判官长，并设中央审判官若干名。

据陆军部恭呈两宫御览的陆军会操阅兵处人员名单，担任审判官职务的，除了陆军部军令、军政两司的官员，还有包括唐在礼、宝瑛、邓承拔、蒋尊簋在内的日本陆军士官生四人。其中，宝瑛是生于湖北荆州的旗人子弟，留日陆军士官第二期毕业生，后来曾任湖北陆军小学总办；邓承拔是湖北武昌人，与唐在礼同期于士官学校毕业，工兵科学生，到武昌起义那年升任第八镇十六协统带官，即同年秋天率新军随端方入川平乱而遭兵变者；蒋尊簋是日本陆军士官学校第三期学生，骑兵科毕业，在日本加入同盟会，辛亥革命爆发后被推举为浙江都督。此次演习中，这四名陆军学生的职责是"遵奉阅兵大臣之命，传布命令，审判战况，监视行军，并节制号球队等事"。[1]

彰德秋操，可视作留日士官生受到朝廷重用的开始，也是唐在礼在北洋军队中崛起的第一步。唐在操演中的具体表现不得而知，但他对陆军战例及火炮工程的专业知识，肯定派上了用场，事后袁世凯对这次演习有"创从前所未有，系四方之瞻听"的评语[2]，可见他对北洋军队的表现是很得意的。秋操结束不久，唐在礼就被派到驻扎胶济铁路的北洋第五镇，升任炮标标统（团长），该镇统制（师长）张怀芝是袁世凯小站练兵时期的嫡系，炮兵出身，以对待属下寡恩无情闻名，但对袁的重点培养对象唐在礼还算客气。

算起来，唐在礼在袁世凯手下办事不到三年，这年才二十四岁，就做到团级干部，袁氏此举也是"不拘一格降人才"了。

过去七八年，尤其是就任北洋大臣后，袁世凯下大功夫、花老血本，一连练成北洋新军六镇，重兵在握。各镇分别驻扎在近畿、京师及京奉、京汉、津浦、胶济一线，雄视北方的态势，自然引起朝廷疑忌、同僚不满。为了避免功高盖主、引祸及身，他于彰德秋操结束后次年，主动奏请皇上：除了驻扎直隶境内的二、四两镇，其余各镇均全员交出，统一划归陆军部统辖。这么一来，袁氏手中兵权，被控制陆军部的载沣、载涛、良弼等一班青年权贵夺取，这使得唐在礼这样由袁一手提拔起来的人，感到很紧张，对朝廷如此处置虽不满意，但也"敢怒而不敢言"。

袁世凯被削权的风声传开，影响很大，两宫为稳定军心，决意插手干预。后经朝议，在保定成立了一个督练公所，全称为近

---

1 袁世凯：《复陈校阅陆军会操详细情形折》（光绪三十二年［1906］九月十五日），载天津图书馆、天津社科院历史研究所编《袁世凯奏议》（下册），天津：天津古籍出版社，1987年，1394页。
2 来新夏：《邃古文录》上册，天津：南开大学出版社，2002年，546页。

畿陆军各镇督练公所，调第一镇统制官凤山为督练大臣，统管原来划归陆军部的一、三、五、六这四镇人马的编练事宜。凤山为汉军镶白旗人，以举人袭佐领，在北洋军中一步步成长起来，是袁世凯的老部下，如此调整下来，等于北洋六镇的兵权还握在袁的手里。

按当时练兵制度，近畿督练公所下设兵备、教练、参谋三个处，另有粮饷、军械、军医、稽查四局，其规模大于原先的北洋督练公所。在决定人事任用时，袁世凯推荐正在山东带兵的唐在礼，唐由此当上了教练处总办，后经向朝廷奏请，并赏副参领。唐氏事后得知，凤山赴督练大臣任前，曾拜见袁世凯，请示机宜，干部名单那时就定下来了，自己升到教练处总办，也是袁的意思。副参领衔为正四品，在清末陆军官职中，位居中等第二级，相当于今之副师级，已是军队高官了。

就袁氏而言，破格提携小唐，这不过是顺手在凤山身边安插一个耳目，对唐在礼来说，却在仕途上升了一个重要台阶。如此，他对袁的感恩戴德岂不又增加了一层？人谓袁世凯善于用才，而每每辅以权谋，此其一例乎？

外放蒙古大草原

光绪朝最后两年（1907—1908），唐在礼在近畿督练公所任职，仕途走得一帆风顺。教练处的职责是检查和指导新军各镇的训练课程，重点是组织协调好定期的传集、训令及检阅，参谋处的日常事务相对轻松，主要任务是出谋划策、上传下达。唐每隔一段时间便要下部队巡阅，体验军营生活，这使他对北洋各镇各标营的建制情况，乃至不少中下级军官姓名、出身及性格等都很熟悉。这就为后来辅佐袁世凯办理军事打下了基础。

形势发生变化,是在光绪朝最后一年(1908)的秋天。随着光绪帝、慈禧太后相继驾崩,朝权转入以摄政王载沣为代表的满族亲贵手中,已升任军机大臣兼外务部尚书的袁世凯惨遭清算,很快被开缺,以回籍养疴为名,到河南做渔翁去了。这期间,唐在礼曾偷偷到河南彰德洹上探望,并在袁府住了两天,可见他们关系之近。唐氏还记得,谈话中袁世凯虽时不时骂亲贵们"年轻无知,目无元老",但总体上"精神不错,表现出很坦然的样子"。[1]在老上司倒霉时,唐能前来问寒问暖,表现出对上级的忠诚,也说明其预见力非凡,更为袁氏时来运转之后,提拔重用他,铺下了感情底子。

到了宣统元年(1909),亲贵们站稳脚跟后,开始抓军队、揽事权,贝勒载涛在光绪去世后、尚未改元前已被任命为禁卫军训练大臣,所有军务一律由毓朗主持的军咨处(相当于总参谋部)代奏代办。宣统二年(1910)秋,为了统一陆军训练事权,下令裁撤了近畿陆军各镇督练公所,把与袁世凯走得很近的凤山派为荆州将军,改由陆军大臣荫昌兼充训练近畿陆军各镇大臣。由于凤山外派,在保定的任所被撤,唐在礼也失业了。

凤山接到新任命后,风闻长江上游的革命党已连成一气,民军的地下活动也很活跃,哪敢到反清最激烈的圈子里去送死,便以江航不通、身体不好等为由,拖延了半年多,迟迟不愿启程。掌握朝廷实权的载涛、良弼等人,有意难为这个"老朽",不久广州将军孚琦被革命党人温生才刺杀,有一空缺,随后以军咨府名

---

[1] 唐在礼:《辛亥前后的袁世凯》,载吴长翼编:《八十三天皇帝梦》,北京:文史资料出版社,1983年,125页。

义分发凤山继任该职。凤山心里叫苦不迭,虽然广州是革命党活动更厉害的地方,但不便连连抗令,拖到辛亥年(1911)秋,也只得怏怏上路。农历九月初四(10月25日),他风尘仆仆甫进广州大南门,就被几个同盟会会员用炸弹当场炸死。

在亲贵们眼里,凤山、唐在礼都是袁世凯手底下的人,应同等对待,所以也不能放过唐。其实,唐在礼返回京城后,无所事事,闲人一个,但袁氏既被排斥,朝臣们也绝不容其党羽在眼皮下晃荡,最稳妥的办法,是把他们调到远离京师之地,交给地方官监管。唐在礼是袁氏最看重的亲信之一,所以政敌下手格外地狠,决定把他外放戍边,以示惩罚。在放逐凤山后不久,禁卫军训练大臣、贝勒载涛召唐氏谈话,并宣布其新差使——因外蒙局势不稳,朝廷决定开办库伦兵备处,并特派他为总办,要求马上赴任。

库伦,就是今天的蒙古国首都乌兰巴托,当时还在清朝版图内。有清以来,朝廷在此设办事大臣、帮办大臣各一名,担负宣慰镇守之责,下设印房章京、理刑及商民司员、笔帖式等官,管理边务,监督与俄罗斯通商事务,并维护驿站。

唐在礼进入外蒙古时,库伦办事大臣为蒙古正白旗人三多,赴任仅数月,履新后积极推行新政,除了兴办教育、移民实边、开放屯垦等举措,也顺应潮流,计划裁撤原营务处,开办库伦兵备处,征召内地青年入蒙,在老巡防营基础上编练新军。在预备立宪的大气氛下,三多的改革方案得到了朝廷的赞成。军机处奉旨批复三多的奏请:

> 库伦为边疆重镇,前拟筹练新军一标借资捍卫,兹委派日本士官学校炮工毕业生、副参领唐在礼为兵备处总办,原

设营务处应即裁并。所有宣化防军边防步队，及图、车两盟关于军界之事，及台站卡伦各官兵，一并归该处节制。并加派两盟副将军各一员为该处会办，俾一事权而资襄赞。[1]

意为：办事大臣三多奏请组建一个团的新军，用以保卫外蒙古首府库伦，应此要求，朝廷特派日本士官学校毕业的副参领唐在礼为兵备处总办，当地边防军及各台站、哨卡官兵均由其节制，办事大臣管辖范围内的图谢特汗、车臣汗两盟，可各派一名副将作为会办，协助唐总办开展各项工作。

外蒙古这时虽是中国领土，但由于清政府横征暴敛、抚驭失策，加之世界大局改变及沙皇俄国的怂恿，蒙古王公们密谋独立、脱离中国，已成汹汹之势，难以阻挡。在这暴风雨的前夜，唐在礼踏上危途、深入秘境，其使命能完成几何，可想而知。随行人员中，除了文案、马弁等几个旧属，还有唐在礼的弟弟唐在章，所给名义是协助筹办实业。

因这次蒙古之行，唐在章后来也顺利进入外交界，民国九年（1920）已做到外交部参事，直到1928年北京政府垮台前，一直高居此席。这个职位，在一部之内，官列次长与各司长之间，似专为候补公使、总领事一类人设置的，早年如顾维钧、伍朝枢、袁克暄等，在出使欧美之前都做过该部参事。时与唐在章同官的人，也多有被任命为驻外使节者，如章祖申、王景岐、岳昭燏先后调任驻瑞典、比利时、墨西哥公使。[2]

---

1 《宣统政要》卷三十一。转引自赵云田：《清末新政研究——20世纪初的中国边疆》，附录《清末边疆新政大事记》，哈尔滨：黑龙江教育出版社，2004年，355—356页。
2 程道德、郑月明、饶戈平编：《中华民国外交史资料选编（一九一九—一九三一）》附录，北京：北京大学出版社，1985年，572—591页。

这里插几句闲话。1928年南京国民政府名义上统一全国后，唐在章未得续用，从此息影林泉、寓居上海，其妻章以保被聘为立法委员，活跃一时。章氏的父亲章一山为近代教育名家，先后做过京师大学堂译学馆监督、北平女子师范学校校长，长女章以保即毕业于天津北洋女师，长子章以吴在南开中学读书时曾与周恩来同窗，以后从事金融业，虽默默无闻，但他的儿子章文晋在新中国成立后，先后担任驻巴基斯坦、加拿大、美国等国大使，在国际外交舞台上大展身手。章以吴、唐在章晚年受困，生活缺乏保障，皆因周恩来亲自过问，分别被安排到中央文史馆、上海文史馆做了挂名馆员，盖出于这段绵延复杂的渊源也。[1]

当年唐在礼敢于踏上外放之路，确需一番胆量。民国元年（1912），唐氏兄弟两人曾合撰《蒙古风云录》一文，记录他们在库伦的工作情况及外蒙独立的经过。开头部分的描述，颇有班固笔下苏武出使西域之慨："庚戌（1910）十月，奉檄出塞，时方严冬，冰雪阻道，一肩行李，四顾苍茫……"[2]

这一行人雇了十几辆架杆车，从察哈尔都统驻地张家口启程，一路上寒风怒号、飞沙走石，走了三千多里长路，费时共二十二天，方抵地广人稀的库伦。而且唐在礼的妻子沈友琴也在随行之列，这可看出，唐在礼已做好了长期驻守边防的精神准备，他不仅吃苦耐劳，也堪称胆略过人。

唐在礼在库伦挨了不到一年光景，可说是一事无成。到任后，老营务处已奉令裁并，他的任务便是重新组建兵备处，招募入伍，

---

[1] 宗道一：《新中国外交家章文晋及其家世》，载《文史精华》1995年第8期，45—50页。
[2] 唐在礼、唐在章撰，黄藻音点校：《蒙古风云录》，载《北洋政府时期的蒙古地区历史资料》，哈尔滨：黑龙江教育出版社，1999年，20页。

编练新军，拟先成立马队、火炮两营，作为淘汰老弱绿营、充实新式军力的基础。但是种种练兵规划尚未实现，便随着大局的变化，身不由己地进入了辛亥革命的多事之秋。

湖北新军第八镇兵变后，警信遥传，全国沸腾，不久消息传到库伦，蒙古王公闻讯哗然，谋划独立更加急迫。出身于杭州旗营的办事大臣三多，虽是省级官员，但缺乏胆识，也无计应付眼前的动荡局势。在这边陲孤悬、人心浮动之际，唐在礼度日如年，深知一旦动乱骤起，满蒙仇怨爆发，迟早殃及己身。他天天盯着驿站邮传，从只言片语中揣度形势将有什么变化。有天，他在一份公文上看到袁世凯已被朝廷召回，起用为内阁总理大臣的消息，情急之下，便给内阁总理衙门发了个急电，说明在库伦练兵难收实效，请求裁减兵备处，调自己及随员回京效命。

不知袁世凯当时如何想法，接电后竟允其请，让唐在礼抓紧时间南返。这一决策为蒙古归属问题留下的遗患影响久远，一语难尽。于是，库伦兵备处立即自动取消，随同唐在礼出塞的大小员弁，一同踏上归途。这等于自毁长城，将外蒙地盘拱手出让。多年后，唐氏对这段经历的回忆，仍有惊魂未定的余味：

> 不料电报拍出的第二天就接到回电："着即来京。"我和先妻等都喜出望外，连忙整理行装，踏上归途，一路顺利，在阴历十月中旬就到了张家口。在口上听到十月十一日（按1911年12月1日）外蒙库伦活佛哲布尊丹巴宣布独立，办事大臣三多已被驱逐出境的消息。[1]

---

[1] 唐在礼：《辛亥前后我所亲历的大事》，载中国人民政治协商会议全国委员会文史资料研究委员会编：《辛亥革命回忆录》第六集，335页。

其时局势混乱至极，唐在礼若不是心眼活、溜得快，很难保全其身。实心实意为朝廷办事的三多，因为朝中无人，就没有唐在礼那么走运。当唐氏一行还在回京路上，蒙古王公们就已公开集会，商讨脱离大清国事宜；他们抵达张家口时，外蒙宣布独立的消息已经传开。当时，起事的两千余名蒙古骑兵，携带俄国新式快枪，将清政府在库伦设立的局所衙署一一占领。据《蒙古风云录》中记述，骚乱中三多避入俄国领事馆，其卫队随即被缴械解散，几天后"俄领事用传单驿送办事大臣赴恰克图，派兵三十名护之，随行者为印务处官吏及各眷属等。其余未行者，悉改装易服，在各处潜避"。[1]

所说的印务处，是为办事大臣掌印的职官，故得以与三多同行，避免了像其他人后来被抓被杀的厄运。可以推断，要不是唐在礼带着兵备处人员跑得快，前景也同样不妙。由于库伦至内地的台站、驿所均被攻占，三多被迫转道俄蒙边境重镇恰克图，进入俄国避难。出境时，外蒙当局出示晓谕，宣布他"擅自谬法，扰害地方……是以将该大臣官员兵丁，逐令回籍"，[2]情形十分狼狈。由此，三多成了清朝最后一名钦差库伦办事大臣。

民国成立后，孙中山、袁世凯、黎元洪等历任大总统均不承认外蒙古独立，但是随着俄国扩张及历届北洋政府不断让步，中国对外蒙权力渐由主权沦为宗主权。直到第二次世界大战结束之际，重庆国民政府才与苏联签订《中苏友好同盟条约》并发出相关外交照会，同意外蒙古根据公投结果自行独立。对这一历史后

---

[1] 唐在礼、唐在章撰，黄藻音点校：《蒙古风云录》，载《北洋政府时期的蒙古地区历史资料》，22页。
[2] 《东三省、蒙古、新疆、西藏革命纪事》，载郭孝成编：《中国革命纪事本末》，239页。

果,唐在礼作为前清驻守库伦的最高军事长官,在危难到来之际放弃职守、临阵脱逃,也应心存愧疚吧?

回到袁世凯身边

唐在礼回到北京没几天,正逢国体新旧交替、改朝换代。在南京,已成立了以孙中山为大总统的临时政府,与名存实亡的清廷抗衡;同时,南北议和也在紧张进行中。唐氏进京后,立即去见既是老上级又是"救命恩人"的袁世凯。身为内阁总理大臣的袁世凯,刚刚经历了一场生死考验。就在1912年1月16日,袁于进宫早朝后归府,乘坐马车经过东华门丁字街时,被躲藏在茶楼等处的革命党人扔了几个炸弹,炸死卫兵多名。袁氏幸免于难,但此后一段时间不敢出门,奏请朝廷给假,允许他在锡拉胡同私宅养病办公。

一片风声鹤唳中,唐在礼与袁世凯见面并单独谈话,同时被委以咨议官,准在外交大楼内阁官舍行走。[1] 这说明性格多疑的袁对唐十分了解且完全信任。按说袁氏身边的文武官员中,可用人物甚多,也不乏老练之才,他为何偏偏选中一个刚届而立之年的士官生,留在左右处理重要事务?个中情形,既见其对大多数人的疑忌心理,也表现出他识人辨才的超强功力。具体说来,他对唐在礼看得很准,唐氏不仅有才干、能办事,对他的忠诚也一直保持到五年后帝制失败、他忧愤身亡的最后时刻。

在袁世凯身边办事的第一个月,唐在礼经历了一件大事,就是清室颁布退位诏书与袁氏上台主持国事。在此之前,南北议和

---

[1] 唐在礼:《辛亥前后的袁世凯》,载吴长翼编:《八十三天皇帝梦》,95页。

已初现成果，在袁世凯步步紧逼下，为了早日推翻清政府、实现国家统一，孙中山慨然允诺，只要清室宣布退位，且袁世凯遵守《中华民国临时约法》中"中华民国以参议院、临时大总统、国务员、法院行使其统治权"等规定，即取消南京临时政府，让位临时大总统于袁氏。袁世凯得此承诺，心中窃喜，又唯恐落下逼走清室孤儿寡妇的骂名，于是就像挟清廷余威与革命党讨价还价一样，他翻过手来，也拿革命党的力量不断吓唬一班满蒙亲贵，借以胁迫隆裕太后和小皇帝溥仪出让天下，好让自己出掌国柄。只经几个回合，他就达到了目的，隆裕太后百般无奈，在得到优待皇室等条件后，同意交出国家大权，即日颁布退位诏书，宣布"即由袁世凯以全权组织临时共和政府"。

按照约定，1912年2月12日这天，隆裕太后将偕宣统皇帝在乾清宫颁布退位诏书。事情虽已安排就绪，但袁世凯仍在暗中操纵一切环节，他一方面为了自己进退有据，另一方面害怕哪个亲贵挺身而出和他玩命，因此仍不愿出面入宫，参加接奉皇帝退位诏书的仪式，而是派外务大臣胡惟德代表自己入朝领旨。这种细密心思、狡狯手腕，即使在当时，也让包括唐在礼在内的许多局内人大感不解。

迎接诏书这天一大早，唐在礼作为袁世凯挑选的四名侍卫武官之一，身穿军装、配备马刀，护卫着胡惟德等十名内阁大臣走进乾清宫，接诏领旨。胡以下九人分别是：民政赵秉钧、度支绍英、陆军王士珍、海军谭学衡、学部唐景崇、司法沈家本、邮传梁士诒、农工商熙彦和理藩达寿。事情进展得很顺利，并未出现袁世凯所担心"怕闯出几个宗社党来拼命"的场面。唐在礼等人的全副武装也就成了摆设，在隆裕和小皇帝溥仪座前，大臣们行礼如仪，颁诏仪式很快结束。接到诏书后，一行人立即坐上马车，又在唐在礼等武官护卫下，直奔位于石大人胡同的外交部大楼而去。内阁官舍设在那里，袁世凯正在焦急地等候。

照例，接受诏书也须有个仪式。时过半个多世纪，唐在礼还记得，当胡惟德等人到后，袁世凯未等大家请他，自己就走出来，表情看似庄重肃穆，又有几分春风得意。唐在现场看到的以下情形，颇有意味：

> 这时胡就把诏书递过去，袁略微鞠躬，双手接过，随即将诏书打开，但并未宣读，就慢慢地把它放在大帖架上陈列起来……停了一会，袁转过身来对我们说："你们辛苦了，请到后厅休息吧。"胡即领我们走向后厅，这时袁也走了过来，袁、胡互相谦让，于是他两人在前一边走一边谈。胡把上朝的情况说与袁听，我隐约地听到胡说到隆裕"表情凄惨，实在可怜，我以婉语安慰"的话，袁则频频点头。既到后厅，休息了片刻，也就各自散去照常办公了。[1]

袁世凯在这个场面中的表现，可说是中规中矩、合乎体礼。但是从唐在礼仍记忆深刻的若干细节，如袁氏"未等请他就自己走出来"、接旨时仅"略微鞠躬"以及打开诏书"但并未宣读"等举动中可以看出，在意得志逞之际，这位历史创造者内心的狂喜和对就要覆灭的朝廷的鄙视不屑，已经按捺不住。另外，袁氏毕竟是个官场老手，在众目睽睽之下，习惯性地把自己的心态掩饰得很好，其实此时此刻，他就是兴高采烈地把诏书宣读一遍，再带领

---

[1] 唐在礼：《辛亥前后我所亲历的大事》，载中国人民政治协商会议全国委员会文史资料研究委员会编：《辛亥革命回忆录》第六集，339页。

大家为共和政府的即将诞生欢呼一番，天下又奈其何呢？但是官僚就是官僚，袁宫保不愧为袁宫保，他的心思只能让自己知道，旁人是无缘猜透或分享的。所谓独夫，即此之谓也。

但是，这一天总算是袁世凯政治生涯中极重要的日子，他得到诏书，等于手握与革命党人讨价还价的砝码。晚上，他在外交部大楼剪掉辫子时，在几个"自己人"面前，终于忍不住哈哈大笑起来，谈话中也显出异乎寻常的兴奋。唐在礼说："袁的这种情况很难见到，后来也未曾见到过。"[1] 唐氏得以目睹这一幕，表明他与袁的关系又近了一步。

唐在礼见证了袁世凯从朝廷手中取得大清江山的全过程，从中学到了政治权术中最核心的秘诀。接下来，袁氏还要派他去南方，深度参与和革命党人斗智斗勇的政治把戏。他本可以派手下老将出马，但又怕这些老滑头的模棱两可和两面派风格，坏了他的大事。考虑再三，他决定把唐在礼派出去做他的传声筒，以确保南行使命不折不扣地完成。所谓亲信、心腹，就是这么炼成的。

随着清室颁诏退位，南北和谈即告达成，下一步便是南北政权合并，成立统一的共和政府。按照议和时的约定，孙中山让位于袁世凯，还有个前提条件，即中华民国定都于南京，袁世凯必须到南京接任临时大总统。南方革命党人设此一计，意图很明显，就是要把袁氏调出其经营多年的北方势力范围，并限制他的权力，以保证新的国家机器在民主法治的轨道中运行。

但是，清廷交出统治权十多天后，袁世凯仍没有动身南下的意思，南京临时政府便派出一个迎袁专使团，以教育总长蔡元培

---

[1] 唐在礼：《辛亥前后的袁世凯》，载吴长翼编：《八十三天皇帝梦》，99页。

为专使，法制局局长宋教仁、外交部次长魏宸组、参谋本部次长钮永建、南方议和参赞汪精卫等八人为欢迎员，于1912年2月21日从上海乘轮北上，敦请袁氏赴南京就职。

但袁世凯根本没有去南京就职的打算，况且大计已定，岂甘于此乖乖就范？当初，为了求得孙中山让步，他虽满口答应革命党人提出的条件，但如今权柄到手，便想尽一切法子，不择手段要达到在北京老巢就任临时大总统的目的。不知是巧合还是蓄意谋划，就在专使团到京后两日，即2月29日，驻扎京畿、由曹锟统领的北洋军第三镇，因欠饷而哗变，一时间乱兵先在京城、后赴天津抢劫商铺，聚众闹事，破坏治安。北京的情况，正如下榻煤渣胡同的蔡元培，事后致孙中山电中所云："昨夜八时，北京城内枪声四起……（专使团）招待所亦有兵士纵枪殴门而入，行李、文件等物，掳掠一空。"[1]

当晚，蔡元培等人先是避入附近外国人家，次日又迁到六国饭店，才躲过这场劫难。几天后，兵变虽告平息，北京不稳之消息，却已耸动中外。

京津兵变发生后，谣言四起、舆论腾议，对这场乱子的起因，人们有着各式各样的解释和猜测。事过多年后，也有历史学家认为"以天下众恶皆归之袁，固非历史真相也"[2]，不同意将兵变的责任简单归咎于袁世凯。但无论如何，在当时来讲，这场及时上演的闹剧，使袁世凯总算找到了不去南京的借口与理由。这么一来，他便在各种场合里强调大总统坐镇北方的必要性，声称自己尚未离开北京，已经闹成这样子，倘果真迁到南方，国家岂不还要闹

---

1 《蔡元培致孙中山等电》，载《民立报》1912年3月3日。
2 吴相湘：《宋教仁传》，98页。

大乱子？于是，他一面以强硬口吻明确表示拒绝南下，一面派出两名专使代表他奔赴南京，对临时政府和临时参议院虚与委蛇。这两名专使，一文一武，就是曾任前清学部参事的范源濂和曾任内阁总理大臣咨议官的唐在礼。

范源濂是湖南湘阴人，早年师从梁启超，留日回国后长期在学部（即教育部）任职，以经办清华学校、法律学校及殖边学校有望于北方。和唐在礼一样，都属于在民初除旧迎新氛围中，京师政坛崛起的"少壮派"。袁世凯选中这两人执行这项重要使命，自是经过一番深思熟虑：范源濂以教育名家身份，易于得到临时参议院的同情；派唐在礼去，主要因为他可靠，另外一层，则是因为南京临时政府中不少要员，都毕业于日本陆军士官学校，以这种特殊关系，唐更方便与"学弟"们联系沟通。

唐在礼为日本陆军学校一期士官生学长，毕业后不仅与同期同学联系很密切，还同以后陆续回国的二期、三期士官生保持来往。这些第二、三期士官生大都在江浙、两湖、闽粤各地任职，组织联谊会等事务，也多由唐氏出面与他们联络。功夫没有白费，这回去南京，老关系都派上了用场。

从跑腿办事到参与戎机

唐在礼、范源濂南京之行的顺利程度，远远超过他们的预想。原来在此之前，袁世凯不知使了什么招数，竟说动蔡元培、汪精卫等人主动作为，已为他在南京临时政府那边做了不少铺垫。如迎袁专使团以蔡元培名义打电报给临时参议院说，京津事变发生后，外国人已开始干涉，假使再有此等事发生，大局不堪设想，所以"培等睹此情形，集议以为速建统一政府，为今日最要问题，余尽可迁就，以定大局"。[1]

迎袁专使团还建议孙中山、黄兴等，为了早日实现全国统一而做出让步，敦促临时参议院准许袁世凯在北京就职。同时，按照袁世凯的授意，后来担任总统府秘书长的梁士诒还出钱打点了一些位置显要的参议院议员，请他们高抬贵手，"捧捧"即将就职的袁大总统。

果然，唐在礼、范源濂到了南京后，大受欢迎，诸事遂愿。抵宁当天，他们在给袁世凯、蔡元培等的电报中说：

> 孙大总统、黄陆军长暨各部及徐总督派员招待，并出多数军队欢迎，情文周至。即往总统府内比谒孙大总统，面呈函件，并陈述北方情形。同时会晤黄陆军长、各部次长及办事员，谈甚欢洽。[2]

说是他们到南京时，前来迎接的有孙中山、黄兴及各部部长，还有南京卫戍总督徐绍桢派来的代表，并有仪仗队列队欢迎，规格和礼遇程度都很高。他们和孙大总统见面，介绍了北方的情况，同时，在亲切友好的气氛中，会晤了包括黄兴在内的临时政府各部门负责人及主要干部。

临时参议院开会表决那天，孙中山亲自陪同唐、范两人到场，隆重介绍，并由唐在礼以袁大总统代表身份，登台向议员们发表演讲。说是演讲，其实就是把事先准备好的袁世凯致参议院的信

---

[1] 蔡元培：《致南京临时政府及参议院电》（1912年3月2日），载氏著《蔡元培全集》第二卷，北京：中华书局，1984年，142页。
[2] 《唐在礼等致袁世凯蔡元培等电》（1912年3月10日），载《孙中山藏档选编（辛亥革命前后）》，北京：中华书局，1986年，184页。

读一遍。如此，唐在礼的任务说起来也简单，但是读的效果如何，现场把控能力又怎样，事关重大。唐在礼一身戎装，长得英武有朝气，上台后先打一个敬礼，尽显北洋军人的范儿。再说，读袁世凯信时慢条斯理、一字一顿，发挥得也很不错，让人觉得袁大总统的这位替身有修养、讲道理，顿时增加了不少好感。这份声明共二百多字，却显示出袁世凯政策水平及说服艺术之高，信中，先感谢南京政府的深情厚意，表明愿以忠诚服务国家的态度，接着话锋一转，强调自己不能南来的理由。大意是：我袁世凯本来是打算早日来南京就职的，无奈北方局势不稳，地方政府及军队长官都给我写信、打电报，劝我留在京中维持大局。正如大家所知，有个别将领，还以策动军队哗变的方式来劝阻我南下，这都是不对的。有鉴于此，我想眼下还是暂留北京为好，希望各位参议员从大局出发，为国家考虑，允许我在北京就职。

　　唐在礼一稿在手，表情庄重，把袁世凯的这番说辞念得既铿锵有力，又诚恳感人，话音方一落地，居然还引起一阵热烈掌声。随后参议院做出决议：同意袁世凯在北京就任临时大总统，孙中山则于交代之日始行解职。

　　如此一来，在与南方博弈的关键回合中，袁世凯稍用其谋、略施小计，就骗过了孙中山和临时参议院，自己也觉得这胜利来得太容易了。南北统一后临时政府定都于南京，本是革命党人同意袁世凯上台的最后底线，可是京津兵变发生后，孙中山在禅让大总统后再次让步，使得党人所设计监督大总统履行约法、建设共和的目标，顿成泡影，这切骨之恨，令多少人扼腕长叹。谁能注意到，为导演这场历史大剧，在台前台后操弄其事的，还有唐在礼这么个不可或缺的小角色呢？

　　其后几天，经过唐在礼、范源濂的斡旋，南京方面又决议若干办法：由参议院电知袁世凯允其在北京受职，袁接电后即电参议院宣誓，参议院得电后即予承认并通告全国，如此等等使南京方面全面妥协让步。袁世凯在回电中以谦卑口吻，一一允诺遵办，乃于3月10日在北京举行了临时大总统就职典礼。这个结果，对袁世凯而言是志在必得，且如愿以偿，对于以十数年之功、浴血奋战推翻清政府的孙中山等革命党人来说，不仅是辛亥革命果实被掠夺的开端，也是下一场噩梦的开始。别看唐在礼这个小人物只是奉命到南京鹦鹉学舌一番，四处斡旋一下，其实在民初南北议和这盘棋局里，他这颗卒子却起了关键性作用。

南京之行，是袁世凯识拔唐在礼的新开始。袁氏谙熟官场把戏，用人又很有一套自己的办法，这次派唐去南京，其用意有二：一是拿这个大场面锻炼他，也是栽培他，使之在办事过程中增加才干、迅速成长；二是用另眼相看、许以重任的方式，来提高唐氏在官场中的地位和声望，以期日后担当更大的责任，为他更好地办事。看来袁氏的这一招很有效果，连唐在礼自己也说："当时官场颇重虚名，我从南京回北京之后，被认为是代表袁世凯南下完成使命、立下大功的干员，在官场到处受到崇敬。"[1]

唐在礼并未费多少周折，而顺利完成了袁世凯暗箱操作、已近圆熟的工作，在外人看来勋绩昭昭，如何嘉奖也不为过，但只有唐明白自己在此大任中所扮演的角色和所发挥的作用，究竟有几何。从内心深处讲，除了感恩戴德，更加死心塌地为主子袁氏效命，还有其他选择乎？

返京不久，唐在礼顺理成章地得到提拔，被任命为新设立的总统府军事处参议，开始进入袁世凯的核心圈子。军事处是袁氏

---

[1] 唐在礼：《辛亥前后的袁世凯》，载吴长翼编：《八十三天皇帝梦》，117页。

为了集权，于北京政府成立十余日后，就在总统府组织起来的全国军队管理机构，专门处理军事机宜。由于该处地位相当于清廷之军机处，这么一来，总统府的参谋本部、国务院的陆军部，便成了摆设。一段时间里，有关军事的重要具体事项都是通过军事处研究并提出建议，呈报袁氏批示，而后再交参谋、陆军二部执行。唐在礼担任军事处参议后，因为头脑灵活、会看眼色行事并且能够应付大场面，而深得袁世凯的欢心。他在回忆文章中所述1912年8月接待孙中山来京访问一事，即属此类。

孙中山此次北行，是其从南京下野后，经袁世凯一再盛情邀请而启程的。袁氏对此事十分重视，为了表示竭诚之意，并收拉拢羁縻之效，接待规格之高，前所未有。总管具体招待事宜者，为唐在礼和总统府大礼官黄开文二人，他们专驻设在石大人胡同内的孙中山行邸，日夜守卫、照料一切。孙中山在北京盘桓二十多天，唐在礼跑前跑后、绞尽脑汁，安排车马、侍候休憩、备膳陪坐等事宜被他筹划安排得井井有条，未出一点差错。并且他照例每日一次向袁世凯当面报告孙的动向，不仅袁氏表示满意，中山也未稍显任何不快。在孙、袁之间，也是南方革命党与北洋当局之间这段短暂的蜜月期里，唐在礼所扮演的这个敲鼓鸣锣助兴者的角色，正史虽然不载，却也是民国这部大书里的一个小小注脚呢。

半个月后，应孙中山之召，同盟会第二号人物黄兴也启程赴京，来参加南北政坛这场为了告别的盛筵。多年后，唐在礼对此空前绝后的聚会中许多细节，仍记忆犹新：

> 总统府举行了欢迎孙黄的公宴，袁亲自到场主持。因有孙夫人参加，所以除了邀请国务院各总长、次长及总统府各重要

人员共七八十人为陪宾外，袁夫人和府院大员的夫人以及各部总长、次长夫人也都参加，我妻沈友琴亦出席招待。

在中南海居仁堂大殿举办的宴会上，袁世凯及孙中山、黄兴，客客气气依次讲话，内容多为场面套话，均与政治无涉，呈现出一派欢乐祥和气氛。但是，轮到军事处处长傅良佐代表军界同仁致欢迎词时，这位仁兄大约是想在革命党面前出出风头，同时表现出他在北京政府里很有面子，因而很快把话题从恭维孙、黄转到吹捧袁世凯上，进而大谈政治，用挑衅口吻批评起革命党来。傅氏是湖南吉首人，日本陆军学校第三期士官生，毕业回国后一直在北洋军中供职，湘西人性格直率，本来就不善言谈，这一番话说完，场面遂陷入尴尬。袁世凯很不高兴，当场就拦住其话头，事后也多次埋怨傅不经请示，说话不注意场合等。若换作唐在礼，是不会这么随便讲话的。结果如唐所说：

> 此后，袁因傅（良佐）处事不得体，就不大重视他了。相反，袁对我夫妇俩当时的周旋，认为合情合式，得体得当，很满意。
> ……宴会场中最活跃的要算徐世昌、段芝贵、梁士诒和我夫妇了。[1]

傅良佐说错话的后果很严重，这年 11 月，袁世凯就把他调任察哈尔副都统，戍边去了，后来又任驻防多伦的蓟榆镇守使，直到袁

---

[1] 唐在礼：《辛亥以后的袁世凯》，载《文史资料选辑》第五十三辑，北京：文史资料出版社，1964 年，171—172 页。

世凯病重，他才翻过身来，在段祺瑞内阁里做过一任陆军部次长。相反，在军事处里，唐在礼的地位则有后来者居上之势，这与袁世凯对这些亲信们的态度亲疏，有着直接关系。就像唐氏自己所说的，袁世凯对他在宴会上"合情合式，得体得当"的周旋，表示"很满意"。袁氏阅人有方，且对属下办事水准要求很高，从他口中表示出这个意思，是相当不易的。正由于此，在傅良佐犯政治错误后，唐在礼就成了替代他的不二人选。

在这年11月26日《政府公报》公布的授衔策令中，唐在礼被授以陆军少将并加中将衔，与他同获此衔的还有哈汉章、李士锐、姚宝来三人。其中，哈氏光绪三十三年（1907）就在新改制的军咨处中任副使（正使为冯国璋），李氏多年任陆军部驻日留学生监督，姚氏则是北洋军的人才摇篮保定北洋陆军速成武备学堂的高级教习，以资历而言，唐在礼与他们无法比肩。但唐的进步速度如此之快，标志着他已正式进入袁世凯集团的权力中心。

升任军事处要员

袁世凯继任临时大总统之后，总统府军事处成为全国最高军事指挥机关，立即成为众目所瞩之地。军事处这名称，虽然低调，却是名副其实的实权部门，办事人员也汇集了南北军界的干才。除了总长荫昌、副总长傅良佐，具体负责办事的是参议唐在礼。在回忆文章中，唐详细地介绍了军事处在过渡时期的组织结构：

> 在军事处里，自傅（良佐）以下，重要员司，便首推唐在礼、蔡成勋，还有个和孙中山、李书城、黎元洪、陈宦（宦）都有交情的蔡锷。唐、蔡、蔡名义同是军事处参议，但

> 一般公事由我办理，二蔡只挂名行走而已。我任参议是由袁授意梁士诒提出的，后经唐绍仪同意即予任命。[1]

唐在礼提到的"二蔡"，蔡成勋是天津人，早年毕业于北洋武备学堂，是袁世凯小站练兵时期的骨干，后来历任近畿驻屯军副司令、督练处参议官等职，袁氏于武昌起义后复出，即调蔡为侍从武官，一直留在身边办事。蔡锷到京任军事处参议，则是1913年10月间的事。这时，袁世凯已平息了国民党因其代理理事长宋教仁被刺，愤而发起的"二次革命"，南方各省的讨袁起义——被镇压下去后，孙中山、黄兴等逃亡日本，正在策动第三次革命。袁氏担心变乱再起，乃将不少与革命党有密切联系的地方实力派军人，调入京师，加以笼络、监视，蔡锷即其一也。

实际上，军事处里还有一个特殊角色，唐在礼有意忽略未计，便是南方革命党人李书城。李是日本陆军士官学校第五期生，同盟会首批会员，黄兴于武昌起义中被推为民军总司令时，曾任其为参谋长；南京临时政府成立后，担任总统府秘书处军事组负责人。民国元年（1912）8月，李书城随同黄兴到北京拜访袁世凯，黄与袁商议，将李留在总统府军事处，便于南北军界之间的联系。为了敷衍革命党人，袁世凯一口答应，并委李书城以军事处次长，表示对南北合作的诚意。对此"深入虎穴"的经历，李书城也有一段回忆：

> 军事处总长是荫昌，我与他都无事可办，负实际责任的

---

[1] 唐在礼：《辛亥以后的袁世凯》，载《文史资料选辑》第五十三辑，177页。编者按：荫昌就任处长应在1912年底。

> 是参议唐在礼。所有关于军事机密事宜都是由（近畿北洋军司令官）段芝贵与参谋部次长代理总长的陈宧（宧）直接同袁世凯密商办理，连陆军总长段祺瑞也不令参与。……
>
> 袁世凯本来照例每星期中总有一天约我同段芝贵、陈宧（宧）与他共餐，会谈南北两方情况的，但自宋案发生后有两星期没有约我聚餐。我心中怀疑他对我有所疑忌。[1]

李书城的叙述，道出了在宋案发生、南北关系破裂之际，北京军界上层的微妙气氛。二次革命前夕，南北剑拔弩张，为了免遭袁世凯暗算，有天晚上，李书城借送客上车为名，跳上京沪快车回到上海。李这么做，或许由于神经高度紧张，考虑不够全面。但事后证明，他逃出京城的选择是有道理的，因为这时袁世凯已没有耐心与革命党周旋客气了。寓居京城的南方国民党人，有的被监视，有的被暗害。一些表示要为宋教仁报仇的军人，如辛亥年秋攻克南京的江浙联军首领之一林述庆，就遭到了北京政府的黑手。

李书城以及后来逃离北京、潜赴云南发动讨袁起义的蔡锷，都是从军事处"负实际责任"的唐在礼手中溜出京城的，这使得在袁世凯眼里一向办事可靠且有"致密无失"之誉的唐氏，感到很丢面子。但这并未影响袁氏对他的信任与依赖，而且随着袁的地位愈加稳固，这种信赖表现得愈加深厚。

1913年秋，袁世凯在"平定"二次革命后，即炮制出《大总统选举法》，然后胁迫国会选举他为正式大总统。10月10日，中

---

[1] 李书城：《辛亥革命前后黄克强先生的革命活动》，载田伏隆主编：《忆黄兴》，长沙：岳麓书社，1996年，99页。

华民国开国纪念及大总统就职典礼,在紫禁城太和殿拉开了帷幕,开幕时间又选在上午10点,可见吾国凡举行重大盛典,必选成双成对的时刻之传统,由来已久矣。在这个历史大舞台上,袁世凯固然为中外瞩目,但在历史记录上,已荣升为军事处代理处长的唐在礼也是其中一个重要配角,且出足了风头。可惜彼时没有实况录像,不过即使在留存下来的黑白照片上,若论风采,唐氏身着钴蓝色军礼服、以日本士官生标准姿态站立在袁世凯身后的样子,要比其粗腰短腿、冠冕堂皇的主子精神得多。

在回忆文章中,唐在礼对当天场面的描写,虽只有短短一段,但因为是近距离的纪实,故深得民国史家重视:

> 卫士立定后,先来了四人抬的彩舆四座,从彩舆走出来的是:总统府秘书长梁士诒、秘书夏寿田,皆着燕尾服;侍从武官长荫昌、军事处参议代理处长唐在礼,皆着钴蓝色军礼服,戴叠羽帽,佩参谋带。最后袁世凯乘着八人抬的彩轿到来,着陆海军大元帅礼服,礼服亦钴蓝色,金线装饰甚多。袁下轿后,由梁等四人拥护前行,登主席台南面入座。[1]

当天下午,在天安门前的操场上还举行了阅兵仪式,满面红光、兴致勃勃的袁世凯乘坐二人肩舆,由段祺瑞、王士珍、荫昌、段芝贵、唐在礼五人陪同,登上了城楼,向聚集在路边的各界群众挥手致意。这五名武将是袁世凯军务圈子的核心,唐在礼得以跻身其中,自然备受瞩目。

---

[1] 唐在礼:《辛亥以后的袁世凯》,载《文史资料选辑》第五十三辑,174页。

在城楼上,袁世凯先是向结队登阶谒见的将官们训话,随后在沥沥小雨中,检阅了从广场前通过的大约两万北洋军队。这是民国历史上第二次举行国庆阅兵式。但是在袁的眼里,除了装束变化,其场景与他在前清北洋大臣任上检阅过的历次秋操,恐怕无甚区别,他更关心政治角斗场上的演练。因而在唐在礼笔下,在此举世瞩目时刻,袁氏的表现甚至有些心不在焉:"在(受阅部队)开始走动时,袁和我们都还看看,不多时,小雨不止,我们就劝袁不必久留,袁叫我们有些人也回去休息。"[1]

对唐在礼而言,在大总统就职典礼及阅兵式这样重要的场合上,能够陪伴在袁世凯身边,并与几位袁的亲信兼北洋大佬比肩而立,出入于中外来宾之前,则表明他已经置身于中国高层政治的枢纽。回首试看天下英雄,能与匹敌者还有几多?可以肯定,唐氏这几天的欣喜若狂之态、得道升天之感,已接近其人生的巅峰状态。他的这种心态虽未诉诸文字,但依着"夫贵妻荣"的老理儿,从一篇描写当晚在石大人胡同外交大楼举办的茶舞会的新闻报道中,后人多少也能看到些影子。

题为《囍日日记》的这篇报道出自民初著名记者黄远庸之手,通过其描写的"楼上音乐大作,贵宾男女各合而跳舞""凡跳舞之妇,大抵坦半臂,男者不得触其胸、触其裙,否则大失敬"等场景[2],可知早在此时,西方交际舞已被引入素称封建保守的帝都上流社会。在黄远庸笔下,翩翩起舞的时尚男女中,除了谙熟舞场礼仪的外交部参事顾维钧、参议员刘成禺的金发碧眼美国太太,最引人注目的,还是若干装扮入时、频频出场的"华妇":

---

[1] 唐在礼:《辛亥前后的袁世凯》,载吴长翼编:《八十三天皇帝梦》,116页。
[2] 黄远庸:《囍日日记》,载氏著《远生遗著》下册,北京:商务印书馆,1984年,215页。

> 中国贵夫人中之至者,有顾维钧夫人即唐绍仪女公子、唐在礼夫人、(西医)谢天保夫人,其他余多不识,盖皆社交界之花也。[1]

报道提及,在舞会上,中国贵夫人里风头最健者之一,就有唐在礼夫人沈友琴。沈氏出身江南世家,是北洋女师范学堂毕业生,她与唐在礼的婚事,就是唐氏在北洋督练公所任职时,由徐世昌等人撮合而成的。沈氏是一新式女子,以性格泼辣勇敢,热心各种社会活动,在京城妇女界颇有名气。《中华妇女界》杂志创刊号(1915年1月25日出版)曾刊登她的两幅照片,注明其身份为北京崇实女学校长,可见在女性教育领域中,她也是时代领先人物。

在唐在礼走红政坛的日子里,沈友琴发挥自己善于社交的本领,也帮袁世凯办过不少事,其中一件就是奉命与副总统黎元洪一家周旋。黎是于1913年12月奉袁世凯之命,被迫入京就职的,刚搬到北京时,袁氏对他不放心,借口确保其安全,特意安排黎家住在中南海瀛台,实际上是"监视居住"。唐在礼在《辛亥以后的袁世凯》一文中说,袁世凯还以唐在礼"与黎有一段渊源"为由,派他去联系、照顾黎元洪。袁氏还郑重地叮嘱唐,"如果黎有所要求,一般的要让他十分满足,不用请示,马上就给他办到"。据唐在礼回忆:

> 除此以外,我还常到瀛台去见黎,亡妻沈友琴三天两天常在黎家。我们夫妇俩都着意安慰他,把外面的事讲给他听。同时我按照袁的命令,常常把袁对他绝无歹意的话说给他听,

---

[1] 黄远庸:《囍日日记》,载氏著《远生遗著》下册,216页。

千万让黎放心。……这些情况,事后我都向袁回报,因为袁命令我,要勤到黎家去,事无大小都要回报。每次回报之后,袁都说我办得好。[1]

袁世凯就任大总统后,黎元洪以副总统兼领湖北都督,仍坐镇武昌,但袁氏担心鞭长莫及,乃派段祺瑞赴鄂,以方便共同研究政务为词,将黎请到北京居住。在一番让其眼花缭乱的推手中,黎氏这个"九头鸟",还是没有脱出袁这个河南人的铁腕,拖拖拉拉入京之后,被安排在曾囚禁光绪帝的中南海瀛台居住,结果也算是自投虎穴了。黎氏既入藩篱,对此亦愤懑而无奈,为了安抚其不满情绪,袁世凯便把唐氏夫妇派上了用场。

然而唐在礼、黎元洪的"一段渊源"起于何时?据有关记载,当1912年4月,黎元洪还在武昌做"湖北王"时,该月下旬,黎氏邀请刚刚下野的孙中山到鄂访问,引起了袁世凯警惕。为了避免孙、黎结盟,他立即派了唐在礼、范源濂、张大昕、王赓四人为代表,持其亲笔函赶到武汉,盛情邀请孙中山北上访京。显然,袁氏不欲看到孙、黎走得太近,使南方革命党联盟加固,他所希望的是袁、孙、黎三大巨头结成南北政治同盟。[2]

唐在礼等人此番赴鄂,联络黎元洪也是其使命之一,看来唐氏很得黎的好感,否则日后在京两人的关系就不会那么亲密。唐在礼在黎元洪身上所下的功夫不会白费,几年后袁世凯病死,黎氏继任大总统,唐氏仍因为"与黎有一段渊源",得以照常在北洋政府中混下去。

---

[1] 唐在礼:《辛亥以后的袁世凯》,《文史资料选辑》第五十三辑,191—192页。
[2] 苏源、戴忆绵、韩松:《黎元洪全传》,哈尔滨:黑龙江人民出版社,2001年,254页。

统率办事处大管家

转年是1914年,进入民国已经两载,袁世凯在夺得大总统职位后,开始着手其窃国美梦的下一步——彻底推翻《临时约法》、取消责任内阁制,代之以由他本人独揽全国军政大权的总统制。袁氏最初的想法很简单,说白了,就是想抛掉国会、法院这些碍手碍脚的所谓民主程序,凡事都要自己一人说了算。然而独裁之魔一旦被释放出来,所到之处一切皆毁,又岂是人类之力所能控制者?袁氏最终死于"皇帝梦",原因也在于此。

于是在"政"的方面,袁世凯下令废除国务院,成立政事堂,以徐世昌为国务卿,杨士琦、钱能训分别为左、右丞,下设机要、主计、铨叙、法制、印铸五个局,统领国家行政政务。

"军"的方面,则在原来军事处的基础上,扩大职能,新设了一个机构,名曰"陆海军大元帅统率办事处",以陆军、海军两部及参谋部的总、次长为主的高阶军官,也多了一个新名称,荫昌、王士珍、段祺瑞、陈宧、萨镇冰、刘冠雄六人,都叫作办事员。办事处内另设总务厅长一职,委以唐在礼担任。说来有趣,统率办事处的办公地点,正是清室军机处的旧址,这意味着袁世凯亲自掌握该处的目的,是为了控制核心权力,便于直接贯彻他的意图。

1914年5月9日出版的《政府公报》郑重公布了《陆海军大元帅统率办事处组织令》,其第二条是关于办事员的,把总务厅长也列入其内,这意味着也享受同等待遇:"办事员依左列之规定:参谋总长、陆军总长、海军总长、大元帅特派之高级军官、总务厅长。"[1]

---

[1] 《海陆军大元帅统率办事处组织令》,载《政府公报》第七百二十号,1914年5月9日。

无论在资历还是声望上，唐在礼都不及荫昌等大员，但总务厅长（并兼军需处长）这个职位，已与大办事员们平起平坐了，这显出袁世凯对他的特别信任。唐任此职，月薪八百元，另有公务津贴五百元，再加上购买日本军火所得回扣等"灰色收入"，每月的进项远远超过大办事员们。

唐在礼所任军需处长一职，听起来名头不大，任务却是为袁世凯掌管金额巨大的特别费，用于购买军火、给付军费等，责权利非同小可。处里的工作由唐在礼直接向袁氏请示汇报，袁所需调拨、支付的费用，也多由唐一手办理。一般是根据袁氏所书手条上的钱数，少则数万、多则数十万元，付给领款部门或个人。为此，军需处的账房里每天须备足五十万元上下的现款。

许多年过去，唐在礼对袁世凯为何用公款私管这种方式支配军费，仍感到十分不解。因为这个军需处既支付军事费用，又拨付政治活动费用，在唐氏看来"分明有些不伦不类"，他虽负责该处的工作，却弄不清其性质和目的，"只知道唯袁之命是从，袁叫做什么，我就做什么而已"。[1]

如此看来，袁世凯是把国事当作家事来办了，唐在礼便是他的管家兼出纳。在回忆文章中，唐曾把他经办的各种费用分为政治收买、宣传通信、行军调动、扩充部队、购买军火及后来的发动帝制等名目，其中列出的政治收买对象就达近百人之多，从前清遗老、各省都督、军队师旅长到革命党、参议院、报界中有影响的人物，甚至还包括梁启超、杨度、林长民、汤化龙这样具有清正廉洁声誉的名人。

袁世凯如此信赖唐在礼，与其用人原则极有关系，唐获军事

---

[1] 唐在礼：《辛亥前后的袁世凯》，载吴长翼编：《八十三天皇帝梦》，130页。

统率处此项任用时,舆论就有各种猜测和评价,揣摩袁氏的用意。其实事情并不复杂,如袁世凯的二女婿薛观澜,就曾透彻地分析过其岳丈驾驭各种人才的秘籍,并举对唐在礼的任用为例:

> 袁(世凯)用人与交友,第一取其诚实;第二始重才具。……参谋次长唐在礼,才华甚绌,然为人可靠,致密无失,袁故擢为统率办事处总务厅长,宠任磐桓,权轶总长。[1]

说袁世凯用人和交友的原则,先是诚实,其次才是能力,像唐在礼这个人并没有什么特别才华,但办事牢靠、思维缜密,嘴也很严,所以被袁氏倚为心腹,一时间宠信有加、放手任用,权力超过其上级领导。

薛观澜所言不谬,唐在礼得此大任,红极一时,外界更以袁大总统身边权臣视之,由此身价百倍。可以想象,唐这种每天出入总统府,承上启下的角色,在中枢内外大权在握,更可以挥斥同僚,其得志倨傲之态,在同时代人中鲜有能够与之比肩者。在此情势下,唐氏的个人意志膨胀、野心增长,也是在所难免。

袁世凯次子袁寒云(克文)所撰《辛丙秘苑》里有段闲话,讲述了京城名流易顺鼎因得罪唐在礼夫妇而丢官的故事。说是甲寅年(1914)初夏,京中贵妇人、官太太为了筹资济赈,借前清军机大臣荣禄位于菊儿胡同的故园为场地,组织游艺会,广约社会各界人士参与。一天,袁寒云也被其文友易顺鼎等拉来捧场。易顺鼎,湖南龙阳人,光绪元年(1875)中举后曾在河南、两广

---

[1] 薛观澜:《袁世凯黎元洪结合之史实》,载鲁永成主编:《民国大总统黎元洪》,北京:中国文史出版社,1991年,223页。

等地做过道台，以绮情诗赋有名于时。一行人到时，见院中陈列各类物品，一群妇女正在向游园者劝购募捐，其中有唐在礼的妻子沈友琴及同毕业于北洋女师的名媛潘连璧、章以保等。袁寒云与她们很熟，于是花几十块钱买了银篮、银匣等物品。按照义卖惯例，袁被赠予绢花一枚，以为纪念。生性风流的易顺鼎也讨了绢花，还请唐夫人帮他戴在衣襟上，用雅词儿来讲，这便是"簪花"了。

几个人捐助善款毕，又尽历园景，及至薄暮，始告别诸女士，其乐融融。哪知易顺鼎意犹未尽，当晚在青楼与人应酬时，情随景生，诗兴大发，乃即席赋纪事诗六绝句，并差人送到报馆去。其中一节咏唐夫人"簪花"，有"黑妞才名何必讳，是梁红玉是张秾"等句。这下可惹大祸了：

> 唐（夫人）尤愤，因其夫见诗注有"簪花"云云，疑其中有隐味，严诘深责，唐避居医院，几至绝离。予亟代谢罪，且允纠易（顺鼎）之误，遂嘱易作诗正谬，唐氏夫妇遂和好如初。……斯时方设参政院，拟简易氏为参政，唐在礼衔之，诋为狂妄，不宜预政，议遂寝焉。[1]

意为：因为易顺鼎的"艳诗"，唐在礼怀疑其妻沈友琴"出轨"，两口子大吵大闹，差点离婚，直至袁寒云亲自上门赔罪，解释缘由，并责成易氏作诗登报改正，此事才告结束。不久，在北京新设立的参政院，本来已内定易氏为参政员之一，但因唐在礼怀恨

---

[1] 袁寒云：《辛丙秘苑》，载章伯锋统编、吉迪编：《闲话民国》，成都：四川人民出版社，1999年，140—141页。

在心，攻击他性格狂妄、不宜参政，硬把此事搞砸了。

袁寒云这段记述是可靠的。当时，袁世凯在解散议会后，为了面子上好看，下令成立一个参政院，挑选了数十名旧官僚、老绅士充作参政员。易顺鼎与袁公子私交甚密，这次来京，就是要借此关系谋个缺。本来他已列在候任名单内，却因得罪了唐在礼，未能遂愿。后来，在袁寒云运作下，易顺鼎又得一次做官机会，本已呈举为肃正史，令将下时，易氏旧病重犯，"忽以赠津伎李三姑诗刊于报，嫉之者以报上呈"，也就是说又在报上发表艳诗，旋被人举报到最高当局。袁世凯阅其诗，中有"臀比西方美人臀"诸猥亵句，于是顾左右曰："是人如此放荡轻薄，堪为肃正史耶？"如此，易氏的美差又黄了。[1]

"嫉之者"为何人？想来仍是常在袁氏左右的唐在礼吧。

花儿再红，也有凋谢的时候。毕竟伴君如伴虎，唐在礼本事再大，也做不到让袁世凯事事满意。到1915年筹备帝制前夕，为确保政令畅通、万无一失，袁世凯把几年来在他身边最得意的一文一武，都换了位置：文的是政事堂机要局长张一麐，调任教育总长；武的便是唐在礼，调任参谋本部次长。看起来两人都升了官，实际上离开了与袁氏最接近的关键岗位，均为"明升暗降"。

唐在礼为何失宠于袁世凯？按唐所说，他之不幸失势，源于有一次袁世凯私下征询对于恢复帝制、"完成大业"的意见，他对以"明主传贤不传子"数语，意即袁的长子、内定接班人袁克定不行，长远来看，不能传位于克定。不知怎的，这番话很快传到了袁克定耳中，唐因此被排斥出筹备帝制圈子的核心。唐在礼的故交、袁克定之侄袁家宾也认为，唐之被贬，是因为言语不慎，

---

[1] 袁寒云：《辛丙秘苑》，载章伯锋统编、吉迪编：《闲话民国》，142页。

开罪了帝制关键人物袁克定:"后来唐被调出统率办事处,任命为参谋(本部)次长。很明显,这是克定对唐的报复。"[1]

唐在礼调任参谋本部次长后,统率办事处总务厅长一职,由其原来的副手张士钰升任。张氏早年毕业于北洋武备学堂,先后担任过新军督操营务处帮办、拱卫军司令等职,是袁世凯心腹之一。这以后,唐氏虽不像从前那样早晚出入总统府居仁堂,但在帝制大潮中,仍代表军队条线,活跃于台前幕后。到1915年底,由于原参谋次长、以会办四川军务名义赴川处理铁路国有化风潮的陈宧,留任当地代理川督,而参谋总长黎元洪离任,袁世凯便任命唐在礼以参谋次长代理参谋总长,等于加官一级。

命令发表后,袁世凯还特意召唐在礼谈话,说明参谋总长这项任职责任重大,非一般人得任,并谆谆强调:"(统率)办事处你虽然不去办公,但你是(代理)总长,也就是大办事员了。"所以以后大办事员开会,均通知唐在礼参加。多年后,唐提起袁的笼络术及政治手腕,仍感慨系之:"但我经袁这一次亲切谈话后,心里弄得莫知所以,总是对袁原谅感激,足见他的手法是厉害的。"[2]

充当帝制推手

时间一晃,民初最让人眼花缭乱的时代将要过去,唐在礼万万没有想到,他在袁世凯手下叱咤风云的好日子,到民国四年(1915)快结束时,就有了日落西山的迹象。袁氏的最后垮台,当然起于他的帝制自为。这年8月筹安会酝酿成立后,包括组织请

---

[1] 袁家宾:《袁世凯与袁克定的往事》,载《天津市河东区文史资料》第十辑,天津:政协天津市河东区委员会文史资料委员会,1999年,160页。
[2] 唐在礼:《辛亥前后的袁世凯》,载吴长翼编:《八十三天皇帝梦》,123—124页。

愿团、各省投票表决、筹备国民代表大会等种种把戏,都在紧锣密鼓推进之中,唐在礼作为军界代表人物,在其中扮演的角色自然也非同寻常。

按照袁世凯的旨意,帝制重建分作明暗两步进行:明的方面是成立一个"办理国民会议事务局",作为听取民意、决定国体的总机关,专事宣传、组织选举及刊发文告等,目的是让帝制运动表面上看起来合法化;暗的方面则由主持国体变更事务的朱启钤等十人操纵,随时向各省将军、巡按使发出密电,传示袁氏命令,以保证实际的选举工作按照内定步骤推展。唐在礼所参与的就是这部分密机。

据唐在礼在回忆文章中披露,在帝制运动火热进行中,包括他在内的"十人组"向各省当权者频发密电时,每封电报都"详细指示一套实际的做法,要求各省今后一切行动,必须遵照这一密电所指示的原则办理,并必须严守秘密"。[1] 当转年帝制运动失败后,北京报纸也曾刊文揭发这种地下工作的具体运作方式,其中一篇文章说:

> 此次选举,中央授意各省区监督[,]对于选举事宜,隐用其欺骗诱迫之手段,其后独立省将当时之秘密电文发表,秘密遂完全暴露。其电文有用办理国民事务局名义者,有由朱启钤、周自齐、梁士诒、张镇芳、阮忠枢、唐在礼、袁乃宽、张士钰、雷震春、吴炳湘十人署名者,有由朱、周、张、唐、袁、张、雷、吴八人署名者,有由朱启钤、孙毓筠、顾鳌、段芝贵、陆建章个人署名者;综其大要,无非密示机宜,

---

[1] 唐在礼:《辛亥前后的袁世凯》,载吴长翼编:《八十三天皇帝梦》,152 页。

互相商榷，对于选举法则讲求运用之方，对于选举人则暗施操纵之术。[1]

可见，在以各种名义所发的这些"密示机宜，互相商榷"的指导电文中，唐在礼是个活跃、重要的角色。

该报道没有提及的是，当时对军队条线，为了在筹备帝制期间防止内乱，还由唐在礼领衔发出了一系列密电，频频通告进展、指示机宜。如9月5日电嘱冀南镇守使署："此时最当注意，即在严防内乱；若肆扰乱，转碍进行，尤与外交上不无影响。务希共体此意，加倍严防为荷。"9月7日，在袁世凯派代表赴参政院发表一番掩人耳目的演说后，唐在礼受命再次电告近畿各部队，万万不可按那些官样文章所说的假戏真做："各报载大总统派员到参政院发表意见，所言各节，别有用意，请勿误会，我辈主张君主宗旨，仍照旧一力进行，万勿松懈。"[2]

这两封标明"华密"的电报具名处，唐在礼以下，还有傅良佐、陈光远、张士钰、蒋作宾、蔡锷、蒋尊簋、蓝天蔚、王廷桢、雷震春等，都是京师军界大亨，不少人还位居将军府之中，他们跻身其中，可说是顺理成章，但里面又夹着个革命党人蔡锷，就显得格外怪异。这又牵出蔡锷逃出北京，由天津转赴云南打响护国讨袁第一枪之前，与唐在礼的一段交集。

蔡锷是1913年10月间到京师就任总统府军事处参议的，袁世凯次年任命他为将军府昭威将军，以为羁縻。蔡氏到京后，起

---

1 东方杂志社编印：《帝制运动始末记》，上海：商务印书馆，1923年，13页。
2 《唐在礼等关于筹备帝制时应严防内乱密电》《唐在礼等表示将加紧推行帝制活动密电》，载中国第二历史档案馆、云南省档案馆编：《护国运动》，南京：江苏古籍出版社，1988年，127—128页。

初仅在军事处挂名,并无作为,与唐在礼很少联系。直到次年夏,袁世凯加派蔡锷进入统率办事处,以示信任,唐、蔡二人才正式打起了交道。同年底,蔡还担任了新成立的经界局督办。到了1915年,当帝制热闹非凡时,蔡锷已在暗中策划反对,并与云南旧部唐继尧等秘密联络,布置起义,在这同时,为了使袁世凯不疑,他表面上征逐声色酒肉,不问政治。与蔡同在将军府的懋威将军李鸿祥,也是这个秘局中的核心人物之一,他回忆说,实际上当蔡锷往来于京津,与其老师梁启超密商反对帝制时,已引起袁世凯的警惕,并对蔡采取了防控措施:

> 蔡在京寓所某日突被军警督察处派员搜查。蔡次日向统率办事处主任唐在礼陈诉,唐向袁请示后,语蔡以袁不知情、已命枪毙率领搜查者。蔡不置信,密谋愈亟。……适蔡患喉疾,发音嘶哑,乃托辞拟赴天津入日人所办共立医院治病,向统率办事处请假一星期。韩凤楼在家为蔡饯行,饭毕,韩与我送蔡至前门车站。

引文说蔡锷被搜家后向"统率办事处主任唐在礼陈诉"确有其事,但把唐的职务搞错了。此时,唐氏已升任代理参谋总长。为什么蔡要投诉于已不在办事处专任的唐呢?因为两人同是大办事员,常常见面,且袁世凯也已恢复对唐在礼的信任,故通过他更容易把话递到袁的耳中。

李鸿祥还澄清了围绕着蔡锷领导云南起义前后的若干谜团,包括蔡与歌妓小凤仙的传奇:

> 小说《繁华梦》与影剧《自由之花》,描写蔡与小凤仙故

事，皆与事实有出入。盖小凤仙年方十四、五，岂有如此远大见识，竟能慧眼识英雄，有心掩护蔡锷脱险？唯蔡借小凤仙作掩护，尚符实情。

蔡锷威名远播，时任昭威将军、全国经界局督办及大元帅统率办事处办事员，去天津看个病却要向唐在礼请假，可见当时袁世凯通过身边亲信，对文武高官们管控得十分严密。然而恢恢之网也有一疏，还是蔡锷技高一筹，居然在他鼻子底下溜走了。李鸿祥继续回忆：

> 蔡抵天津住日租界共立医院，电统率办事处续假一星期，同时密乘日轮东山丸驶长崎。经塘沽时，亲笔函我与经界局秘书长周钟岳（字惺甫），谓已安全出天津海口。……另寄何鹏翔转交唐在礼一函，何于转交前先出示我与惺甫，内容系言反对帝制。[1]

说是蔡锷到天津后，又向统率办事处续假，以为掩护，随后出亡日本。临上船前，还托经界局总务处第三科主任何鹏翔，转交给唐在礼一封信，解释其出走缘由，当然，其中还有为唐开释的意思。信中分析了帝制发生的内外原因及危险后果，指责主事者为了攫获权力而"假陷主峰（按指袁世凯），兴风作浪"，同时对袁氏不能"明镜高悬"、反而"堕其术中"表示遗憾。结尾处这样写道：

---

[1] 李鸿祥：《有关护国史实订正数则》，载《云南文史资料选辑》第四十一辑，昆明：云南人民出版社，1991年，54—55页。

> 值兹千钧一发之候，何忍终守缄默？！伏望转陈主峰明下命令，停止帝制之运动，确定共和，将此次倡乱诸人，酌予薄惩，使中外人士晓然于主峰以天下为公、见义勇为之心，将见四海人民感激仁慈，永无既极。彼潜伏待发之党人，沉栈观变之疆师，野心勃勃之强邻，皆将戢影潜声、俯首帖耳，莫敢谁何矣！[1]

大意是要唐在礼转告袁世凯：请他下令停止帝制，重申共和，并将作乱者予以惩处，以表明自己的公勇仁慈，而收天下望治之心。这样一来，那些图谋举事的党人、静观待变的军队，以及野心勃勃的邻国，都将偃旗息鼓、俯首称臣，天下就此重归太平，岂不是很好么。

按蔡锷于1915年11月18日离开天津赴日，写信当在此之前。唐在礼拿到蔡锷信函后，如何向袁世凯交代，不得而知。上文中提到的经界局秘书长周钟岳，多年后在国民政府中任考试院副院长，1945年12月25日，正值云南起义三十周年，当日在国民政府礼堂举行国父纪念周活动时，周氏应邀讲述了蔡锷虎口脱险经过中的一些关键情节，其中讲到蔡锷东渡前，"袁氏派唐在礼赴天津慰留，蔡公已上船开行"。[2]

可见袁世凯的眼线很厉害，只是情报慢了一步。设若唐在礼在东山丸开船之前赶到码头，则蔡锷还能逃脱袁的魔掌么？顺此推演，则随后在全国爆发的讨袁革命，又是另一种样子了。

1915年12月12日，袁世凯宣布接受帝位，称"洪宪皇帝"，

---

[1]《蔡松坡总司令离京与唐质夫（在礼）书》，载（昆明）《中华民报》1916年1月20日。
[2]《中枢纪念云南起义》，载《中央日报》1945年12月26日。

并改中华民国为"中华帝国"。但他宝座未暖,厄运已至,仅过了十几天,就传来蔡锷到日本不久,即转由香港赴滇,在云南揭竿而起的消息。随后东南各省相继响应,宣布独立,袁氏匆匆建立起来的王朝,屈指算来也只有短短八十三天,便在一片讨伐声中悄然倾塌了。

袁世凯倒台,对唐在礼是一个沉重打击。在此之前,即便丢掉了统率办事处的专职,他仍是帝制运动的受益者之一,比如在帝制告成后,对有功人员封爵授勋时,唐在礼被封为男爵,并授二等文虎章,也算赏赍优渥、内外蒙恩了。在当时来说,这些固然是莫大的荣耀,但随着袁氏王朝分崩离析,转瞬之间,唐作为帝制推手之一所做的一切,又成了其为虎作伥的标签,亦可悲矣!

从当年的一篇新闻报道中可看出,1916年6月5日下午1点后,袁世凯进入病危状态,中南海居仁堂内一片忙乱,徐世昌、段祺瑞、阮忠枢、荫昌、王士珍、周自齐、梁士诒、王揖唐、刘冠雄等要人纷纷入府探望。此时,身为参谋次长的唐在礼仍是维持朝中事务的主要人物。报道说:

> 至(晚上)十一点余,由唐在礼、拱卫军司令范某以自动车恭迓黎大总统入府,即至袁逆榻前,握手互相唏嘘。袁逆只云:"我病恐不能望好,宋卿(按黎元洪字)好自为之,我都可放心。"至于死之前三十余分,特召徐世昌、段祺瑞、王士珍至榻前,业已气短神昏,只勉强数语。[1]

袁世凯于次日凌晨三点长逝,正应了"树倒猢狲散"这句老

---

1 《项城之病中谈》,载民心社编辑:《最新袁世凯》,上海:泰东图书局,1916年,27页。

话，他死后，其身边宠信除了段祺瑞、冯国璋诸人还在台上，其他攀龙附凤之辈纷纷失势。各省致电中央，要求追究帝制祸首，甚至有将朱启钤、段芝贵、雷震春、袁乃宽等"帝制推手"即日明正典刑以谢天下之请。唐在礼虽未被明确点名，但他在国体问题酝酿之初，以朱启钤为首的"十人组"与各省密电往来中，亦多次具衔列名，为天下尽知，故而在这段时间内惶惶不可终日。所幸的是，在风云变幻中能居庙堂之高位者，如段祺瑞、黎元洪，皆以慈悲为怀，到终了，帝制祸首们一个也未被追究。

如此，唐在礼在袁世凯时代经历的最后一幕，从云谲波诡很快恢复到风平浪静。

走进北洋新时代

北洋军阀新的时代开始了，黎元洪继任大总统后，任命段祺瑞为国务总理，他们都是袁世凯时代的旧人，对舆论所呼吁的惩治帝制祸首等要求，并无积极反应，像唐在礼这样的帮闲办事之辈，自然也相安无事。再说唐氏混迹于官场多年，察言观色，揣摩关系，很会做人，在军事统率处任上奉袁世凯之命，与黎元洪周旋时，服务周到且温馨备至，两家夫人以姐妹相称，关系十分亲密。因而，黎元洪对唐在礼不仅没有成见，按唐的说法，反倒对其"满怀感激之情"。

唐在礼对段祺瑞也下了不少功夫，在统率处当总务厅长时，对付倔强乖戾的大办事员段祺瑞，一方面要传达贯彻袁世凯的旨意，一方面还要表现出十足的恭敬以为自保，唐氏耗费心机，绞尽脑汁让动不动就生气的段，事事感到满意，以至于多年后他自己也感叹:"现在想来当年我之未得罪段,的确也是很不容易的。"[1]

黎元洪、段祺瑞上台后,虽未加罪于唐在礼,但很显然,在京师重地,他是混不下去了。唐左右顾盼,还算有自知之明,于是打报告"因病恳请免职"。据1916年7月28日出版的《政府公报》第二百零三号,其辞职获准时间为7月22日,黎大总统任命蒋作宾以参谋次长接任。[2] 按照官场潜规则之某条,高级干部若以政治原因被免职,冷冻一段时间,即可改头换面,派个不起眼但级别相当的差事,低调地赴任履新。唐在礼也是如此,但没想到几个月后,他一下被打发到了遥远的欧洲。

当时,第一次世界大战激战正酣,中国先后派出数万劳工赴欧洲战场参战,理应按照国际惯例,加派高级将领作为观察员。唐在礼被免职后无所事事,段祺瑞投桃报李,把这个角色赏给了他。据北洋系报纸《顺天时报》同年12月30日刊登的消息,唐在礼"为视察欧洲战争实况,于昨日随同陆军武官二名、海军武官二名首途赴上海,俟抵沪后即由海路渡欧"。[3]

由此可知,唐在礼一行乘船抵达欧洲,当为1917年初春。到法国后,他就任协约国军事会议中国代表,此后三个年头,以考察欧洲军事为名,先后到英、法、意等国游历,眼界大开。1919年春天,作为中国代表团的首席军事顾问,他参加了著名的巴黎和会。同时以中国代表团成员参会的《大公报》总经理胡政之,在其发表的此行系列通讯中,专有一篇叙述中国代表资格之争,

---

[1] 唐在礼:《辛亥前后的袁世凯》,载吴长翼编:《八十三天皇帝梦》,145页。
[2] 《关于蒋作宾继唐在礼任参谋次长令文》(1916年7月),载中国第二历史档案馆编:《中华民国档案资料汇编》第三辑,军事(一)(上),南京:江苏古籍出版社,1991年,8页。
[3] 《唐在礼渡欧》,载《顺天时报》1916年12月30日。

十分有趣，且事涉唐在礼。

原来，此次中国参加巴黎和会，北洋政府任命前国务总理陆徵祥为首席代表，赴欧途中，陆又先后邀请富有经验的外交官王正廷、施肇基同为代表。未料，一行人到法国后，中国政府正式发表名单，排名却以陆徵祥第一、顾维钧第二、王正廷第三、施肇基第四，而中国又只能派两名正式代表参加和会，于是麻烦大起。除了陆徵祥，其他三人互不相让，以至于顾维钧宣布辞职，束装做打道归国状。胡政之在报道中写道，闹到最后，"由驻法军事委员团长唐在礼氏居间调停，其告顾（维钧）曰：'政府以公名置第二，则其重视公也可知；今公若顾全大局退居第三，则人益将服公之让德。'顾初不省，最后几经劝说，始允退让，由陆电京请更正命令，事寝息矣"。[1]

经唐在礼调解，中国正式代表确定为陆徵祥和王正廷，其他两人则作为高级顾问，仍留法国以备随时咨询。众人皆大欢喜。由此看来，唐氏在袁世凯身边多年，毕竟学了几手，其化解矛盾的方法，与袁氏善用的怀柔术可说是如出一辙。

同年 7 月 19 日，协约国集团在英国伦敦举行和平日胜利大阅兵，共有包括英、法、美、日、葡、比在内的三十多个国家参加。每个国家派出几十到几百人不等的军队，将在阅兵仪式中亮相。中国亦参与其中，但作为泱泱大国，受阅方阵亮相时，加上唐在礼，总共才七个人。1919 年第十一期《东方杂志》上曾刊登题为《参与英国战胜大祝典之各国游行队》的一组照片，其中中国的一幅，画面为骑着战马、手持指挥刀的唐在礼领头，身后是同样骑马，或执国旗或挎马刀的数名军官，人数虽少，阵势寒酸，但军

---

[1] 胡政之：《外交人物之写真》，载（天津）《大公报》1919 年 5 月 18 日。

容整齐、气宇轩昂，在挤满观众的伦敦大街上，同样受到了欢呼喝彩的礼遇。唐氏所保持的军人气质和为国争光的事迹，给国人留下了深刻印象。

欧战结束前，黎元洪、段祺瑞因内斗而两败俱伤，结果统统下台，战后担任大总统的是北洋老人徐世昌，1919年秋署任国务总理靳云鹏也是北洋宿将，这对唐在礼来说是好兆头。这时，北京政府为制定国策，特别是贯彻落实巴黎和会所制定的战胜国种种权利与义务，急需专才，特别是了解欧洲情况者，为参与世界大局和今后外交走向提供参考。于是提名唐在礼复任参谋本部次长，并迭电促请他回国述职。《顺天时报》曾刊登北京政府致唐在礼电云：

> 目下部务纷繁，请即日觅船回国。执事（指唐在礼）久游欧美，情形熟悉，对于执行《德奥和约》及防止俄广义派之计划，亦希赶速调查结束。[1]

电报所说"广义派"，系指布尔什维克，此时列宁领导的十月革命夺取俄国政权不久，赤潮迅速蔓延全球，东西世界均感到恐慌。不只欧洲在制订各种计划，用来防止共产主义思潮传播，这一思想也通过唐在礼等带到了中国，为北洋政府所利用。

在此期间，《顺天时报》上还连篇累牍地刊登如《唐在礼下月回国》《唐在礼候船回国》《唐在礼由沪北上》《唐在礼日内到京》等新闻，说明唐在政府眼里是急需重用的人才。出人意料的是，1920年夏唐归国后，未能顺利就任参谋次长职，大约是由于再次

---

[1]《政府昨致唐在礼电》，载《顺天时报》1919年12月23日。

卷入高层政治斗争，他的位子被人挤掉，被迫递交辞呈。其中的行文虽是官场腔调，听起来却话里有话，说什么"参谋次长协赞军机、责任重要，断非轻材所能负荷"，请大总统俯察下情、收回成命，"另派闲散差事，俾得从事练习"。[1]

作为安慰，1919 年 8 月 15 日，特任唐在礼为将军府裕威将军，这是个拿干薪、不办事的闲差，待遇虽优，等于并无所用。

1922 年 6 月曹锟逼退徐世昌，实际掌控北洋政府，看在老北洋的面上，他对唐在礼也十分优待。当时正值外蒙与内地争端屡起，次年初，北京政府成立了一个蒙疆善后委员会，唐在礼与一干投闲置散的名流，如哈汉章、王廷桢、吴廷燮、程克、钮永建等同被任为委员，碌碌年余，却亦无作为。同年 5 月发生了著名的津浦铁路线临城劫车案，唐在礼因此于 10 月底得一美差，即铁路警备事务督办。增设这一职务，缘于列强对于中国铁路安全的担忧及所提出的要求。唐的级别相当于交通部分管保卫工作的次长，手下辖有北洋军两个旅的兵力。

1924 年 10 月，直奉战争正打得难解难分时，西北军首领冯玉祥倒戈，发动北京政变，将末代皇帝溥仪逐出紫禁城，并囚禁大总统曹锟。政局几经曲折变换，奉军入据北京后，张作霖主持国政，其早年的幕僚潘复组织内阁。这段时间，唐在礼在张大元帅府中担任过类似顾问的外交主任，常与各国政要嘉宾一同出现在报刊图画上，这也是他在北洋军界担任的最后一个职务。随着 1928 年国民革命军北伐成功，北京政府垮台，唐氏无声无息地退出军政界。时人最后一次在报上看见他的身影，是 1929 年 8 月美

---

[1]《参谋次长唐在礼呈大总统为轻材难胜重任请收回成命文》，载《政府公报》一千六百二十二号，1920 年 8 月 20 日。

国故总统威尔逊夫人访华期间，外交部宴请来宾时拍摄的合影上。出现在画面上的多为与美国有关的社交界名流，如前清容龄公主、前国务总理熊希龄夫人、梅兰芳夫人及做过美国公使的胡惟德、刁作谦等，其中唐在礼身着白衬衫、黑便装，头已谢顶，一脸风霜，与往昔戎装威严、精神抖擞的样子，已大不相同。算下年龄，这年他才将逾半百。

南京国民政府成立后，中国实现形式上的统一，北平（由北京更名而来）也成了国民党的天下。此后二十余年蒋介石当国，因以三民主义及孙中山继承人标榜，对于北洋人物很少任用，而唐在礼民初在袁世凯身边烜赫一时的经历，被视作劣迹多端，更为国民党政权所不齿。闲居北平数年后，他迁往老家上海，退避三舍，也是"无可奈何花落去"。奉命离平时，将位于西四羊市大街、占地三亩的豪宅及西山八大处唐家花园等均作价出售，载银南归。按说唐氏宦囊丰裕，超于常人，加上他在显要位置上多年所积累的财富，足以支撑后半生休闲生活，但实际上并非如此。

检阅旧报，搜得一篇有关唐在礼离平归沪后生活窘况的小文，其中谈到唐氏夫妇回到上海后，挡不住花花世界的诱惑，挥金如土，过了一段潇洒日子，然而很快入不敷出、资金告急。唐氏不得已，只好四处求人，谋求职业，最后动用在北平的老关系，终于得任上海法租界会审公廨会审官一职。由于是在给洋人当差，收入固然不菲，但他心中仍郁郁不乐。以唐之辉煌历史，此区区小官，可展露其才能之万一么？所以他常对人抱怨：

> 余本不欲再在政治上活动，无如宦囊羞涩，两袖清风，开门七件事，颇有难于供应之感。今不得已而就斯职，友辈中均不敢声张，恐彼辈在背后议论我过于迁就耳，否则余曾

戴过大红顶子，岂恋此芝麻粒大官耶？[1]

他的意思是：我本来不想再出头露面了，但无奈囊中羞涩，入不敷出，不得已才找个事做。但不敢让朋友们晓得，唯恐他们会批评我太不讲究了。其实像我这种在前清及北洋烜赫一时的人，能在乎眼下这个小芝麻官么？

唐在礼的法官生涯，在当年《司法公报》上仍能找到些许痕迹。比如，1931年8月21日公布的部令派他"代理江苏高等法院第三分院书记官长"。[2] 所谓"第三分院"，就是中法两国会商改革租界会审制度后的法租界会审公廨。以唐氏在民国初年赫赫声势，出任此一芝麻官时，想来他大有为五斗米折腰之慨叹吧。此后，他的名字渐渐消失了。

新中国成立后，历经时代变迁，寓居上海的唐在礼已成无根之木，垂老之年，生计维艰，若不是"好管闲事"的章士钊施以援手，晚年孤寡一人、瘦骨嶙峋的唐氏，能否活到八二高龄，尚属疑问。章士钊此举，初衷是为编纂《北洋统治史》收寻史料，保藏活档案，但对唐在礼的个人历史也产生了意外的影响。设若唐氏默默无闻死去，其姓名必被遗忘于尘封的历史一角；幸运的是，及被聘为上海文史馆馆员，唐口述完成长篇回忆多种，使后人得以一窥袁世凯时代诸多秘辛、罕见内幕。更为重要的是，他自己借此也走出了笼罩其一生的阴影。如果把唐氏比作一个民国病人，经过如此漫长时光的洗刷，他也算是个自行发完病毒的病例吧。

---

1 摩灵：《唐在礼妙语解颐》，载《上海画报》598期（1930），1页。
2 《派唐在礼代理江苏高等法院第三分院书记官长由》（1931年8月21日），载《司法公报》1931年第138期，1页。

春风吹动耐寒枝

张季鸾在《大公报》以前

> 我的人生观,很迂浅的。简言之,可称为报恩主义。就是报亲恩,报国恩,报一切恩!
>
> ——张季鸾

著名报人张季鸾,民国十五年(1926)以后接办《大公报》的人生经历,同时代人的记述、回忆及学人研究,都颇为详备,从中我们看到的是以文人论政、文章报国而名扬天下的张氏。如果把写历史人物比作画像,众手绘制之下,他作为才华毕露、举世无双的报人偶像的中晚年面貌已足够清晰逼真。

但是,记录接办《大公报》之前张季鸾的原始资料甚少,时人回忆支离破碎、难窥全貌,今人著述泛泛而论、不足为观。张氏少年、青年时代的旧影,因岁月久远、时光漫漶,渐渐地剥落粉碎,很难恢复其本来面目了。后人所能做的,就是在深沉黑暗的史海中,努力打捞搜集,用一点点碎片拼贴出张氏的形象,以为历史空白处的补充。

一个生活在清末破败氛围中的关中学子,经过了哪些心路历程,才成为饮誉全国、声动海外的"报人模范""一代论宗"?一个崇尚报恩主义的留日学生,在蓬勃的反清革命中,要做出怎样的选择才能与其时代环境达成共鸣？进入民国后，他是怎样作别革命党，转变为持自由主义思想的报人的？在北洋时代各种政治风潮中，他以"超党派"身份投身报业，思想底色及人生观由何而来？对于求全责备且好究根问底的寻史者来说，这都是问题的核心。

报恩主义的开始

张季鸾的人生路，是从践行报恩主义开始的，究其根源，还要从他少年时代的经历说起。他的祖籍陕西榆林，地处陕北，北望河套，南蔽关中，明末农民起义领袖李自成、张献忠均出于此。为了抵挡北方游牧民族的侵扰，明朝政权建立后，就开始筑榆林城，以后又升格为"卫"，是九边重镇之一。张氏先祖从米脂移居于此，几代人都以戍边为业，其中还出过几个武举人。可到了他父亲张楚林（字翘轩）这辈，却弃武从文了。这出于什么原因呢？章太炎为张父撰写的墓表云："弱冠以骑射应童子试，三发中二，马惊坠伤臂，自是始一意儒学。"[1]说张父二十岁时参加武生员资格考试，本来成绩不错，因坠马摔伤了胳膊，只好改学儒学。

同治初年，张楚林考入当地学馆读书，成绩依然很好。榆林偏僻落后，历任地方官都把劝学爱士看得很重。总兵刘厚基、知府蔡兆槐尤其重视教育，他们看中了这棵秀才苗子，给予各种奖励。张楚林受到政府培植，知恩图报，立志为家乡争光，以后七八年间悬梁刺股、刻苦用功，弄通了四书五经，并做得一手好

---

[1] 章炳麟：《清故宁阳县知县张君墓表》（1934年7月），载《榆林市志》，西安：三秦出版社，1996年，822页。

文章。先是在同治九年（1870）庚午陕西乡试中，中了举人；时隔数年，又在光绪三年（1877）举行的丁丑会试中，一举考中了进士，随后以知县分发山东。

当时这在当地可是件大新闻，章太炎所作墓表，追述这段往事时说：

> 自乾隆迄同治百余年中，榆林成进士者才一人，及君（按指张楚林）起，学风始振。回部乱作，以诸生从刘、蔡二公守城，支柱三年，城赖以全。君平生耻受人惠，而于两公知遇深，又同御贼，为设位于家，令子孙世祀之。[1]

说是从乾隆朝到同治朝这百余年间，榆林仅中过一名进士，所以张楚林中第，对本地学子有很大激励作用。按引文中所谓"回部乱作"，系指同治年间爆发的陕甘回民起义，这场动乱导致陕西数百万民众死亡，绵延十年后，才为陕甘总督左宗棠以重兵平定。榆林被围时间长达三年，这期间，身为秀才的张楚林跟随刘厚基、蔡兆槐，也参加了守城之役，且结下了深厚友情。加之颇受两位地方官的知遇，以后就在家里设立刘、蔡二人的牌位，让子孙后代祭祀，报答知遇之恩。张季鸾曾说，这是他幼年时记得最清楚的一件事。张氏的报恩主义即发源于此，这种思想成了刻在他灵魂上的印记。

还需要说明，章太炎所云"自乾隆迄同治百余年中，榆林成进士者才一人"，所指并非张季鸾父亲，而是另有其人。王芸生、曹冰谷在《1926年至1949年的旧大公报》一文中，记述张季鸾的

---

[1] 章炳麟：《清故宁阳县知县张君墓表》（1934年7月），载《榆林市志》，822页。

身世时说"自清乾隆至同治一百多年中，榆林成进士的只有张父一人"是误读[1]，张父明明是光绪三年（1877）中进士。那么此前百余年间，榆林唯一考中进士的人是谁？说起来有趣，他便是张季鸾的丈人高氏。

据张季鸾的妻侄高集回忆，榆林在清代，共有高、张两家进士及第，宅门前都竖了旗杆，在当地被称作大户人家。高家第五子于同治末年中进士后，分发福建做了县令，又过若干年，同辈人张楚林亦中试，也被派到外省当七品官。由于门当户对，两家约定通好，高家的第九个女儿高芸轩从小就许配给张季鸾，他们于光绪三十四年（1908）在榆林成婚。[2]

功成名就后的张季鸾，在个人生活上也是颇有所谓"名士风流"的。他一生娶了三个太太，第一位高芸轩，因为不能生育，又染上大烟瘾，两人关系逐渐疏远（1931年在上海去世）。以后又娶了两房太太：1918年在上海主持《中华新报》时娶范夫人，无所出也；1935年五十岁时娶陈筱霞，才生了他唯一的儿子士基。张士基成人后未继承父业，长期在香港经商。张季鸾的婚姻生活如此洒脱，在社会上诗酒风流，更为不凡。当年在京师享有盛名的日本医生矢原谦吉，与张季鸾过从频繁，据他回忆，在《大公报》创办之初，张氏常为采访往来于京津，每次到京，必约他到"都一处""沙（砂）锅居""东来顺"等名饭庄痛饮，然后再邀一二友人，同赴八大胡同之一韩家潭冶游。

其时，张季鸾的"心上人"是雏妓老七，酒至酣时，"张（季

---

[1] 王芸生、曹冰谷：《1926年至1949年的旧大公报》，载《文史资料选辑合订本》第七卷第25辑，北京：中国文史出版社，1986年，21页。

[2] 高集：《忆我的姑父张季鸾二三事》，载《榆林文史》第三辑，榆林：中国人民政治协商会议陕西省榆林市委员会，2003年，78—79页。

鸾)有红袖为枕,间亦略以阿芙蓉(按指鸦片烟)助兴,而其谈锋遂愈晚愈健"。让矢原深为佩服的是,在寻欢作乐的同时,张氏一点也不耽误正事,有时需赶稿子,便"于老七处伏案挥毫,顷刻千言,以为《大公报》社评之用"。同时,张季鸾的谈话功夫十分了得,尤善谈政要名流、学人军阀的秘闻轶事,往往是"一杯在手,娓娓而谈,绘影绘声,使听者乐而忘倦,每见老七倚其臂昏然入睡,而座上客神采飞扬,张亦谈久不疲,不知东方之白矣"。[1]

把话头收回来,继续说张季鸾的少年时代。张氏是在山东邹平县他父亲的任所中出生的,时为光绪十四年(1888)。这一年,康有为第一次上书光绪帝,请求变法强国。说起来,张楚林外放山东以后,仕途并不顺利,居官前后二十三年,很长时间未获实缺,其中短期代理过汶上县、平度州的主要领导(均主持工作),也署理过曲阜知县长达一年。由于脾气倔强、为人清高又不善于沟通上级领导,官总是升不上去。后来还是经山东巡抚张曜特奏,才正式做到邹平、宁阳两县的一把手,算起来只有六七年。基层官员生涯的坎坷与曲折,从其经历中可以想见,但张楚林最后还是因为失职而遭斥革,丢了官又丧了命。

张楚林一生轻视财商、不问钱物,他遭难的原因也与此有关。据王芸生、曹冰谷《1926年至1949年的旧大公报》一文的记述,张楚林做宁阳县令时,有一次上级交办筹集钱粮,事毕后他令人堆在县衙大堂上,漫不经心,疏于看管,结果盛满银锭的银箸,被窥视已久的响马劫夺一空。他以坐失公款,被问罪革职。从那以后,他居留济南候差,家眷仍住宁阳县,孤身一人,心情郁闷,

---

[1] 矢原谦吉:《张季鸾善谑》,载氏著《谦庐随笔》,桂林:广西师范大学出版社,2008年,10—11页。

遂于庚子年（1900）冬病故，时年六十六岁。[1]

张季鸾成人以后，发愿不从政、不当官，要做一辈子新闻记者，主张"新闻救国""文字报国"，不能不说是从乃父的痛苦经历中，受了很大的刺激与震动。之后，他母亲在家变后悲伤过度，年仅三十七岁便离世。这些创伤，在很大程度上塑造了张氏与众不同的人生观：他对这世界是不信任的，但他努力去信任和报答每个与自己命运有交集的人。

多年以后，张季鸾回忆父亲的死，描写的是一幕幕满含泪水的悲剧，却用了一种淡然冷静的态度，一种异常冷峻的语调，对世间冷暖、人生无常的这一声声控诉，也就有了常人笔力不逮的力量：

> 那时……我只十三岁，得讣之后，同先三兄大舍侄，即日奔丧，时值残腊，在大风严寒中，骑驴旅行三日，赶上启棺含殓，哭拜最后的遗容。这一幕悲剧，三十几年来，常常忆起，常常悲痛。先母王太夫人，是续配，是一位极慈祥平和的女性。母家住山东沂水县，先父去世后，一贫如洗，多劝她就住在山东，先母不肯，一定要扶柩归葬。领着我们小兄妹三人，到沂水拜别了先外祖父母。辛丑冬，带全家回榆林，一路的困难，不必说了。[2]

这是张季鸾十三岁（十二周岁）时，从宁阳县赶到济南府奔丧的情形。宁阳位于山东中部，距济南一百三十余公里，在那个时代，乘坐木轮车三日即至，也算相当神速。父亲死前，因劫银案丢官

---

[1] 王芸生、曹冰谷：《1926年至1949年的旧大公报》，载《文史资料选辑合订本》第七卷第25辑，21页。

[2] 张季鸾：《归乡记》，载《国闻周报》第20卷第1期，1935年1月1日。

卸差，赔累不堪，箧中仅余数百金，还不够一家人扶柩归葬的费用。辛丑年（1901）冬天，母亲携张季鸾和两个年幼的妹妹返回陕北后，生活一落千丈，承担家计尚且困难，哪还有钱供儿子读书呢？用张父墓表里的话说，全家人回到榆林，"既至贫甚，几不能举火"。[1]

在这种情况下，张季鸾遇到了人生道路上的第一个恩人——延榆绥道陈兆璜。

在烟霞草堂师从刘古愚

延榆绥道为全陕五个分巡道之一，辖延安、榆林二府，绥德一州，设正四品官一人。陈兆璜祖籍为湖南桂阳，与张季鸾父亲为乡试同科，中举后一直在陕西本地游宦，先后做过安塞知县、潼关南道，转任现职后，对自己的故交之子甚为照顾。陈氏并非进士出身，为何在仕途上如此顺遂？盖因他有个历任浙江、山东巡抚的好爸爸陈士杰，所以有能力提携老同学的儿子。出于同情张家境遇，又欣赏少年季鸾聪敏好学，陈兆璜把他召入道署，让他与其子共读。据张季鸾说，他最早的同窗，便是这位陈氏的公子陈燮。以后两年，陈兆璜先后把儿子送入当地榆阳书院和本省有名的私塾烟霞草堂，在其资助下，张季鸾皆与陈燮同校就读。

此前陈兆璜刚刚躲过一劫。《清实录》光绪朝卷中，记录了与他有关的一件事：两年前陈氏还在潼商道候补道任上历练时，恰逢八国联军入侵京师，慈禧太后和光绪帝西逃到陕西，路上地方政府照顾不周，发生一起"监司大员与属员同派家丁擅入内廷钻

---

[1] 章炳麟：《清故宁阳县知县张君墓表》（1934年7月），载《榆林市志》，823页。

营窥探"案,被随行人员岑春煊等举告后,西太后认为"此案情节殊堪诧异",要求彻查。不知为何,把在外围服务办事的陈兆璜等人也卷进去了,结果谕令"署陕西潼商道候补道陈兆璜、署陕西潼关厅同知孝义厅同知施劭,均着先行革职",由地方巡抚"提案审讯,奏明办理"。[1] 折腾了一圈,不了了之,两宫圣驾回京后,为有突出贡献的地方官员叙功,陈还随行就市官升一级。自此以后,他做"好人好事"的热情更高了。

烟霞草堂由"关学"(关中理学的简称)传人刘古愚主持,以传播经世致用之学而闻名于北方。可以说,这里是哺育张季鸾及成就他学问和做人的摇篮。草堂位于关中醴泉县(今礼泉县)九嵕山烟霞洞,当时从学者仅三十余人。刘古愚,陕西咸阳人,是远近闻名的学问家,对《文献通考》《资治通鉴》研究精熟,与南海康有为并称"南康北刘"。尤其他的"关学",远绍北宋时曾在陕西游历的理学大家张载,立志"为天地立心,为生民立命,为往圣继绝学,为万世开太平",吸引许多学人慕名而来。

在谈经论道的同时,刘氏还在关中设立多所义塾,并倡办轧花厂、白蜡局等实业,及年老体弱,虽身处深山僻谷,而学问名气播及中原、岭南,连康有为也称"神交至深"。刘氏死后多年,门生将其遗著数十种辑刻为《烟霞草堂遗书》,康氏曾为之作序,称刘是"古之文儒君子",[2] 可见他是有真本事的。

到1925年,《烟霞草堂遗书》即将出版,正寄居天津卖文为生的张季鸾,应命写了一篇很长的纪事,缕述当年在烟霞草堂求学的经历,文情并茂、挥洒自如,很见张氏纵横收放的作文风格。

---

[1] 《清实录》光绪朝卷之四百七十一,光绪二十六年(1900)闰八月癸亥日条。
[2] 康有为:《博大文儒刘古愚——〈烟霞草堂遗书〉序》,载《陕西教育志资料选编》下卷,西安:陕西人民出版社,1988年,1页。

如记草堂风貌和先生书斋的段落:

> 烟霞草堂为庚子(1900)后所建,在唐昭陵之阳,负山面野,深谷环抱,唐诸名将墓皆在指顾间。地极清幽,去市廛十里,群狼出没,常杀人。……
>
> 先生书斋,冬不具火,破纸疏窗,朔风凛冽,案上恒积尘,笔砚皆冻,而先生不知也。

张季鸾入烟霞学堂时,正是光绪二十八年(1902),他年仅十四岁,刘古愚已年逾花甲,两人之间的关系是师徒也是爷孙,颇不一般。刘氏授课的方法是"教以学,不以文",这是经世致用之学的精髓。学生随性求知,各从所好,问学亦无定式,除了每月朔望在礼堂讲书一次,其他时间都是埋头读书。读的是什么呢?在榆阳书院时,张季鸾已将四书五经背得滚瓜烂熟,到了烟霞草堂,刘古愚要求他读两类书,一是记载历代制度、典章的各种通考,一是描述边疆地理沿革的方志纪要。时过多年,张季鸾对自己在刘氏门下的研读情形,记叙得仍很细密、详尽:

> 余阅《明鉴》《文献通考》,并钞读《通考序》《方舆纪要序》,皆师命也。先生曰:"读史应先近代,阅《通考》则知历代制度、典章之得失,而货币尤宜先。《方舆纪要》为沿革形势所必读,其书浩瀚,读《序》可也。"余在学数月,惟课此数书,余取便涉猎而已。[1]

---

[1] 张季鸾:《忆儒宗楷模刘古愚先生——烟霞草堂从学记》,载《陕西教育志资料选编》(下卷),2页。

张季鸾在烟霞草堂仅一个学期，但刘古愚对于他的影响是巨大的、终身的。张季鸾逝世后，其学兄于右任在所撰悼文中就曾说，张是"从古愚师诸同门中年最少、学最勤、晚年所最得意之弟子"，是得了乃师真传的：

> 故于国学朗然得条理，为文章亦如良史之绵密警策，而后来历办各报以至今日在《大公报》论述之成功，其留心经世学问，立言在天下，故早有所受之也。[1]

于氏认为：正是有了在烟霞草堂的学习经历，并得大师刘古愚亲炙，张季鸾不仅奠定了深厚的国学基础、悟出了写文章的门道，更懂得要把这些东西化作"天下兴亡，匹夫有责"的精神，用于改造社会的实践中，这也是后来他在《大公报》取得成功的秘诀。

于右任的这番话，指出了张季鸾后来在《大公报》写社评时，立意气象开阔、文字绵密警策的风格来源，对张氏来说可称为知己者言。但是，于氏还没有论及另一半，即张季鸾为人处世的理念，在很大程度上也受了其师熏染。成年后，他身上的士大夫气，开阔豁达的性格，大气磅礴的人生态度，乃至刚直狂放的品行，都能看见刘古愚的影子。被发挥到极致的那一部分精神，则形成了张季鸾自己独特的人生观。

据张季鸾在《烟霞草堂从学记》里说，他师从刘古愚，开始于清光绪壬寅年（1902）秋，到"明年春，先生入陇"而止。算起来，这正是1902年秋到1903年春的一段时光。虽说短暂了些，但古人问学，有得高人一言而悟一生者，何况在烟霞草堂，他得到刘

---

[1] 于右任：《悼张季鸾先生》，载（重庆）《大公报》1941年9月7日。

氏言传身教，前后有几个月呢。刘古愚对少年张季鸾评价很高，多年后，张在宏道学堂及日本的同学李寿熙，在《张季鸾同学五十寿序》中回顾两人交谊之始，转述过刘古愚评价张季鸾的一番话：

> 清季光绪壬寅之冬，余赴醴泉烟霞洞，谒先君之师刘古愚先生，先生告余，弟子中有张某，年最少，极聪颖，以未得一见为惜，即指君也。翌年肄业宏道学堂，乃得相见，自是订交。[1]

李寿熙，陕西咸阳人，以笔名李浩然鸣世，从1916年起主持上海三大报之一《新闻报》笔政，任该报总编辑达二十五年。他是张季鸾在宏道学堂的学友，一同留学日本，归国后又一同协助于右任创办《民立报》，由此步入新闻界。李寿熙在上文中回忆，早年他赴烟霞草堂谒见父亲的老师刘古愚，曾听刘氏亲口说过，弟子中有个叫张季鸾的，"年最少，极聪颖"。可见李对张了解甚深，时人说张季鸾为刘古愚晚年所最得意之弟子，并非虚言。

光绪二十九年（1903）春，应陕甘总督崧蕃礼聘，刘古愚赴兰州讲学，不久创办甘肃大学堂并担任总教习，烟霞草堂遂告解散。本来刘氏要带他最喜爱的门生张季鸾同去，做他的助教，替他抄书。但是时值张季鸾的母亲因幼女夭折，十分伤心，不同意其子远游。正如张氏所记述的：

> 先是，甘肃聘至，先生谕余曰："尔可随往，为我钞

---

[1] 李浩然（李寿熙）:《张季鸾同学五十寿序》，载《国闻周报》第14卷第12期，1937年3月29日。

书。"当是时,门人争欲行,而先生于王君章之外,特许余随侍。……及请训先慈,则是冬三舍妹夭亡,伤感甚,乃止。[1]

同年秋天,刘古愚就在兰州因咳血症去世了,享年六十岁。烟霞草堂解散后,张季鸾随部分学生转入官办的三原宏道学堂,开始新的一段求学旅程。没想到,这次与母亲的告别却成了永诀:

> 我最后见面,是清光绪三十年(1904)正月,我又要到三原宏道学堂,临行拜别,先母倚窗相送,面有笑容,谁知即此成了永诀!到校两月,即接到讣闻,待我奔丧到家,只见到寺中停寄的薄棺一口![2]

张季鸾所说光绪三十年正月,即1904年初,他刚入三原宏道学堂不久时。这是他成长历程中的一个重要节点,在宏道学堂,这个自称"老孤儿"的少年,遇到了他命运中新的"贵人"。

在三原宏道学堂做沈卫门生

张季鸾到三原宏道学堂这年,未满十六岁,母亲死后,他兄妹七人孤零无助,一个大户人家,已跌落到了社会的最边缘。此后二三十年,张季鸾的几位兄嫂相继病故,到1934年,张家原先兄弟姐妹八人,仅存他和最小的四妹张季珍。传宗接代的焦虑困扰了张氏一生,原因即在此。

---

[1] 张季鸾:《忆儒宗楷模刘古愚先生——烟霞草堂从学记》,载《陕西教育志资料选编》(下卷),4页。
[2] 张季鸾:《归乡记》,载《国闻周报》第20卷第1期,1935年1月1日。

三原在晚清时隶属西安府，因境内有孟侯原、丰原和白鹿原而得名。早在明代弘治初年（15世纪末），官府就在这里开办了宏道书院，学风源远流长，刘古愚也在此担任过主讲和院长，并将他创办的味经、崇实二书院并入该校。一时间，宏道学堂被视为西北经学圣地和陕西最高学府，以至于到了光绪末年，全省乡试定期在三原举办，陕西学政使（相当于今之教育厅长）亦驻署于此。

张季鸾转入宏道学堂，遇到了两个在他命运转机中起关键作用的人，一个是比他年长九岁的宏道学兄于右任，一个是把他送到日本留学的陕西学政使沈卫。于氏就是三原本地人，在前一年的全省乡试中，以第十八名中举，正在声名鹊起时，因为创作宣传反清思想的《半哭半笑楼诗草》，并在各学堂中广泛传播，被三原知县德锐举告到省里，指控为革命党。不久，于氏被迫亡命上海、匿身租界，但其诗流传甚广，从"爱自由如发妻，换太平以颈血"[1]等诗句中，张季鸾经历了革命思想的最初启蒙。沈卫便是沈钧儒的叔父，晚年号兼巢老人、红豆馆主，以善诗文、工书法名播江南。在陕西学台任上，他栽培了不少地方人杰，颇有识人爱才的口碑，于右任、张季鸾等后来都自称是沈氏门生。

沈卫赏识才俊的美德，成为少年张季鸾人生道路上的又一块基石。这一段缘由，见于沈氏侄子、后来成为政界名流的沈钧儒的回忆。时年二十九岁的沈钧儒，在家乡杭州已中举人，数年前，因父亲去世、家庭经济困难，来投奔叔父，在三原学署中担任阅卷老师。就是这年，他在殿试中得到赐进士出身衔，并在全省选拔秀才的考场上，首次见到张季鸾。当时，沈钧儒新点了进士，

---

[1] 牛济：《张季鸾年谱》，载《张季鸾先生纪念文集》，西安：陕西人民教育出版社，1991年，159页。

回到陕西,依然在叔父幕里佐理文牍,亦负监考之责。

在有关张季鸾的各种回忆及传记里,他考秀才的一幕都被写得绘影绘形。那天,入闱的炮声响过了,忽有一个年轻童生匆匆赶来,要求入棚应试。监考的说已"误了卯",不放他进去。沈卫很爱才,听说又是刘古愚的学生,经史学业一定有根底,于是忙叫人把张季鸾找来,让他马上写出关于长城各口形势的大概情况,并谈谈个人的认识,如果写得好,就可破例入闱参加考试。结果,张季鸾的表现令沈卫十分满意。张门弟子、《大公报》名记者徐铸成曾转述沈钧儒的回忆:

> 桌上放好了文房四宝,季鸾坐下去,不假思索,一口气写了好几张纸。我现在还印象很深,他坐在条凳上,脚还着不到地,一双白鞋,离地有好几寸。大约不到一小时就交卷。我叔父看了一直点头,递给我。我看他把从嘉峪关到山海关以及内长城各险要关口的形势……叙述得很扼要,还说了自己的意见。
>
> 我叔父命人立即带他入闱,考的成绩也很好。[1]

沈卫特意点题,考查张季鸾的边学知识,可说是一种"知人善任"。张季鸾应付得了,因为刘古愚的学问除了经学之外,另一研究长项就是西北史地的变迁。由此,烟霞草堂时期的张季鸾受其熏陶,对长城内外山川形势以及历史上重大边患等,尤感兴趣,成年以后也下过不少功夫,以求达到经世济用。1937年全面抗战爆发,日寇步步侵入华北,《大公报》创办了沪版,张季鸾

---

[1] 徐铸成:《报人张季鸾先生传》,北京:生活·读书·新知三联书店,1986年,22—23页。

在创刊词中所写"长城在望，而形势全非；渤海无波，而陆沉是惧"等传诵一时的警句[1]，可见其早年攻读边疆史地、孜孜问学的影子。

少年张季鸾在考场上的这段经历，是沈钧儒于1947年亲口向张氏传记作者徐铸成讲述的。这是一场什么考试呢？沈氏没有说明，从时间上看，似为1904年的全省士子院试。这是由各省学政主持的考试，参加者都是通过了县试、府试而被称为童生的学子。童生如能在院试中"出案"，就是秀才了。按清代官制，地方学政由皇帝钦派翰林充任，每省一人，三年一任。学政是替朝廷选拔和发现人才的，任务很重。到任后，先举办岁考，次进行童试院考，在院考中录取的生员，还要送入府、县学宫，定期授课并考核。在这场院试中，张季鸾"考的成绩也很好"，但是否合格成为秀才了？沈钧儒没有明确说，多种张季鸾年谱、传记也均无确切记载。但根据陕西方志中所载"光绪三十一年（1905）八月留日学生名册"，张氏出洋前的最后学历是"榆林县监生"，说明他在此以前已通过秀才资格的考试。

沈钧儒还清楚地记得，叔父沈卫进一步扶助张季鸾进学的点点滴滴，包括把张留在省城书院、送到日本留学等：

> 考后，即留他在西安的书院学习，定期考核，叔父叫我帮同看卷子，他对季鸾的考卷特别注意。
>
> 翌年，清政府命令各省选派学生赴日留学，叔父也把季鸾列入官费留学生之列。[2]

---

1 周雨：《〈大公报〉史略》，载《天津文史资料选辑》第五十七辑，天津：天津人民出版社，1992年，109页。
2 徐铸成：《报人张季鸾先生传》，23页。

原来，准秀才张季鸾与新点进士沈钧儒的忘年交，是这样订下的。他们年龄差了一轮多，却同在 1905 这一年东渡日本留学，沈是以新科进士身份派到东京法政大学进修的，相当于访问学者，张则作为陕西官费生赴东洋镀金。他们一起走到了时代的最前沿，也为今后的绵长友情留下了伏笔。

沈、张二人再次聚首，要到 1922 年初张季鸾主持上海《中华新报》笔政时。这时，沈钧儒因与主持广东护法军政府的岑春煊、温宗尧等人不谐，已辞去护法军政府总检察厅检察长的职务，回到上海，无事可做，应邀在《中华新报》做了将近半年的主笔，写有数十篇政论文章。同年，沈应邀北上就任国会参议院秘书长。若干年后，沈、张都成了国家名流，他们早年的这一段交谊和友情，传为士林美谈。再过若干年，到全面抗战爆发前夕，沈钧儒年届花甲，已届古稀之年的沈卫赋诗祝寿，其中有一首回忆典试陕西岁月，情意醇厚、意味深长："衡文（山）从我入关中，姓氏曾经达九重。甄采居然多国士，至今桃李斗春风。"[1]

衡山是沈钧儒的号。"达九重"，言当年沈氏入其学幕时，曾经循例奏闻朝廷而获批准。后两句诗还附有注说：国士系指"于右任、茹欲立、李元鼎、焦易堂、蓝文锦、张炽章（张季鸾名）、李寿熙等"。这几人多是出身于三原宏道学堂的留日学生，也是辛亥革命中促成陕西举义的重要角色，以后在事业上都很有成就。于右任高居庙堂，书法举世无双，自不待说。其他如茹欲立，三原人，辛亥年（1911）曾在秦陇复汉军政府中任秘书长，后任陕西靖国军参谋长，1928 年出任南京国民政府审计院副院长（院长

---

[1] 沈卫：《衡山二侄暨侄妇张六十双寿诗十四首（选二）》，载上海诗词学会"诗选"编委会编：《上海近百年诗词选》，上海：百家出版社，1996 年，26 页。

为于右任），几年后该院改为部，升为部长，其书法以魏碑行楷著称。李元鼎，蒲城人，1912年任陕西都督府教育厅长，1932年由于右任举荐，接任南京国民政府审计部长，生前诗作甚丰。焦易堂，武功人，辛亥革命中任陕西都督府参谋，后当选第一届国会参议院议员，1935年接替居正为最高法院院长，并担任中国国民党中央执行委员会委员，对中医深有研究。蓝文锦，西乡人，光绪二十九年（1903）进士，授翰林院编修，官至候补知府，工于书法。李寿熙，即李浩然，咸阳人，与张季鸾、茹欲立、李元鼎一同赴日留学，回国后长期担任《新闻报》总编辑，闻名沪上报界。

以上人物除了蓝文锦，他们与张季鸾的人生道路都有交集。从诗句里看得出，晚年沈卫，对于自己曩时培养出这些名人志士，心里是十分自豪的。

张季鸾少年时代家道中落，双亲早亡，靠着"贵人"相助，自己苦读，不仅完成学业，还到东洋开了眼界，其中世事冷暖、人间恩情，在其心灵留下的深刻印记，形成了他为人处世的思想基础。正如他在1934年底所写《归乡记》中说的：

> 我的人生观，很迂浅的。简言之，可称为报恩主义。就是报亲恩，报国恩，报一切恩！我以为如此立志，一切只有责任问题，无权利问题，心安理得，省多少烦恼。不过我并无理论，不是得诸注入的智识，是从孤儿的孺慕，感到亲恩应报，国恩更不可忘。全社会皆对我有恩，都应该报。[1]

---

[1] 张季鸾：《归乡记》，载《国闻周报》第20卷第1期，1935年1月1日。

张季鸾写此文时，正值东洋侵华日益加紧，因而他把"报恩主义"与时俱进了一下："现在中国民族的共同祖先，正需要我们报恩报国，免教万代子孙作（做）奴隶！"切莫小看这"报恩主义"，这是张季鸾思想的出发点，也是理解其许多言行的关键，从报亲恩到报故乡养育之恩，从报国恩再到报蒋介石知遇之恩，可以说"报恩主义"成了贯穿他一生的行动轨迹和情感标签。不幸的是，这古典的、同时带有一些旧时士大夫气息的美德，最终被蒋介石打造成为笼络知识分子的工具。特别在抗战时期，蒋氏以国士对待之，以甜言恭维之，使得张氏违心逆志，做了"王者师"，陷入政治网，也使《大公报》的民间立场和客观色彩一度暗淡下去。

漫漫东渡路

光绪三十一年（1905），张季鸾作为陕西首批官费生之一赴日留学，这是他人生中的一件大事。这与清廷改革科举制度、实行教育新政，有着直接联系。是年，朝廷下诏废止科举考试，在全国范围内开始推广新式学堂，并准各省选派留学生到日本学习。为了鼓励职官、学生出洋游历、游学，在此之前便颁布了《出洋游历章程》和《派赴出洋游学办法章程》。陕西经济凋敝、风尚闭塞，但也不甘落后，这年正月由湖南布政使升任陕西巡抚的曹鸿勋，做过多年乡试考官，又是位书法家，对于办学很有热情，而陕西布政使樊增祥也是著名文人（以诗词鸣世），有志于培养人才、振作秦风。

曹、樊两位省级政府主要领导上任后，即成立学务处，用以统管全省学堂事务，并着手把最高学府陕西大学堂更名为陕西高等学堂（西北大学前身）。[1] 有趣的是，曹鸿勋身为巡抚大人，还定期到高等学堂、宏道、师范等学校讲课（彼时称作上官课）。张季鸾在宏道学堂的同窗白介征记得，曹氏来班上督课时，曾留过一道有关历史的作文题，他因生病，还是求张季鸾帮助完成的。因而当各省可以"自主招生"政策甫下，曹鸿勋便奋勇争先，除了公费派遣三十人放洋，还应官绅们的要求，增加了十七名官籍子弟自费生，一同赴日本学习工农路矿各实业，以培养人才、开通风气。如此，年仅十七岁的张季鸾得以列入官费生行列，东渡扶桑。

有些文章说，张季鸾是在前学政使沈卫保举下，才有机会赴日留学的，其实不是。一则陕西兴起留学之风时，沈卫已急流勇退，辞官到上海做专业书画家了；二则张季鸾的同学白介征写过一篇文章，明确说张是经过考试，从众多应试者中被选拔出来的。而且由他的叙述可看到，在那时学子们的眼里，出洋留学并非背井离乡的危途，而是件人人羡慕的美事：

> 我住学堂的第二年，本省初次考送东洋留学生，宏道学堂额定十二名，同学应试者八十余人，季鸾即在被选之列。他的年纪最小，最有希望，我们入学资浅，只好望洋兴叹。看着他们去海外留学，不啻天上神仙。[2]

据这年出版的《秦中官报》，为把好生源这一关，省里聘请了曾赴日游历的京师高等学堂教习狄楼海主持招生事宜，还成立了一个由兴平知县杨宜翰、候补知县姚文蔚、咸宁县举人毛昌杰、

---

[1] 陕西高等学堂及其前身陕西大学堂亦称关中大学堂，后文尊重相关人士的用法，有时未作统一。
[2] 白介征：《我所认识的张季鸾》，载《塞风》第十三、十四期合刊（1941），19—20页。

白河县举人秦善继等组成的"招考委员会"办理此事。录取学生的条件,一是"中学根基较深",二是"立志纯正、性情沉稳"。[1]

条件一是考察学子的学问功底,很好理解,条件二所强调的志向性情,则可伸缩性很强,不知他们是如何把握的。关于此,《东方杂志》上的一篇报道可作参考:"陕西大吏近于关中师范学堂,宏道、关中二高等学堂共选三十人往日本学习实业。此次挑选学生不凭考试办法,颇为文明。此外有自费十余人同往。"[2]

所谓"不凭考试办法",是相对于过去的科举考试而言的,不作八股文,但文章总是要不拘一格作一篇的。张季鸾不仅书读得好,性格也属于少年老成型,因此面对这次选拔留学生的新办法,他也能顺利过关。此后整整六年时光,在异邦东洋,他开始了一段自我寻找的历程。之所以说"自我寻找",是因为他所走的路和大多数同时代人是不一样的。

关于张季鸾在日本的留学生活,由于他本人没有留下详细文字,同学中也少有回忆留存,其传记、年谱之类只得语焉不详。一般都说:"到达日本后,张季鸾先入东京经纬学堂补习日语。……嗣后,他又升入东京第一高等学校攻读政治经济学"[3]云云。而且叙述当中,多有推测想象、不尽合理之处。譬如说,张氏传记中最有价值的一种——徐铸成著《报人张季鸾先生传》,对于张季鸾留学生活的叙述,短短一章文字中,可推敲的地方不少。一开始赴日时间一项,说他为了母丧守孝,"迟一年于一九〇六年

---

[1] 《(京师)高等学堂照会四川举人徐炯监督陕省各学堂选派学生前往东洋留学文》,载《秦中官报》乙巳年(1905)八月第三期,页码不详。转引自杨洁:《清末陕西留学教育的发展》,载《中国教育学会教育史分会第十届学术年会论文汇编》,西安:陕西师范大学出版社,2006年,206—210页。
[2] 《各省游学汇志》,载《东方杂志》第二年第十一期(1905),296页。
[3] 李云祯、牛济、刘耿:《一代报人张季鸾》,载《张季鸾先生纪念文集》,5页。

夏才东渡",¹ 就有问题。因为张的母亲去世于光绪三十年（1904）春，其后他参加了是年举行的全省士子院试，还转入宏道学堂就读，说明他并未中断学业为母守孝。实际上，他是于1905年夏天东渡日本的。

陕西（关中）大学堂学生马凌甫写过一篇回忆文章，对本省第一批赴日留学生的情况着墨不少，其中有关内容，不仅可以解决徐著所述张氏出洋时间的问题，也有助于我们了解这批留学生东渡过程中的许多细节。马凌甫还记得：

> 一九〇五年陕西派遣官费生留学日本，名额定为三十人。分别由三原宏道学堂和省城关中大学堂及师范学堂选拔。当时由宏道选拔的有杨铭源、张炽章、景志傅、姚鑫震、李元鼎、宋元恺、张秉钧、李鼎馨、李述膺、马宗燧、安兆鼎、康耀宸、茹欲立、李寿熙、张宗福等十五名（按关中大学堂及师范学堂选送名单略）。²

文中所列杨铭源、李元鼎、茹欲立、李寿熙（浩然）诸氏，后来都在陕西辛亥革命中与有力焉，其中李元鼎、茹欲立二人在张季鸾病逝后，曾分别撰、书《榆林张季鸾先生碑铭》，内称"光绪乙巳岁（1905），陕西考送留日学生，季鸾与焉"。³查近人所编陕西教育志，其中有《光绪三十一年（1905）九月留日学生名册》，张季鸾在册中列第十三名："张炽章，十八（按十七周岁），榆林县

---

1 徐铸成：《报人张季鸾先生传》，23页。
2 马凌甫：《回忆辛亥革命》，载中国人民政治协商会议全国委员会文史资料研究委员会编：《辛亥革命回忆录》第五集，北京：中华书局，1963年，51页。
3 李元鼎：《中华民国故报人榆林张季鸾先生碑铭》，载《张季鸾先生纪念文集》，149页。

监生，官费。"¹这与马凌甫上列名单也是相符的。

让人惊讶的是，尽管许多年过去，马氏还记得陕籍留学生出发前后的一些细节：

> 我们是在陕西特派的留学生监督徐炯带领之下由西安出发的。在出发的前一天，还在湖广会馆举行了一次公宴。陕西巡抚曹鸿勋以下诸官员都参加了这个宴会。²

文中所说留学生监督徐炯，是四川举人、通省师范学堂创建者，由于他早在数年前就领风气之先，创办了成都留日预备学校，多次去过日本，在沿途交通、到日后学习生活安排等方面经验丰富，故被陕西省聘为监督，委托其兼办留学事宜。

徐氏乃陪同留学生们一同赴日，抵东京后第一年，他不仅负责安排陕籍学子的具体学业，还承担日常管理工作，如学费、奖学金的分配等。彼时，一个官费生到日本留学所需费用，除了川资银百两，每年学费及膳宿费约银三百两，几十人出国，加起来不是个小数字，但钱从哪里来呢？陕省政府提出的口号是"各府厅州县均有造士之责"，办法仍然是依靠基层、发动群众，要求本着自筹资金的原则，殷富地区保送三四名，贫困州县则保送一二名。张季鸾所在的榆林县既边远又贫瘠，一下拿出几百两银子谈何容易，所以他格外明了身上所负"责任"，这也是其报恩主义的源头之一。

据马凌甫回忆，西安城外灞桥一别后，他们一行人一路向东，

---

1 《光绪三十一年（1905）九月留日学生名册》。转引自杨洁：《清末陕西留学教育的发展》，载《中国教育学会教育史分会第十届学术年会论文汇编》，206页。

2 马凌甫：《回忆辛亥革命》，载中国人民政治协商会议全国委员会文史资料研究委员会编：《辛亥革命回忆录》第五集，51页。

或骑驴骡,或坐大车,一千余里长路,"朝行暮宿,整整走了十一天,才到了郑州"。[1]这在当时已是不慢的速度。京汉铁路此时刚建成通车,他们是由郑州上火车,两天两夜到汉口,再乘江轮转到上海的。漫漫旅途,舟车劳顿固不待说,对世代足不出省的陕西人来说,此次远行不仅走出内地,更走向世界,意义何其重要。一路上五光十色的风土人情,在十七岁的陕北少年张季鸾心里,激起了异样的感受和不小的波澜。

这群陕西留学生抵达上海时,正巧沈卫也返沪不久,且打算长期在此寓居,他闻讯甚喜,很乐意和大家见面。马凌甫还记得,沈学台为了对远道而来的门下士表示欢迎之意,特在有名的一品香菜馆,请大家吃了一回番菜。可以肯定,这是张季鸾第一次到上海,其眼中也一定充满了乡下孩子来到花花世界的惊奇。以后在他屡仆屡起的办报生涯里,这里是写下了不少报界传奇的地方。

留日就读四所学校:济美学校、经纬学堂、第一高等学校、早稻田大学

接下来,就是买舟从上海到日本的海上长旅了,可按下不表。徐铸成著《报人张季鸾先生传》里,在叙述张季鸾乘船东渡的旅程时,如同演义,虚构了某日张氏在甲板上看日出,与前往日本留学的胡政之邂逅订交的情景,尤为熟悉《大公报》历史的老辈学人所诟病。其实,《大公报》三驾马车中,张季鸾、胡政之的最初交往,胡氏在张季鸾逝世次年,灵柩由重庆被运回西安安葬时,

---

1 马凌甫:《回忆辛亥革命》,载中国人民政治协商会议全国委员会文史资料研究委员会编:《辛亥革命回忆录》第五集,52页。

所致的哀悼词中讲得很清楚。况且胡是在1907年才赴日留学的，比张整整晚了两年。他在悼词开篇的大意是：我与张先生三十年老友，十五年同事，交谊素笃，因而，听到他逝世的消息，更为悲痛。其后"略陈先生生平"一节，开头几句便是：

> 先生早年东渡攻读，时余亦在日留学，而未谋面。辛亥（1911）先生归沪，始相识于康心孚先生家。[1]

胡氏明确说，张季鸾在日攻读时，他也在日留学，但两人未曾谋面。也就是说，胡赴日时，张在读已两年，前者进东京帝国大学读法律，后者入早稻田大学读政治经济学，故无缘交集。所说康心孚，名宝忠，祖籍陕西城固，生于四川，他父亲多年游宦川省，眼界开阔，于光绪三十年（1904）夏科举考试将废未废时，就早早把长子送到日本留学。次年同盟会在东京成立，在黑龙会事务所举行的筹备会议和召开于日人阪本金弥私宅的成立大会，陕西省参加者只有康氏一人，遂当选陕西主盟人并兼东京本部评议员。以后于右任、井勿幕等在日本结识孙中山、加入同盟会，都是康心孚引荐的。

所以，康心孚在革命党内有着"陕西同盟会员第一人"之称，很受尊敬。张季鸾比他晚一年到日本，且小了四岁，但这并未影响他们成为最好的朋友。康家子弟以后又有康心如、康心之陆续赴日留学，回国后还与张季鸾一起办过《民信日报》《中华新报》。无独有偶，和张季鸾的父亲一样，康氏的父亲康寿桐也是进士出身而外放到别省，在各县做过多年知县的。也许正是这种相同的

---

[1] 胡政之：《张季鸾先生哀悼词》，载《西京日报》1942年9月7日。

家庭背景，陕西同籍却出生于外地的人生经历，使他们互有一种亲切的认同感，得以深交弥久，保持了终生的友谊。

到日本后，张季鸾进的第一所学校并不是坊间张氏谱、传所说的经纬学堂，而是过渡性质的济美学校。为何如此？马凌甫说：

> 我们到达东京时，各校招生期已过。日人有森孙一郎者，在日本教育界颇有声望，特为陕西学生创办了一所中学程度的补习学校，名曰济美学校，地址在东京芝区。没有好久，因经费困难就停办了。[1]

按日本中学校新生入学，分为春、秋两季，陕西留学生从西安出发时间为光绪三十一年农历九月初八（1905年10月6日），到达日本时，已近年末，故无法如期就读。另外，同批陕西留学生李元鼎的生平简介也说："到日本后，李选入济美学校，后转入经纬学校（堂），毕业后考入早稻田大学文科。"[2]

由此可以推论，张季鸾也是经过在济美学校补习后，才转入经纬学堂的。关于他在济美学校的经历，李寿熙（浩然）所撰《张季鸾同学五十寿序》中略有涉及，可为更加直接的证据。《寿序》以充满诗意、深情感人的回忆文字，概述了他们在宏道学堂、赴日途中、济美学校及上海《民立报》的同学和同事生活：

> 余眈静默，每孤坐怀思，余两人三十年来之踪迹辄现于目前。

---

1 马凌甫：《回忆辛亥革命》，载中国人民政治协商会全国委员会文史资料研究委员会编：《辛亥革命回忆录》第五集，52页。
2 李元鼎遗著，阎琦注释整理：《李元鼎诗文墨迹散拾》，西安：三秦出版社，2008年，1页。

> 号舍栉比,梆声骤发,则群趋课室,课罢集广场竞走,君以食饱狂奔,遂至呕吐,此非在宏道之陈迹乎?残月晓霜,相呼就道,骡铃璨璨,轮毂砰砰,此非东行途中之景象乎?电炬煌然,群集自修室,喷烟索茗,议论诡出,余诵梅村词,君则放吟放翁之诗,此非在济美学校之狂态乎?夜半归来,高歌哗笑,每每忘曙,此非和康里之旧影乎?[1]

大意为:我喜欢静坐默思,每次孤坐怀想,三十年来我们一同走过的路,就一幕幕浮现在我眼前。宏道学堂一排排整齐的宿舍,集合的梆子声响起,我们一起奔向课堂,下课后又一同围着操场跑步,有次你刚吃饱饭就上场疯跑,以至于伏地呕吐不止,还记得吗?出洋留学赴郑州赶火车的路上,天还没亮,我们按照约定互相叫起,在寒风中乘坐大骡车赶路,还记得吗?在济美学校的自修室里,我们少年轻狂,肆意喧哗,又是吸烟又是喝茶,我诵吴梅村、你吟陆放翁的情景,还记得吗?在上海创办《民立报》时,我们下了晚班,在回和康里寓所的路上,高歌谈笑,不知黎明将至,还记得吗?

其中描写济美学校生活的这一段,可以看出,这群从中国农村走出的陕西娃,到东洋后眼界大开,很快适应了开放自由的环境,而且如鱼得水。

济美学校的情况如此,那么经纬学堂又是个什么性质的学校呢?当时,日本专为中国学生而设的文科学校,有名者共三所:一曰宏文,是黄兴、宋教仁等人的母校;二曰同文,学生以华侨子弟居多;三曰成城,为留日士官生的摇篮——这三校留学生总

---

[1] 李浩然:《张季鸾同学五十寿序》,载《国闻周报》第14卷第12期,1937年3月29日。

数超过千人。而于1904年开办的经纬学堂相当于明治大学分校，设有师范、刑律、商业、警务各科，专招留学日本的中国学生，校址在东京神田三崎町，即明治大学所在地。清政府派驻东京的留日学生总监督杨枢，向朝廷报告该校办学缘由及宗旨称：

> 各校学舍渐形挤拥而负笈来游者尚络绎于道，不能不设法扩充。因与明治大学校长岸本辰雄相商，于该校内为中国游学生特设一经纬学堂，分普通高等两科，其毕业之期普通二年，高等一年，普通毕业者得入明治大学专门科，高等毕业者得入明治大学本科。[1]

据此报告，到1905年初，各省官私费生入经纬学堂分习各科者，就有二百余人，人数之众，完全超乎我们的想象。为什么叫经纬学堂呢？杨枢解释道："其教授宗旨以中国先圣之道为经，外国各科之学为纬，故名之曰经纬学堂。"[2] 但是不知为何，杨枢所设想的经纬学堂毕业生"普通毕业者得入明治大学专门科，高等毕业者得入明治大学本科"一途，竟未能实现。彼时的明治大学，还是一所默默无闻的私立专门学校，最早仅设法律一科，与1920年正式升格为全日制多学科大学后的声望及地位，显然不可同日而语。也许正是因为此，像张季鸾这样的官费生，在经纬学堂补习日语合格后，被安排送入了学科更为丰富的东京第一高等学校。

"东京一高"又是一所什么学校呢？按日本的高等学校，相

---

[1] 杨枢：《奏与日本明治大学校长岸本辰雄商设经纬学堂片》，载陈学恂、田正平编：《中国近代教育史资料汇编：留学教育》，上海：上海教育出版社，1991年，344页。

[2] 杨枢：《奏与日本明治大学校长岸本辰雄商设经纬学堂片》，载陈学恂、田正平编：《中国近代教育史资料汇编：留学教育》，344页。

当于中国的高级中学或大学预科。对中国留学生而言，进入高等学校，主要是进修日语和复习中学课程，为上大学做准备。这类学校分布于日本各大城市，而"东京一高"以教学设备完善、历届校长都是有名学者称誉于时。据1914年考入该校的官费生郭沫若说：当时日本与中国有一个"五校官费契约"，即以东京的第一高等学校、高等师范学校、高等工业学校，千叶的医学专门学校、山口的高等商业学校这五校为主招收中国学生，凡是考入了这五个学校的留学生，均由中国政府发给官费。[1]

张季鸾曾入"东京一高"这条线索，见于他死后，日本好友、《朝日新闻》驻华记者太田宇之助所写《张季鸾之死》一文，其中称：张氏"年少时留学于日本，入学一高"。[2] 郭沫若在回忆自己这段学生生活时说，日本的高等学校约略等于我国的高中，是大学的预备门。这么看来，早年张季鸾也同郭氏一样在"东京一高"读了三年，"考入高等之后，有一年的预科是和中国学生同受补习的。预科修满之后再入正科，便和日本学生受同等教育"。[3]

但是，张季鸾总共在日本留学六年，第一高等学校显然还不是他学历的终点。张氏的同学王军余在一篇怀念文章中提到，他在早稻田大学读过书。话头的引起，是称赞张氏聪明好学，少年时代便引人注目，为当局所赏识：

  继由宏道学堂保送东洋留学，入早稻田大学，未久便能

---

[1] 郭沫若：《我的学生时代》，载氏著《郭沫若全集》文学编第十二卷《沫若自传》第二卷《学生时代》，北京：人民文学出版社，1992年，14页。
[2] 太田宇之助：《张季鸾之死》，载《两仪》第二卷第二期（1942），44页。
[3] 郭沫若：《我的学生时代》，载氏著《郭沫若全集》文学编第十二卷《沫若自传》第二卷《学生时代》，15页。

默念日文字典,知者无不惊奇。[1]

王军余与张季鸾是榆林同乡,光绪三十四年(1908)张氏回乡探亲成婚,曾到榆林各校演讲,在他的鼓动下,当时已由户部颁照、批准为贡生的王氏,不久也自费到日本留学。王军余也许不了解张季鸾在日本最初几年的学习经历,但他自己赴日后,与张氏关系很接近,所说"入早稻田大学"云云,当为信言。早稻田大学的前身是东京专门学校,后来规模扩大,1902年更名为早稻田大学,陆续开设政治经济、法律、文学等学院。1905年即张季鸾赴日留学那年,开始设立清国留学生部,倘说张氏在第一高等学校毕业后,于1908年左右入该校学习,在时间上是吻合的。他所学的专业,坊间各书都说是政治经济学,看来也是成立的。

是否加入了同盟会?

多种张季鸾传记中,最可采信者当为新闻记者出身的徐铸成所撰《报人张季鸾先生传》,但徐著张传中,对张氏留学日本的经历,记载十分模糊。徐铸成只是听说,留日时代的张季鸾好学深思,对西方政治学说、经济理论以及日本历史文化、社会思潮等涉猎很广,日文水平尤其超群拔众。徐著特别提及,张季鸾不仅日文文章做得流畅清晰,他写的书翰,完全合于东洋风格,据说连日本人也十分称赞。可见,徐氏对于乃师留学生活的了解,也缺乏详细准确的资料来源,只好转述老辈人的只言片语,引用了不少"听说""据说"。后来,这演化为张季鸾研究中的一种通例。

---

[1] 王军余:《追念同学张季鸾君》,载《张季鸾先生纪念文集》,53页。

张季鸾留学生活的详情,虽少有人注意,但对他在日本期间是否加入了同盟会这一问题,在20世纪80年代,新闻学人曾有一回热烈的争论。但大家都拿不出具有说服力的证据,遂以各执一词而终。张氏究竟有没有参加同盟会?解开这一悬题,可以使我们认识他在日本留学界反清活动中所充当的角色,更有助于理喻后来他标榜"超党派"办报思想的来源,故在此试做一解。

1905年夏天,孙中山、黄兴、章太炎等革命党人动议将兴中会、华兴会及光复会联为一体,在东京成立了中国同盟会。当年晚些时候,张季鸾这批留学生到达日本,可说是正逢其时。但最初几年,陕西省学生入会并不积极。据保存下来的《中国同盟会成立初期(乙巳、丙午两年)之会员名册》,陕西在乙巳年(1905)加入同盟会者为康心孚、潘国章,主盟人都是黄兴;丙午年(1906)入会者为井勿幕、于右任,主盟人分别是时任同盟会执行部干事孙毓筠和《民报》主编胡衍鸿(胡汉民)。[1]

可见,康、潘、井、于这几位陕西革命前辈,都是在同盟会总部由黄兴、孙毓筠、胡汉民等负责人介绍入会的,这与此后集体加入同盟会的张季鸾等,情况有些不同。在这份名册里,与其他省份相比,陕西同盟会会员人数最少(甘肃、新疆未派留学生),这种情形,当是地域偏僻、思想保守所致。陕省学生大量加入同盟会,是在1906年秋冬间组建陕西分会(会长为井勿幕)及孙中山、黄兴在两广不断策动起义并造成巨大影响之后。

审视争论张季鸾是否加入过同盟会的两方提出的证据,后人鹦鹉学舌者、沿袭前说者皆不足观,唯有约略与张同时代者提出

---

[1] 《中国同盟会成立初期(乙巳、丙午两年)之会员名册》,载《辛亥革命实绩史料汇编》(组织卷),北京:中国大百科全书出版社,2011年,348—349页。

的直接证据,才值得重视。

持"否"的一方,以《大公报》老人们所言最为有力。其中1928年入天津馆的曹世瑛举例说,张季鸾逝世后,国民党中央社发表的张氏略历及那个时期的悼词、褒扬令等,都未提及他曾加入同盟会这段"有光彩的经历";曹氏又举出康心之撰写的《张季鸾回忆录》中一段话:"有人说他参加过同盟会,那不是事实。……据我大哥(按指康心孚)所说,他是始终没有参加过同盟会的。"[1]

另外,张季鸾的接班人王芸生及曹冰谷,在长文《1926年至1949年的旧大公报》中述及张氏生平时也说他在日本留学时未加入同盟会。[2]

张氏的得意门生徐铸成在《报人张季鸾先生传》中再次"想当然",还再现了当时场景:"当井(勿幕)再次征询他是否有意加入同盟会时,他断然表示没有这个想法。"徐还十足有把握地说,"据我所知,他始终贯彻初衷,没有参加任何党派"。[3]

若非又是一连串的"据说",张季鸾没有加入同盟会这一结论,既出于时人之口,几可定案了。

持"否"派的推想逻辑是这样形成的:对于同盟会所鼓吹以武装起义推翻清王朝、建立中华民国的思想,张季鸾虽然热烈赞成,而且不少友人也是同盟会会员,但他决心走"新闻救国""言论报国"的道路,认为新闻事业要超然于党派,才能保持客观公

---

[1] 曹世瑛:《张季鸾参加过同盟会?》,载《新闻与传播研究》1992年第四期,214—215页。
[2] 王芸生、曹冰谷:《1926年至1949年的旧大公报》,载《文史资料选辑合订本》第七卷第25辑,25页。
[3] 徐铸成:《报人张季鸾先生传》,36、43页。

正,所以始终没有加入同盟会。于右任悼念张季鸾的诗句"发愿终身作记者,春风吹动耐寒枝",即指其从事报业后,未参加过任何党派。

然而,让人颇感困惑的是,持"是"的一方,恰恰又都是张季鸾的留日同学。由于他们属于同时代人中张氏早年留学生活的见证者,故不能不加以特别关注。其中,张季鸾逝世一年后,其留日同学李元鼎撰文、茹欲立书石的《报人张季鸾先生碑铭》说,到日本后,"季鸾闻中山先生讲演,即加入同盟会为会员"。李元鼎、茹欲立是张季鸾在三原宏道学堂的同窗,以后他们一同赴日,李、茹都加入了同盟会,而两人对张氏入会一事,其言之凿凿,当可重视。

同盟会总部在东京成立后,又以各省为单位组织分会,据后来担任过陕西分会会长的赵世钰(字其襄)回忆,陕籍同学组建同盟会的时间为1906年秋后,地点是在山西同志景梅九等人租住的东京乡下一个叫明明社的会所。如张季鸾确曾加入,即在此时此地。关于当天参加人员及开会经过,赵世钰说:

> 事前分途通知联络成熟之本省各同志,于某月日(清光绪三十二年秋)到明明社,是日来会者(借得明明社楼上一大室)约十余人,除余与井勿幕外,可记忆之名字如次:……张炽章(季鸾,榆林)……[1]

赵世钰列举的名字,还有宋元恺、白秋陔、杨西堂等,除了张季

---

[1] 赵其襄、高又明遗稿:《井勿幕辛亥前革命活动的片断》,载中国人民政治协商会议陕西省委员会文史资料研究委员会编:《陕西辛亥革命回忆录》,西安:陕西人民出版社,1982年,165页。

鸾等人，其他都是从陕省各地来日本游学的自费生。成立陕西分会的目的，一是为了完成同盟会东京本部交付的任务，未建分会的省份要尽快成立起来，一是为了联络本省学生感情，把反清革命的主张传播到内地去。赵氏回忆中，殊可注意的是对入会程序的描写。当时，经过他和井勿幕等人在陕西学生中广为串联，分会很顺利地成立了，由于是秘密组织，入会程序也快捷简便：

> 见联络之人数已可，并由余本总会所发组织分会章则大意，起草一陕西分会组织简章……
>
> 是日依开会次序开会，先讨论分会章程，通过后，乃选会长，当选出白秋陔为会长，下选各干事等。闭会出会室后，各人分散归去。[1]

按白秋陔为振武学校毕业生，不久因回国，辞去同盟会职务，会长由宜君县人、经纬学堂同学杨西堂（名铭源）继任。由上述描写可见，彼时加入同盟会手续十分简单，就陕西分会的组建而言，参会即等于入会。张季鸾既然参加了这次会议，也名正言顺地成为同盟会会员了。

值得注意的是，包括张季鸾在内的这批陕西同盟会新会员，均未登记在前述《中国同盟会成立初期（乙巳、丙午两年）之会员名册》中，究其原因，或是当年秋天人为延误，或是组织工作不健全所致。该名单中，其他各省入会者动辄几十、上百人，而陕西仅列入四人，显得很不寻常。

---

1 赵其襄、高又明遗稿：《井勿幕辛亥前革命活动的片断》，载中国人民政治协商会议陕西省委员会文史资料研究委员会编：《陕西辛亥革命回忆录》，165—166页。

前述张季鸾的同学王军余，回忆自己光绪三十四年（1908）东渡留学情形，也涉及张氏与同盟会的关系：

> 抵东京时，蒙季鸾亲往车站，将我迎至他的寓所。清时初出国者，仍多蓄发辫，季鸾见而笑谓："你为革命而留学，要此赘物何用？"当取利剪，亲手为我剪掉。随（遂）为我介绍入同文（书院）暨川端画学校，后并劝我参加同盟会，兼协助组合《夏声》杂志，冀早具革新中华之旨趣。[1]

这段纪事，又带给人们一个疑问：如果张季鸾这时不是同盟会会员，他为什么要替王军余剪掉发辫并劝其入会呢？另外，王氏所说的《夏声》杂志（按1908年2月至翌年9月共出刊九期），是同盟会陕西分会几个骨干办起来的，也是该会从事革命活动的主要阵地，主编为赵世钰、经理为杨西堂，张季鸾也是编者之一，若非同盟会员，是进不了这个圈子的。况且，张氏在这刊物上发表了不少文章，话题多与教育有关，如《参观日本千代田小学校记并书后》《忠告陕西小学教育家》《日本教育发达史论》等，反映出了他早期的"教育救国"思想。[2]

张氏身边同乡好友都是同盟会会员，而且他又是会刊编辑，在这种氛围里，如何能够"独善其身"、标榜"超党派"呢？张氏进入本省同盟会核心圈子并成为主角之一，是迟早的事。南京临时政府成立后，他被选为孙中山的总统府秘书，也是顺理成章。

由此可见，张季鸾早年在日本加入了同盟会，并参与了该会

1　王军余：《追念同学张季鸾君》，载《张季鸾先生纪念文集》，54页。
2　牛济：《张季鸾年谱》，载《张季鸾先生纪念文集》，161页。

不少重要活动。只是回国投身新闻事业后，鉴于民初政坛乱象纷呈、党争加剧的现实，他抱定不参加任何党派的信条，并在办报过程中不断加以强化。但是，民国元年（1912）8月同盟会改组为国民党，同盟会会员须履行入党手续才算党员，他的确没有履行。此后出于职业考虑，他尽力磨洗自身的党派色彩，行动上以自由主义标榜，而骨子里仍是个愤世嫉俗的革命党人。如此，久而久之才派生出他早年是否加入过同盟会这一疑问。

回国后加入上海《民立报》

1911年10月10日（农历八月十九日），武昌首义爆发，在日本的中国留学生闻讯群情激昂，很多人辍学归国，或赴武汉前线参战，或返回原籍策动起事。陕西留学生则要比其他省份同学又多了一份自豪：陕西是第二个响应武昌起义的省份（与湖南同在10月22日）。湖北新军举义仅过了十多天，他们就从报纸上看到了本省起义军揭竿而起的消息，欣喜若狂之余，一致的心愿就是想办法赶紧回到国内，去亲身参加这场革命。

已是同盟会陕西分会活跃分子的马凌甫，就是最早回国同学中的一个。据他回忆，当时大家都想立即回国，但又苦于路费无着，为此还在留学生总会集议一次，征求办法，决定推举代表与中国公使馆交涉，请求为全体留日学生发放回国川资。但是交涉并无结果，于是"各人变卖衣物，充作路费，不受留学生监督的束缚，纷纷自由回国"。马凌甫在同篇文章中写道：

> 我们回到上海的时候，上海亦已起义，陈其美任沪军都督。江苏、浙江等地革命党人正在组织联军进攻南京。我

> 和同船归来的几位同志先住在《大陆报》馆。住定之后,到《民立报》馆看于右任。[1]

马凌甫没有说明他们到上海的日期、与他同船归来的几位同学是谁。从时间上判断,陈其美领导民军光复上海为11月3日(农历九月十三日),其后同盟会中部总会宋教仁、谭人凤等,以宣布反正的前新军第九镇统制(师长)徐绍桢为总司令,组织江浙联军会攻南京。联军从镇江出发往南京之日,是11月20日(农历九月三十日)。马凌甫一行到达上海,应当在此期间。从他所说"到《民立报》馆看于右任"可以看出,于右任在陕西同盟会会员中声望很高,各方豪杰到了上海,都要拜访《民立报》这个"码头"。

《民立报》社长为于右任,主笔中有宋教仁、范鸿仙、章士钊等,经理则为吴忠信、邵力子,阵容不凡。报纸创办于1910年秋,论年龄才满周岁,但借公共租界掩护,以揭露清廷黑暗、鼓吹革命思想而蜚声海内外。由于过往沪地革命党人甚多,报馆遂成为同盟会在上海的联络机关。张季鸾的回国时间与马凌甫十分契合,到上海后的行踪也十分相同,不同的是,他不仅也去《民立报》向于右任报到,还成了该报一名编辑,最初担负的工作,是做日文翻译。

张氏好友王军余回忆:

> 武昌起义后,季鸾先我旬日返国,行前谓我道:"这次起义,必获成功,我决意先行回沪,协助于右任先生,鼓吹革

---

[1] 马凌甫:《辛亥革命南京临时政府亲历记》,载《江苏文史资料选辑》第一辑,南京:江苏人民出版社,1962年,17页。

命思想，期早达成目的。"抵沪后，他便直入《民立报》馆，担任编辑。彼此（时）该报为党人唯一言论机关，得君襄助，大有起色。民军进展之速，该报实与有力。[1]

张季鸾与于右任的交情非同一般。在三原宏道学堂就读时，张已久闻这位学长的大名，对其热血澎湃、才华横溢的反清诗章格外欣赏，但两人正式订交，还是在日本。当年于氏遭朝廷通缉、亡命上海后，入震旦学校读书，立志以后从事报业。为了筹办《神州日报》，他于光绪三十二年（1906）赴日本考察报业，这期间加入了同盟会。于右任居日本半年时间，与陕西留学生来往甚密，其中未见与张季鸾关系的详细记载，但从后来他在《悼张季鸾先生》一文中所说，张季鸾游日本时，"一时陕西留学生中，惟先生最年少，而成就亦最可贵"，可见他对张氏是很了解的。回国前，于右任被孙中山授以长江大都督，受命在长江中下游组织开展反清活动。回到上海，他相继创办了《民呼日报》《民吁日报》，两报被迫停刊之后，在沈缦云、庞青城、张人杰的财力支持下，转入租界，接踵又办了《民立报》。于氏站稳脚跟后，向各处好友约稿，当时还在日本的张季鸾也撰写了不少鼓吹革命的文章，在该报上发表。

武昌起义爆发后，由于京师陷入混乱，海外留学监督怠职，留日学生们担心学费来源断绝，都无心向学，向往革命、相约返国者众多，其中人才济济。此外，《民立报》编辑部中聚集着不少文坛健儿，除了前已述及者，还有景耀月、吕志伊、马君武、叶楚伧、王无生、徐血儿等，可谓群星闪烁。张季鸾若不是学业突

---

[1] 王军余：《追念同学张季鸾君》，载《张季鸾先生纪念文集》，54页。

出、革命热情高,且在从事报业方面独有所长,于右任断不会将其引入《民立报》这个反清革命的宣传和指挥中心。

《民立报》编辑部的一个特色,便是招揽了不少陕西人。于右任以下,除了张季鸾,还有康宝忠(心孚)、李寿熙(浩然)、李述膺(龙门)等人,都是由于氏援引而来的。其中,后来以全副精力投入报业的,只有张季鸾和李浩然。1941年太平洋战争爆发前,李氏在上海《新闻报》做过整整二十年总编辑,写过大量时论,并工于楷书,是一文字匠及好好先生,但在文章建树和影响力上,无法与张季鸾比肩。

张季鸾进入《民立报》时,曾主持过该报笔政的中部同盟总会两位核心人物陈其美、宋教仁,已先后离馆。陈氏就任上海光复后的首任都督,并带走沈缦云做手下沪军都督府财政司长;宋氏先是赴武汉前线辅佐战时总司令黄兴,与南下北洋军鏖战,旋因战事不利,一同返回上海。此时,黄兴授意宋教仁全力以赴,策划东南各省响应武昌起义,以扭转武汉战局的颓势。组织江浙联军会攻南京的计划,就是宋教仁与于右任、陈其美等人在《民立报》馆里制定完成的。

张季鸾是否参与了以上种种谋划,不得而知,但有一项资料表明,他入馆后,名义上仍是编辑部负责人的宋教仁,与包括张氏在内的若干编辑关系不洽。按照山东籍同盟会会员、时任《民立报》访员刘星楠的说法,宋教仁主持编辑部时,虽才气横溢、能文雄辩,"然其缺点是自恃聪明,锋芒外露,看人太轻,看事太易,遇事缺乏考虑",致遭一部分编辑反对。刘氏在同一文章接着回忆:

> 其(按指宋教仁)在《民立报》社时,任总编辑,对社中

> 同仁，词色之间往往令人难堪。编辑张季鸾、李龙门（按李述膺）、王月波（按王印川）、邵仲辉（按邵力子）等四人，曾联合一致，向社长于右任攻击宋短，右任极力婉言劝解，甚至向诸人作揖打躬，始得保全教仁面子。[1]

如此看来，张季鸾等人对宋教仁的不满，与革命大业无涉，纯是纠结于宋氏的工作作风与方法，倒是从中显出初出茅庐时的张季鸾，性格中多是陕人的耿直激昂，与中年以后的中和从容大不相同。

那么，在《民立报》期间，张季鸾都写过哪些文章？徐铸成为了撰写张传，查阅过《民立报》等报刊原件，因为不清楚张季鸾曾用过哪些笔名，所获无多；但他毕竟曾得张氏亲炙，对乃师文笔很熟悉，"《民立报》上，有好多篇社论和短评，我默察其文思和笔调，认为可能是他写的"。[2] 其中一篇，是1911年10月18日（按武昌起义后第八日）刊登在该报上的短评《袁世凯》：

> 袁世凯，朝廷嫌忌之人也。今一旦授以大权，岂真能捐弃前嫌乎？毋亦效祖宗之成法，驱汉人以杀汉人耳。
>
> （假）使袁氏慷慨而出，一战而败，而死，则赐谥建祠，子孙袭爵，均不能得。吾知江忠源、程学启诸人且将傲公于地下矣。
>
> （假）使袁氏拼死一战而胜，而肃清革党，则始必为中兴之曾国藩，终必为国初之吴三桂，否则亦必为年羹尧；再下

---

1 刘星楠：《民国初年见闻简记》，载《天津文史资料选辑》第十六辑，天津：天津人民出版社，1981年，36页。
2 徐铸成：《报人张季鸾先生传》，49页。

之,则为恩铭、孚琦辈相逐于地下而已。[1]

文章署名"孤鸿",这与张季鸾后来常称自己"老孤儿"是十分吻合的。此文刊发之时,正值武昌起义爆发后,清廷下诏起用袁世凯为湖广总督,南下镇压民军,而袁氏盘桓洹上,正与朝廷讨价还价,将出而未出。张季鸾则可能刚从日本回到上海,风尘未洗。文章大胆推测袁氏出山的结局:首先举出清史上"一战而死"且不得泽及后人的两个例子——其中江忠源为晚清名将,在安徽巡抚任上围剿太平军时,守卫庐江城失利,投水自尽;程学启则是太平天国英王陈玉成部将,后来向清军投降,在统带淮军开字营与嘉兴太平军作战时,负伤毙命。接着又举出"一战而胜"数例,曾国藩、吴三桂、年羹尧下场各异,但总逃不过驱使汉人杀汉人的历史罪名;至于浙江巡抚恩铭、广州将军孚琦,一为光复会会员徐锡麟刺杀,一为广东革命党用炸弹炸死,结局最为悲惨。

这样的议论文字,出自当时二十出头的张季鸾手笔,说明他不仅熟悉一般史实,而且对历史规律及人物命运的走向,有着十分清晰的认识与把握。这与他后来向徐铸成传授写社论的经验,说"看问题看不清楚时,应该站得高一点,'凌空'来看,联系有关的事件一起来看"的观点,是一脉相承的。[2]

徐铸成或许有所不知,这期间张季鸾还以"少白"这个笔名(按张是少白头,故有此名),在《民立报》上发表了数十篇短论。如《统一的国民》《速建设临时政府》《保障和平》《敬告民国

---

1 孤鸿:《袁世凯》,载《民立报》1911年10月18日。转引自徐铸成:《报人张季鸾先生传》,50页。
2 徐铸成:《试谈张季鸾的办报经验》,载氏著《报海旧闻》,上海:上海人民出版社,1981年,92页。

议和代表》《为同胞请命》《目前之先决问题》等,从篇名看,都是围绕时局变化而作,用张氏自己的话说,这是他在该报的学徒时期。

张季鸾在社论写作方面的成就,是到了抗日战争爆发后才达到顶点的。他写文章的特点是:文字通晓简练,笔锋常带有感情,遣词造句一丝不苟,谈论问题能够抽丝剥茧、层层深入,提出精辟见解,文中常有精美警策的对仗句,读起来朗朗上口。在文笔和影响力两方面,他的文章直追梁启超办《新民丛报》时的政论而毫不逊色。

担任临时政府总统府秘书

前已述及,辛亥革命爆发后,《民立报》担负了同盟会在国内总机关的职能,那么张季鸾除了文字宣传,在多大程度上参与了同盟会活动的组织策划?此中详情,迄今未见记录,但是可想而知,他既为革命指挥部中一员,所负责任只是大小的分别了。通过王军余记述的一件事,多少可以窥见张季鸾当时扮演的角色。王氏回忆自己在武昌起义后回到上海参加革命的情形时说:

> 我亦率同张阜生等众,回沪加入黄复生组织的炸弹队,秘密转往天津输送炸弹,正拟第二日起程间,忽闻南京克复,季鸾遂嘱我率同阜生等转赴南京,办理接收造币厂事宜。初入京时,看见街巷中,还堆满死尸,我同阜生,分任该厂保管主任,暨会计职务。[1]

---

1 王军余:《追念同学张季鸾君》,载《张季鸾先生纪念文集》,54页。

引文中所说"南京克复",时间在12月2日(农历十月十二日)。江浙革命联军攻下石头城后,同盟会会员、镇军都督林述庆与总司令徐绍桢为争夺江苏都督内讧升级,宋教仁、于右任等急赴金陵,一边调解内部矛盾,一边布置对南京城各机关的接收工作,其中南京造币厂厂长一职,由于右任推荐其陕西老乡、同盟会会员徐朗西就任。徐氏亦是1905年陕西第一批留日自费生中的一员,日后以青帮老大身份名震上海滩。张阜生,名崇基,是张季鸾的族侄,1908年赴日本留学,在东京加入同盟会,也是早期陕西革命家中先进分子。徐朗西担此重任,当然要约几个可信之人做帮手,王军余、张阜生都是同乡,再加上同盟会会员的身份,自是最佳人选了。

文中提到的黄复生,原名黄树中,便是庚戌年(1910)冬,在北京什刹海甘水桥下埋设炸弹、谋刺摄政王载沣未遂而与汪精卫一同被捕之人。武昌起义后两人被释出狱,汪精卫被袁世凯软化,奔忙于南北议和,黄复生又操起了自己的老本行,组织了一个炸弹队去北京刺杀袁世凯。转年1月16日,袁氏早朝后在东华门丁字街回家路上,遭炸弹狙击而侥幸逃生,就是黄复生等京津同盟会会员所为。王军余等人没有参加往天津输送炸弹以及赴京行刺的行动,而被张季鸾指派去南京接收造币厂。显然,这不是张氏的个人意旨,而是组织行为,这项任务同样来自于右任的授命。

这些细节表明,辛亥革命中的张季鸾,并不是《民立报》的一个普通编辑,而是协助于右任做了不少革命工作,若非如此,南京临时政府成立后,于氏怎么会推荐这位小老弟去担任总统府秘书这一要职呢?

江浙联军攻占南京后,金陵便成为南方革命党根据地。到这年年底,孙中山回国就任中华民国临时大总统,组建临时政府时,

《民立报》馆中的同盟会会员,很多出任内阁各部要职。如宋教仁任总统府法制局局长、于右任任交通部次长、景耀月任教育部次长、吕志伊任司法部次长、庞青城任实业部商政司司长,均为一时之选。张季鸾担任总统府秘书一职,是于右任向孙中山举荐的。此时的秘书处,是由留学生出身的同盟会会员组成的一个庞大的幕僚班子,秘书长胡汉民之下,分为总务(李肇甫、熊成章、萧友梅、任鸿隽)、军事(李书城、耿伯钊、石瑛、张通典)、外文(马素、张季鸾、邓家彦)、民事(但焘、彭素民、廖炎)、电务(谭熙鸿、李骏、刘鞠可、黄芸苏)、官报(冯自由、易廷宪)及收发(杨铨)七个组。[1]

秘书处各组经办总统府大小事务,所选人才虽年轻,却都是革命党的精英。从以上名单看得出来,再过若干年,大多数人物都成了民国政治舞台上的要角。

在总统府秘书短暂任上,张季鸾做了两件有影响的事。一是起草《临时大总统就职宣言》,此文是孙中山归国后首次公开发表的文告,意义深远、流传很广。临时大总统选举大会的秘书兼书记员袁希洛,在举行孙中山就职典礼当晚(1912年元旦夜间),因负责保管大总统印章,就站在礼台左侧边。多年后他还记得孙氏诵读宣言的情景:"总统向南立,右边是代表景曜月,左边是总统府秘书长胡汉民。"具体程序是:"总统举左手宣誓毕,景曜月代表致颂词,胡汉民代总统读答词,总统亲读就职宣言。"之后,袁希洛手持大总统印授予孙中山,孙氏受印,交胡汉民盖印于宣言上。[2]

---

[1] 《南京临时政府总统府重要职官表》,载刘寿林编:《辛亥以后十七年职官年表》,北京:中华书局,1966年,3页。
[2] 袁希洛:《辛亥见闻录》,载《史料选编》1981年第2辑,67页。

另一件事发生于同日稍晚,张季鸾从南京向上海《民立报》拍发新闻电报,报道临时政府成立及大总统就职情形,此举开创了中国民营报纸使用电报传递新闻的先河。

但该电全貌未得一见,这又涉及一段史实。当1911年末,孙中山自海外回国,新成立的临时参议院于12月29日选举其为临时大总统,《民立报》于次日即刊登专电云:

> 今日各省代表团,于上午九时开正式选举临时大总统会,到会者为直、奉、鲁、汴、鄂、湘、粤、桂、闽、晋、陕、滇、赣、皖、蜀、苏、浙十七省代表共四十五人,每省投一票。孙文得十六票,当选为民国大总统。[1]

这份电报后面特意注明:"按:右电为本馆特派员所发。"它出自谁的手笔呢?各省代表云集南京开会期间,《民立报》有位访员刘星楠(不久转任临时参议院议员),始终在旁听席上做记录,刘氏追述文章颇为详备,却未谈及报道情况。有可能这也是张季鸾所为,因总统府秘书处有拍发电报的便利条件。

关于起草《临时大总统就职宣言》和发专电这两件事,徐铸成回忆说:

> 季鸾先生后来告诉我,他在孙先生就职时,就发了一个电报给《民立报》,报告临时政府成立及孙大总统就职的简况。他说,这是中国报纸第一次发的专电,他引以自豪。同

---

[1] 《南京紧要电报》,载《民立报》1911年12月30日。转引自《辛亥革命在上海史料选辑》,上海:上海人民出版社,2011年,770页。

时也可见他虽暂时从政，还对新闻工作有浓厚兴趣。当时，我曾问季鸾先生："听说孙先生的就职宣言也是您起草的，是吗？"他严肃地说："意见是孙先生的，我不过记录而已，而且孙先生审阅后署名发表，就是他的文章了，我不该引以为荣。"[1]

话虽这么说，起草《临时大总统就职宣言》一事，在张季鸾的内心里还是占有重要位置的。主编《大公报》后期，他常与人谈起生平三大得意事，第一件是为孙中山草拟就职宣言，其他两件分别是《大公报》于1941年获得美国密苏里大学新闻学院颁发的奖章、他本人在五十岁时得子。由此看来，这段很短的从政经历，对他后来的办报生涯有着很大影响。

话说到此，不禁让人联想：当民国元年（1912）张季鸾在南京临时政府任孙中山秘书时，他后半生的事业伙伴、被称作"《大公报》三驾马车"的另外两人——胡政之、吴鼎昌，都在做些什么？胡政之是四川人，18岁时自费赴日本留学，入帝国大学主修法律，1911年学成回国后，顺理成章进入司法界，在上海加入律师行，短短一年间领略了辛亥革命的风云，目睹了共和体制的诞生。胡政之的与众不同之处，是外语学得好，在日本时不仅熟练掌握了日语和英语，还能看懂德、法、意文字报纸。他关心世界局势，因而博览各国报刊，进而对新闻事业发生兴趣。在上海时，他因康心孚的关系结识了于右任，并加盟民立图书公司，与张季鸾的交往也是从这时开始的。吴鼎昌也是四川人，1903年以四川省官费生身份东渡日本留学，毕业于东京高等商业学校，留日期

---

[1] 徐铸成：《报人张季鸾先生传》，51页。

间曾加入同盟会,但并不热衷革命活动。1910年回国后进入大清银行,及辛亥革命爆发,大清银行改组为中国银行,他受革命党人委托,到上海参与制订改组章程及清理条令,不久被任命为该行正监督。孙中山下野后,他加入了拥护袁世凯的共和党,通吃政商两界。到这时为止,张、胡两人与吴鼎昌虽然相识,但并无过多往来,他们携手接办《大公报》并创造中国报业史上的这份奇迹,还要再过整整十四年。

时光回到1912年春天,对于刚刚回国、走入政治生活中心的张季鸾来说,这一定是他面对人生选择的重要时刻。当年4月份,南北议和达成后,孙中山辞去临时大总统,让位于袁世凯,南方大好局面顿时瓦解。在临时政府北迁前夕,南京的革命党人都面临着何去何从的问题。总统府秘书处的一班年轻人,一部分人北上做官、当议员,如冯自由、但焘、李肇甫、熊斐然(熊成章)等,一部分人则以稽勋留学生名义,官费赴东西洋继续深造,如吴玉章、萧友梅、谭熙鸿、李骏、刘鞠可、黄芸苏、杨杏佛(杨铨)、任鸿隽等。张季鸾没有随波逐流,而是选择了去上海从事新闻事业。

个中原因很简单,张季鸾在日本留学已经六年,自己没有出国深造的需要;再者,由于早年家变的刺激,他对做官一途毫无兴趣。此时,唯一对他有吸引力的,就是投身报业。

以报人为职业,是张季鸾在日本留学时萌生的志趣,从参与编辑《夏声》开始,他就显露出写文章的专长,回国后通过在《民立报》的实践,他进一步看到了言论的力量,也体味了文字生活的乐趣,更加坚定了"新闻救国"的信心。多年后,于右任为张季鸾半百赋诗祝寿,其中"发愿终身作记者,春风吹动耐寒枝"两句风格几近纪实,让人猜想当初张氏一定说过"终身作记者"

这句话。再说,张季鸾是于右任的追随者,其职业选择必受这位年纪长他近十岁的仁兄影响。

这年张季鸾才二十四岁,初出茅庐,回国后进《民立报》当编辑、入总统府做秘书,都是于右任一手安排的。因而,此时他依然随同于氏进退,是十分自然的事。

去北京办《民立报》及第一次入狱

南京临时政府解散后,秘书处大部分人员都以稽勋留学生名义,由政府送往欧美读书,张季鸾既无此打算,也只有看其"庇护人"、前交通次长于右任如何动作。以于右任的倔强清高,是不愿北上俯就袁世凯的,挂冠后他意气消沉了一阵,乃赴上海重操旧业,在《民立报》旗下设立民立图书公司。业务骨干除了张季鸾,还招揽了陕西同乡好友康心孚、留日学生胡政之、老同盟会会员曹成甫等人。最初计划很大,拟刊印多种大部头的善本丛书,后因局势突变,转年爆发二次革命,诸项文化事业均成泡影。其中包括张季鸾、曹成甫赴北京创办,仅存在了几个月的《民立报》北京分馆。

虽说张季鸾的报人生活起于辛亥革命中,他以全部精力投身报业,一以贯之、终生未变,却是从民国元年(1912)重返《民立报》开始的。如果把这作为他从事新闻事业的起点,那么经过《大共和日报》《民信日报》《中华新报》一个个写满伤心故事的路标,他在十四年之后,才树立起了《大公报》这座人生道路上的里程碑。对这一段黯淡坎坷的生命史,在1933年胡政之创办的《国闻周报》十周年纪念时,张季鸾做过一次简白但耐人寻味的回顾,其文字笔调的风格,就如同徐铸成评价他的为人一样,"浑厚、自然，没有一点做作"：

> 民国元年（1912），余与胡政之兄，同服务于上海民立图书公司。二年，余由北京出狱归上海，落拓无聊，政之时主《大共和报》，余遂亦任译员，复同于中国公学授课。民五以后，又同在华北报界。八年，余再居上海，主《中华新报》，政之亦自欧洲归来，创设国闻通信社。馆址为邻，而居家同里，如是者且四五年。迨十三年冬，余失业北来，而政之先亦移居北京，仍朝夕过从，十五年秋，更同办《大公报》，日月匆匆，已六年矣。[1]

这好比是张季鸾自写的一段人生简历，细细追寻，字里行间浓缩着一个时运不佳、执拗追求的报人，在那个风云变幻时代所经历的艰难困苦。

先从他和曹成甫去北京创设《民立报》分馆说起。1912年4月，临时政府由南京北迁后，随着政治中心移到北京，于右任等人都觉得有必要在京师设立分支机构，以便发挥舆论监督效能，更好地批评时政、议论国事。决定做出后，乃派张季鸾任总编辑、曹成甫任经理，一同北上。分馆设于宣武门外大街，正式称谓是《民立报》北京通讯处，类似于今天的记者站，并不在京独立出版报纸。其任务有二：一是代销上海《民立报》，二是向上海拍发专电、通讯等。而开馆未久，风云突变，到翌年春天，因发生国民党代理理事长宋教仁暗杀案，孙中山、黄兴等与袁世凯的合作关系破裂，南北局势再度紧张，战端随时将起。张、曹在这种形势

---

1 张季鸾：《〈国闻周报〉十周纪念感言》，载《国闻周报》1933年第1期，1页。

下滞留北京,并随时向南方提供北京方面的消息,也就多了一份危险。曹成甫被杀、张季鸾被捕入狱的惨剧,不久便发生了。

张季鸾此前担任孙中山秘书的经历,京师政界人所共知,曹成甫身为国民党骨干,他的身份则要更敏感些。据曹氏传略云,他原名曹锡圭,是上海人,早年在新军第九镇当过兵,参加了同盟会,退伍后多年在湖南开矿,富有资本。武昌起义后,曹氏出其家财,募得壮士五百余人,分布南京城内外,配合已宣布反正的第九镇与守城的张勋辫子军激战,随后被江浙联军总司令徐绍桢任命为行军参谋、各路要塞正参谋,攻克南京后脱离军界。[1]

民国成立后,曹成甫一度成立安宁牧垦公司,并计划将其扩大为陆军部督垦营地局,用以"垦殖荒地,安插游民",因局势变化,未能实现。[2]

大约在这时,曹氏与于右任、张季鸾走到一起,合力举办文化出版事业。1913年春宋案发生后,孙中山动员国民党武力讨袁,而袁世凯向四国银团借款两千五百万英镑,用于备战,南北兵戎相见的局势,迫在眼前。这期间,《民立报》刊登多篇文章,为宋教仁遭袁政府谋杀而慷慨执言,又披露袁世凯大借款内幕,当然为北京政府所不容。是年7月二次革命爆发前夕,京师警察厅派员查封《民立报》馆,并先后将张季鸾、曹成甫羁押于军政执法处。

几个月后,张季鸾经由康心孚等人营救出狱,曹成甫则成了执法处的刀下鬼。被杀的过程及原因,《曹锡圭事略》云:"癸丑(1913)二次革命失败后,因嫌疑被捕,十月十九日袁世凯杀锡圭

---

1 《曹锡圭事略》,载《革命先烈先进传》上集,315—316页。
2 《令陆军部查办曹锡圭请设督垦营地局文》(1912年3月21日),载《临时政府公报》第四十四期,3页。

于北京。闻同时就义者,尚有三人云"。这里仅以一笔带过,其中必有隐情。如果曹成甫与张季鸾是"同案犯",为何袁政府释张而杀曹?由此看来,二次革命期间,曹氏以办报名义隐身北京,或许深度参与了国民党倒袁的秘密活动,才被视为要犯,罹此大难的。几乎在与赣宁之役拉开帷幕的同时,袁世凯下令通缉革命党人,大批国民党员、国会议员被投入监狱,其中不少倒袁活动重要参与者如山东籍议员徐镜心、江西籍议员徐秀钧、前重庆都督张培爵等,均在北京惨遭杀害。曹成甫虽不是显要人物,既遭处死之刑,则一定与二次革命牵连甚深。

这以后,张季鸾为报死友、慰其英灵,将曹氏的儿子曹冰谷一直带在身边,坐科练习,一同办报,并把他培养成后期《大公报》的总经理,与总编辑王芸生成为亲密搭档。这其中,显出了张氏的一片苦意和真情。

许多年后,张季鸾的好友康心之谈起《民立报》在北京被封的起因,有一段很详细的追述,其中具体细节,揭示了该案的来龙去脉。当康心孚在北京营救张季鸾时,曾找到张在日本同学中的好友、眼下在京师内务部当官的程克,替他说项,但程对康心孚态度冷淡,并对张季鸾表示异常不满。为什么呢?张氏出狱后,向康心孚谈到此事,众人才知,其中有一段秘密的经过。原来:

> 他(按指张季鸾)在北京主持《民立报》分馆时,与程克往来甚亲密,可以自由出入程克的书房。有一天,他在书房等候程克的时候,看见书桌上有袁世凯向四国银行团善后借款草约一件,如获至宝,上海《民立报》发表了这项消息,全国大乱,国际间也发生了问题。袁世凯大为气怒,要查究泄露消息的人员。程克认为张季鸾嫌疑最大,但又不敢公然

说出他们的关系,只利用机会竭力主张查封分馆,逮捕张季鸾,借以解释他的嫌疑,这才是张季鸾这次被捕的原因。[1]

呵呵,张季鸾被捕的原因之一,是为了揭露袁世凯大借款,而做了一回"梁上君子"啊。程克又是谁呢?说来也是一段奇闻。此君原籍江苏,因父亲游幕河南,出生于豫,1905年由京师总学务处选送日本留学,上文说他是张季鸾"日本同学中的好友",盖源于此。程克东渡后加入同盟会,曾任《民报》庶务(章太炎为总编辑)、《河南》杂志社长,因此被清廷驻日使馆革除官费,学业从此荒废,行踪不定。1910年初秋,香港同盟会刘思复等人组织"支那暗杀团",计划进京再炸摄政王载沣。程克自告奋勇加入,先行北上,并携有炸药十余磅及经费若干。岂料一去数月,杳无音讯。后来得知,他到北京后即变节降敌,先是投入清室贵族肃亲王门下,居为食客,不久依附巡警部侍郎赵秉钧,充其侦探。临时政府北迁后,赵秉钧升任北京政府内务部长,程克得其荫护,任内务部参事、总统府咨议,这正是张季鸾与之交往甚密的时候。[2]

以后在北洋军阀时期,程克官运亨通:1923年入张绍曾内阁,充司法总长;1924年入孙宝琦内阁,任内务总长。又过十一年,还做了一任天津市长。不过,他对此时主持《大公报》笔政的老同学张季鸾,依然有十年井绳之惧吧。

---

[1] 康心之:《张季鸾回忆录》。转引自曹世瑛:《我所知道的〈大公报〉》,载《文史资料存稿选编23:文化》,北京:中国文史出版社,2002年,13页。
[2] 据以下材料整理。温楚珩:《程克事略》,载《河南文史资料》第七辑,郑州:河南人民出版社,1982年,117—118页。冯自由:《民元临时稽勋局小史》,载氏著《革命逸史》第三集,北京:中华书局,1981年,346页。李熙斌:《记同盟会中之一个暗杀团》,载《辛亥革命史料选辑》上册,266—273页。

张季鸾被捕的时间为1913年8月初,多年后他在燕京大学新闻系的一次演讲中说自己:"民国二年,因为北京《民立报》的事,在陆建章军法执法处,下狱七十二天。"[1] 如此推算,他是在这年双十国庆过后获释的。于右任曾追忆二次革命失败后,他与康心孚等人去北洋军政执法处接张季鸾出狱时的情景:

> 帝制变前,(季鸾)先生在北京《民立报》,为宋案慷慨执言利,动而威怵之者,举不为之移易;袁世凯下先生于狱,迫三月后获释,北方天已寒,例给入狱时所著衣,先生则衣纱大褂而出,昂然还自己之天地间。[2]

由此也知,张季鸾陷狱的另一主要原因,是他在京期间为上海拍发了不少有关宋教仁案、南北政争的专电,这些专电中有消息、言论,也有大篇幅的通信,如《宋案痛言》《追怀宋渔父》《激成南北意见者谁乎?》《违法之大借款》《北京政局之形形色色》等。

恐怕是受了于右任笔风的影响,后人记张季鸾入狱这段史事,多渲染张如何有气节,如说他对此不以为意,反而认为记者入狱,是光荣的事云云。实际上,张季鸾在狱中目睹了那么多党人被杀惨状,而自己仅以身免,怎能不感到后怕呢?倒是康心之的记述,更符合实情一些:

> 先兄心孚北上营救(张季鸾),幸得于是年双十节之翌日,恢复自由,相偕南归。及抵余家,握手唏嘘不已。每晤,

---

[1] 张季鸾:《诸君为什么想做新闻记者?》,载燕京大学新闻系编:《新闻学研究》,上海:良友公司,1932年,49页。
[2] 于右任:《悼张季鸾先生》,载重庆版《大公报》1941年9月7日。

辄道狱中故事,时闻而惊,时闻而愤,先生写《铁窗百日记》,以志其事。[1]

这是张季鸾第一次入狱时的情形,五年后他在北京主编《中华新报》,又经历了一次牢狱之灾。

《大共和日报》和《民信日报》

民国二年(1913),在农历干支中,列次癸丑,故二次革命引发对报业的冲击,称作"癸丑报灾"。这年夏天,由于南方两江、两湖等地革命党宣布讨袁,并与南下北洋军发生战事,北京治安顿形紧张,京师于7月25日宣布警备戒严,舆论成了政府的严控对象。这段时间,京城被传讯、搜查乃至封门的报馆达数十家,国民党背景的报纸则荡然无存,《民立报》北京通讯处仅其一也。据内务部向袁世凯的密报,除了勒令与官方舆论唱反调的《民主报》《京报》《爱国报》等一律停刊,对在京发行的南方报纸,则由京师警察厅通令各派报处、邮政局禁止发行和传递,以达到彻底封锁不利于政府消息的目的。

在这种情况下,张季鸾出狱之后,断无法在北京容身,只能回到上海去。出狱后有几个月时间,上海租界成了他避难之地。在北京政府禁售政策及当地官府双重压力下,上海《民立报》于9月4日宣布停刊。这天,正是二次革命的中心南京被强大的南下北洋军攻陷次日,孙中山、黄兴、陈其美等国民党领导人及各省主要干部一百多人,相继流亡日本,北京政府随后发出了附有不

---

[1] 康心之:《张季鸾先生哀辞》,载重庆版《大公报》1941年9月8日。

同赏格的党人通缉令。这意味着,像张季鸾这种与南方革命党有着密切联系的报人,迟早也要列入清算名单。

转年就是1914年,张季鸾又回到西安,在于省立一中任校长的族侄张阜生家里住了数月。张阜生于南京光复后,接收造币厂并任会计,南京临时政府结束后回陕从事教育工作,曾当选省议会议员。然而天不假年,到1920年因积劳成疾,刚过不惑之年就得肺病死了。在这点上叔侄俩很像,张季鸾也死于肺病,且只活了五十三岁。

在西安,张季鸾和不少老同学见面,大家谈论最多的话题,是正悄然拉开帷幕的帝制运动。说话间,到这年晚秋,袁世凯的帝制自为已进行得轰轰烈烈,为保万无一失,各地官府均钳制舆论,不准任何杂音出现,西安的空气也紧张起来。张季鸾身为重点监视对象,其侄又是国家干部,家中出入宾客多,难免引人注目。再说,出于新闻记者的敏感,他预料到政局将发生巨大变化,国家前途也正处于历史关口。所以,在省城他难以久居,于是又潜赴上海,为迎接即将到来的变局做准备。

当时与他同居西安的同学白介征记述了这段经历:

> 大概是民国四年(1915),我和阜生的家眷都在省城居住,他回到西安,对我说起他本身被拘、报馆被封的原故,我才略知其情,大抵是军阀作威罢了。……秋间忽接上海友人密报,政局将有大变化,请其速来。他见我说要回上海,西安不可久居了。我问其故,他说老袁将要帝制自为,报界人有重大嫌疑,故必须离此。不过,国家大局好坏,在此一举。[1]

---

[1] 白介征:《我所认识的张季鸾》,载《塞风》第十三、十四期合刊(1941),20页。

按张季鸾在北京出狱后即赴上海、停留数月后返省这一时间线索来推算，白介徵所述往事，似应为民国三年，即1914年。从白氏的叙述中可体味到，张季鸾由西安重返上海，首先是为了保全身家性命，远离是非之地，其次才谈得上重操旧业，加入指点江山的报人行列。那位向他密报政局变化、请其速来的上海朋友是谁呢？便是1912年加入《大共和日报》历任日文翻译和编辑、次年便被聘为总编辑的胡政之。

由于时机不遂，且与同人在政治观点上相左，张季鸾在这家报馆的生活，可以说黯然无光。他从事的主要工作，是选译日文报纸及书刊上的时论及文章，还兼写一点社论。

民初的政党报纸五花八门，在1913年二次革命发生前，主要分为两大阵营：一是由同盟会联合国民共进会、国民公党等四个小政党组成国民党后，所形成的机关报系列；二是共和党联合民主党、统一党等组成进步党后，所控制的大小言论机关。《大共和日报》属于后者，且为党派报纸商业化经营的典型。该报创办于民国初年，随着政局变动，先后成为中华民国联合会、统一党、共和党、进步党的机关报，其背景始终是江浙权绅。发轫初期，社长为章太炎，总编辑为马叙伦，编辑人员汪旭初等皆为章氏门下的光复会会员；最早的言论，在更改历法、建都、颁布暂行报律等问题上，与同盟会观点相左。南京临时政府结束后，原光复会蜕变而为拥护袁世凯的统一党，政治主张别树一帜，合并为进步党后，政治立场趋于保守，渐渐与国民党分道扬镳。

张季鸾走进位于上海老旗昌路247号的《大共和日报》馆时，胡政之坐上总编辑位置不久。随着章太炎被袁世凯利用，原来日出对开四大张，每天刊登社论一篇、时评两到三篇的《大共和日报》收敛谈锋，到帝制进行到最后阶段，为了避免犯错误，连言论栏也销声匿迹了。张季鸾在该报这段时间,只是捧个饭碗罢了。陈纪滢在《报人张季鸾》中也说,张氏到了上海以后,落拓无聊,被邀入胡政之主持的《大共和日报》担任译员,翻译日本通讯社的电报及书报,并协助写社论。此外,"同时在中国公学授课,讲西洋史"。[1] 课堂上一个学生,便是后来声震全国的"新疆王"盛世才:

> 张氏讲授西洋史。后来当了新疆边防督办的盛世才氏,便是当时的学生之一。盛氏常跟笔者形容季鸾先生授课的情形,说他从来不拿课本,一直背着讲,源源本本,娓娓动听,引起学生们莫大兴趣。盛氏坦白承认自己对于西洋的那点知识,还是根源于张氏的授课。可知张氏不但旧学好,新学也好;不但日文好,英文也不错。[2]

当时胡政之也在中国公学兼任法律教员。凡事皆有缘由,张、胡为何能在中国公学兼职讲课?原来,时任该校校长正是两人共同的朋友康心孚。

再回到盛世才与张季鸾的关系,二者相识正缘于中国公学的师生情。陈纪滢与盛氏交往,则是因受张季鸾委托,于1938年赴新疆采访。这年秋天,当日军铁蹄已逼近武汉外围时,张季鸾忽然接到新疆边防督办盛世才的一封电报,告之将于10月初召开第三次新疆民众代表大会,特请老师驾临指导云云。张季鸾无法抽

---

[1] 陈纪滢:《张季鸾先生与中国报业》,载氏著《报人张季鸾》,台北:文友出版社,1967年,3页。
[2] 陈纪滢:《张季鸾》,载中华学术院编:《中国文化综合研究——近六十年来中国学人研究中国文化之贡献》,台北:华冈出版部,1973年,533页。

身，但觉得时值抗战关键时期，苏联支援中国前线的很多武器装备要通过河西走廊，而盛氏与国民党中央矛盾重重，因而极有必要派记者前往：一则采访新闻，让内地了解边疆局势；二则宣传抗战政策，使其归顺中央领导。于是，陈纪滢受命与同获盛世才邀请、到新疆参加工作的著名社会活动家杜重远和前《立报》主编萨空了，一起乘飞机前往迪化（今乌鲁木齐），他们在盛氏势力范围所亲历的惊心动魄，则是另一个故事了。[1]

由于《大共和日报》党派色彩浓重，后期立场右倾，又卷入政体之争，注定是份短命的报纸。距帝制运动失败、袁世凯忧愤病亡还有一年，便于1915年6月便偃旗息鼓了。

此时袁世凯加快复辟脚步，筹安会活动猖獗，在革命党人鼓动下，反对袁氏帝制自为之声，已遍及全国。在这个背景下，张季鸾身居被称作报业中心的上海，得眼观六路、耳听八方之便，当然不甘寂寞，他联合一班好友创办了《民信日报》，也加入倒袁的合唱。这多少显出他革命党的本色。

《民信日报》是个什么报纸呢？此报今已不得见，据民初曾在上海从事新闻工作的一位老报人回忆：

> 该报出版于民国三四年（1914、1915）间，民党色彩不浓，寿命不过一岁……局度较小而志虑可嘉，民党报纸中之一别动队也。[2]

民国初年，上海滩报馆林立，新闻事业蓬勃发展，盛极一时。

---

[1] 陈纪滢：《我的邮员与记者生活》，台北：台湾商务印书馆，1988年，306—345页。
[2] 朱宗良：《民国初年之上海报业》，载李瞻主编：《中国新闻史》，台北：台湾学生书局，1979年，357页。

据老报人朱宗良的观察，这众多的报纸，以其宗旨派别而言，大致可分为三种：注重广告收入及销路的商业报纸，旨在宣传党义、改革政治的民党报纸，对政治抱有某种主张或有所企图而不在意营业收入的同人报纸。以此来衡量张季鸾办过的几种报，《民立报》《大共和日报》各属民党报和同人报，《民信日报》则更多一些政党色彩，该报由四川老同盟会会员康心之、曾通一等出资创设，聘请张季鸾担任总编辑，显然有志同道合之意。其他编辑如李述膺、朱镜宙等，都是清一色的陕西留日同学。

因经费困难，《民信日报》到1916年下半年就自动停刊了。这份报纸办得虽无大名气，却锻炼了张季鸾及同人们的手眼，于今后观察社会、涉猎政治颇有助益。以后康心之做到四川省银行总经理、中央银行顾问，曾通一官至国民政府监察院委员、川康监察使，李述膺在1919年南北议和时担任南方代表，朱镜宙则历任福建、陕西地方财税高官，与这一段经历的锤炼不无关系。唯令人感叹的是，同人里面，只有张季鸾选择了充满艰辛曲折的报人生活，其为人志向之坚、做事理想之高，于此可见。

在《中华新报》的经历

1916年6月，袁世凯死后，黎元洪继任大总统，当政者仍为北洋军阀，新的南北对峙随之开启。当北京政局松动之际，张季鸾受老同学、上海《新闻报》总编辑李浩然委托，于这年8月以该报驻京通讯员的身份，再赴京师。从他这段时间发表的《到京第一夜之见闻》《段内阁与国会握手、政党问题之内幕》《残酷之北京政局》等通信，可见他很快进入了角色，对北京政府的近距离观察，也为他从细微之处认识民国政治提供了条件。

以张季鸾的理想和志趣，是不甘于为《新闻报》这种注重广告收入及销路的商业报纸打工的，所以才有了加入同人报《中华新报》之举。此前，上海《中华新报》问世于一片讨袁声中，创办人谷钟秀、吴稚晖及杨永泰等，都是国民党要角，张季鸾也一度参与编务，是为他与该报结缘的开始。但是，曾在上海《民立报》与张季鸾同事的朱宗良，回忆民初上海报业时，谈及此事，以《中华新报》北京版为张氏手创，进而认为该报"为张季鸾所创办"，恐非事实。朱宗良说：

> 《中华新报》为张季鸾所创办，季鸾在《民立报》时期担任日文翻译，未以文章与国人相见，所以当初并不知名，亦不是国民党员。但他极有才气，又有活动能力，亟思自创局面有所表现。经数年之奔走筹备，卒创立《中华新报》。编辑部有谈善吾、杨尘因及旧《民信报》一部分人士。季鸾擅口才，广交游，与政治舞台人物多接触，于国内外时局形势极了解，故其评论颇有独到之处，报龄约近十年，不算太短。[1]

实际上，张季鸾所创办者仅是该报的北京版。彼时，一些大型报纸为了营业及扩大舆论影响考虑，除了在报业重镇上海的望平街立足，还要到政治中心北京开设一个分馆，《中华新报》也是这种情形。随着局势转圜，旧国会恢复，被袁世凯政府压制数年的民党死灰复燃，掌管《中华新报》的谷钟秀赴京就任段祺瑞内阁农商总长。于是，在他和原国民党议员张耀曾的支持下，由在四川主持过《公论日报》的康心如等筹资，创办了北京《中华新报》。

---

[1] 朱宗良：《民国初年之上海报业》，载李瞻主编：《中国新闻史》，358页。

张季鸾为这份报纸苦心经营了近十年，因此该报在他新闻生涯中占有重要地位。

但是，张季鸾运气不济，《中华新报》在北京出版不到两年，就因为发表段祺瑞以胶济铁路为抵押、向日本政府秘密借款的消息，引起日本人抗议而惹了大祸。他再次被捕入狱，经国会抗议及同人多方营救，历半月余，始获自由。以泄露国家机密罪同时遭京师警察厅封闭的，还有《北京新闻》《大中报》《大中华报》《经世报》《亚陆报》《晨钟报》六家报馆及一家通讯社。

查有关资料，《中华新报》增出北京版为1916年9月至1918年9月，张季鸾二次入狱的时间应当在1918年9月。当时与张季鸾一同羁押于警察厅的，还有康心如和新闻编译社社长何重勇。后由康心孚出来奔走营救，十几天后才把他们三个人保释出来。康心如回忆：

> 袁世凯死后，《民信日报》以经费困难停刊。张季鸾来到北京，又在谷钟秀出资支持下创办《中华新报》，他任总编辑，康心如任经理，编辑中有周太玄、王光祈等。《中华新报》虽与国民党（后来一般人呼为政学系）有密切关系，但他接近的人只限于谷钟秀、李根源。《中华新报》因登载当时段祺瑞政府以胶济铁路向日本抵押借款两千万元密约事件，引起日本的抗议，由国务院秘书长徐树铮命令京师警察厅厅长吴炳湘，查封《中华新报》和其他六个报馆及发稿和（按 和似为的之误）新闻编译社。[1]

---

[1] 康心如：《张季鸾回忆录》，转引自曹世瑛：《我所知道的〈大公报〉》，《文史资料存稿选编23：文化》，13页。

可以为证的是，出狱后，康心如、张季鸾还按照京师警察厅的要求，在《顺天时报》等"主流"媒体上刊登了一则启事，"以正视听"：

> 仆等因《中华新报》事由警厅传讯，承诸友关切探询，感谢之至。此次事件极蒙警厅维持，二十四晚仆等已蒙准取保，恢复自由，谨此通知并致谢忱。[1]

同一版面上，还刊有《北京〈中华新报〉启事》，云："自二十五日起遵京师警察厅布告停止营业。"[2] 这以后，张季鸾回到上海休养生息，按康心如的说法，说是休养生息，实际上度过了他一生中最为贫困潦倒的生活。到次年10月，沪版《中华新报》因笔政荒芜、主持乏人，势将倒闭，在前司法总长张耀曾促请下，生活捉襟见肘的张季鸾出山，以总编辑名义执掌该报的言论和记事。张氏上任后，特邀沈钧儒为主笔，曹冰谷等人为编辑。此时，因谷钟秀、吴稚晖、杨永泰等均奔走政坛，馆事领导无主，经营管理不善，先后将报纸出让给殷汝骊、谈善吾，仍无起色。唯足称道者就是张季鸾的社评，使得报纸还能残喘下去。

其中有一突出事例，便是1921年夏，列强华盛顿会议召开在即，为了北洋政府向日本要求归还山东胶济铁路权益，是采取直接交涉还是寻求英美支持，《商报》与《中华新报》发生笔战，两报社评各执其词，你来我往争论了十多天。张季鸾器量恢宏，赞叹《商报》评论为"寂寞论坛中突起之异军"，辗转询问，始知执

---

[1] 《康心如张季鸾启事》，载《顺天时报》1918年9月26日。
[2] 《北京〈中华新报〉启事》，载《顺天时报》1918年9月26日。

笔者是陈布雷、潘公展二人，张氏还特意到报馆访陈布雷，两人的交往自此开始。

尽管如此，到1924年，即《中华新报》停刊前一年多，张季鸾还是退出了这个烂摊子。这张曾经群星闪耀的报纸过早地凋零，新闻界同人为此而感到遗憾。

至此，张季鸾十多年报人生涯，在京沪两地断断续续办了五种报纸，或因为政局动荡，或因为经费困难，或因为经营不善，时仆时起，屡试屡败。他一度盘桓上海，常感叹英雄无用武之地。关于张季鸾在1924年退出上海《中华新报》后的生活，老友康心之曾回忆道：

> 自此以后，先生潦倒沪上，典质俱空，虽有劝以通权达变者，先生终不为动，其志弥坚。时余执教北平，北来必至余家；香山之月夜，碧云之松声，迄今未尝忘怀！[1]

这说的就是张季鸾潦倒沪上，形意彷徨，每天为各报写评论、访新闻，靠稿费维持生活的情形。他发表的文章，多署名"一苇"，颇见其孤零飘摇、自悲自叹的情怀。虽有人劝他找找关系求个官做，但他不为所动。此时康心之在燕京大学兼职教书，住在香山碧云寺附近，张季鸾每次来京，必上香山访康心之，故康对他了解甚深。

1924年10月，冯玉祥发动北京兵变，曹锟主持的北洋政府倒台。冯氏手下的国民军第二军军长胡景翼得任河南军务督办，胡为陕西富平人，与张季鸾是同乡，私交也很深厚，乃劝老友弃文

---

[1] 康心之：《张季鸾先生哀辞》，载（重庆）《大公报》1941年9月8日。

从官,并向上级举荐,张很快被任命为陇海铁路会办。陇海铁路总公所早在 1912 年设于北京,施肇曾、王正廷等名流担任过督办。张季鸾赴任时,陇海铁路向西刚修至河南灵宝,向东已通入江苏境内。会办一职管理着大量国外借款,这是不少人垂涎的肥缺。张季鸾上任后,对官场做派甚看不惯,不到一个月就厌烦了,说"不干这劳什子,还是当我的穷记者去!"。[1]

这以后,他还参与过一些政治活动,如 1925 年 3 月,为抵制段祺瑞组织的善后会议,国民党左派发起的国民会议促成会在北京召开全国代表大会,张季鸾就是与会代表之一。这便是他的日本友人太田宇之助说他"暂时离开新闻界进了政界"的一段经历:

> 那是冯玉祥在北京断行苦迭打(按法文 coup d'État 的音译,意为政变)之后,开国民会议之际,他也做了代表之一。当时我在北京,曾给他写了一封很长的信,因为恐怕他堕落于腐败中国之政客的生活,而(劝他)还回本来的新闻记者的样子。在那不久,就接到了他的回信,已决心到底以新闻记者为天职,誓不再做政客。[2]

但穷记者的日子并不好过,此后又有一年多时间,张季鸾奔波于京津两地采访新闻,以自由撰稿人身份为各报供稿,借此谋生。面对各式各样的诱惑,他回答愿意一辈子做记者。正如多年后于右任怀念张氏的诗:"发愿终身作记者,春风吹动耐寒枝。"

---

[1] 周雨:《张季鸾传略》,载周雨编:《大公报人忆旧》,北京:中国文史出版社,1991 年,279 页。
[2] 太田宇之助:《张季鸾之死》,载《两仪》1942 年第 2 期,40 页。

那么张季鸾既已失业、生活拮据，又为何恬淡清高如此？他的同学王军余讲过一个故事，可为解释。当军阀混战时，北京政府一高官请张季鸾出任某部次长，他坚辞不就，当时王军余在座，事后问他何以固执如此，他回答说："我在报界如同守节，快到建牌坊的时期，岂肯半途失节？"[1]

原来，张季鸾是要矢志做一个报人模范，以此来证明自己言论报国的信念，并为后人树立一座新闻事业的里程碑。

随后张季鸾去了天津，另谋出路，与胡政之、吴鼎昌聚首，商议续办《大公报》，这是1926年的夏天。《大公报》这个理想国，对张季鸾来说可谓如鱼得水，该报选择这样一位总编辑，也更是正当其时。这一年张季鸾三十八岁，正在盛年，虽然事业还未成功，但在国内报坛，可以说文名远播，他的一支健笔已有相当分量了。拿办报的资历和经验来说，经过大半生奋斗，他还长了一些失败的教训，多了一份写文章的敏锐与自信。从这时起直到1942年9月逝世，前后十六年，他的全副精力都投入《大公报》，向国家社会贡献了一切，他的人格魅力，使他在新闻史上荣膺一个报人能得到的最高声誉。张季鸾对新闻事业的贡献，就在于他把以往偏重说理的社论，打造成了结合每天国内外时事、发表自己意见的新闻评论。由此，《大公报》被读者视作了解内幕新闻、体察国事主张的最大信息来源，从1931年九一八事变到1937年全面抗战爆发时期，四海瞩目、声光炳然。这种景况，张氏在续办《大公报》以前，于艰难困苦中挣扎时，恐怕始料未及吧。

---

[1] 王军余：《追念同学张季鸾君》，载《张季鸾先生纪念文集》，56页。

征战金陵有遗篇

林述庆、何海鸣攻守南京旧踪

南京的初冬，烟云低垂、细雨绵绵，最合适怀古了。南京是片盆地，山脉环抱东南，滚滚长江穿过西北。江山缠绕、虎踞龙盘，形成天然屏障，几朝帝王定都于此。

南京虽是老牌帝都，却只适宜过太平日子，一旦出现天下动荡，便成了兵家必争之地。所以明太祖朱元璋入主金陵后，下令修筑城墙，历时二十余年竣工。经过数百年风吹雨打，有清一朝，城池仍坚固如初。洪秀全统率太平军攻占南京，建立天朝，在这围城里撑了十一个年头，才被曾国藩麾下的湘军克复。1911年辛亥革命及1913年二次革命期间，南京城墙上又接连上演了两场战剧，至今若仔细辨认，城墙破损处、砖缝间，还残留着兵火弹雨的痕迹。江山如故而物是人非，离今天最近的征战也已过去百年，后人从何处体味它的余温呢？

好在历史深处的断碑残简上，遗有江浙联军镇军都督林述庆、江苏讨袁军总司令何海鸣在战场上吟写的诗篇。他们指挥的辛亥（1911）攻打南京、癸丑（1913）保卫南京两场战斗，史书详有记载。下面所述，专于林、何二人的传奇经历和战地诗，从中可见革命党中风云人物的志向与情怀和时代演变对他们人生的影响。

上篇　林述庆的吟怀

风雨无情，落花满地惊春梦；
江山如故，何日重生此霸才。

——黄兴《挽林述庆联》

英雄命短

来南京访旧，最合适的时候，是在秋末冬初的靡靡细雨中，辛亥革命中江浙联军攻克金陵城，恰在这一季节。如果老天作美，雨淅淅沥沥下着，风时紧时慢吹着，正符合当年风雨如晦的氛围。攀上城墙，远眺近看，还会有一种特别的感受：如果把南京比作一个舞台，那么在这里演绎过的故事，除了时代不同、主角各异，实在是"风景旧曾谙"呀。寻史的魅力就在这里，只要山河依旧、风物犹在，后人总能在蔓草荒烟中，找到"自将磨洗认前朝"的心境与感觉。

1911年11月下旬，打响辛亥革命第一枪的湖北新军第八镇，还在与南下北洋军艰苦鏖战；长江沿岸省份及大城市，江西、安徽、浙江和上海、苏州等已宣布独立，但被视为清廷在江南最大堡垒的南京，仍在清军控制中。北方大多省份，尚在犹豫观望。没过几天，江浙联军攻克南京的告捷电遍传天下，令国人精神一振。这意味着东南半壁，尽在革命党掌控中了。

攻克南京之役，不仅挽回了民军在湖北前线的颓势，加快了各省响应武昌起义，也在民国成立史上写下关键一笔。一个月后，孙中山从欧洲兼程回国，组建南京临时政府，中华民国应运而生。

饮水思源，江浙联军会攻南京时，担任主力、首先破城而入的镇军，其众五千余人，领军人物为时年三十岁的同盟会会员林述庆。因为他英勇善战、厥功至伟，不仅成为报纸追捧的英雄，也很受孙中山、黄兴的倚重。南京临时政府成立后，会师金陵城下的各省起义军，曾有出兵北伐、分路入京之议，林述庆被委任为北伐临淮总司令。其任务是统率所部沿津浦路北上，会合各军袭取京师，消灭清廷。但是，随着清廷宣布逊位、南北议和达成，这计划告停了。

南京临时政府存在三个月，也算是金陵历史上时间最短的政权了。孙中山妥协让步，辞去大总统之后，民国首都迁往北京，袁世凯从此称雄于天下。南京的寥落，预示着南方革命党人浴血奋斗夺取的江山，将落入敌手，建设民主共和的大业，也将被延误许多岁月。在时代的快速转型中，一度被尊为民国元勋的林述庆，个人命运也急转直下，作为同盟会内部争权夺利的牺牲品，他被排挤出南京。不久，袁世凯邀请他北上京师，担任总统府顾问。

林述庆晋京后，成为袁世凯的座上客，地位尊贵，却如入牢笼。时过几个月，宋教仁被刺案和大借款风波接连发生，南方革命党与北京政府交恶，林氏也为自己的选择付出了代价。1913年4月，在北京将校俱乐部举办的一次宴请中，他中毒身亡，宴会的主人是总统府秘书长梁士诒。这时，距江浙联军克复南京不到两年，林氏才三十二岁。

林氏居京短短数月，并无异常活动。他的死始终是个谜，时人多指袁世凯为背后元凶，但缺乏证据。袁世凯继任大总统后，为了装点门面、分化同盟会，把不少重要的南方革命党人请到北京，委为顾问之类头衔，许以各种利益，如前安徽都督孙毓筠、广西副都督王芝祥、浙江都督吕公望、武昌起义总指挥蒋翊武以及后来因助袁复辟而身败名裂的胡瑛和因举义讨袁而声名鹊起的蔡锷等，林述庆只是其中之一。但是，到了南北失和时，这些人等于站在革命的对立面，地位十分尴尬。所以林氏死后，一些老同盟会会员不予谅解，只有孙毓筠、王芝祥等几个"国事维持会"的好友出面，帮助办理了丧事。国民党方面，在上海静安寺路张园组织了一个追悼会，性情宽厚且对林述庆素有好感的黄兴，为冷清的会场送来一副挽联，因为用词凝练、意象奇崛，流传了下来：

风雨无情，落花满地惊春梦；江山如故，何日重生此霸才。[1]

这曲英雄挽歌，对林述庆的英年早逝和悲剧人生，惋叹不已，为革命党人在暗黑时代的不幸遭遇，发出沉重叹息。同时，也为后人重新发现林述庆预留了线索。

林氏是个勤奋的写作者，身后留有一部《江左用兵记》，全文十余万字，叙述辛亥革命爆发后，他在驻地镇江运动新军第九镇两标官兵起义，组成镇军并加入江浙联军，攻打南京的曲折过程。遗稿一直由亲属珍藏，直到民国十九年（1930），由江苏革命博物馆征集公开发表。种种秘闻、斑斑血迹，第一次披露了光复南京背后，江南军界的同盟会会员为了反清革命备历艰险、百折不挠的努力，以及攻城战打响后，交织着外部残酷战事与内部激烈斗争的奇异图景。

《江左用兵记》问世后，人们对林述庆的弘毅深沉、高洁品行产生了新的认识，评价随之改变。又逾十年，国民党中央委员会编辑出版《革命诗文选》，收入中华民国开国前后烈士诗文数

---

[1] 黄兴：《挽林述庆联》（1913 年 4 月 16 日），载氏著《黄兴集》（二），长沙：湖南人民出版社，2008 年，625 页。

百篇，林述庆作于会攻南京战地的两首七绝也得入选，标志他正式走进辛亥革命"圣人殿"。这不止关系一人名节，更是对历史的尊重。

新军俊杰

辛亥革命爆发时，林述庆只是新军第九镇一个管带（营长），在三十岁的年龄上，一跃而起，成为江浙联军攻打南京的主将，这本身就是奇特的故事。林氏是福建闽县（今闽侯）人，因为家境贫困，没有正式念过学塾，十五六岁就应募入伍，在闽江口三大炮台之一长门炮台，当了一名"孩儿兵"。但他爱好读书，在军营中刻苦用功，日积月累，自学读完四书五经，达到"淹通典籍"的程度。炮台统领、福建候补道钟紫云赏识其聪明好学，在光绪二十八年（1902）把他保送到福建武备学堂深造。

后来，该学堂中不少人闻名于军界，北伐时期孙中山手下名将许崇智就是其一。林氏毕业后，在福建常备军中当差，同事中关系最密切的，是曾任国民政府主席的闽侯同乡林森。林述庆死后，墓屏上生平文字由林森撰写，就是这个缘由。

在历史隐秘处，同时代人物之间的关联复杂微妙，往往出人意料。林述庆与武备学堂中两个长官的渊源，就是这样。福建武备学堂的总办徐绍桢，几年后升任新军第九镇（师）统制官（师长），武昌起义爆发后，在驻地南京率部响应，被推举为江浙联军总司令，林氏统领的镇军是其部属；攻打南京之役中，当年的学堂教官陶骏保，则成了镇军参谋长，为林氏出谋划策。在武备学堂时期，他们等级分明、相安无事；到了辛亥革命大舞台上，命运汇集、恩怨纠结所酿成的悲剧难解难分，让人扼腕感叹。这是造化弄人，更是时代剧烈变革的结果。

光绪三十一年（1905），林述庆从福建武备学堂毕业不久，在本省常备军中见习，正值朝廷在南京组建新军第九镇，任命徐绍桢为统制，被委为江南征兵局总办、正参谋官的，恰又是陶骏保。金陵军界思想活跃，新军征召的兵员，都是江南朴实农家子弟中稍有文化者，要比地处海疆的福州练营更富有朝气，因而林氏心向往之，决定去投效第九镇。到南京后，以弟子礼先后晋谒陶骏保、徐绍桢，均立得接见。

徐绍桢出身文人，素有儒将风度，受命筹建新军以来，正在招揽文武兼通的才俊，乃将身材高大、留一撇日式唇须、眉宇间显出英武之气的林氏收在帐下，分发到第三十三标（团）担任排长。该标的标统（团长）是同盟会著名人物，五年后在广州黄花岗起义中担任总指挥的赵声。林述庆在军营中耳濡目染，很快萌发了反清思想。

新军是清廷花大本钱编练的新式部队，用人讲究出身、注重才干，林述庆是正牌陆校毕业生，又与徐绍桢、陶骏保有师生之谊，加上赵声的提携，几年时间，从排长、队官（连长）一路升到管带，成为实权在握的中下级军官。第九镇中掌握兵队的排、连、营长官，多是像林述庆这样生气勃勃、富于新思想并有志报效祖国的青年士子，所以在军中很快形成了倾向革命的风气。1906年春，即同盟会在日本成立几个月后，会员吴旸谷衔孙中山之命，回国组织长江分会。由赵声出面，邀集第九镇及江南将备、南京陆军师范各校同志，密会于南京城外鸡鸣寺，宣誓加入同盟会，林述庆亦其一。同时入会的柏文蔚、林之夏、倪映典、伍崇仁，还有稍后加盟的冷遹、茅乃封、李竟成等，都是辛亥革命中江南地区的重要角色。此后，党人们在新军中的活动，包括输送

征战金陵有遗篇

书刊报章、推心置腹的密谈甚至野地寺庙里的结拜等等，林述庆都是积极的参与者和组织者，这为他日后崛起做好了准备。

1911年秋天，武昌起义的消息沿着长江顺流而下，传到新军第九镇驻扎镇江的标营中，军心动乱。镇江坐落在南京、上海之间，背靠滔滔长江，扼守江滨要地，故由新军两标数千兵力驻防在此，警戒长江下游门户。风声鹤唳中，三十六标第二营的管带林述庆保持着冷静与镇定，但军人的直觉告诉他，反清革命已经降临，武装起义时机不可错过。正如他在《江左用兵记》中所述，他"遂集所部，戒勿妄动"，并"细察营中将校志趣最大者，必示以意旨，使助余所为"。[1]

新军第八镇在湖北起义后，不少革命党人络绎往来于沪宁铁路上，通过各种关系接近第九镇，鼓动官兵们及早响应。但他们毕竟是局外人，不熟悉军队情况，一时难以得手。堡垒都是从内部攻破的，林述庆的优势在于他是带兵官，谙熟新军的组织结构及士兵心理，懂得从何处下手才能奏功。眼下第九镇人心不稳，高级军官对局势持观望态度，各标营兵士互相串联、密谋造反，革命大有一触即发之势。以他的判断，只要在中下级军官这个层面运动得当，就能干成一番大事。

其后二十多天里，林述庆奔波于镇江、南京、上海之间，观察局势、联络同盟会党人。同时，他对驻地三十五、三十六两标的中下级军官，做了大量细致的策反工作，也与地方商会、江防绿营的头面人物达成默契。在他领导下，11月7日这天，驻扎镇江的两标新军通电脱离清廷、举义反正。

---

[1] 林述庆：《江左用兵记·规复镇江始末》，载《江苏革命博物馆月刊》第九期（1930年4月），3页。

时势创造英雄，英雄创造时代。设若没有林述庆，没有镇江新军举义，没有江浙联军，没有南京作为临时政府所在地，中华民国如何产生，便是另外一种景象了。个人在历史中是渺小的，但其发挥的作用有时就这么神奇。一夜之间，林述庆从一个营长被推举为镇军都督，拥兵五六千，雄踞一方，这才有了后面波澜起伏的故事和他率部兵临南京城下时所作的诗篇。

战地诗人

林述庆的两首战地诗之一《攻江宁城夜占》，作于1911年12月1日，即江浙联军光复南京的前夜。同盟会组织的这场战役，其过程曲折周转、情节激烈紧张，加以有许多著名人物活动其间，本身就是一部高潮迭起、扣人心弦的情节剧。

攻打南京的动议，起于中部同盟总会领导人宋教仁、陈其美等。当时黄兴在武汉前线指挥战事，进展不利，汉口、汉阳先后被冯国璋统领的北洋军攻陷。于是宋、陈等联名通电东南各省，认为当下"非攻克南京不足以完成江苏革命之任务，且无以挽回武汉革命之颓势"，提出调集江苏、浙江两地民军，组成联军会攻南京。同盟会在江浙的影响力与号召力很强，此议一出，各地纷纷复电响应，并派出兵力，向上海与南京之间的镇江集结。

一时间，南京六十公里外的镇江，聚集了苏州、上海、杭州等地开来的大量民军，与林述庆镇军合编成江浙联军，共一万多人。其中苏军司令刘之洁、沪军司令洪承典及浙军司令朱瑞，在攻克南京、凯旋归乡后，都成为本省军政界风云人物，要比林述庆幸运得多。林的悲剧起于他与联军总司令徐绍桢的龃龉与矛盾。

新军第八镇在武昌发难后，直接影响到第九镇，该镇能否克期响应,统制官徐绍桢的态度十分关键。徐是个比较开明的官僚,但他头上戴着朝廷赏赐的二品红顶子,不到大难临头,哪会轻易转向革命党一边?即使在革命党内部,新军中的同盟会会员对于起义时机与方式,意见也不一致。所以,尽管第九镇士气旺盛,由于缺少首领人物出面组织号召,武昌起义过去二十多天,仍迟无反应。这就给林述庆的崛起提供了机会。

据林氏的密友、南京陆军第四中学教习林知渊回忆,对于第九镇起义,林述庆一开始还是愿意遵从军中体制,希望由徐绍桢等高级军官振臂一呼,各标营接踵响应、集体反正,才不至于引起误会与混乱。[1]

但是,起义时机日渐成熟,徐绍桢却没有下定与清廷决裂的决心,林述庆为形势所迫挺身而出,率先在镇江举事。他没有想到,自己这一番苦心孤诣,在江浙联军会攻南京过程中,成了与徐绍桢产生冲突的根源。

就在徐绍桢犹豫观望、举棋不定时,两江总督张人骏、江宁将军铁良及江南提督张勋,鉴于武昌起义是新军第八镇发动起来的,以此类推,第九镇自然成了他们的眼中钉。于是,由张人骏下令,命新军各标营将弹药悉数交还军械局,克日出城,移驻城南六十里之外的秣陵关。事情至此,徐绍桢才不得不认真考虑采取行动,加快准备出师步骤。

直到林述庆于镇江通电反正次日,他终于坐不住了,乃下令十七协(旅)及镇部留守人员,合起来五六千之众,从驻地秣陵关拔营,于11月8日拂晓,向南京发起进攻。但他的部队,除了

---

[1] 林知渊:《林述庆与辛亥镇江光复》,载《上海文史资料存稿汇编1:政治军事》,上海:上海古籍出版社,2001年,218—219页。

充当前锋的步兵三十四标每兵有三粒子弹，其他包括山炮部队、骑兵等均无弹药。当夜十一时左右，中央纵队开到雨花台炮台附近，遭遇张勋统领的江防军猛烈阻击，死伤惨重，残部如决堤的潮水，沿大道向镇江溃散而去。第九镇就此解体了。

这之后，同盟会便开始组建江浙联军。由于部队主体为新军第九镇，徐绍桢顺理成章被任命为联军总司令。但林述庆不服，公开表示反对，认为自己是老同盟会会员，起义在先，而且眼下统率兵马在联军中过半，哪能受一个前清官僚指挥？徐绍桢则认为革命不分先后，第九镇起义功不可没，攻打雨花台虽败犹荣，况且林只是自己手下一个营长，岂可摇身一变，就不把老上级放在眼里？

这么一来，会攻南京的战事还没打响，徐、林两人为了作战计划、枪弹分配、指挥权等问题相互掣肘、频起冲突，一路上争吵着，用了五六天时间，才把联军推进到南京城郊的马群。

经过数日激烈交战，12月1日下午，江浙联军渐次驱逐城外马、步清兵，夺取了乌龙山、幕府山及紫金山南麓的天保城等外围要塞，逐步接近北面主要城门，形成兵临城下之势。作为联军前锋的镇军，作战尤为勇猛，在攻占紫金山天保城炮台，扫荡固守在富贵山、朝阳门（今中山门）一带的辫子兵之后，已有两个骑兵营进逼到金陵城下，列阵于太平门外龙脖子一线。

龙脖子位于紫金山西麓余脉，背靠城墙、面向山麓，因状似龙的一只脚脖（膊）子而得其名。这里道路弯弯曲曲，多为隘口、坡岗，占据这里，等于打开了直抵太平门的通道。

天近黄昏时，守城清将张勋眼见大势已去，便请驻南京美国领事等洋人出面斡旋，要求停火谈判。林述庆下令暂停进攻，一面开列受降条件，传达城内，一面在龙脖子构筑工事，以防清军反悔。一切布置完毕，已是"微云抹月，疏星挂林"时分，战局只有天明再见分晓了。

在策马返回位于尧化门的镇军司令部路上，阵阵寒风吹拂衣袂，也触动了林氏的吟怀。他于途次作成这首《攻江宁城夜占》：

> 大好乾坤付战尘，六朝风月伴吟身。依依无恙钟山树，应认江南旧主人。[1]

从诗中，可感受到林述庆对故国河山的挚爱，为它数百年来陷于清廷统治的痛惜，更能体味出他根植内心深处的革命思想，蕴含着一种天下大义。在我们想来，林氏是个军人，诗风应该也如大江东去，一定是雄赳赳的。然而他在低吟浅唱中展露的才华和不同凡响的气概，实在出人意料。这首诗曾被视作革命党人反清革命、践行同盟会"驱逐鞑虏、恢复中华"誓约的代表作，口口相传、流布甚广。晚清新军里，像林氏这样文武双全的人才很多，林之与众不同，便是他起来革命，并非单纯的举事造反，而是用诗唤醒国民的旧梦与理想。

这种情怀，被他抒发得如此婉转动人，则是诗外功夫了。

旧迹寻踪

吟诗与打仗，听起来风马牛不相及，晚清时代英雄辈出，革命党人不只隐于江湖，新军里也潜伏着众多出类拔萃之辈。林述

---

[1] 林述庆：《攻江宁城夜占》，载叶楚伧主编：《革命诗文选》，重庆：正中书局，1941年，437页。

庆才情与气度兼备的诗作，绝非凭空而来，是新军中浓郁革命氛围锻造的结果。如今，在林述庆等第九镇军官加入同盟会的鸡鸣寺，还能找到一点当年的影子。

鸡鸣寺位于城外鸡笼山上，它是南京最古老的梵刹之一，"南朝四百八十寺"中的首寺，寺院背靠明城墙，下瞰玄武湖，远眺紫金山。拾级由山门入，主要建筑无非大雄宝殿、观音楼、念佛堂和药师佛塔等，除了风格别具的斗拱重檐、铜刹筒瓦，与多数庙宇并无差别。但是联想到一百年前，革命党人密约谋反、歃血受盟在一个古刹中进行，会不会感到一股神奇之气？揣摩该寺介绍，可以断定当年党人们聚会，是在寺庙最高处的豁蒙楼举行的。此楼建于光绪二十年（1894），由晚清中兴名臣、时任两江总督张之洞首倡，楼名匾额也由张氏手书，取杜甫诗句"忧来豁蒙蔽"，勉励同道先天下之忧而忧，在风雨飘摇中与朝廷共度时艰。但他哪里想到，仅过了十余年，青年军人们密会于此，宣誓为推翻清朝、建立民国而战呢？

豁蒙楼今已改为百味斋，向游客提供素餐，人声嘈杂，行者即使有把酒临风、遥祭前贤的雅兴，也无从一逞其志了。

第九镇官兵在南京留下的战斗遗迹，还有一处攻打雨花台之役中阵亡的将士与战马的合葬墓地，即雨花台东北梅岗山麓中的"辛亥革命雨花台之役阵亡人马冢"。人马合葬实为罕见，今所存者仅花岗岩围成的两个土冢。南京临时政府成立后，孙中山曾专程来这里踏访，对新军攻打雨花台之役评价很高。当年江浙联军搜集掩埋的战友尸体就达二百多具，合冢规模要比现在大得多。抗战和"文革"时期，此冢两度被毁，坍塌湮没于草丛中，直到1981年，才由当地文物部门重筑为冢、竖碑纪念，遂成了今日模样。

据时任第九镇参谋官茅乃登、茅乃封兄弟记述，进攻雨花台炮台那夜，天色黑暗且大雾弥漫。战斗打响后，守卫雨花台的清兵在暗夜里盲目射击，由于这一带地形起伏，新军并无多大伤亡。但是，前锋士兵冲到距炮台一公里处，子弹就已射完，躲藏在田埂里无法前进。前敌指挥官沈同午是日本陆军士官学校毕业生，缺乏实战经验，一时慌了手脚，下令组成百余人的敢死队，配以有限的手榴弹，向炮垒发起强攻。结果，匆忙中抽调的各标勇士死伤惨重。天将拂晓时，当沈氏命令各部队向曹家桥南面高地撤退时，清军马队忽然从朝阳门冲出，绕道袭击第九镇司令部及卫生队宿营地，大肆杀戮伤病员，参战民军、学生亦死伤一百余人，余众四散，编制无存。[1]

  第九镇残部败退镇江后，林述庆设立了收容所，把集结整编这些溃兵的差事，交给了在该镇当过营长、眼下带着一支炸弹队支援镇江的同盟会会员柏文蔚。据柏氏回忆，当林述庆与徐绍桢开始闹矛盾时，他曾经"切实劝其以大局为重，勿做权利之争"。不久，在高资车站送林出征的车上谈话中，他又开导说："为国立功，途径甚广，万不可为了眼前虚荣，误我们远大前程。"[2]

  可见，柏文蔚在观风察势上，要胜于林述庆，这才有后来的崛起。为了回避林徐之间的纷争，柏氏把收容的溃兵组成一个支队，开往江北，侧击张勋的江防军大营。不久，他升为镇军师长、统军北伐及一年后当上安徽都督，都由这点本钱开始。

  在南京城访古，有寺庙、有墓，还有城墙，都是旧迹寻踪的好去处。如果在江浙联军攻打南京的旧战场，脑中时时浮动着林述庆的形象，又别有一种感慨。从明孝陵绕道紫金山南麓，沿路便可

---

[1] 茅乃登、茅乃封：《江浙联军光复南京》，载《辛亥革命江苏地区史料》，399—400页。
[2] 柏文蔚遗作：《镇江光复·镇军·林述庆（摘录）》，载《镇江文史资料》第三辑，镇江：内部资料，1981年，82—83页。

以找到天保城、龙膊子。最好是下午时分，恰逢雨后新晴，低云开启之处，山色苍茫、斜阳辉映，附近雪松、竹林静悄悄的，连一个人影都看不到。遥想当年，就在这个时辰，林氏麾下的镇军，分路会合在天保城下及明孝陵后方，战线往左直达朝阳门，往右延至龙膊子，绵延贯穿南京城墙东北，对全城形成了倾压之势。

紫金山西峰自1934年成立天文台，以"中国现代天文学的摇篮"闻名中外，天保城则湮没无闻了。近年缘山又修建了索道，乘缆车可直达峰顶，彼处仅存1956年立碑一座，上书"天保城遗址"，四周杂树缠绕、沟壑纵横。只有了解这段历史的人，从几处纵横的沟壕和倾废的砖垛中，略可分辨出当年战地的轮廓。顺着山脊斜坡向下，是一条运兵栈道，远看形势陡峭、深不可测。

天保城是太平天国修筑的军事要塞，太平军凭此天险与湘军对峙，往复血战了几个月才被攻陷。到江浙联军争夺这里时，要塞炮台更加坚固，有火炮十余门、机关枪四挺，由张勋旗下江防兵一营和旗兵四百余人防守。镇军与浙军组织敢死队，轮番冲锋，战斗的惨烈情形，用"浴血鏖战""尸首枕藉"等词，远不能形容其极。据联军战报，承任仰攻天保城任务的镇军与浙军，共阵亡管带、队官及兵士一百六十余名，其中死于敌军排枪之下的管带名叫杨韵珂，是林述庆的同乡好友。联军攻上山顶后，渐次夺取天保城各个炮台，随后调整大炮角度，居高临下，向富贵山、太平门、朝阳门沿线敌军连连轰击，战势由此扭转。当天，江宁将军铁良躲进日本驻宁领事馆里，要求由日兵护送去上海。随后，总督张人骏也弃职赴沪，临行前命张勋在城内坚守，仍做困兽之斗。

镇军占领天保城、龙膊子后，江浙联军克复金陵只是时间问题；对即将率部入城的林述庆而言，更是胜券在握。若非如此，他这焦躁不安的督师者，哪有闲情吟诗抒怀呢？

太平门下

林述庆的战地诗之二《入江宁城口占》，12月2日所作，这天是民国史上一个里程碑，上面写着："江浙革命联军攻克南京"。

当日凌晨，在尧化门镇军司令部用木板搭成的床上，林述庆合眼假寐一个多时辰，便匆匆爬起来，率着卫队及敢死队数十人，跳上一辆火车头，向太平门开进。这一夜他过得颇不平静，返回尧化门途中，正值傍晚，回想与徐绍桢的种种龃龉，心绪繁杂。正巧卫兵在树丛中抓获一名清兵，本应带回审讯，不知怎的，林述庆联想到同乡杨韵珂之死，改了主意。《江左用兵记》载："忽触杨（韵珂）君惨状，恨极，令毙之；护兵持枪击，声如联珠。"[1]

他内心的冲突与混乱，于此可见。浴血拼杀的战场上，不止有枪林弹雨，赤裸裸展现的人性更难以承受。

开战以来，为了个人意气和指挥权之争，打头阵的林述庆与设总司令部于城郊马群的徐绍桢，往来书函中，尽是口角争辩、互相指责。攻下天保城后，徐氏通令各军司令到马群开军事会议，林氏以各种借口拒不赴会；徐氏命他速拨一二营兵力，追击城内涌出的张勋马队，亦不应允。这天早上将出发时，徐绍桢急函又到，请林述庆抽暇商议下一步行动，他的回应方式简单粗暴："就函面以铅笔书'收到'二字，交使者去。"[2] 这毕竟是长官命令，应按军规行事。林氏仅图一时之快，根本不计后果，这使得两人的敌对情绪迅速升温。

在第九镇反正过程中，徐绍桢迟疑不决，未能先发制人，又

---

1 林述庆：《江左用兵记》（续三），载《建国月刊》第十六卷第五期（1937），6页。
2 林述庆：《江左用兵记》（续三），载《建国月刊》第十六卷第五期（1937），8页。

在没有弹药的情况下，贸然下令进攻雨花台，这些都令林述庆深为不满，进而转化为对徐的鄙视。徐氏系前清官僚，此次倒向革命，是大势所趋，也属无可奈何；林氏是老同盟会会员，对领导权有一种舍我其谁的优越感，这些情绪流露出来，已伤感情，到了战场上演化为违抗上级命令，便为自己的命运埋下祸根。可惜林述庆身边幕僚、参谋长陶骏保推波助澜，其他人不敢挺身而出、直言相谏，导致事态失控，一路恶化下去。

到镇军兵临太平门下时，林氏已打定主意，不再与总司令部联系，自己要率先破城而入，抢到攻取南京的头功。

太平门为单门洞，附有敌楼，原是紫金山到城门的最近通道，今已不存。它早于1958年被拆除，后来开辟为龙蟠路，成为城北通往市中心的一条主干道。2012年，南京市政部门为了打通从神策门到中山门的城墙旅游线路，开始动工恢复此门。只是为了满足交通需求，复建的城门设计成三拱形式（即三门洞），与太平门原貌渐行渐远。

时光退回一百年前，林述庆挥师逼近太平门前那个早晨，则是另一番景象。当时沿城墙外建有铁轨，作为巡防之用，沟通麒麟、尧化、太平诸门。据林氏回忆录，他乘坐一辆车头，从尧化门向太平门进发时，沿途数里，紫金山山色苍翠欲滴，与旭日初露的光影交相辉映，镇军营地的帐幕、村口飘拂的红十字会布标，以及穿过林中小径奔向太平门大路的一队队士兵，从眼前一一掠过。这让他忘掉与徐绍桢之间的不快，增添了一种建功立业的豪情。

换乘马匹到达龙膊子后，负责调停的美国领事马林一行已在等候。他们带来一个出人意料的消息：几小时前，张勋已率残部两千余兵，从太平门以西数公里的汉西门，乘夜潜出城外，乘坐小火轮向浦口逃走了。林述庆把张勋视作头脑简单、"粗知兵"的武夫，实在小看了他。据张氏的卫队营长苏锡麟在《辛亥南京战役前后的张勋江防营》一文中回忆："张勋在退出南京的前三日，派遣苏锡麟率领所部骑兵营保护其一家和江防军的眷属由仪凤门出城，过江乘车北上，送往北京、天津等地安顿居住。"可见，这位辫子军的头脑，并非事事顽固不化，他对"三十六计"之类的兵法，很有些心得。否则在该部逃到苏北后，袁世凯不会助其东山再起，"由直隶抽调出十营军队，由山东抽调出四营军队，派赴徐州，归张勋统辖指挥"。[1]

辫子军残部向浦口撤退时，在浦口车站附近与柏文蔚支队相遇，随即遭到迎头痛击。张勋夺车向北逃窜，柏部追击至临淮关才收队南旋。此役截获现款十余万元，枪械辎重无数，这些都成了柏文蔚扩军称雄的家底。这是性情爽直的林述庆没有料到的。

太平门下，就在林述庆为放跑张勋而顿足大憾时，续接报告：张勋部将张连升、赵荣华愿开门投降。于是林氏让号兵传令，催促镇军各部即刻进城，占领指定要地，接洽受降。

在《江左用兵记》中，林氏描述了自己与众将领登上龙脖子高地，并借洋人所携望远镜观察镇军进城的情景。从他所站的位置仰视，天保城如在云际，一排排山炮犹组成射击阵列，沿山脊站立的兵队，就像镶嵌在群峰之间的城墙。最先赶到城门口的马队挤成一片，腾起阵阵烟尘，从孝陵方向鱼贯而来的大部队，正高扬着镇军旗帜，徐徐而至。

接下来的情形，如同用文字凝固在纸上的一幅画面，色彩斑斓、波澜壮阔，可见林氏的雄健笔力：

---

1 苏锡麟：《辛亥南京战役前后的张勋江防营》，载中国人民政治协商会议全国委员会文史资料研究委员会编：《辛亥革命回忆录》第六集，400页。

> 太平门城上一片幽寂，城楼兀立，女墙错落，红日辉映，青草随风摇漾；城外长堤，排列枪架、弹盒，军服堆积满地。旋见管带王志刚兵由堤上架枪处，整队快跑入太平门。未几，分登城上，遍树白旗，大呼，不辨何语。[1]

林述庆抢到了夺取南京城的头功，心情十分振奋，不待卫队营到齐，他一马当先，督带镇军先头各队，沿着城边小路向通往太平门的大道奔去。到达时，被乱石堵塞、仅容一人侧身出入的城门还在清理中。在等待通过的当儿，他诗兴大发，口占一绝：

> 降幡高拂石头城，日照雄关万角声。如此江山收一战，居然还我汉家营。[2]

林述庆对反清革命的一片热忱及收复汉家河山的热烈憧憬，在这首诗中表现得气势博大、胸怀开展，也与他略显褊狭的为人处世风格，形成了鲜明对照。诗中舒展的意象、典雅的辞章，也不似战地的产物，让人难以相信，在倥偬岁月中，林氏胸中尚有如此浓郁的诗意。他把征战的实景与豪情，发为写实又空灵的文字，让后人在寻找历史痕迹时，有了一份可信的参照。

林徐内讧

江浙联军进城后，各种矛盾与冲突凸显，尤其林述庆与徐绍

---

1 林述庆：《江左用兵记》（续三），载《建国月刊》第十六卷第五期（1937），9页。
2 林述庆：《入江宁城口占》，载叶楚伧主编：《革命诗文选》，439页。

桢的不合，不仅没有因为胜利的到来而被冲淡，反而由于更加露骨的争权夺利，变得不可收拾了。在付出无数生命的代价后，革命露出了真面孔，要比流血更为残酷。

林述庆入城后，沿着城内通衢大道，直奔两江总督署。将近一个月后，孙中山在这里就任临时大总统。在西花厅安顿下来，林氏所做的第一件事就是给各大报馆、各省军政府发去通电，报告占领南京的捷讯。电仅寥寥数语：

镇军本晨十时夺南京城，刻已进城门。谨闻。述庆。1

林述庆最大的失误，在于他不受联军总司令部节制，单独行动入城后，还发了这么个报捷电。镇军由太平门开进南京，渐次控制了总督署、大清银行及电报局，才派人分赴朝阳门、神策门外，将入城消息通报徐绍桢及各军。总司令部闻讯，立即从马群开拔，入城时天已黄昏。与此同时，江浙联军中的沪军、苏军分别由仪凤门和聚宝门涌入，浙军因沿途搜查地雷，次日才从朝阳门迟迟进城。徐绍桢大为光火，林述庆这种无组织、无纪律的行为，使联军行动未能协调一致，而他擅自拍发告捷电，对于统一中外视听，尤有妨碍。此外，镇军占据总督署后，在门口挂起"林都督行辕"牌子，林氏自称"宁军都督"，并以该名义张贴安民告示，颇有占山为王之嫌。

徐绍桢率部入城后，两江总督署内的房屋，均已被镇军占用，总司令部人员几无立足之处，只得暂住在督署后二堂内，处境十分尴尬。接下来，为安排驻地及分配食宿用具等事宜，总司令部

---

1 林述庆：《江左用兵记》（续三），载《建国月刊》第十六卷第五期（1937），9页。

警卫队与林述庆卫队发生争执，双方互不相让，荷枪实弹对峙，差一点要动武。但是，徐绍桢毕竟是老辣政客，在见识和器量上胜了林述庆一筹。次日，他下令部属迁往位于劝业场的省咨议局，把那里作为总司令部的行辕。这一下，林氏所作所为的负面影响扩大，林述庆十分被动了。

林述庆与徐绍桢争当都督一事，迅速传到上海，已辞去湖北民军总司令的黄兴，这时刚刚由武汉抵沪，一方面听到南京光复的消息，十分欣喜，一方面风闻林、徐意见不合闹得不可开交，深为忧虑。黄兴乃与陈其美、宋教仁等合议，想出个两全之策。当晚，他们联名给南京各军诸将领发去急电，推举林述庆为临淮北伐总司令，候命率部北上中原、进取京师；并与徐绍桢单独商量，请他担任援鄂军总司令，克日出征武汉前线。这意味着，江浙联军在无形中解散，林述庆和徐绍桢各不相属，都得重新招兵买马。

林述庆虽未如愿当上江苏都督，但手下还有一支强大的镇军，可以驰骋疆场，开辟新事业；徐绍桢的第九镇已经瓦解，他成了一个光杆司令，怏怏回到上海，心情恶劣。于是，他动了与林述庆算总账的念头。当然，还要加上在林背后出谋划策的军师陶骏保。

摆平林述庆、徐绍桢以后，为了防止再生枝节，黄兴等人又以同盟会名义，请出宣布脱离清廷的江苏巡抚程德全，由他出任都督。因南京已定为民国首都，新组建的江苏都督府就在程的驻地苏州自立门户。这样，南京局势看起来稳定了，革命党人奋斗牺牲夺来的天下，让一个前清官僚做主人，革命者却成了陪衬的风景，这岂不是又一出悲剧的开始？

林述庆占据的两江总督署，上溯五十年，就是洪秀全的太平天国天王府，往后便是1912年成立的南京临时政府驻地了。孙中山的大总统办公处，就设在林述庆也住过几天的西花厅，此处挂过"林都督行辕"的牌子，有老照片可以为证。孙中山在总统府中生活办公，仅仅三个多月，南北议和达成后，他宣布下野，离开南京，由黄兴担任南京留守，负责维持地面秩序、整理裁撤军队。留守府仍设原总统府，到同年初夏，寄希望于南北合作、建设共和的黄兴，意兴阑珊，通电辞职，也带走了最后一丝革命气息。

据担任过联军总司令部参谋的王时泽回忆，在留守府时期，有一次他与黄兴闲谈，涉及"林述庆与徐绍桢孰优"的话题。在他看来，徐绍桢每餐饮酒时，必举杯高呼"大总统、大元帅万岁！"，表现出对孙、黄两位领袖一片忠诚。黄兴听闻此言，却不以为然，说："徐的这种举动是官僚作风，他参加革命是被迫的。林虽性躁欠含蓄，但是忠实的同志。"[1]

由此一语，可见黄兴知人之明，且对林述庆有相当了解。但说这话时，林氏已被排斥出南京军界，回福州老家赋闲了。

林述庆与徐绍桢因为争夺江苏都督而彻底闹翻，直到不久之后，镇军参谋长陶骏保被枪决，两人的恩仇才告一段落。从出身来说，陶、林是徐绍桢在总办福建武备学堂时的下级与门生，以后陶氏在第九镇获得显职，林氏投军后擢升到管带，都是徐氏亲自照拂的结果。但是，在新军举义期间，徐、林之间师生反目，上下背离；在会攻金陵过程中，陶、林两人又设置种种障碍、发表数封通电，使徐陷于被动难堪地步，落到今天下场。在徐绍桢

---

[1] 王时泽：《辛亥组织海军陆战队会攻南京和北伐经过》，载《湖南文史资料选辑》第三辑，210页。

看来，这是知恩不报、有悖人伦且落井下石的行径。不复此仇，岂解心头之恨？

12月13日下午，江浙联军攻克南京后第十一天，陶骏保在上海沪军都督府内被诱杀，罪名是扣留联军弹药、贪污缴获银两等。据执行枪决的沪军都督府卫队长郭汉章称：当时陶骏保乘坐马车，身穿一件新狐皮袍，来拜访邀他开会的陈其美，毫无戒备，在客厅中稍坐，即被执法处宣布罪状；陶氏大呼冤枉不止，执行时以布袋覆其面，连打十三枪，才告毙命。

陶骏保不死于疆场，而亡命于同志之手，悲矣惨哉！

解决了陶骏保后，陈其美即派手下驰往跑马厅三泰旅馆"捉拿要犯"林述庆。当郭汉章带人赶到其下榻的二十一号房间，林已闻讯，慌忙逃走。他也是被通知来赴会的，因为迟到一步而躲过一劫。在得知"林已远飏"之后，沪军都督府执法队又到车站、码头等处追捕，未有所获。[1] 原来，机智灵活的林述庆，悄悄登上镇军控制的一艘军舰，只身逃回了镇江。

身为临淮北伐军总司令的林氏，因南北议和达成在即，已无实际任务，与徐绍桢交恶至此，在苏省军界也无法立足，于是赴宁面见黄兴，请求裁撤其职。有关记载云："黄兴坚持不允，慰勉有加。林述庆留南京三日，遂返镇江。"[2]

黄兴的意思，还是要林述庆继续率领革命队伍。但因为饷械难筹，加以部下第二军军长徐宝山兵变，林只好辞职下野。十几天后，中华民国宣告成立，在临时大总统就职典礼上，除了孙中山宣誓、临时议会代表景耀月致贺词、胡汉民代读就职宣言之外，

---

[1] 郭汉章：《略谈上海光复之役》，载中国人民政治协商会议全国委员会文史资料研究委员会编：《辛亥革命回忆录》第四集，北京：中华书局，1963年，41页。
[2] 毛注青编著：《黄兴年谱长编》，258页。

代表海陆军人致辞者,为统帅江浙联军光复南京的徐绍桢。几天后,徐被任命为南京卫戍总督,这是他跻身民国政坛之始。

死得暗淡

与徐绍桢的飞黄腾达相反,林述庆的人生从此走上下坡路。南京临时政府存在的几个月,他寓居上海,静观局势发展,同时埋头撰写回忆录《江左用兵记》。不久南北议和达成,革命党人各奔东西,他大失所望,郁郁返回福州老家。归乡以后的寂寥心境,从他这年冬日一首示友诗中可见一斑:

> 腊酒香中觅故居,前尘回首梦何如。幸从铁马余生返,红楼青山且读书。[1]

这种恬淡平静的生活,仅持续了几个月就结束了。1912年9月,袁世凯签署、陆军部颁布授衔令,嘉慰数百名辛亥元勋,大有将天下英才全部笼络之概。林述庆与浙江都督朱瑞、安徽都督柏文蔚、仓场总督徐绍桢(未到任)三人,一同被授予陆军中将加上将衔,规格之高、荣誉之大,出乎很多人意料。

这是新政府对林述庆攻克南京、参与创建民国功勋的认可,但也是他个人悲剧命运的前兆。

袁世凯就任临时大总统后,正在招揽南方革命党人到北京做官,对于攻克南京之役中赫赫有名的林述庆,自然十分看重。秋后

---

[1] 林述庆:《示友》,载政协马尾区委员会文史资料委员会编:《马江诗词选》,内部发行,1998年,172页。

不久，北京来电，委林氏以总统府顾问，要求克期赴任。林先是婉辞，接着副总统黎元洪也来电劝驾，其中有"国家多难，蒙事日亟，壮年浩志，幸勿销沈（消沉）"等语，请他"再为国立功"。[1]

林氏在家闲居无聊，又是血气方刚的年龄，甚想有所作为，于是欣然启程。一路山高路远，抵达京城后，各界都以能够一睹这位传奇英雄为荣。在陆军学会本部于11月3日召开的欢迎大会上，会长魏宗瀚的致辞热情洋溢，称他为"开创民国之一大伟人，学问道德同人素所景仰"。[2]

及谒见袁世凯，宾主交谈甚洽，但当林氏提到收复蒙古这一热点问题并坚决主战时，袁氏露出不悦之色，谈话就此匆匆结束。与政府部门几次交道打下来，林述庆这才恍然大悟，所谓总统府顾问，其实是无事可做的闲差，袁世凯对南方革命党不放心，不过借此羁縻党人中富有声望者，便于就近监督，防止其兴师作乱而已。

转年是1913年，3月20日，时任国民党代理理事长宋教仁在上海被刺，南方舆论哗然，指责北京政府为了政争而买凶杀人，孙中山则号召国民党人兴师讨伐袁世凯。南北再度失和，眼看将有一战。就是在这种气氛里，林述庆莫名其妙地身亡。根据国民党官史的记载，当南北局势紧张时，林氏曾公开表示，要召集旧部再举革命，为宋教仁讨还公道；袁世凯得到密报后，授意秘书长梁士诒于将校俱乐部宴请林述庆等人，席间暗在酒中下毒。林氏中计，六天后即4月16日，死于西城山本医院。

当年上海出版的《国民杂志》，也曾刊登《林述庆君逝世记》

---

[1] 蔡东藩、许厪父：《民国演义》，上海：上海文化出版社，1983年，168页。
[2] 《欢迎林述庆先生记事》，载《军事月报》1912年第2期，10页。

一文,暗示林氏死于政治谋杀:

> 临终时,孙毓筠君在侧,先生(按指林述庆)执孙君手痛言国势之危险,谓"我只做了半个人",言次大哭,并请其遍告同志努力支持,无一语及私而瞑。[1]

国民党广东支部主办的《民谊》杂志,则断定林氏是袁世凯专制的直接受害者:"林君之死,必然食毒物所制之品无疑;总之,政府杀人之手段日日进步,日日恶毒。"这篇题为《刺宋声中林述庆》的文章,对于林述庆之死记录甚为详尽,有林氏赴梁士诒宴请的经过,有某报记者探访锡拉胡同林家的见闻,也有对痘症传染性及食物中毒的分析比较。同时,对官方宣称的林述庆死于"传染痘症",提出质问:

> 敢问林君之传染病从何处传染而来?抑从将校俱乐部中传染来者,则将校俱乐部中未闻有一人患此痘症者;抑从梁士诒身上传来者,则梁士诒未尝患此传染痘症;天然传染之症,无择人而传染之特性,不传染多数将校俱乐部中人,独传染林君一人,何也?[2]

《民谊》如此大胆直言,当然为政府所不容,它办到第九号,就随着二次革命的失败终刊了。

与此同时,北京政府也在积极运作,掩盖事情真相。收治林

---

1 《林述庆君逝世记》,载《国民杂志》1913年第2期,122页。
2 京函:《刺宋声中林述庆》,载《民谊》1913年第7号,3—5页。

述庆的山本医院，在《中西医学报》上，公布了一份《林述庆先生病历志》，想来系应命而为。对于林的死因，解释是"恶性出血性痘疮"。[1]

这个结论，使得林案进一步为迷雾所笼罩。当时的大部分报刊，虽然多为袁世凯、梁士诒辩解，但林述庆死后七窍流血、全身变黑确是事实。几经周折调查，还是不明不白，成了历史上一桩悬案。

说来也巧，为林述庆诊治的这位医师，就是后来与鲁迅交好的山本忠孝。此人曾留学德国，获医学博士学位，1911年起在北京行医。自1920年夏至1926年鲁迅离开北京，两人关系十分密切，鲁迅的家人也常来这所医院看病，这在《鲁迅日记》中都有记载。山本医院位于西城旧刑部街上，20世纪50年代拓宽西长安街时，这条向西穿过南河沿、直对西城墙的小土街尽被拆除，民族文化宫、民族饭店就是在这条街的都察院旧址上建成的。

林述庆的短暂一生，除了见于其自撰诗文，著名翻译家林纾（字琴南）的名作《金陵秋》亦足一观。林述庆与林纾是福建闽侯同乡，两人1913年初结交于北京。当时林纾寓居京城宣南，自号春觉斋主人，以卖文卖画为生，林述庆卜居东城锡拉胡同，恰想做一点学问，借以打发时光。林述庆因而时常登门请教，被纳为入室弟子，相从数月。林述庆不幸暴亡后，林纾以攻克南京之役为题材，写成了一部最早的反映辛亥革命的章回小说。在《〈金陵秋〉缘起》一文中，他记述此书写作经过时说：

> 生（林纾自称）奔哭其家，幼子甫二岁，夫人缟素出拜，

---

[1] 德国医学博士山本忠孝：《林述庆先生病历志》，载《中西医学报》第三卷第十期（1913年5月），1—3页。

以将军军中日记四卷见授,言亡夫生平战迹悉在其中。读之文字甚简朴。生告夫人,此书恐不足以传后,老朽当即日记中所有者,编为小说,或足行诸海内。[1]

言其在林述庆家中得到军中日记,也即《江左用兵记》手稿。随后,林夫人陈慕志扶柩南归,葬其夫于福州长乐筹岐山北麓。随后一个月时间里,林纾奋笔疾书,完成了《金陵秋》这个波澜起伏的大故事。读此书,念斯人,林述庆的英武形象及民国先驱奋斗的血泪如在眼前;联想林氏生之伟大、死之暗淡,又不禁为这位英雄人物慨叹再三。

下篇　何海鸣得意之诗

谁云孺子仅能文,慷慨陈师义薄云。脱去青衫披战甲,书生马上作将军。

——何海鸣

乱世豪杰

时光又往前走了几个月,到了1913年夏天,二次革命爆发,国民党人发起讨伐袁世凯之役,南京再次成了战场。不过这回主角变了,一个名叫何海鸣的新闻记者,在这里登上历史舞台。这位乱世豪杰虽出处不显,却自称江苏讨袁军总司令,统领一班人

---

[1] 林纾:《〈金陵秋〉缘起》,载氏著、林薇选编:《畏庐小品》,北京:北京出版社,1998年,191页。

马与南下北洋军血战了二十多天，由此名载史册。征战期间他也作有两首战地诗，一时流传很广，与前记林述庆的诗作，堪称双璧。

他们所咏的征尘情怀，虽然都发生在六朝古都的金陵，但一是攻城、一是守城，背景各不相同。何海鸣的诗与经历，从一个侧面反映了民初政治纷争中，一部分南方革命党人的心路历程。

何海鸣本是个地道文人，清末时他在湖北与詹大悲创办《大江报》，以言论大胆、公开鼓吹革命扬名报界；民国初年，到上海做了国民党机关报《民权报》的主笔，又以文字尖刻、声调激昂、敢于向袁世凯叫板而令全国瞩目。怎么到了这会儿，摇身一变，成为江苏讨袁军总司令了呢？说起来也是一段奇闻。

二次革命的导火线，是1913年春发生的国民党代理理事长宋教仁被刺案。在年初举行的国会选举中，由同盟会联合统一共和党等改组而成的国民党，获得参众两院近一半议席，成了第一大党。宋教仁力主政党内阁，与大总统分权，深为袁世凯忌恨。3月20日晚，他在上海火车站被刺客连打三枪，击中要害，两日后身亡。宋案的解决，是武力抗争还是诉诸法律？国民党内部存在激烈分歧。就在孙中山、黄兴两派争论不休时，北京政府未经国会批准，与西方五国银行团签订了两千五百万英镑的"善后大借款"，此举遭到国民党反对，湘粤赣皖四省都督通电要求"立罢前议"、取消借款，受到袁世凯明令训斥。一时间，南北文电交驰、剑拔弩张，大有不可收拾之势。武力进占南方各省，袁世凯谋划已久，而在危急关头，革命党人却举棋不定，错失了良机。

随着南北关系恶化，粤赣皖三省国民党都督胡汉民、李烈钧、柏文蔚均被撤职，各省党人这才响应孙中山号召，兴师讨伐袁世凯。7月12日拂晓，李烈钧集结旧部，在江西湖口要塞打响第一枪,三天后,黄兴在南京就任江苏讨袁军总司令,宣布独立,二次革命由此揭开了帷幕。

黄兴主持江苏讨袁,主要倚重卫戍南京的陆军第八师和江苏第一师,尤其第八师是广西新军的老底子,兵强械精、能征善战,师长陈之骥及高级军官袁华选、黄恺元、王孝缜、李浚等,都是毕业于日本陆军士官学校的老同盟会会员。但是,国民党内部意见、号令不统一,江苏的讨袁之役打响不久,即呈败象。由于内外交困、饷械两空,苏北战线坚守到第七天,就已全面崩溃。

在这种情况下,黄兴无意再战,乃从南京出走,亡命东瀛。随后,讨袁军秘书长章士钊、前临时政府陆军部副官长何成浚陆续离宁赴沪,销声匿迹;讨袁军第一师师长章梓、第三师师长冷遹和前临时政府兵站总监赵正平等人,不久也陆续逃亡日本。只有第八师的革命官兵,不愿取消独立讨袁。

这一下,江苏的讨袁局面在分崩离析的同时,又孕育着诸多不确定因素。南京城内三军无主、乱作一团,预示着将有大事发生。

到7月底,李烈钧在江西匆忙组织起来的讨袁军,抵挡不住南下北洋军李纯部的猛烈进攻,节节溃退到湘赣边界,也告解体。广东、福建、湖南、安徽、四川,原属国民党阵营的几块地盘,在北京政府的政治攻势下,都纷纷瓦解了。随后,袁世凯任命冯国璋为江淮宣抚使、张勋为江北宣抚使,急令两人各统北洋第二军和武卫军从速南下、合围南京。冯军占领徐州后,整修铁路、调集粮草弹药,准备向南推进;张勋的辫子军也越过山东边境,绕道扬州,向长江南岸赶来。

8月初,南京城潮热难当,梅雨天气在7月底结束后,气温一路攀升,连续十来天,正午达到三十八九度。署名"雪山"者,在一篇报道中举自己为例,描写8月18日南京的天气:一连数

日,城中天气甚炎热,他外出办事,适当午间,无处觅车,只得步行抵寓,回家时已通体汗下。由此他感慨道:

> 念彼战场中人,不知其苦况又如何。而今岁自战端启后,天气之酷热,直为五年来所未有。彼平民脱手空行,尚且汗气熏蒸,兵士背负背囊、腰围子弹、手提步枪,往来于赤日之下,不知彼辈果何为而出乎此。[1]

有国民党背景的《民权报》主笔何海鸣,就是在这种情形下来到南京的,一同进城的,还有个名叫韩恢的国民党活跃分子。韩恢早年是新军第九镇一名下级军官,曾在攻打雨花台之役中做敢死队员,其后与苏省江湖会党多有联系,对南京军警界也很熟悉。在此之前,何、韩二人,对孙中山让位于袁世凯不满,在上海召集一些退伍军人及无业同党,组织了一个"铁血监视团",以监督北京政府为己任,声称袁氏如敢背叛革命,"同人等一致进行,誓以铁血相见"。[2] 宋教仁案发生后,他们发动该团一百多人攻打上海制造局,因守备森严,未能得手。事后,何氏投靠江西都督李烈钧、韩氏逃到苏北泗阳老家,躲避风头。

直到二次革命兴起,何、韩两人在上海聚首,得知南京取消独立消息,决定星夜束装由沪赴宁,乱世中的豪杰应运而生了。

何海鸣、韩恢潜入南京时,正值黄兴弃职出走不几日。此前,江苏都督程德全、民政长应德闳也避往上海,城内秩序由军队暂时维护。驻守南京的陆军第八师和江苏第一师官兵,原是讨袁军

---

[1] 雪山:《金陵围城杂记》,载《时报》1913年9月20日。
[2] 朱宗震:《真假共和(下):1913·中国宪政实验的困境与挫折》,太原:山西人民出版社,2008年,165页。

主力，本来就对取消独立不满，加上袁世凯已明令南下北洋军如何处置"叛军"："凡遇有自称取消独立之军队，必勒令缴械，给资遣散，诛其渠魁。倘借口取消，持械观望，仍以叛军论，勿稍姑息为要。"这意味着参加过第一次独立的军官，均在被撤职查办之列。走投无路的士兵们，更加惶恐不安。

何海鸣在《金陵纪战》中描述当时的情况说：

> 兵无统率，徒使许多热血之健儿，于沙场上频回其首，含有恋战之意以返南京……
>
> 第八师已全由阵地开回，第一师悉数在城……兵士以无端停战，而克强（按黄兴）等又无端出走，均莫明此中奥窔。[1]

在这当儿，革命官兵听说韩恢和一国民党大人物入城，都以为是孙中山派来的代表，第一师的中下级军官纷纷要求何、韩率领众人，重树独立讨袁大旗，好为大家寻个出路。何海鸣身穿学生装，留着西洋头，目光尖利、嘴阔唇厚，右手无名指上还戴一枚金戒指，一看就是个革命党。但他果真是孙中山或者黄兴派来的么？非也。何氏后来解释说：

> 一般国民在南京二次、三次独立之时，亦莫不曰此国民党诸大伟人所为也，何海鸣必即黄兴所派往者也。其至南京时，不知得国民党许多金钱，始克运动至此。其实，则予单独之行动也。[2]

---

1 何海鸣：《金陵纪战》，载朱宗震、杨光辉等编：《民初政争与二次革命》下编，上海：上海人民出版社，1983年，590—591页。
2 《何海鸣致报界述困守南京情形函》，载《时报》1913年9月22日。

可见，何海鸣这次来宁举事，并非组织派遣，而是个人行为。但他对自己的孙中山代表头衔，不置可否。南京做过中华民国临时政府首都，在这里，这个头衔比任何身份都有号召力。

书生将军

乘着金陵空虚，敢想敢干的何海鸣，要把江苏的独立局面再恢复起来。用他自己在《金陵纪战》中的话来说，就是：

> 予无他长，不畏死，且天生大胆而已。此或亦他人所弗及予者。[1]

当日，何海鸣与韩恢由南京仪凤门入城，径奔花牌楼街一拳石印刷所，与党人会面。其后几天，辗转第一旅馆、中西旅馆、招商旅馆及兴华旅馆，密约第一师中下级军官，商议讨袁大计。运动军队需要本钱，何氏等人两手空空，又没有国民党组织上的援助，一时哪来款项？这次来宁，他们仅携军用钞票十余箱，根本不足以应急，只能由何"即修函告上海国民党中要人，请速预备"[2]，并承诺凡参加起义之士兵，除了发给前三月欠饷，此后每月加发双饷。

何海鸣初入南京城时，与众军官会面的这些旅馆，旧址无存，倒是花牌楼，直到20世纪30年代扩建马路时才拆除，至今还有迹可寻，其位置在今南京秦淮区太平南路的南段。国民党开府南京时期，这条街上旧书业十分发达，阿英、黄裳、郑振铎等名家

---

[1] 何海鸣：《金陵纪战》，载朱宗震、杨光辉等编：《民初政争与二次革命》（下编），588页。
[2] 何海鸣：《金陵纪战》，载朱宗震、杨光辉等编：《民初政争与二次革命》（下编），591页。

的许多藏书,都是从这里搜得的。

只用了几天工夫,何海鸣、韩恢发动了一百余人作为骨干,所掌握的军队,除了作为起义基本力量的第一师,还有从安庆退到南京的安徽卫戍团残部、江北讨袁军司令钱通掌握的一部分人马,这些军队均愿意听候调遣。一切准备就绪后,众人在城内门帘桥大观楼成立江苏讨袁军临时司令部,推举何海鸣为总司令。

8月8日子夜时分,位于太平门外西北的富贵山炮台上一声炮响,一片混乱当中,何海鸣、韩恢由卫戍团一队官兵开道,宪兵练习所一班士官护送,被拥到空荡荡的江苏都督府里,宣布"卷土重来,恢复独立"。[1] 上海《时报》报道称:

> 其时,都督府门首高悬讨袁军总司令部大旗,街市遍贴讨袁军总司令何告示,宣布独立。城北居民扶老携幼出逃,四城已闭,商店闭市。此次一种惶恐之态,迥非第一次独立时可比。[2]

都督府内,原来设有第一师司令部,程德全出走上海时,委托师长杜淮川代行都督,但杜氏胆小怕事,炮台当夜发炮后,就出城回避。只有第八师闻警全数出动,该师师长陈之骥很为难,他是国民党员,又是冯国璋的女婿,在黄兴的压力下,勉强参加了第一次独立,现在黄兴一甩手走了,部下激愤难平,他该怎么办呢?

多年后,陈之骥在一篇回忆文章中称:当时,身为拱卫南京的军事长官,他不愿城内再出乱子,更不能容忍"浪人""不法痞

---

[1]《南京独立布告》,载《时报》1913年8月11日。
[2]《南京第二次独立》,载《时报》1913年8月12日。

徒"何海鸣煽动军队造反,"乘机猎取功名";况且,第八师的主力(一个混成团)刚从蚌埠撤下来,他以为有此孤军,尚可背城一战,"同时还希望黄兴在上海或能派遣其援军前来接应,以阻止冯、张两军越过长江。"[1]

陈之骥下令全师人马悉数出动,分守各城门及街道要隘,严加戒备,并贴出一纸六言韵示,明确表示反对第二次独立。当了解到革命党人的实力有限,便派出以北方士兵为主的三十团第三营,把何海鸣等二十人抓了起来,申明二次独立已被取消,所有维持地方秩序的事务由第八师完全担负。次日,当得知冯国璋已沿津浦路抵达安徽固镇,他急忙乘船过江,迎候接洽。

但是,驻守师部的二十九团中湖南人居多,与何海鸣有同乡之谊,革命热情极高,师长一出城,便鼓噪起来,从追索欠饷很快演成一场兵变。该团官兵将何海鸣等释放,再次入主都督府。

这天下午,署有何海鸣大名、宣布江苏第三次独立的布告,贴遍了南京的大街小巷,内称:

> 袁逆世凯,违反共和,黄总司令兴宣布独立于前,为程贼德全破坏,本司令重行宣布于后,又为陈贼之骥所推翻。……本司令承各军士推戴,仍任临时总司令。[2]

第八师的高级军官们纷纷出逃,南京又成了革命党的天下。袁世凯闻讯震怒,发布进军南京电,命令冯国璋、张勋兵分两路迅速前进,会合夹击金陵城。北洋军兵力雄厚、武器精良,南京城内

---

[1] 陈之骥:《参加二次革命的回忆》,载中国人民政治协商会议全国委员会文史资料研究委员会编:《辛亥革命回忆录》第六集,311 页。

[2] 《何海鸣再次独立布告》(1913 年 8 月 11 日下午 4 时),载《民权报》1913 年 8 月 14 日。

举义的军队,第八师不足五千人,第一师、军警及新兵数营加起来也不过八九千人,缺乏充裕的饷械,而且内讧不止。如此困守围城、孤军奋战,显然支撑不了多久。

何海鸣把这个场面接过来、干下去,只是凭着满腔热忱。

南京城墙,是用巨大的灰砖浇灌石灰、桐油及糯米汁而砌成的,全长三十四公里,最高处超过二十米,城门及瓮城达十余座,堪称史上城池之最。在冷兵器时代,明城墙是难以逾越的障碍,时过境迁,面对北洋军的长枪大炮,讨袁军能守住么?

8月14日,即开战前一天,在一干将领陪同下,何海鸣一早巡查了城防。由一面上书"何"字的大旗引路,他从太平门瓮城上了城墙,查看了凤仪门、挹江门、朝阳门等城门的兵力布置,最后停在安徽卫戍团驻扎的汉西门,一边歇脚,一边凭着垛口眺望。紫金山、幕府山、栖霞山虎踞远郊,富贵山、清凉山、狮子山盘绕城外,四野地形尽收眼底。汉西门系南京当时的水陆码头,由两座瓮城、三通城门组成,门外秦淮河与长江在不远处汇合。

辛亥革命江浙联军会攻南京之役,当林述庆镇军兵临城下时,张勋就是从这里出城北窜,逃到徐州。袁世凯就任大总统后,张勋所部改称武卫前军,驻扎兖州,为表示仍效忠清室,全军仍留发辫,人称"辫子军"。如今,他杀个回马枪,要报当年一箭之仇。

历经百年风雨,汉西门城楼已毁,门洞今犹存在,瓮城于1996年改建为文化休闲场所,并立《新建汉中门广场碑记》,但碑文对二次革命往事一字未提,实为憾事。一百多年前的这天早晨,何海鸣在城墙上凝望远山近岭时兴致颇佳,口占二首七言绝句,其中一首云:

谁云孺子仅能文,慷慨陈师义薄云。脱却青衫披战甲,书生上马作将军。[1]

显然，何氏要在南京大干一场，给国民党要人看看，但他毕竟一介书生，昧于军事，所凭借的除了这一股豪气，还有革命官兵不服输的勇气。他能打胜么？

报人生涯

说到此处，还需把何海鸣的身世与经历略作交代，我们才能明白，他一个昨日还在报上喊打叫杀的文人，在一夜之间，为何有资格、有胆量指挥千军万马了。

何氏是湖南衡阳一个大户人家的独苗子，晚年写小说时署名"衡阳一雁"即源于此。童年时随祖父习四书五经，少年入当地高等小学读新学，及长，负笈武昌，考进著名的两湖书院深造。这本是官宦子弟的一条顺途，未料中起波澜，在湖北游宦的父亲忽然病亡，母亲也随之见背，这对一个十五六岁孩子的打击可以想见。何海鸣性格孤僻倔强，写文章激昂慷慨，与此大有关系。

由于学费中断，他只得从两湖书院退学，一时无路可走，便投到新军第八镇二十一混成协（旅）四十一标（团），当了一名下士学兵——那年他不过十七岁。该协统领，就是在武昌起义中被推举为都督的黎元洪。何氏在《求幸福斋随笔》中自述：

> 予服军役一年余，亦粗知兵；因读阐扬社会主义之书，

---

[1] 转引自郑逸梅：《破宋案有功之何海鸣》，载氏著《人物品藻录》，北京：知识产权出版社，2014年，40页。

遂弃兵籍……又慨夫时势所必需，天职之所在，遂终以军人自居。[1]

说他在湖北新军中当兵一年多，对打仗的事多少知道些，后来因为在营中读宣传社会主义的书籍，被迫退伍。但在这乱世里，他始终以军人自居，为的是能为挽救社会出一份力。这段自述表明，这段军旅生涯，对何氏一生影响很大。

新军第八镇里，青年学子云集，多半队官通理文墨，士兵中也有不少秀士，何海鸣擅长文章，又能说会道，不到一年工夫，由下士学兵升至营前队（连）伍长兼司书帮写。他与军中反清社团发生联系，受到革命思想洗礼，也是从给汉口各报投稿开始的。这些文章立论大胆、富于革命性，被长官认为用语叛逆，且有在军中谋变之嫌，对他大加训斥。

宣统元年（1909）春，同盟会会员、安徽新军下级军官熊成基策动兵变，失败被杀，新军中加紧检举革命分子，何因与报馆多有往来，被勒令退伍。此时，他已加入了新军中的秘密团体群治学社、文学社，与革命党人蒋翊武、刘复基、詹大悲相从甚密，退伍后便改行做了报人，先后在汉口《商务报》《大江报》任职，传播革命思潮。

何海鸣性格火暴，说话咄咄逼人，做事也有股子不知天高地厚的猛劲。任《商务报》主笔不久，便惹了两场祸：一是有次拥护清廷铁路国有化政策的名人杨度路过汉口，他动员了一群学生把杨的住处水电公司包围起来，打人闹事；二是英国水兵打死人力车夫吴阿狗，引起公愤，他在报上刊登反英言论，结果该报馆

---

[1] 何海鸣：《求幸福斋随笔》，上海：上海书店出版社，1997年，17页。

被逐出租界，停止出版。

何海鸣就此失业，找了份工作，担任商业补习学校的夜间国文教习，但每月只有八元大洋，不够吃用，便又托上海朋友推举，先后兼充沪上《天铎报》（主笔为陈布雷）及于右任创办的《神州日报》《民呼日报》《民吁日报》的汉口访员，月酬四元到六元不等。何氏是如何与上海革命党人搭上线的？据他在《我的报人史》一文中说，退伍后他曾两次赴上海，在文学社社长蒋翊武介绍下，认识了姚勇忱、陈独秀、陈其美等人，这也是何与同盟会结缘之始。

《大江报》创刊后，詹大悲与何海鸣分任总、副主笔，前后设在歆生路、董家巷的报馆很快成了革命党人的秘密大本营，从海外归来的居正、国学大师黄侃、共进会负责人孙武、主持文学社的蒋翊武及武昌起义三烈士之一刘复基等，都是这里的常客。到1911年7月，因《大江报》上连续刊登《亡中国者和平也》《大乱者救中国之妙药也》等时评，酿成震动全国的"《大江报》案"，何海鸣与詹大悲均被判处监禁一年半。

据何自述，入狱后，礼智司巡检署差人谢某向他索取"例规"，他"饱以老拳"相抗争，狱卒群起而殴之，差点丧了命，改押到新卡，才躲过一劫。[1] 直到武昌起义次日，詹、何才由党人营救出来，分任汉口军政分府主任及参谋处长，在保卫武汉三镇的作战中，发挥了重要作用。时人说"辛亥革命，是报馆鼓吹起来的"，就是对何海鸣等人的赞言。[2]

转眼间民国甫将成立，詹大悲、何海鸣以武昌军政府临时代

---

[1] 何海鸣：《吾与报》，载《社会日报》编辑部：《社会日报纪念专刊》，上海：《社会日报》发行部，1934年，14页。

[2] 蔡寄鸥：《武汉新闻史》。转引自杨光辉等编：《中国近代报刊发展概况》，北京：新华出版社，1986年，475页。

表名义，在上海、南京盘桓多时，而临时政府组阁时，对湖北党人持排斥心理，詹、何怏怏转回武汉，恢复《大江报》，继续他们的报人生活。但时运不佳，仅过了几个月，因对同盟会表示同情，所发言论攻击黎元洪为理事长的共和党，同时揭露湖北军政界腐败等，为副总统兼领湖北都督的黎氏所不喜，黎竟下乱命，派其侦缉队长黄祯祥率员到报馆抓捕何海鸣，"就地正法"。何氏在《吾与报》一文中回忆，亏得自己机灵，"以匿马号中得免，即搭轮赴上海"。[1]

据何海鸣说，他被黎元洪下令通缉，逃到上海后，进了戴天仇（季陶）主持的《民权报》，任主笔。他撰写的评论，代表国民党激进派，宣扬监督北京政府、不向北方妥协的主张。此时，《民权报》馆里，聚集着不少文坛上的才人，如蒋著超、李定夷、徐枕亚、高冠吾等，被视为鸳鸯蝴蝶派大本营的《小说丛报》月刊即酝酿于此。除了《民权报》戴季陶，民党报纸中，还有几个后来从政做了大官的，如《民立报》于右任、邵力子，《中华民报》邓家彦，《民国新闻》邵元冲等。

何海鸣曾回忆，民国二年（1913）初夏，他与邵元冲"同膺江西都督李协和（按即李烈钧）兄之聘，自申同舟往南昌，又同任顾问兼秘书之命，在一室办事"。[2] 有趣的是，后来官至南京国民政府立法院副院长、国民党中央宣传委员会主任委员的邵氏，这时正与其后来的夫人张默君谈恋爱，在办公室里，何氏见他有时低回叹气，有时偷弹冷泪，并且每天作一长函，付之邮筒，甚为不解。最后终于明白，这位绍兴才子，"所洒者为相思之别泪，所

---

[1] 何海鸣：《吾与报》，载《社会日报》编辑部：《社会日报纪念专刊》，15页。
[2] 何海鸣：《吾与报》，载《社会日报》编辑部：《社会日报纪念专刊》，16页。

寄者为两地之情书也"。[1]

何海鸣没有赶上李烈钧在江西湖口发动讨袁起义，打响二次革命第一枪。7月12日湖口起义这天，何海鸣已回到上海，接替被捕的工党领袖徐企文，担任铁血监视团团长。几天后，黄兴也在南京起事，就任江苏讨袁军总司令，这标志着二次革命的战火在南方熊熊燃烧起来。这场短暂的暴动，给何海鸣的命运带来了新的转机，使他变成一个标准的乱世豪杰。

血战金陵

1913年8月15日，张勋率部开到南京，遇到的第一只拦路虎，还是当年江浙联军拼了死力拿下的天保城。驻守炮台的第八师二十九团工程营，与辫子军争夺这一天险，一日之间，三失三得，战事吃紧时，何海鸣亲临阵地视察，鼓舞官兵冒死冲锋，终于将城夺回。据张勋向北京报告，当日辫子军伤亡官兵大约二百余人。随后，张勋又分兵向太平门、雨花台猛扑，也未得逞，于是传令暂缓进击，在尧化门外扎驻营盘，等待冯国璋增援。

几天后，冯国璋先头部队与张勋会合，集中兵力向明孝陵、紫金山和太平门一线进攻，来势汹汹、弹如雨下，辫子军组织敢死队，一度占据了紫金山主峰。张勋即通电报捷，扬言"接续进行，宁垣当可不日而下"。[2]

南京是帝王之都，历次南北战争，北方多占优势，何海鸣谙熟这段历史，当然料到自己这次入主金陵凶多吉少，但是明知前景黯

---

[1] 何海鸣：《吾与报》，载《社会日报》编辑部：《社会日报纪念专刊》，13—16页。
[2] 《张勋虚报占领天保城通电》（1913年8月17日），载《亚细亚日报》1913年8月26日。

淡,还要拼命为之,这便是何海鸣与黄兴等国民党人的不同。

当辫子军与北洋军进逼南京时,酷暑的天气和交战的热度都达到了极点。经过几场厮杀,守城者损失很大。据英国路透社访员的统计,开战一周以来,一、八两师伤亡不断增加:

> 中国红十字会南京支会已掩埋兵士八十名,鼓楼红十字医院每日辄昇入伤兵十余人。该院及附近各病室,现共有伤兵一百七十人,且此数大约仅及总数之半。[1]

面对强敌,何海鸣想方设法维系军心坚持下去,不让南京这个摊子散掉。这种固执和高傲,注定了江苏二次革命的局面,最终在他手里见个分晓。

8月19日,当战斗进行到最后关头时,安徽讨袁军总司令柏文蔚率领卫队一营及宪兵约千人,乘坐鱼雷艇"湖鹏"从芜湖驶来增援南京,并转交上海方面奉孙中山之命拨给南京的三千元汇丰银行纸币。说来让何海鸣寒心,这是开战以来,国民党向一、八师官兵提供的唯一一笔"军费"。

南京保卫战期间,革命党人内部争斗不已,尤其何海鸣与江苏临时都督张尧卿的矛盾,已到了你死我活的地步。柏文蔚入城后,前后打了七天仗,为争夺天保城炮台损失了半个团,因城内将领们内讧争权,不得已引身而去。临行前给何海鸣留下一字条,谓"金陵困守,终非久计,弟率八师全部出南门矣"[2],就此不辞而别。这位在国民党中具有号召力的高级将领,从进入南京城那天

---

[1] 路透社电报:标题不详,载《民立报》1913年8月26日。
[2] 《何海鸣致报界述困守南京情形函》(1913年9月),载朱宗震、杨光辉编:《民初政争与二次革命》(下编),818页。

起,就没有坚守下去的信心与愿望,当然不能持久。

但何海鸣仍在坚持,第八师残缺不全的几个团仍在据城坚守,进攻太平门、朝阳门的北洋军,几度推进到城墙根,仍屡被打退。何海鸣最后一次登临紫金山,俯瞰已到强弩之末的金陵城,歌以咏志,就在此时。诗云:

> 落日孤城血影红,江东子弟尽豪雄。将军两日攻天保,立马钟山第一峰。[1]

何氏的自信、自负,还有一点小小的自恋,在诗中表现得淋漓尽致,同时也透露出奋勇杀敌的书生意气,面对强敌拼死血战的凄凉心境。他知道自己不能免于一败,但要看到最后的结局。次日,天保城落入敌手。

令人感叹的是,当时孙中山、黄兴以下,革命党中不乏战将,在宁沪一带,陈其美、谭人凤、居正、钮永建、黄郛等,皆能独当一面,为何让何海鸣一个文士舞刀弄枪、孤军奋战呢?二次革命中,国民党内部混乱、矛盾重重,缺乏统一组织和计划,由此可见一斑。

南京的结局很简单,到9月1日,北洋军沿袭当年湘军对付太平军的老战法,在太平门外包山墙掘地道、埋炸药,一声巨响炸开城墙,大股兵队汹涌而入。何海鸣率着残部退到雨花台,几路兵马会合于此,加起来还有近千人,这是讨袁军最后的本钱了。当天,雨花台附近枪弹横飞、炮声大作,尽管凭借有利地形击退了敌军多次进攻,天近黄昏时,各团向何海鸣报告人数,均已死伤过半。

---

[1] 转引自郑逸梅:《破宋案有功之何海鸣》,载氏著《人物品藻录》,40页。

大势已去，何氏仍要厮杀到底，《民权报》这样描述当时情形：

> 至一开阔地，何都督身后之卫兵、差遣等十余人，已大半为敌机关枪击毙，何都督浑身是血，跌于山坡之下。众兵以为都督受伤，争来扶掖，何都督一跃而起，犹呼前进勿绝。当手斫一退后之兵，抵死前进，直至伤亡殆尽，仅剩有二个伤兵，拼死将何都督掖回雨花台休息。[1]

雨花台在聚宝门（今中华门）外，山岗上松柏环抱，永宁寺旁的木末风高，是金陵四十八景之一，也是游览南京必往之地。何海鸣在这里拼杀时，恐怕想不到如此胜地，以后将沦为刑场，又辟为革命烈士陵园，供后人漫步寻觅、追索怀想吧。

遥想当年，溃退于此的何海鸣，被亲兵架着退下山来，仍不认输，嚷叫着与张勋拼个你死我活，勇气确实可嘉。他在《求幸福斋随笔》中的一段回忆，让人看到在震耳欲聋的炮声中，这位文人将军以沙场为舞台，演出的一段战地传奇：

> 癸丑（1913）秋九月一日，金陵城破，集败军战于雨花台，台陷，兵尽窜，炮弹如雨下，予憩于草地，倦极歌声乃作，同辈力止之，此情此景使人不忘。[2]

后来，他在草垛中躲过敌兵搜查，避入位于成贤街的日本陆战队

---

1 《民军血战记》，载《民权报》1913年9月7日。
2 何海鸣：《求幸福斋随笔》，16页。

驻屯哨所，不久变装潜至武定桥下，乘小船逃离南京。张勋在9月3日致袁世凯电中说：

> 昨日何海鸣、张尧卿、韩恢三逆，自城破后即逃匿该（日本）领事馆，现我军行经该处，日人即从窗内放枪外击，应请严重交。[1]

何海鸣如何逃走，此为佐证之一，也有人说第八师余众三千四五百人，由水西门出城后，缴械登上英美兵舰。载到上海后，每兵发给五十元，作鸟兽散。如此，在何海鸣主持下坚守了二十四天的南京城池彻底陷落，这是二次革命的最后一战，也被史家视为辛亥革命的正式谢幕。

这次战斗中，江苏第一师几乎全军覆没，陆军第八师溃散后，编制被取消。在国民党领袖缺位的情况下，何海鸣自告奋勇，领导革命官兵在围城中孤军奋战、顽强坚守，虽属个人冒险行动，但毕竟在二次革命的黯淡史页上，增添了些许光彩。

告别革命

何海鸣的后半生颇为坎坷，说起来令人唱叹。他从南京逃到上海，曾与党人密谋在10月10日袁世凯正式登上大总统宝座时，潜赴北京，用炸弹袭击就职会场，旋因刺客胡侠魂在天津被捕，计未成功。这时北京政府通缉令已下，在所开褫职缉拿各省"乱党"名单中，何海鸣与黄兴、陈其美、钮永建同列"首魁"，居第

---

[1] 《张勋致袁世凯电》(1913年9月2日)，载《近代史资料》1962年第1期，132页。

四名，赏格为大洋两万元，这是最高的"待遇"。

何氏在上海无处藏身，只好亡命日本。据日本外务省政务局编制的一份逃亡东京革命党人名单，何海鸣抵日时间为10月21日（与韩恢同行），他乘坐日本轮船潜出上海，先到下关港口上岸，由等候在那里的日本友人护送到长崎。据日本警视厅的记录，何氏抵达东京后，首次晋见孙中山，谈话时间长达三小时，所谈内容当然是南京保卫战前后事。与何海鸣交谈中，孙中山除了了解情况，还有不少嘉勉慰藉之语，表示对何海鸣赏识有加、属望甚大。在日本警方密报中，此后在当年11月4、5、20、22、25、27日，何海鸣多次到孙中山住处谈话，商讨发动第三次革命，在孙宅访客中，登门次数仅少于陈其美、戴季陶、宋嘉树等亲信人物。[1]

据时人回忆，何海鸣抵东京后，寓帝国饭店，乘马车四处拜客，气派大得很。不多久旅费已尽，于是屡向孙中山索要，声称所谈革命之事，需要很多钱才能办到。孙中山只给了他几百元，并举党人在东京以番薯、山芋度日的例子，说服他搬出帝国饭店。

二次革命中，孙中山身为国民党领袖，又是党内主战派，但他的主张不为各省党魁所理解，游移迁延、号令不一，以致遭此败局，令他十分愤怒；倒是何海鸣一个文人敢于挺身而出，与北洋军拼搏到了最后一刻，这使他深感欣慰，所以对何还算客气。

此时，亡命东京的革命党人在讨袁失败后，分化为黄兴、孙中山两派：黄派在悲观失望之余，大多赴欧美考察，韬光养晦，并声言"十年后再谈革命"；孙派则以不服输精神，拟派员分赴国

---

[1] 以上据俞辛焞、王振锁编译：《孙中山在日活动密录：日本外务省档案（1913年8月—1916年4月）》，天津：南开大学出版社，1990年，41、42、49、51、52页。

内继续讨袁，发动第三次革命。

在孙派中，何海鸣是令人瞩目的角色，被视为党内激进派领军人物，日本警视厅向内阁提交的一份报告说：

> 流亡客中被认为激进实干派者当以何海鸣为首。何海鸣死守南京奋战，故声望隆隆，甚至要超过孙文，所以目下实干派正以何海鸣为中心策划之。[1]

不久，孙中山先后派陈其美、戴季陶前往大连组织军事力量，开展反袁活动，何海鸣也频繁出入大连，输送枪械及军费，同时在下关等地会见当地新闻记者、企业家、议员，筹集资金，因时机不遂，并没有多少收效。当时，在日本流亡的革命党人居无定所、衣食无着，番薯、山芋是家常便饭。随着生活日益困难，不少人渐生退意，更有意志薄弱者，在袁政府侦探所许高官厚禄诱惑下，回国变节投降。不幸的是，何海鸣也成了其中一员。

转年是1915年元月1日，何海鸣到孙中山寓所祝贺新年，这是他与孙的最后一次见面。也是在这一天，袁世凯以中华民国大总统名义签署《附乱自首特赦令》，这对孙中山在日本策动第三次革命，是个沉重的打击。何海鸣与革命告别，最大原因是与孙中山、黄兴等国民党要人思想上有分歧，此外，不能忍受艰苦的流亡生活，也是动机之一。

在袁政府月赐千金的条件诱惑下，3月初，何海鸣打道回国，在上海露面，向北京政府"投诚"。他返回上海后，深居简出，并

---

[1] 作者不详，《流亡客近况》(1913年11月26日前后)，载俞辛焞、王振锁编译：《孙中山在日活动密录：日本外务省档案（1913年8月—1916年4月)》，598页。

未在北京政府中任职，想来回国之前，已与政府方面达成了某种谅解。这是他出于对革命的不同理解而做出的荒诞选择，也是文人情怀以及对政治的厌倦所致。在《求幸福斋随笔》中，他这样写道：

> 金陵一役骤负虚名，其实乃自加以缰锁，于是须矫作英雄，勉为豪杰，口非政治不谈，行非革命不动……遂使二十余年聪明英锐消磨颓丧。[1]

何海鸣被赦免罪后，在上海创办《爱国报》《爱国晚报》，均无声无息、昙花一现。正值袁世凯复辟活动达到高潮，何氏也曾在《爱国报》上化名撰文抨击帝制，并曾到广东汕头组织讨袁起义。此中详情，近阅绍虞文章才知道，原来当反对帝制浪潮渐烈时，何海鸣跑到潮汕，勾结驻扎汕头之某团长，宣告独立讨袁。其中，"何自称都督，以某团长为总司令，实则何终日徜徉（倡门？），买笑征歌无虚夕。时仅半月，粤中派兵一旅进驻汕头，某团长走香港，何亦狼狈随之"。[2]

及次年袁世凯病死，黎元洪继任大总统，何海鸣才公开露面，于1916年8月，赴北京活动，以其在广东组织反袁起义，仍被报纸誉为"革命巨子、民党健将"。次年1月，段祺瑞手下皖系政客在北京创办《寸心》杂志，邀请何海鸣为主编，他来京苦心经营年余，亦寿命不长。他试图重返政坛，一度投身拥护段祺瑞的进步党，当选北洋政府安福国会议员。有意思的是，1918年1月16

---

[1] 何海鸣：《求幸福斋随笔》，12页。
[2] 绍虞：《民二南京之役与何海鸣》，载《民意》周刊第181期（1941），15页。

日，北洋政府发布冯国璋签署的大总统令，授予何海鸣陆军少将军衔，这是他投机政治的回报，其将军之名，从此成真了。[1]

以后他在政界郁郁不得志，乃试作小说，从1921年起陆续发表《老琴师》《一个枪毙的人》《先烈祠前》《孤军》等，都是他早年生活的写照，同时参加沪上小说家包天笑、周瘦鹃、严独鹤、李涵秋等二十人组成的社团"青社"。其间还在北京崇文门内五老胡同创办《侨务》旬刊社，声称"本刊不涉党派，不预政治，完全注重经济实业，沟通国内与华侨两方面之声息，以期和衷共济，开发华北数省之富源"云云。[2]但这个摊子他未能撑起来，不久也无疾而终。

1926年，何海鸣描写妓女生活的中篇小说《倡门红泪录》由上海大东书局印行，受到好评。何氏由此被称为"倡门小说家"，成为"鸳鸯蝴蝶派"重要作家，以后的代表作品有《十丈京尘》《黄浦血泪》《琴嫣小传》等。这是何海鸣后半生最为辉煌、最有价值的时代，可惜这些闪光的日子一纵即逝了。

史上无名

当历史翻过北洋军阀这一页，进入国民革命新时代时，曾经大名鼎鼎的革命家何海鸣却逆历史潮流而动，站在了革命的对立面，这是他人生历程最令人不解的地方。

1927年春，北伐军将要进军江浙时，奉系军阀张宗昌部署直鲁联军沿津浦铁路建立防线，欲做困兽之斗。约略同时，张的心

---

[1]《大总统令》(1918年1月17日)，载《政府公报》第七百十四号。
[2]《〈侨务〉旬刊社何海鸣第二次通告》，载《钱业月报》第2卷第1期（1922），2页。

腹潘馨航(复)受命组织宣传班子,为直鲁联军摇旗呐喊,几经物色,他们拉拢何海鸣出任宣传工作负责人,奔赴长江及沿海省份宣讲反赤。

何氏受命后曾发表通电,宣布义威上将军张宗昌任命他担任总部位于上海的安国军、直鲁联军宣讲部第一部部长的电令,并指从宁沪路沿线到上海、杭沪路转入全浙,并及于福建、广东等地,均由其负责。

他的电文夸夸其词,貌似不可一世,实则拉大旗,做虎皮。为此,沪上名作家张丹翁还在《上海画报》上写过一首诗,题名《贺鲁军宣传队总司令何海鸣先生》,其中有"海翁真到一鸣时,抓总宣传把令司"等句,十分肉麻。不出几月,北伐军就攻下江浙、直驱山东,直鲁联军很快失败,张宗昌宣布下野不久,即遭刺杀身亡。

这一回,何海鸣充当冒险家,不仅未得功名,反而差点丢命。名声既毁,渐入颓唐,退伍后辗转青岛、大连。继以赀斧不给,一度寄寓沈阳车站附近一个木器铺楼上,以"求幸福斋主人"名义,自撰小启,求鬻文字。其启曰:

> 浮沉人海,年将四十,鬻字卖文,原我故业。况今天下承平,四民各安其生,不才既别无所能,亦惟有以鬻文字终老矣。[1]

从委婉的语意中,可见其际遇落魄,到了十分悲凉的地步。

大约在1930年夏天,何海鸣从东北返回内地,此时南京国民

---

[1] 《何海鸣潦倒沈阳城》,载《上海画报》1929年10月15日。

政府已成立，何氏曾依张宗昌，为新政府所不容，以后长期蛰居天津日租界，卖文章、写小说。有人目睹其落魄之状，记曰：

> 民国十九年余客天津，访友于日租界之《天风报》社，见一囚首垢面之妇人，抱一小纯北京种之狮子狗，讶其不伦，询之，始知此妇人即民八九年间名震北京天津间之红伎云兰阁四小姐，后嫁何（海鸣）氏，现与何双栖于《天风报》楼之一斗室中。

何氏生活如此窘迫，其小老婆蓬头垢面，仍养着一条狮子狗，由这一细节，可见大户人家富贵生活的影子。文章接着写道：

> （何氏夫妇）男女二人而卜昼卜夜，吐雾吞云，《天风报》月致三十金于何，而日案小品文、剧评、小说约四千字。何日书万言，所得不满三数元，故穷蹙不堪。某日余于一剧场中望见，曩昔自命翩翩少年之"何公子"，已类腊鸡，无复人状。[1]

这一时期，何海鸣时而潜往上海，温其旧梦。沪上是花花世界，居家不易，为了摆脱贫困，他依然卖文为生，也曾自编《海鸣丛书》，颇有销路。但他终是不甘寂寞之人，一朝堕落，仍不警醒，还要向政治去讨生活。

1932年一·二八事变后，日本谋占上海企图愈亟，为了开动宣传机器，高薪聘请何海鸣出面，组织了一个所谓"中国国权

---

[1] 绍虞：《民二南京之役与何海鸣》，载《民意》周刊第181期（1941），15页。

社",提倡"中日亲善、睦邻邦交"。结果,连上海小报也刊文骂何氏是"无聊文人":

> (何海鸣)近年因国府方面对彼注意稍减,彼乃固态复萌,潜伏沪上,勾结一部分政客,成立中国国权社提倡中日亲善,实行认贼作父云。[1]

这是何海鸣堕落为附逆文人的开始。1931年九一八事变后,茂川特务机关控制了在津门报界地位仅次于《大公报》《益世报》的《庸报》,四处收买有名文人为其效力,何氏也被网罗其中,出任社论委员兼文艺部部长。在日本人的扶持下,到1938年他当上了第一任"天津新闻记者协会"的理事长。

何氏本来心高气傲,饮食起居又甚为讲究,仅靠卖文鬻字,哪能挹注其生?最初沦为汉奸,也许一念之差,仅为缓解生活的拮据,以后身不由己,在此泥沼中无法自拔了。1940年3月,汪精卫在南京成立伪国民政府,何海鸣高调出山,跑到故地金陵去,就任"宪政实施委员会"委员,用他的话说,是"致力于'和平救国运动'"。这期间,他发挥自己的长项,仍舞文弄墨不止。亦在此期间,《周佛海日记》中有"何海鸣来访"等内容的记载[2],想来何氏是因为生活落魄,自动上门求职的。

翻阅旧时报刊,在抗战后期,何海鸣为宣扬所谓"大东亚共荣""中日亲善",给宁沪各媒体所写的社论,林林总总有数十篇之多,了解他早年革命党生涯的人,读来亦不禁为其汗颜。如刊

---

[1] 《何海鸣在沪成立中国国权社》,载《老实话》1934年第25期,276页。
[2] 转引自:《新国民运动座谈会》,载《华文大阪每日》第八卷第一期(1942),18页。

登在《文友》杂志的《中日同盟论》《还都四年所想——信赖第一》，《华文大阪每日》的《东亚的决战体制》，《东亚联盟月刊》上的《中亚本位及中国本位论》《东亚联盟的必然性》，还有连篇累牍为《中日文化月刊》撰写的《中日文化生活的提携》《中日共建东亚文化的我见》《自给自足的中日文化建设》《从中日文化说到教化》《东亚的文化年与教化年》，等等。

这些文章可能都是命题作文，皆立论荒谬、几近疯狂，令人不屑一顾。至此，何氏将自己的灵与肉出卖殆尽。

1942年初出版的《华文大阪每日》（第四卷第一期），用了多个版面，推出汪伪政权"宣传部"次长郭秀峰在南京召集所谓"新国民运动"座谈会的内容，何海鸣、杨鸿烈、高天栖、樊仲云、郑吾山等一干落水文人均出席。何氏的发言，对日本国民"有组织、有训练"及"国与民混合一体的体制"表示赞赏，而说起中国来则是"至感惭愧"。奴颜婢膝之相，显而可见。细观同时刊出的图片，何氏长衫眼镜、神情憔悴、略带紧张。至此，三十年前的聪明英锐，算是彻底消磨殆尽了。1945年3月，他病死在南京，那是他当年轰轰烈烈战斗过的地方。

直到1996、1997年，何海鸣小说选集及旧作《求幸福斋随笔》在南京、上海重印，作家何海鸣才稍有人知，而革命家何海鸣早已烟消云散。何氏早年醉心无政府主义，崇尚个人英雄主义，后来从事写作，自号"求幸福斋主人"，为了追求所谓个人幸福与自由，把气节、义理、尊严都丢掉了，留下的是无法弥补的遗憾与教训。他在革命史中无声无息，亦属历史的报复，可悲可叹。